HERMES

在古希腊神话中,赫耳墨斯是宙斯和迈亚的儿子,奥林波斯神们的信使,道路与边界之神,睡眠与梦想之神,亡灵的引导者,演说者、商人、小偷、旅者和牧人的保护神……

西方传统 经典与解释 **HERMES**
Classici et Commentarii
柏拉图注疏集
刘小枫 甘阳 ● 主编

立法与德性
—— 柏拉图《法义》发微

Legislation and Virtue
A Reading of Plato's Laws

林志猛 | 编

张清江 林志猛 等 | 译

华夏出版社

古典教育基金·"传德"资助项目

"柏拉图注疏集"出版说明

"柏拉图九卷集"是有记载的柏拉图全集最早的编辑体例,相传由亚历山大时期的语文学家、数学家、星相家、皇帝的政治顾问忒拉绪洛斯($\Theta\varrho\acute{\alpha}\sigma\upsilon\lambda\lambda o\varsigma$)编订,按古希腊悲剧演出的结构方式将柏拉图所有作品编成九卷,每卷四部(对话作品35种,书简集1种,共36种)。1513年,意大利出版家Aldus出版柏拉图全集,被看作印制柏拉图全集的开端,遵循的仍是忒拉绪洛斯体例。

可是,到了十八世纪,欧洲学界兴起疑古风,这个体例中的好些作品被判为伪作;随后,现代的所谓"全集"编本迭出,有31篇本或28篇本,甚至24篇本,作品前后顺序的编排也见仁见智。

俱往矣!古典学界约在大半个世纪前已开始认识到,怀疑古人得不偿失,不如依从古人受益良多。回到古传的柏拉图"全集"体例在古典学界几乎已成共识(Les Belles Lettres自上世纪二十年代始陆续出版的希法对照带注释的 Platon Œuvres complètes,以及 Erich Loewenthal 在上世纪四十年代编成的德译柏拉图全集,均为36种+托名作品7种),当今权威的《柏拉图全集》英译本(John M. Cooper主编,*Plato, Complete Works*, Hackett Publishing Company, 1984,不断重印)即完全依照"九卷集"体例(附托名作品)。

"盛世必修典"——或者说,太平盛世得乘机抓紧时日修典。对于推进当今中国学术来说,修典的历史使命不仅是续修中国古代典籍,还得同时编修古代西方典籍。古典文明研究工作坊属内的"古典学研究中心"拟定计划,推动修译西方古代经典这一学术大业。我们主张,修译西典当秉承我国清代学人编修古代经典的精神和方法。精神即敬重古代经典,并不以为今人对世事人生的见识比古人高明;方法即翻译时从名家注疏入手掌握文本,考究版本,广采前人注疏成果。

"柏拉图注疏集"将提供足本汉译柏拉图全集(36种+托名作品7种),篇序从忒拉绪洛斯的"九卷集"。尽管参与翻译的译者都修习过古希腊文,我们还是主张,翻译柏拉图作品等古典要籍,当采注经式译法,即凭靠西方古典学者的笺注本和义疏本迻译,而非所谓"直接译自古希腊语原文"。如此注疏体柏拉图全集在欧美学界亦未见全功。德国古典语文学界于1994年着手"柏拉图全集:译本和注疏",体例从忒拉绪洛斯,到2004年为止,仅出版不到8种;Brisson主持的法译注疏体全集九十年代初开工,迄今也尚未完成一半。

柏拉图作品的义疏汗牛充栋,而且往往篇幅颇大。这套注疏体汉译柏拉图全集以带注疏的柏拉图作品为主体,亦收义疏性质的专著或文集。编译者当紧密关注并积极吸收西方学界的相关成果,不急于求成,务求踏实稳靠,裨益於端正教育风气、重新认识西学传统,促进我国文教事业的新生。

刘小枫 甘阳
2005年元月

柏拉图注疏九卷集篇目

卷一
1 游叙弗伦（顾丽玲 译）
2 苏格拉底的申辩（吴飞 译）
3 克力同（程志敏 译）
4 斐多（刘小枫 译）

卷二
1 克拉提洛斯（刘振 译）
2 泰阿泰德（贾冬阳 译）
3 智术师（柯常咏 译）
4 治邦者（刘振 译）

卷三
1 帕默尼德（曹聪 译）
2 斐勒布（李致远 译）
3 会饮（刘小枫 译）
4 斐德若（刘小枫 译）

卷四
1 阿尔喀比亚德前篇（戴晓光 译）
2 阿尔喀比亚德后篇（戴晓光 译）
3 希普帕库斯（胡镓 译）
4 情敌（吴明波 译）

卷五
1 忒阿格斯（刘振 译）
2 卡尔米德（彭磊 译）
3 拉克斯（罗峰 译）
4 吕西斯（黄群 译）

卷六
1 欧绪德谟（万昊 译）
2 普罗塔戈拉（刘小枫 译）
3 高尔吉亚（李致远 译）
4 美诺（郭振华 译）

卷七
1 希琵阿斯前篇（王江涛 译）
2 希琵阿斯后篇（王江涛 译）
3 伊翁（王双洪 译）
4 默涅克塞诺斯（李向利 译）

卷八
1 克利托普丰（张缨 译）
2 王制（史毅仁 译）
3 蒂迈欧（叶然 译）
4 克里提阿（叶然 译）

卷九
1 米诺斯（林志猛 译）
2 法义（林志猛 译）
3 厄庇诺米斯（程志敏/崔嵬 编译）
4 书简（彭磊 译）

杂篇　（唐敏 译）

（篇名译法以出版时为准）

目 录

编者导言 …………………………………………… 1
完成、修订和践履——如何阅读《法义》 …… 17
《法义》中的戏剧要素 …………………………… 58
柏拉图的克里特城邦 ……………………………… 84
神圣立法与德性教诲 ……………………………… 107
神立法还是人立法 ………………………………… 117
立法的目的 ………………………………………… 137
柏拉图论立法与战争 ……………………………… 147
哲学与法的统治 …………………………………… 199
《法义》中政治的标准与德性的充分性 ………… 218
《法义》中的道德教育与灵魂的血气部分 ……… 239
《法义》中的道德责任与刑事责任 ……………… 279

编者导言

林志猛

《法义》(*Laws*)是柏拉图最长且最晚的著作,主题是探讨"政制与礼法"。在西方法哲学史上,柏拉图首次考察了立法的目的及其哲学基础、立法与德性等根本问题。在《米诺斯》(*Minos*)这部被视为《法义》导言的对话中,柏拉图曾提出一个核心问题:"νόμος[法]是什么?"他给出的一个非常独特的定义是:"法意图成为对实在(τοῦ ὄντος)的发现。"① 柏拉图反对将法看作城邦的公共意见,因为意见有好有坏。法若是维护共同利益的"高贵之物"和"好东西",就不会是意见的产物。至少应当说,法是真实的意见,而真实的意见如同对实在的发现。②

由于真正的法应秉有哲学的"意图",超越意见而迈向知识,柏拉图在《法义》中进一步指出,法是关于痛苦、快乐、恐惧、大胆等情感的良好"推理"。在个体灵魂中,各种情感就像肌腱或绳索一样拉扯着人,使人在美德与邪恶之间挣扎。个人应获得关于这些绳索(情感)的"真正推理",并据此生活。城邦则应采用"有识之

---

① 参林志猛,《〈米诺斯〉译/疏》,北京:华夏出版社,2010,314c – 315a。
② 关于νόμος的诸多含义,参 Martin Ostwald, *Nomos and the Beginnings of the Athenian Democracy*, The Oxford University Press, 1969, pp. 20 – 54。

士"的推理,设定为"公法"(644c – 645c)。[①] 因此,法最终可视为"理智的分配"(714a)。恰如牧羊人要给羊群"分配"好牧场,立法者应给人们分配适合其自然本性的工作,以照料好人的灵魂。显然,能作出这种分配的人是有智慧的人(哲人)。在此意义上,真正的立法者应成为立法哲人。立法哲人须深谙各种德性的自然秩序和人的自然本性,尤其关注居于首位的理智,以此为公民们安排恰切的生活方式及相应的法律。

一 立法的目的

在《法义》这部一位雅典哲人(立法哲人)与两位年老立法者的对话中,柏拉图首先检审了克里特和斯巴达的立法指归。克里特和斯巴达都是好战的城邦,其法律制度上的安排着眼于战争的胜利。克里特的立法者表明,他们规定的公餐、体育训练等制度,都是为了更好地作战。因为,战争是一种自然状态,和平不过是空名,"一切城邦对一切城邦的不宣而战(πόλεμον ἀκήρυκτον),天然就一直存在"(《法义》626a)。由此,克里特制定的一切公私制度皆针对战争。

克里特立法者从战时公餐的必要性,推导出公餐在和平时期也有必要实行。既然源于战争的公餐在各个时期都存在,反过来就可以说,战争是永恒的。有论者尖锐地指出,克里特立法者将"永无休止的战争"与始终有效的合法习俗结合起来,而形成对战争本质的看法。公餐这个习俗的意义源于其一时的必要性,但在获得意义后,公餐又会通过习俗本身的常态性去时间化,变成一种自然事实。一旦"保持戒备"这类审慎的箴言整合进一个习俗,就会失去审慎成分,而变成永恒的实在。从公餐习俗的暂时性推导出战争的永恒

---

① 本书中的所有《法义》引文皆为笔者据希腊原文译出,译著将于2019年由华东师范大学出版社出版。

性,是否表明克里特的制度指向永恒的实在呢?无疑,立法者若要实现这点,必须遵循《米诺斯》中苏格拉底对法的定义,着眼于法律的实在本身,以免自己的习俗经验扭曲实在或产生相关的变种,而背离自己的意图。① 但克里特立法者认为战争是自然状态,这仅仅出于个人的经验。② 通过将公餐这一"习俗"转变为"自然",战争的非常态化、暂时性也转变为普遍、永恒和自然的状态。

克里特立法者坚信,在战争中做主宰才真正有用。因为,战胜者可以获取战败者的所有好东西。这种弱肉强食、成王败寇的看法,在古代世界很常见。在《伯罗奔半岛战争志》中,修昔底德(Thucydides)描述的雅典人与米洛斯人对话就展示了这种观点。米洛斯人若不投降,结果便是战争;若答应雅典人的要求,则成为奴隶。雅典使节明目张胆地说,只有势均力敌的双方才有公正,强者号令、弱者隐忍乃是常规。③ "按照自然的必然性,神和人应去统治任何能做主宰的地方",这是一条永恒的"法则"(《伯罗奔半岛战争志》5.105)。正是这种观念导致了雅典的西西里远征,其帝国扩张的一个理由是,不统治人就会被人统治(6.18)。雅典罔顾正义,试图通过战争不断扩展帝国的版图,结果却招致覆灭。因此,立法若仅着眼于从胜利中获取财富、领土等"好东西",未必能确保城邦长盛不衰。

在探讨立法的目的时,柏拉图为何独出心裁,从立法与战争的关系入手?如果说立法旨在维护正义,岂不更显而易见?无疑,战争或帝国问题是柏拉图有意引导我们思考的重大问题。一个城邦若专注于对外战争和对外扩张,势必对内部的政制、法律、教育和公

---

① Seth Benardete, *Plato's "Laws": The Discovery of Being*, Chicago: University of Chicago Press, 2000, pp. 9 – 10.

② 亚里士多德在《政治学》1269a41 – b4 指出,克里特与邻邦相互为敌,斯巴达也与所有邻邦为仇。

③ Thucydudes, *The Peloponnesian War*, Lattimore trans., Indianapolis: Hackett Publishing Company, 1998, 5.89.

民德性产生重大影响。立法又如何协调对外与对内两种关系？或许，尚武观念应像亚里士多德所说的那样，仅限于一来保护自己，以免受外人奴役；二来取得统治地位，但不企图树立普遍奴役的体系，而仅旨在维持被统治者的利益（《政治学》1334a1–4）。雅典和斯巴达都曾企图通过对外战争打造自己的帝国，但其最终走向灭亡的命运对我们现时代仍不失为深刻的启示。

从不同城邦间的不宣而战，克里特立法者还进一步得出，"在公共领域，一切人对一切人皆是敌人，而在私人领域，每个人都是自己的敌人"（《法义》626d）。① 人与人之间甚至个体内部的敌对关系，源出于城邦之间永恒的敌对性。正是基于敌对的自然状态来理解城邦与人，斯巴达法律专注于训练男子忍受各种痛苦和辛劳，以培养他们的坚毅和勇敢。但由此引发的问题是，男人们常年在外征战，斯巴达妇女变得放荡不羁、奢侈爱财。斯巴达男子好女色，而致使妇女控制政治权力。但女人气反过来又削弱男子气，在斯巴达受到入侵时，妇女的恐慌造成的扰乱甚于敌人的侵袭。斯巴达的立法者吕库古原想用法律约束妇女，但在遭到妇女的反对后就放弃了。妇女的放荡导致整个城邦的政治结构失调，而又间接培育了贪婪这一恶德，还带来贫富不均。②

如果敌对性也是个体内部的主要特征，自己战胜自己就成了首要的胜利。但从个体灵魂来理解人，自己战胜（强于）自己主要意指灵魂的和谐与节制（σωφροσύνη），即灵魂中的理智能控制血气和欲望（《法义》626e–627a，亦参《理想国》430e–432a）。这意味

---

① 人人皆敌也是现代哲人霍布斯的著名看法。参霍布斯，《利维坦》，黎思复等译，北京：商务印书馆，1996，第 13 章，页 94；《论公民》，应星、冯克利译，贵阳：贵州人民出版社，2002，页 9。

② 参亚里士多德，《政治学》1269b12–1270a13；《修辞学》1361a9–11；亦参欧里庇得斯，《安德洛马刻》595–604 行。关于斯巴达妇女，参 S. Pomeroy, *Spartan Women*, Oxford: Oxford University Press, 2002; *Goddesses, Whores, Wives, and Slaves: Women in Classical Antiquity*, New York: Schocken Books, 1995, pp. 35–39。

着，个人内部的和谐比冲突更可取。① 同样，值得城邦追求的是和谐而非内战（στάσις）。内战和外部战争是两种基本的战争形式，但内战是最为残酷的战争和"最大的战争"。如果立法着眼于战争的胜利，至少应该首先针对内战。

柏拉图认为，若要平息内战的后果，胜者应克制自身，停止流放和屠杀等报复，不在败方身上取乐，并邀请优异之人来设立不偏不倚的法律。败方将因恐惧而守法，胜方则因敬畏和征服快乐（节制）而顺从法律。如果胜方显得比败方更守法，公共利益就会受到维护，城邦将充满安宁和幸福（《书简七》336e - 337e）。这表明，消除内乱或党争需要一方的节制和良好的政制——或者说需要节制的政制。实际上，克里特也经常发生内乱，贵族、党派好争斗。虽然克里特岛这种天然远离外邦的地理位置可防止外敌在其内乱时入侵，但终归无从避免，这正是源于其法律和政制的缺陷。②

质而言之，立法者制定的所有法律应着眼于最好的（ἀρίστου）东西。可是，最好之物既非对外战争，也非内战。起码应该说，最好之物是和平及彼此间的友善（φιλοφροσύνη）。就连城邦对自身的胜利也只是必需（ἀναγκαίων）之物，而非最好之物（《法义》628c - d）。尽管内外战争具有必然性，但必然性并非理解人类事务和行事的最高准则。立法若仅仅依据战争的必然性和实际的需要，那不过是从最低的要求和实然出发。立法若旨在追求最好之物，便是从应然入手，这样才可能带来和平与友善这类次好的东西。在此，城邦的自我胜利或内乱的消除仅为必需或手段，其本身并非目的，遑论最好。顶多可以说，胜利及其结果是目的。由此可见，内外战争不应视为自然状态。

---

① 亦参《高尔吉亚》491d，《普罗塔戈拉》358c；色诺芬，《回忆苏格拉底》卷一，第二章，24；《居鲁士的教育》卷六，第一章，41。
② 参亚里士多德，《政治学》1272b3 - 21。亚里士多德还指出，由于内争，克里特政制常陷入解体；在政治机构的设计上，斯巴达好过克里特。

在柏拉图看来，最好之物是"最大的德性"（μεγίστην ἀρετήν），即理智（νοῦς），或者"完美的正义""完整的德性"（πᾶσαν ἀρετήν）（《法义》630b–631d）。真正的立法应着眼于完整的德性——理智、正义、节制和勇敢，而非着眼于德性的某个部分，甚至是最低的部分。立法若只是为了战争，着重培养的便是勇敢这种最低的且单一的德性。柏拉图使立法转向最好之物和完整的德性，无异于让习传的立法转向哲学，以变为德政的立法。

对法律意图的正确解释，应从德性开始，说立法旨在德性。克里特和斯巴达立法者的错误在于，将立法的所有意图限于勇敢这一最小的德性。正如亚里士多德借《法义》所说，斯巴达法律的所有安排都朝向"部分的德性"，即战争的德性，以树立霸业。实际上，闲暇的德性最为重要。但斯巴达人认为外在的善是最重要的善，高于内在的诸德性，并相信只要勇敢过人就可获得外在诸善。斯巴达人毫不关心和平时的生活与性情，在从战争转入和平后，就难以适从，堕落败坏。斯巴达专注于克敌制胜，向外扩张，教导公民们以暴力侵袭外邦。这对内政也造成了不良影响，任何人一有机会也会用暴力夺取本邦政权。[1]

一个城邦对外若无所不用其极，其邦民也会反过来用同样的手段对付自己人。因此，柏拉图更看重城邦的内部结构、最佳政制和法律，以及最好的生活方式问题，尤为关注静止、德性与和平。[2] 在《法义》中，柏拉图从对外战争过渡到内战（最大的战争），最终落

---

[1] 参亚里士多德《政治学》1269a29–1271b19，1333b30–1334b28。亦参 P. Simpson, *A Philosophical Commentary on the Politics of Aristotle*, Chapel Hill and London: University of North Carolina Press, 1998, pp. 91–99, 120。

[2] 参施特劳斯，《修昔底德：政治史的意义》，前揭，页 140、160–161；《城邦与人》（*The City and Man*），Chicago: The University of Chicago Press, 1964, 页 139、193。关于修昔底德与柏拉图的关系，可参 G. Mara, *The Civic Conversations of Thucydides and Plato: Classical Political Philosophy and the Limits of Democracy*, Albany: State University of New York Press, 2008。

脚于完整的德性，亦即哲学与立法的关系。如果立法仅关注实际事务和当下利益，便有可能激起城邦的帝国野心，导致民众的败坏。

二 立法与德性

尽管以战争为依据的立法基于勇敢这一最低的德性，但这预示了，任何立法和政治均指向哲学。因为，在每一种法律和政制中，都会持守某种德性观，无论多么低下和狭隘。即便是最低层面的人类生活或僭主最可鄙的行为，也可理解为对完全美好事物的渴求（即哲学）的极端曲解或无知。完整的德性或最高的德性即智慧或知识，真正的立法和政治生活乃是走向哲学的辩证运动。① 柏拉图将从勇敢这一最低德性入手，上升到完整的德性。残酷的战争和政治生活似乎不断证明，哲学对政治和立法没有作用。然而，大多数时代和地方未实行德政，并不表明一切时代不可能实行。总有那么一两个时代可能出现德政，即使后来中断了，德政也会成为后人永世追求的目标，始终激励着政治人和立法者向其靠近——周公的德政不就成了后世仰望的目标？柏拉图《理想国》展现的言辞中的最佳城邦，《法义》描述的现实可行的混合政制以及哲人对立法者的德政教育，作为万世的楷模流传了下来。德政和指向德政的立法成了最高目标，观照着现实城邦的不足，引领其走向完善。因此，对最好的政制和立法的阐述并不一定意在让此时此地的城邦实现，而是要让千秋万代的现实城邦（国家）无限接近。即便此时此地的城邦存在缺陷，立法哲人也有必要去阐发最好的政制和法律。②

---

① 参施特劳斯，《修昔底德：政治史学的意义》，前揭，页159-160。
② 如今的希腊衰落了，但柏拉图思想仍在英美、欧洲延续着，甚至有在东方（中国）扎根的趋势。尽管古典哲学受到各种现代学问的冲击和挑战，但其生命力始终保存着。人类越往前走，就得越往后看——没有深厚传统的国家往往被视为无文明和教养。孔子、柏拉图的教诲将世世代代伴随人类，现代学者的使命之一便是发扬和接续这一古典传统。

正确的法律可使人获得幸福，带来属人的和属神的（θεῖα）诸善。属人的诸善从高到低包括：健康、俊美、强健和财富，属神的诸善则有：明智（φρόνησις）、节制（σώφρων）、正义（δικαιοσύνη）和勇敢（ἀνδρεία）。①

> 明智在属神的诸善中又居于第一的和主导的地位。其次是跟随理智（μετὰ νοῦ）的灵魂之节制习性（σώφρων ψυχῆς ἕξις），这些结合勇敢，就产生了处于第三位的正义。第四位是勇敢。后面所有这些［属神的］善，在等级上天然高于前面那些［属人的］善，立法者应该按这个等级来排列它们。（《法义》631c – d）

柏拉图别具一格地将诸善区分为属人的与属神的，属人的诸善级别较低，依赖于属神的诸善。城邦政治生活的优良与否，取决于获得哪种善。若取得属神的诸善，就会带来属人的诸善，没有的话两者皆失。对个人而言，属神的诸善似乎难以确保赢得属人的诸善。② 但我们还是会说，灵魂优异的人远远好过那些只有身体诸善的无德之人。相比之下，城邦的健康、美好、强健和富有，端赖于城邦是否有各种德性。柏拉图尤其强调，不应盲目追求财富，而是要明智而头脑清醒地获得财富。财富等外在的善并非立法的最高旨归。通过让属人的或身体的最低之善伴随属神的或灵魂的最高之善，立法哲人就沟通了高低上下，使最高者成为最低者的指南。

柏拉图也把灵魂看作仅次于诸神的、人最神圣的（θειότατον）东西。人的所有物分为两类，上等的和较好的那类是主人，低下的和较坏的那类则是奴隶。一个人最应尊敬的是灵魂这一高贵和神圣

---

① 《美诺》87e – 89a 同样提到这两组基本相似的善，对于属人的诸善，苏格拉底强调要正当使用才无害；对于其他德性，则要求紧随睿哲。

② Lorraine Pangle, *Virtue is Knowledge: the Moral Foundations of Socratic Political Philosophy*, Chicago: University of Chicago Press, 2014, p. 212.

的部分(《法义》726a－727a)。可以看到,这里列举的属神诸善可谓灵魂的德性,与《理想国》探讨的四枢德基本一样。那么,《法义》为何要将人的灵魂德性冠以"属神"之名呢?这是因为,具有最优异的灵魂德性(理智)的人确实似神,属神的诸善理应成为立法的最高目标。在此,神圣性与哲人式的德性结合在一起,用于引导城邦的政治生活。城邦若专注于属神的诸善,不但会显得奠定在神圣的根基上,而且会获得哲学的最高指引。

柏拉图先是将明智($φρόνησις$)视为属神的首善,$φρόνησις$也意为"审慎""见识"和"实践智慧"。柏拉图表示,灵魂的和谐亦即苦乐感与理性的一致,乃是产生明智的前提。立法者应尽力给城邦注入这种品质,王者也应拥有(《法义》688e－689e)。立法的技艺是最高形式的实践智慧,是"技艺中的技艺",因为它最全面地处理了整个人类的利益,而非像一般的技艺只关注部分利益。[①] 所以,具有明智(实践智慧)比其他东西更"神圣"。[②] 从《法义》的关注点来看,明智涉及用理性调节身体性的快乐和痛苦,使人热爱高贵和好的东西,憎恶丑恶和不义的东西,而非相反。这种正确的苦乐感的形成,需要从小开始练习,这也是儿童教育的核心(《法义》653a－c)。确实,只有灵魂的和谐与明智,才不会导致对财富的过度欲求,统治者也才会有所节制。

在这四种属神之善中,最引人注目的是正义,它是明智、节制和勇敢的混合物。那么,正义若包含了其他三种德性,为何处于第

[①] Leo Strauss, *The City and Man*, Chicago: University of Chicago Press, 1964, pp. 28－29.

[②] 参《理想国》518d－e。《美诺》88c指出,灵魂在睿哲的引导下行事才能获得幸福;亦参《欧蒂德谟》281a－c:"财富、健康和俊美"诸善的正确使用,要靠知识($ἐπιστήμη$)的指引和纠正;没有睿哲和智慧,就无法从其他东西中获得好处。另参 Z. Planinc, *Plato's Political Philosophy: Prudence in the Republic and the Laws*, Columbia: University of Missouri Press, 1991。

三位而非首位？原因在于，它含有勇敢这一最低的德性。勇敢对应财富这种外在的善，乃是对外战争的德性。还有一种动物性的勇敢，灵魂没有理性也能凭自然本性获得这种勇敢（《法义》963e）。ἀνδρεία［勇敢］的字面意思是男子气，亦即对自己的所有物或权利的主张。一个称职的男人或父亲是拥有某些财产的人，并且能捍卫自己的利益（《理想国》549c–550a）。《法义》中的正义首先涉及占有和获取，是管束你我的德性。① 因此，正义需要勇敢的协助，这类正义是常人的德性。

然而，立法旨在获得"完美的正义"又提醒我们，还有一种哲人的正义。正义包含明智、节制和勇敢，如果算上自身，就相当于囊括了所有四种德性，可以说是"完整的德性"。习俗性的正义是"有话实说""欠债还债"或守法之类，完美的正义在于，分配给每个人依其自然本性对他好的东西。但唯有智慧者（哲人）当王，才可能认清每个人的自然本性并作出这样的分配。② 归根结底，正义即知识或智慧——所谓的德性即知识。③ 柏拉图对正义给出这种含混的说法是因为，立法哲人应当在立法中联结常人德性与非常人德性，使整个社会的不同阶层融为一体。

根据这两组善的排序可以看到，属神的善在自然等级上高于属人的善，立法者应按这个等级秩序排列诸善。在柏拉图那里，各种德性具有内在的自然秩序。由于灵魂各部分（如理性、血气和欲望）

---

① 参施特劳斯，《柏拉图〈法义〉的论辩与情节》，前揭，页8。这种正义符合《法义》构建的区分你我的次好城邦，而非《理想国》的最佳城邦（共产主义社会）。亦参《法义》632b1–7。

② 参施特劳斯《自然权利与历史》，前揭，页148–149。

③ 关于《法义》中的德性问题，参 C. Bobonich, *Plato's Utopia Recast: His Later Ethics and Politics*, Oxford: Oxford University Press, 2002, pp. 89–215; J. Annas, "Virtue and Law in Plato", in *Plato's Laws: A Critical Guide*, C. Bobonich ed., Cambridge: Cambridge University Press, 2010, pp. 71–91。

存在自然的等级，灵魂内各要素构成的德性也就具有自然的高低秩序。好的立法应基于诸德性的自然秩序，上升到"自然"这一比诸神更古老的源头——这也可视为"自然法"的起源。① 在德性的秩序中，勇敢或战争属于最低的目的。尽管战争是最紧迫的，但在等级上并非最高。在施特劳斯看来，"存在一种普遍有效的诸目的的等级制，但不存在普遍有效的行动规则"。人们可以先做此时此地最紧迫的事，但这不意味着可将其当作最高目的：

> 我们的职责是要尽可能多地将最紧迫或最必需的事情变成我们最高级的行动。我们所可以期待的人们的最大限度的努力也必定会因人而异。唯一普遍有效的标准是目的的等级制。这一标准足以令人们对于个人、群体、行动和制度的高尚程度作出判断。②

立法哲人要做的就是尽力将最紧迫的事情（战争）转变为最高级的行动（德政的立法）。立法的最高目的是，使人拥有全面的德性而达致灵魂的完善。赢得战争的胜利，获取大量的财富，乃是较低的目的。诸德性的自然秩序，隐含着诸目的的自然等级秩序。虽然认识到这一秩序不足以指引每一特殊情势下的具体行动，但追求人的优异及德政却是尽可能好地行动的前提。

三 立法哲人的制度安排

在确定了诸善及其自然秩序之后，就应告诉公民们，立法者颁布的规定旨在实现诸善，而且属人的诸善向属神的看齐，所有属神

---

① V. Lewis, "'Reason Striving to Become Law': Nature and Law in Plato's *Laws*", in *American Journal of Jurisprudence* 54 (2009), p. 67.

② 参施特劳斯，《自然权利与历史》，前揭，页 165 – 166。

之善又向"领头的理智"（ἡγεμόνα νοῦν）看齐（《法义》631d）。现在，对于"自然"有了不一样的理解，自然不再是地理性的自然，而是人与神的自然差序，诸善（德性）的自然秩序。① 立法者应根据这一秩序来安排人类生活的四个主要领域。一是生活的自然过程，涉及公民的婚姻、生育、成长和死亡，以及快乐、痛苦、欲望和爱欲这四种自然情感。二是令人烦扰的事件，如愤怒、恐惧、疾病、战争、贫困等。三是生活的必需，如收入和开支。四是由政治权威（法律维护者）体现的法律。② 这四个领域或隐或显地关乎四枢德，以及灵魂的三部分（理性、血气和欲望）。

首先，为了照看好公民们的婚姻和生育，还有他们从年轻到老年一生的成长，有必要给他们"正确分配荣誉和耻辱"（《法义》631d‑e）。在此，婚姻（Γάμους）是立法者首要的关注点。两性结合是人的自然本性，有了婚姻才有人的出生、抚养和成长。通过婚姻的宗教仪式和法规，本来毫无规约的爱欲才转化成神圣的、合法的爱欲。③ 婚姻产生了家庭，家庭乃是城邦的自然起点。④ 为了照料好公民生活的自然进程，立法者应正确分配荣辱——这也关系到城邦的保存和幸福。正确的分配意味着，对于灵魂之善最敬重，其次敬重身体之善，第三是外物和财富。立法者若反过来将最低的东西（财富）或次要的东西置于最高位置，便可谓不虔敬且不具治邦术（《法义》697a‑c）。由此来看，立法者为公民们立下的规定，乃是以诸善的自然秩序为依据。

实际上，单凭法律惩罚难以使人摆正这些私人的隐蔽情感，更有

---

① 参林志猛，"自然与技艺——试析柏拉图《法义》对自然哲学的批判"，载《自然辩证法研究》，2012年第10期。

② 《法义》631d‑632b，亦参 Raphael Mcneil, *An Approach to the "Laws": The Problem of the Harmony of the Goods in Plato's Political Philosophy*, 2009, p. 185。

③ 对比《理想国》458d‑e，爱欲被看作是一种必然性，幸福的城邦要把婚姻尽可能变得神圣、有益。亦参亚里士多德，《政治学》1252a27‑30。

④ 参《法义》680d7‑e7；亚里士多德，《政治学》1252b13‑14。

效的是教育和告诫,或者说"正确地谴责和称赞"。立法者的任务不只是制定用于惩罚的法律条文,其真正的工作是,将有关何为高贵和不高贵的观点混合在法律中。比起纯粹遵守法规来,公民们遵守立法者的称赞和谴责,更值得受赞扬,因为这样才有望成为最高级的公民。①毋宁说,立法者的正确称赞和谴责是一种教育形式,涉及如何成人和过上最高尚的生活,比之于法律条文更重要。这些称赞和谴责包括:真实可靠的人才有福;不行不义且不许不义者行不义的人,乃是城邦的伟大之士、完美之人;能自己拥有节制、明智并给予他人这些好品质的人,最受称赞,吝于与他人共享好品质的人应受谴责;真正的男子汉应富有血气而又温和;过度自爱是一种恶;要高度称赞最正派的生活最快乐,等等。②"正确的称赞和谴责"构成了法律序曲的主要内容,用来引导公民们的自然情感和生活方式。

在立法者的安排中,第二方面有关人世中令人烦扰的事件:对于愤怒和恐惧,不幸以及疾病、战争和贫困带来的体验,还有相反境遇下的释怀,应教导和界定何为高贵和低贱。(《法义》632a – b)。愤怒会导致谋杀,③是刑法的关注点之一。愤怒与灵魂中的血气($Θύμος$)息息相关,造成杀害的愤怒可谓最低贱的愤怒,高贵的愤怒则在于,对邪恶的、无可救药的人愤怒不已。④而一种高贵的恐惧是,害怕被

---

① 参《法义》788a1 – c1,822d4 – 823a6。立法者的称赞和谴责不可能全部以成文法的形式出现,因为涉及这些基本情感的事情极为琐碎和杂多,而且相当隐秘,不易发现。

② 参《法义》730b3 – 734e2,662e5 – 663a7,691a4 – 7,727b1 – d1,739d1 – 4。快乐是立法者必须高度注意的问题,参 F. White, "Plato's Last Words on Pleasure", in *Classical Quarterly*, 51.2(2001), pp. 467 – 470; G. Carone, "Pleasure, Virtue, Externals, and Happiness in Plato's *Laws*", in *History of Philosophy Quarterly*, Vol. 19, No. 4(Oct., 2002), pp. 330 – 334。

③ 参《法义》867a1 – c2,868a2 – 869a4,878b8 – 879c5 等。

④ 参《法义》731d3 – 4,这是真正的大丈夫和立法者的品质之一。

人视为坏蛋,或者说羞耻或敬畏。对法律的恐惧或敬畏,可使人变好,在危难中保卫自己的城邦和家园。① 至于不幸和幸运,亦有高低之别。有些僭主从低位爬到高位,自以为摆脱了不幸,获得了最大幸福。实际上,他们并未意识到自己的灵魂是最混乱无序的(《法义》905b-c)。对于高贵的人而言,即使面临生活中降临的各种不幸,也应泰然处之。显然,只有从整全的视野来看人世,才能管窥幸与不幸的堂奥。若是把拥有巨大财富和权力看作最大的幸运,反而会导致灵魂的恣肆、不虔敬和不节制。因此,正确地引导公民而非仅仅诉诸惩罚,乃是立法者的重要任务。

　　立法者的第三个安排涉及生活的必需品。立法者必须监督公民们的收支,以及他们为获益而自愿或不自愿地结合或分裂。同时,立法者还应注意他们在这些经济活动中的行为,观察哪些活动正义或不义,并对守法公民分配荣誉,对不听从者则施加惩罚。最终,在"实现整个政制的目的($\tau\acute{\epsilon}\lambda o\varsigma$)"后,立法者应考虑埋葬死者的方式和分配给他们什么荣誉(《法义》632b-c)。在立法者的前两种安排中,只涉及分配荣誉和耻辱,界定高贵和低贱。经济活动产生后,惩罚才连同荣誉一起出现。可见,立法者最应看重的不是惩罚。在城邦中,荣誉和高贵是公民的日常生活和自然情感的向导。由于最高的荣誉分配给灵魂,荣誉后来也被视为"属神之善",无法由坏东西赋予:甜言蜜语或厚重礼物都不能使灵魂变伟大(《法义》720a)。柏拉图多次强调,财富的荣誉等级处于最低位,灵魂处最高位。立法者应根据这个荣誉等级制定法律才正确。克里特和斯巴达属于荣誉政制,沉溺于体育训练和战争,崇尚血气并造成爱财。《法义》修正对荣誉的理解,将使立法者的视角从战争和财富转向灵魂。

　　在弄清楚这一切后,立法者的第四个任务便是为此设置法律维护者。指引这类维护者的或是明智,或是真实的意见。由此,理智

---

① 参《法义》646e4 以下,671d1-3,699c1-d1,727c4-8,790e8-791a4。

就能黏合一切法律,"宣告它们跟随的是节制和正义,而非财富或爱荣誉"(《法义》632c - d)。法律维护者是城邦最先设立且最重要的官员,三十七位法律维护者由最优秀的人组成,挑选极其严格。其主要职责除维护法律外,还要保管城邦四个等级的人的财产记录,审判财产超出限额的人,选拔各类官员,等等。尤为关键的是,某些"真正的法律维护者"负责整个教育,同时也是立法者,而且作为夜间议事会成员还应懂得德性的一与多这类哲学性议题,并理解灵魂的不朽及其对物体的优先性,以及天体的运动。① 由此可知,那些由明智引导的法律维护者,属于真正的法律维护者。当他们都向理智看齐时,法律就能让理智粘合起来。②

但问题在于,能拥有哲学性理智的法律维护者可遇不可求。或许,我们只能期望,整个法律体系跟随节制和正义这些较低的德性。确实,在立法者的这几方面的安排中,主要涉及节制和正义。尽管明智和理智会对法律产生影响,但它们难以成为立法的直接目标。这似乎预示,立法若要实现完整的德性,困难重重。实际上,这就是政治的本质和限度——像哲人那样具有健全德性的人要当王,可能性微乎其微。现实中可欲的最佳政制是君子或贤人的统治。但这不意味着,哲学对政治和立法毫无作用。哲人可成为正派而明智的立法者的老师,指导他们恰当地立法,从而间接把最美好的东西渗透进政治生活中。因此,理智可作为法律和政制的黏合剂,尽力使

---

① 参《法义》751b5 以下,766b4 - 5,770a5 - 8,811d5 - 7,829d4 - 5,963a1 以下。关于法律维护者作为城邦主锚的夜间议事会成员,参 C. Zuckert, "Plato's *Laws*: Postlude or Prelude to Socratic Political Philosophy?" in *The Journal of Politics*, Vol. 66, No. 2 (May, 2004), pp. 388 - 394; V. Lewis, "The Nocturnal Council and Platonic Political Philosophy", in *History of Political Thought* 19 (1998), pp. 8 - 10。

② V. Lewis, "Politeia kai Nomoi: On the Coherence of Plato's Political Philosophy", in *Polity*, Vol. 31, No. 2 (Winter, 1998), p. 347.

城邦朝向德性，而非财富和荣誉。"爱荣誉"是好战城邦的典型特征，这里和财富并列，正是指向克里特和斯巴达对军事荣誉的热烈追求。而恰切的立法应发生转变：从爱荣誉和财富转向爱德性。

《法义》深刻展现了法律与德性的关联，并对人类价值领域的善恶、对错赋予极大的关怀，从而成了西方法哲学思想保持活力的根源。柏拉图尤其强调：

首先，立法不应着眼于战争的胜利和财富，亦即基于最低的和片面的德性（勇敢）。克里特和斯巴达之所以如此看待立法的目的，是因为他们将诸城邦间的战争、人人皆敌视为自然状态，从地理性和物质性的"自然"来解释立法的目的，而非依据诸德性的自然秩序和人的自然本性。其次，真正的立法旨在获得完整的德性：理智、明智、节制、正义和勇敢。立法以完整的德性特别是以理智为目标，即是以哲学为目标。因此，柏拉图暗中将哲学设定为立法的基础，也就改变了立法的目的：立法由培养勇敢和追求财富转向追求整体德性和人的完满，立法更应关注灵魂的优异而非身体的需要。最后，在每一种法律中，都会存在某种德性观，立法的意图应尽量从最低的德性转向完整的德性。在此意义上，哲学对立法和政治始终有鉴照作用。指向德政的立法可彰显现实城邦的不足，引领其走向完善。

完成、修订和践履
——如何阅读《法义》

拉克斯（Andre Laks） 撰

张清江 译

一 一部奇特的作品

可以认为，《法义》（*Laws*）是西方传统中第一部真正的政治哲学著作。无可否认，这部作品的产生环境，是一个已然非常复杂的传统，该传统由哲学立法和思辨解释构成，《王制》（*Republic*）在其中占有重要位置。但我们可以断言，《法义》不但探究了立法的基础，而且细致阐述了具体法律，这二者的结合史无前例。从这点来说，《王制》充其量只是个概览，《法义》却是真正为未来的政治思想破土动工。

这部作品之所以重要，部分原因在于，它通过结合后世能够分辨出的两种进路，创造了一种新的风格，或者应该说是两种风格。《法义》首先是对政治原则的阐述（类似于卢梭［Rousseau］的《社会契约论》［*Social Contract*］或黑格尔［Hegel］的《法哲学原理》［*Principles of the Philosophy of Right*］），同时，它也是有关应用型立法的论述（类似于《科西嘉制宪规划》［*Project for the Constitution of Corsica*］，或关于德国宪法的提议）。此外，《法义》详细阐述的几个概念，对于政治哲学具有永恒的价值。所谓的阿克顿勋爵原则（principle of Lord

Acton),即绝对权力导致绝对的腐败,在《法义》中已经得到系统阐发。《法义》首次更明确阐发的哲学观念包括:"混合政制""法的统治",以及最后但并非最不重要的"法律序曲"。柏拉图自己认为,最后一项是他在立法上的最大创新(722c1-4)。

然而,尽管在历史上很重要,但这部作品并没有受到重视,甚至受到轻视——尤其受到哲学家的轻视。[①]这种反应的部分原因,可以从作品带给读者的困难来解释。看起来,这部作品过于冗长,材料不足,文风晦涩。最让人难以忍受的是,它结构混乱,让人无法理解。不过,除了这些形式上的因素之外,还有三个重要原因导致《法义》让人忽视。

一、《法义》的影响虽然很重要,但在很大程度上,这些影响并不直接。尤其是,人们对于"混合政制"核心观念的了解,并非来自《法义》本身,而更多是借助西塞罗(Cicero)和波利比乌斯(Polybius)之手的改造。这个知识传递上看似偶然的事件,实际上表达了某种逻辑。西塞罗整合了《法义》中的柏拉图主义,将之融

[①] 英语世界讨论《法义》的基本著作,包括 Morrow 的整体研究,参 Glenn. R. Morrow, *Plato's Cretan City*, Princeton: Princeton University Press, 1960。Saunders 的文章关注《法义》的刑罚方面,收于 T. J. Saunders, *Plato's Penal Code: Tradition, Controversy, and Reform in Greek Penology*, Oxford University Press, 1991;亦参其对《法义》的翻译, T. J. Saunders, *Plato, the Laws*, Harmondsworth, 1970。Bobonich 的创新研究,很快会收录于专著出版,参 Christopher Bobonich, "Persuasion, Compulsion, and Freedom in Plato's *Laws*", *Classical Quarterly*, n. s. 41 (1991), pp. 365 – 388; "Akrasia and Agency in Plato's *Laws*", *Archiv für Geschichte der Philosophie*, 76 (1994), pp. 3 – 36。在德语世界,Hentschke 的著作代表着理解这部对话的实质进展, Ada B. Neschke Hentschke, *Politik und Philosophie bei Plato und Aristoteles*, Frankfurter Wissenschaftliche Beiträge, 1971; Schöpsdau 的作品是对《法义》的总体评注的第一卷,将取代 England (1921) 陈旧的著作,它证明了对《法义》兴趣的恢复,参 Klaus Schöpsdau, *Nomoi (Gesetze)*. Buch I – III, Göttingen, 1994。

入廊下派（Stoic）的观点（自然法理论）；波利比乌斯则把混合政制等同于罗马的命运。柏拉图用一个不大可能出现的克里特的小殖民地阐明了自己的洞见，但前述两种情况导向的结果，在横向上掩盖了柏拉图原初洞见的光芒。

二、第二个原因跟柏拉图政治思想的接受史有关。在思辨哲学的文化环境和新教传统中，《法义》既被认为不够"哲学"，不足以引起重视，又让人视为太过"天主教式"（catholic）而遭到怀疑。在柏拉图的城邦组织与罗马天主教会之间进行比较，的确有很长的历史：两者都被视为专制，反对个人主义。毫不奇怪，盎格鲁－撒克逊自由传统中的思想家尤其进行了这种对比。借着对柏拉图的解读，密尔（John Stuart Mill）和格罗特（George Grote）塑造了这个自由传统。在这种语境下，《法义》似乎突出强调《王制》中最不幸的倾向，这几乎是个讽刺；而且，《法义》更明确地预示了威权（authoritarian）政制或甚至是极权（totalitarian）政制。在这个方面，没有谁比康福德（Cornford）说得更清楚了。在其 1935 年的作品中，康福德用柏拉图的风格重述陀思妥耶夫斯基的大法官传说（Dostoyevskian tale of the Grand Inquisitor）：假使苏格拉底回到《法义》中的城邦，去推销自由讨论的原则，那么，他会被处死——毫无疑问，就像那个奉基督之名行事的教会要处死再临的基督那样。①

三、除了这两个一般的原因，还必须加上如下事实：在柏拉图全集中，《法义》的位置很奇怪（以致直到不久前，它的真实性仍

---

① F. M. Cornford, "Plato's Commonwealth", *The Unwritten Philosophy*, Cambridge, 1950, pp. 46 – 67. Cornford 文章的框架，见于 J. S. Mill, *Collected Works* vol. XI: *Essays on philosophy and Classics*, Toronto and London, 1978［1866］。Mill 甚至比较了夜间议事会（见下面第五部分）和托尔克马达宗教裁判所（Torquemadian Inquisition）。对柏拉图城邦与中世纪罗马教廷之间的对比，产生于新教神学家 F. C. Baur。关于 Baur 的看法在英国的接受情况，参 F. M. Turner, *The Greek Heritage in Victorian Britain*, New Haven and London, 1981, p. 436。

受质疑)。① 一方面,这部作品中有大量的法典编纂,这在柏拉图作品中独一无二(因此,它对法律史有重要的文献价值)。另一方面,看起来,这部作品实际上完全把哲学降低到了辅助地位(整部作品仅两次提到"哲学"[857d2,967c8],而且完全没有加以讨论)。一直以来,人们错误地认为这两个特征并不重要,因为它们并不符合对"柏拉图主义"的一般印象。此外,长久以来,人们一直认为,《书简七》(*Seventh Letter*)对柏拉图西西里历险的描述,是要引导这样一种解读:《法义》这部作品反映了政治上的挫折。据说,这种解读是必要的,以解释为何《法义》中的某些特征明显跟《王制》相悖,后者被认为是更好的作品。因而,关键问题在于,《法义》是否能够宣称具有任何哲学上的合法性。

不过,在转向这个问题之前,描述一下这部作品的结构和内容是有益的。不仅因为读者需要引导,而且我们即将看到,这部作品的形式结构与其政治规划大有干系。②

二 《法义》的结构和内容

《法义》本身的内容,是三位老人之间关于立法的对话:一位匿名的雅典异乡人,对话者称之为"异乡人"(由于对话发生在克里特,他确实是个异乡人);斯巴达的墨吉罗斯(Megillus);还有克勒尼阿斯(Clinias),他是克诺索斯(Knossos)殖民地的公民。三位老人正走在从克诺索斯到伊达山(Mount Ida)宙斯神社的路上,此时,

---

① G. Müller, *Studien zu den platonischen Nomoi*, Munich, 1951.
② 对整部作品的概要分析,参 T. J. Saunders, *Plato, the Laws*, pp. 5 – 14; Klaus. Schöpsdau *Nomoi* (*Gesetze*). *Buch I – III*, pp. 95 –98。关于这部对话不同地方主题的参考文献,Stalley 在每部分开头都做了有益的整理,参 R. F. Stalley, *An Introduction to Plato's Laws*, Oxford, 1983。

他们谈论起"政制和礼法"(625b),这是符合他们年纪的消遣(685a7以下,769a1以下)。

这个旅程跟主题有双重联系。首先,这个路线跟米诺斯(Minos)所走的道路相同。米诺斯是克里特的传奇立法者,他每隔九年前去宙斯那里聆听教诲(624a7-b3)。正如学者经常注意到的,对话的第一个词是"神",而后面也很快证明,神是柏拉图立法的基础,正如神是多里斯法律的基础。① 虽然柏拉图没有用"神权政制"这个词,但他离创造这个词也并不远,比如下面这段话所揭示出的:

> 每一种[政制]都根据作为主宰者的权威来命名。倘若应当以此命名城邦,那么,我们必须用神的名字来命名,神作为主宰者,真正统治着那些拥有理智的人(713a1-4)。②

此外,对柏拉图的政治规划来说,神学的发展在很多方面都至关重要(尤其见卷四713a-714b,715c-718a,卷十二966c-968a,还有整个卷十)。

因此,三位对话者所走的道路,代表着向立法的第一原则前进,但也更巧妙地象征着闲暇和自由的空间,在这空间中,日常生活的束缚可以暂时置之不理。从容不迫、可以随时中止、不会被迫去做任何事情,这是在乡间小路行走的本质特征,即使最终目的地是一位神。这种形式上的自由跟对话内容密切相关:在对话中,即使谈到法律,也要避免现实立法的紧迫性,这非常重要。这是因为——

---

① 在迈锡尼时代末期,多里安人侵略了克里特和伯罗奔尼撒。克里特和伯罗奔尼撒有着同样的方言和文化,这让它们在很多重要方面跟其他希腊地区不同,尤其跟伊奥尼亚人(Ionians)不同,而在这点上,雅典人被认为与希腊有着历史上的联系(参希罗多德,《历史》,I.56)。

② "神权政制"这个术语,在Josephus的《驳阿皮昂》(Contra Apion II.16.)之前没有出现过。关于"理智政制"(noocracy)与"法治"(nomocracy)之间的关系,参后文3.2部分。

下面会看到这些原因——《法义》基本认为,现实立法是令人生厌的"必要性"的结果(例如,参857e10–858c1,859b7–c2)。

作品的整体结构大致如下。卷一到三提出了有关立法原则的两个总问题:法律的目的是什么(卷一到二),法律有权威的前提是什么(卷三)。作品首先简短阐发了神引导下的立法工作的地位,之后,前两卷的余下部分对多里斯政制进行了批判性分析,认为法律必须是实现完整德性的工具,而不仅是要培养单一的战争德性——勇敢(624a–632d,参963a)。第三卷的阐述方式发生了改变。卷三提到了三个多里斯城邦——阿尔戈斯(Argos)、迈锡尼(Messene)和斯巴达——的历史命运,把它们的故事嵌入人类文明发展的更大框架中(677a)。由此,卷三得出结论说,单靠权力划分和混合政制就能保证法律的权威。① 斯巴达采用混合政制,从而得以避免僭政,但迈锡尼和阿尔戈斯并非如此(682e–693d)。卷三讲述了斯巴达如何打败之前联盟的故事,这个故事在卷三中的作用,类似于前两卷中对多里斯政制的批评。这就是卷三不同于卷一的原因,卷三强调斯巴达政制的相对价值和适当性,而非强调它们各自的缺陷。这个视角转换是《法义》特有的,它巧妙地在对多里斯政制的赞扬与诘责之间转换。然而,从一开始就应当注意,虽然多里斯语境的痕迹很明显,但总体而言,《法义》的典范更多是雅典,而非斯巴达(见下面第五部分)。不过,虽然这是《法义》对政治平衡的精巧运用,但它想要综合希腊(政治)文化中这两种最重要倾向的意图(参上面注释5)非常明显,也非常大胆。

斯巴达政制不管已经"混合"到何种程度,都仍然存在深刻缺陷。斯巴达法律寻求促进公民的德性,却对德性的真正本质视而不见,同样,它对权力的划分也没有提到那唯一真正值得考虑的"神",也就是713a1–4(前引文)所暗示的"理智"(νοῦς)。斯巴达人靠着某

---

① 这个假设是,人类历史跟世界历史一样,都是循环的。

位神的先见,实现了政制的稳定,但这并不足以让斯巴达成为"神权政制",甚至也算不上"理智政制"。毫无疑问,"神权政制"或"理智政制",才最充分描绘了柏拉图城邦想要表达的东西。

正如现在总是拥有过去一样,过去也总是指向一个可能的未来。正因为多里斯政制是它们自身之所是,因而,通过加入它们未曾遇到的标准,可以重新塑造这些政制。在卷三结尾,克勒尼阿斯提到,他很快会受到征召,跟其他九位公民同伴一起,为一块新的克里特殖民地立法(702c2-8),这块殖民地就是作品中多次提及(但直到848d3才首次出现)的"马格尼西亚城邦"(city of Magnesia)。①从克勒尼阿斯的立场来看,对于谈话转向立法的主题,他觉得非常幸运(702b4-6),雅典异乡人也同样感到满意。规划创建多里斯殖民地,为检审前三卷提出的那些原则提供了一个天然机会。多里斯城邦不仅培养德性(即使不是完整德性),并拥有一个混合政制的传统,而且在恰当条件下创建殖民地,为采用一套新法律提供了可能的最好环境(708a-d)。在为新殖民地立法的诸多好处中,尤其突出的是,在新殖民者刚刚到达新城邦的时候,立法者必须向他们发表演说。这个演说虽然是首次做出,没有关于其修辞或政治状况的评论,但结果证明,它是"序曲"之一,它的重要性也已得到强调——确实,它是《法义》最重要的序曲。

简而言之,规划中的马格尼西亚城邦,远非仅仅提供一个检验模式的具体实例。它给雅典异乡人提供了一个意想不到的机会,可以按照他的政治理念去推进立法工程的细节。不管它对法律的描述多么具体、详细,也不管马格尼西亚在多大程度上能够成为[新殖民地立法的]参考框架(例如,见752d-e),《法义》都不会被看作这个具体实例本身。相反,雅典异乡人的建议仅仅是建议。新大

---

① 参860e6,919d3,946b6,969a5以下。969a5那段话说明,这个名字的选择只是举例。

陆殖民地是否采取这些建议，仍是克里特人的责任。因此，这种状况也证实了《法义》中反复出现的一个重要原则：立法者与权力的分离（702d，739b，746c）。卷四至卷十二致力于详细阐明马格尼西亚的制度，不论这个城邦的建立多么迫近，它仍然只是个理想中的马格尼西亚。

卷四至卷十二包含着严格意义上的立法工作，总体而言，这几卷的主要论述还算清楚，虽然读者会面对很多晦涩之处。重要的是区分那些偶然的晦涩之处与可谓本质性的晦涩之处。《法义》的某些特征——尤其是最后两卷的混乱——表明，柏拉图在完成作品的最后润色之前就去世了。① 不过，其中一些晦涩之处的出现，是由于柏拉图处理立法工作的特殊方式。由于不断有意地"推迟"立法，立法工作的整体结构开始变得模糊。这种推迟有很多原因，有些纯粹是技术上的，有些则涉及柏拉图的法律观。虽然后一类原因在哲学上最让人感兴趣（我们即将看到这点），但重要的是认识到，它们早已在前一类原因——那些看起来更技术性的因素——的背后发挥作用。

首先，立法工作推迟的原因在于，严格地把立法定义为一种专业知识或技艺（τέχνη）。立法的任务有双重：第一，它必须确切说明一种政制，指派行政官员，并明确他们的权力。第二（用技术性的说法），它必须"向"这些统治者"颁布"法律。因而，严格来说，法律是统治者必须强制执行的药方（735a5以下，751a5 - b2）。由此，"政制"本身——根据这个术语——不是一项法律，尽管它确实属于立法者的专长领域。我们将会发现，政制与法律的这个区分，对柏拉图的计划极为重要。它表明，即使在讨论"法"之前，也有很多东西，或就此而言即是"政制"，需要从立法的角度进行讨论。

---

① 一般认为，柏拉图死后，他的学生菲利普（Philip of Opus）编辑了这部文稿。关于这点，参 L. Tarán, *Academica：Plato, Philip of Opus, and the pseudo - Platonic Epinomis*, Philadelphia, 1975, p. 128 ff。

只要立法是一种"技艺",它就会想要限定某些条件,以便自身能够得到最好运用(709a-e)。①

卷四和卷五即致力于这些"前提"。这两卷内容相当混杂,讨论的是有关地理、人口统计和经济等实际问题的混合。其中也谈到一系列理论问题(或元立法［meta-legislative］的问题),例如,新政制和法律将要采取的权威的本质,政制的一般形式(这部分中包含了讨论"神权政制"的那段话),法的形式(其中包括了有关序曲的理论)。把立法定义为专业知识,本身就是这个讨论发展的一部分。②第一个严格意义上的"立法",涉及的是婚姻条例(卷四720e10-721e3)。但这些条例只是简单介绍,目的是证明法律与序曲之间的不同,而下一个真正法律直到卷八才出现。

关于序曲的最后一个前提,在某种意义上也最重要,因为它影响着立法的总体形式。从严格或"简单"的意义上来说,法律是一种秩序,就伴有惩罚的威胁,万一有人违反的话(721b)。不过,立法者的技艺超出了这种对法律的狭隘表述。除了惩罚的威胁,还有另一种形式的立法演说,其作用是,在需要威胁和惩罚之前进行"劝谕",也就是"序曲"(见下文第六部分)。与之相应,立法的任务是"双重的",而非"单一的"(721b4以下)。事实上,由于序曲在法律之前,相比那些对必要前提的讨论,或就此而言,相比那些对"政制"的讨论,序曲会导致显著推迟法律本身的讨论。

对序曲本质的理论解释,占据了卷四的结尾部分。打头的第一个部分是所谓的法律"总序曲",呼吁人类尊重诸神(715c-718a)。

---

① 对"政制"与"法律"的区分,在卢梭的《社会契约论》(见第二卷,8-10章)中仍然非常重要。

② 这两组问题以一种复杂的方式交缠在一起。顺序如下:城邦的位置,704a1-705b6;人口的起源,707e1-708d9;新法律权威下权力的本质,709d10-712a7;政制的一般形式,712b1-715e1;立法的形式(立法的序曲),718d2-723d4;有关财产和占有物的规定,737c1-747e11。

接下来的第二部分是卷五的开头,包含着劝谕一个人对父母、朋友、同胞所负的责任,还有最重要的,对自己灵魂的责任。这个面向克里特新殖民者的长篇演讲,是一篇让人印象深刻的布道,它占据了卷五的很大篇幅(直至734c)。

引人注目的是,这个总序曲后面,紧跟着的不是某个具体法律,至少不是卷四结尾正式定义的那种法律。因为在卷五结尾处理完某些进一步的"前提"之后,卷六开头的立法者转向了"政制",或者说,转向为城邦设立官职($\kappa\alpha\tau\acute{\alpha}\sigma\tau\alpha\sigma\iota\varsigma\ \dot{\alpha}\varrho\chi\tilde{\omega}\nu$,751a3,参735a5)。在某种特定意义上,政制本身可被描述为"法律",异乡人确实一度谈到"政治体制的法律"(734e5),但显得不无尴尬。只有在一种扩展的意义上,建立官职系统才能称为立法,因为严格来说,"法律"这个词已经预设了官职的存在(这些官职的"设立",是为了执行法律)。此外,这些政制的法律不是卷四结尾讨论"序曲"定义时的那种刑法。因此,在这部作品的核心,我们发现了一个没有法律的序曲(卷四和卷五的总序曲),在这个序曲之前,是一个没有相应序曲的准法律(quasi‑law)(政制)。不过,这个混乱只是表面上的。因为,如果公民遵循总序曲的劝谕指令,那么,他就会参与和尊重法律的内容,而这符合法律与城邦官职组织的要求。

由此便可以理解,为什么除了"政治制度的法律"之外,立法工作直至卷六结尾(768d7‑e3)才开始进行。不过,应当立刻补充,卷七使用了不成文法律(unwritten laws)的特定形式,卷七的大部分致力于有关教育的法律(接续卷四结尾提到的有关婚姻和生育的法律)。显然,口头形态和传统充当了那个劝谕性、非强制序曲的功能等价物,实际上是充当了它的可能替代物,甚至是有吸引力的替代物。因而,对立法接二连三的推迟,以及对"法律"一词界限的含蓄改变,意味着法律概念本身在很大程度上是消极的,因为它主要涉及强制的惩罚。惩罚是最后的手段,当哲学或其他的说服办法已经用尽时才会使用,虽然《法义》实际上表明,惩罚本身——包括处死——也包含某种医治的目的。①

与读者的预计不同，严格意义上的法律（法典），并没有紧跟官职出现，而法律依附于这些统治官员。事实上，卷七至卷十二的阐述顺序相当复杂，要解释这个顺序，必须至少考虑三个原则：（1）人类生命周期及其节点按时间顺序排列的原则：结婚和生育、教育、军事服务、政治生活、死亡和葬礼安排；（2）现实原则，据此，与生存相关的活动必须受到控制（842e3-5，参842d1-e1）；（3）处罚法规原则，它依据对违法的严重程度进行的分类［实施惩罚］（884a1-885a7）。②

对于人类生命周期各阶段的讨论，从卷六结尾一直持续到卷八的上半部分，并在卷十一至卷十二中间断性地重新加以讨论。相应的法规可以等同于法律整体，在卷九结尾，雅典异乡人已经说明，法律整体的设计，是要培养"君子"（νοῦς，880d8）。与这些法规形成强烈对比的是另一类法律，其特征是强调威胁和惩罚，它们为卷九和卷十（还有卷十一的其中一部分）提供了素材，这几卷处理的是"重要的"违法行为（853a5）。这些法律是典范性的，原因在于它们被施加了"必然性"，但这种必然性不是由人类基本需求所施加，不像农业法律那样。毋宁说，这个必然性彰显出教育的失败。这就可以解释，为什么这部分立法任务的进行会发生在"羞耻"这个标记下（853b4）。

序曲的出现，使得安排这些话题变得更加复杂。从某种意义上来说，根据卷四分配的任务，序曲只是先于某项法律（或某类法律）。然而，由于这相当于悬置法律（至少是暂时性的悬置），序曲也提供了推迟立法的另一种方式。这当然是卷五中总序曲的结果。

---

① 关于这点，参 T. J. Saunders, *Plato's Penal Code: Tradition, Controversy, and Reform in Greek Penology*, p. 182 ff.。

② 为的是减少威胁，冒犯（offence）指的是针对公共领域的恶行、杀人、侵害、肆心（包括对诸神的冒犯）；犯罪则是针对财产的恶行、偷窃，有关合同和买卖或审判程序的不法行为。

序曲也会变成对原则的讨论（就像卷十反对不敬虔法律的那种情形），那时，克里特殖民地的未来立法者取代公民，成为这些"指示"的天然听众。因而，最核心的立法工作留给了关于元立法(meta-legislative) 的反思，对立法事业本身的状况提出质疑。

所以，《法义》由这些离题话组合在一起，有的寥寥数语，也有的长篇大论，它们本身拥有某种程度的独立性。①这个特征吸引人们将《法义》解读为一种文选。《法义》本身也明确支持这种解读：《法义》邀请教师去阅读他们跟学生对话的摘录（811a）。这里很难评定悖谬的程度。因为也有很好的理由认为，在类似的字句中可以发展出对《法义》的总体诠释。但无论哪种情形，毋庸置疑，这部作品最引人注目的时刻在于，正在从事的这项巨大任务，突然被置于有关人及其存在的意义这些终极问题的视角之下。因而，瞬间闪过的崇高表明，这部作品并不具有如此浓重的色彩，以至于即便是在古代，它也受到"冷漠无情"这样的责难（Lucian, *Icaromenippus*, 24）。在强调立法事业的矛盾及局限的那些段落中，这点尤为真实，例如，最著名的，关于这项引人注目的工作，雅典异乡人谈到将会施加于其上的限制，此时，他把自己的制度融入了这个"最真实的肃剧"（817b5）。就此而言，在政治思想史上，《法义》不仅前无古人，而且后无来者。这并非这部作品最无趣的特征。

三 诠释《法义》的三个模式：完成、修订、践履

诠释《法义》的关键，取决于它跟柏拉图其他两部伟大的政治对话作品——《王制》和《治邦者》（*Politicus*）——的关系。这种关系要如何理解？《法义》一举完成三件事情：它完成前两部

---

① 例如，644d7–645c6（人类木偶），719e7–720e5（医疗与立法），739a1–e7（三种政制），806d7–807d6（闲暇生活），857b3–864c11（惩罚与责任）。

作品中概述的方案，修订了它们勾画出的城邦模式，最后，它刻画了这种模式在实践上的实现。这三个任务的每一个，都反映出《法义》的本质目的。不过，它们之间也存在某种张力。但这种张力并没有威胁到整个计划的一致性，因为《法义》本身的目标，就是要清楚表达一种张力，以反映人与神圣之间彻底的、不可化约的两极分化。

3.1 完成

在这三项工作中，某种程度上，完成这项工作最明显。《王制》和《治邦者》不过勾勒了政治哲学的轮廓，它们提出的方案相当简略，没有描述政治机制的具体细节。在《王制》中，真正的政治学是关于灵魂的学说，城邦是灵魂的"意象"（参443c-d有关正义的论述）。除了这个事实之外，还有另外两个原因可以解释，为何《王制》故意搁置制定具体法律这项更大的工作（426e4-427a7）。首先，《王制》政治理论的关注点，几乎完全在那些最高执政者那里。更重要的是，它更多地把这些执政者视为潜在的哲人，而非城邦的行政官员，也就是说，《王制》所关注的这些人的才能，恰恰并非管理城邦所需的才能。相比之下，《王制》更关心城邦与哲学之间的某种紧张，而非城邦本身。

这种紧张在《治邦者》那里仍然存在，虽然是以一种不同的装束出现。《王制》的典型说法是，对理论生活的渴望，与统治的要求存在冲突。相反，在《治邦者》那里，我们看到一种对政治的哲学贬低：对政治的探索，纯然是一种辩证训练（285c-286b）。此外，《治邦者》甚至比《王制》更聚焦于权力的终极来源：相比《王制》中的统治者，《治邦者》中的"君主"可能更适合称为哲人王，因为他的权力不用受制于轮流原则。《治邦者》这部对话已包含一些概念资源，这些概念在《法义》中有进一步展开（比如，有关混合政制和法度的观念），尽管如此，它对于法律具体内容的处理，仍然只是边缘性的。①

相比《王制》和《治邦者》，《法义》从头至尾都是政治性的，非常坚定，没有任何犹豫，尽管它强调了立法工作的困难，并沉溺于某种程度的生存论绝望（803b3-5：人类事务不值得高度重视，尽管有必要对它们感兴趣）。在这些限度内，可以把《法义》描述为柏拉图政治哲学"政治化"的标志。

《法义》最醒目的特征之一是，既有对基本政治原则的详细说明，又包括这些原则最详细的实例，它贯穿了整个光谱：我们可以看到它描写的各社会-政治阶层和职业，公民如何过日子（只要指出，政府的最高组织夜间议事会每天早上都要开会，就足以说明这点），我们还能看到，这些公民热心参加集会和宗教节日，他们把孩子送去学校，致力于法律诉讼，储备饮水，表达自己的意愿——简而言之，我们能看到公民在一切日常事务上的行为。以《法义》为基础，人们可以写出一部有关"柏拉图城邦日常生活"的研究著作。但显然，无论《王制》还是《治邦者》，都无法支撑这项研究。在这个意义上，《法义》同样不像人们设想的那样"贫寒"。

《法义》对城邦制度的描述非常详尽，以至于人们可以拿它跟现实制度进行具体对比。事实上，诠释《法义》的一项关键任务，就是理解柏拉图的哲学原则与当时的某些现实甚至一些地方性现实之间奇特的一致性。莫罗（Morrow）的奠基性研究已清楚表明，《法义》的制度设计在多大程度上得益于历史上的雅典制度。②《法义》的制度建构，与实际的制度既有区别，又有相似之处，这两者交织在一起。站在黑格尔主义或马克思主义者的立场上可以说，这种建

---

① 参 C. Rowe, "The *Politicus* and other Dialogues", 第3部分, in *The Cambridge History of Greek and Roman Political Thought*, edited by Christopher Rowe and Malcolm Schofield, Cambridge University Press, 2000, 第十一章。

② See Glenn. R. Morrow, *Plato's Cretan City*.

构证明了特定社会-历史状况施加于哲学的限制：虽然《法义》有公开宣称的革新方案，或者甚至可以说正是由于这一点，它提供了我们对希腊城邦所拥有的最好哲学形象之一。不过，同样惹人注目的是，这种交织可以联系到柏拉图哲学自身的基本概念（确实，必须进行这种联系）。在这一点上，修订和践履这两个角度开始发挥作用，在某种程度上，它们是作为补充。

3.2 修订

可以认为，《法义》完成了《王制》和《治邦者》提出的政治方案，但尽管如此，这一朝向终点的运动也伴随着对前两部作品的重要偏离。某种"退却"（retreat）形态支配着《法义》，柏拉图将这种"退却"比喻为棋盘上的移动：无论是出于被迫，还是战术上的原因，棋手必须从一条叫作"神圣"的界线那里撤回他的棋子（739a1–5）。

《法义》通过两个对比刻画了这种退却。一方面，相比那些第一等的"最好"城邦，《法义》的城邦通常被认为属于"第二好"（739a4以下，739b3，739e4，875d3）。另一方面，相比那些适用于诸神的制度，《法义》城邦的制度明确以人类为对象（732e，853c3–8，874e–875d，对比691c–692a，713e–714a）。这两个对比并不总是一起出现，但它们功能相当。因而，不能认为"第一等"的最好城邦与"第二好"的城邦都处于人类领域之内，毋宁说，它们是指两种原则上根本不同的秩序（但我们很快会看到，"人性"和"神性"之间的复杂关系让这种情形变得更加混乱）。

《法义》的各种退却采取了四种主要形式，这四种形式加在一起，构成了立法工作的环形构架：

（1）为了满足人类特有的自私冲动，[法律]将会有限度地允许私有财产存在（739e6–740a2，参731de，736e–737b）。

（2）建立法的统治，而非个人的统治，以避免人类滥用权力

(713e3 – 714a2，874e8 – 875d5)。①

（3）因为同样的原因，要建立一种"混合"政制（691c – 692a，756e8 – 757a5 给出了一个不同的论证）。

（4）"人类"赞扬的东西，涉及对个人快乐的追求，它们必须跟追求"荣誉"和"名声"所赞扬的其他东西相比较，并由此使它们称得上神圣（732e7 – 733a4）。

依据它们与政治生活的关联程度，可以对这四个基本原则进行排序。在最底层，拥有财产关系到生产，因而是纯粹生存性的（严格来说，这不在"政治"的范围内）。在最顶层，宪政和法的统治限定了政府的真正形式。在这两个层面之间，人类的赞扬代表了政治体内部政治沟通的最常见形式。通过详尽的立法，《法义》让这个总体框架变得丰满，因此，第一好和第二好、神和人之间的对比，始终在起作用，尽管在大部分时间里，这种对比仍然很含蓄。关于性爱的法律（837a – 842a）是一个例外，但仍然可以理解，因为性欲是一种尤其强烈的人类欲望，在神圣存在那里没有直接的对应物。这提示了解释"第二好城邦"那些特殊法律条例的可能性，亦即，在每一种情形中，追问它们想要模仿的"第一好城邦"中的对应物是什么。

"第二好"城邦的一个独特之处在于，它关注新法律的执行问题，这尤其让人感兴趣。当然，这个问题本身并非制度问题，但它却关系到制度的真正实现。《王制》已经提出了这个问题：为了能尽可能地接近模式（model），原料必须是最容易锻造的那种。在卷七结尾，《王制》描述了所有公民及十岁以上儿童的乡居生活。这种生活的情形，已经有评论者多次讨论过。人们可以争论说，柏拉图是

---

① 在这个意义上，《法义》的政制是一种"法的统治"。关于这种"法的统治"与其所声称的"理智政制"（参前文页 260 – 261。［译注］即本文第二部分）之间的关系，参下文页 270 及注释 20（［译注］即本文 3.2 部分）。

在很现实地谈论那些希腊世界并不陌生的程序。① 无论如何，把这样一种设计加到诸神的城邦中，总是有点儿奇怪。尽管如此，仍然很难摆脱这样一种印象：相比《王制》，《法义》采取了一套更加"人类"的程序。《王制》安排了一个理想的空白石板，哲人王可以在上面勾画理想城邦，但《法义》没有这样的理想石板，《法义》工作的假设是一块新殖民地。对于重新开始设计来说，这当然是一种不那么彻底的方式，但却是希腊政治文化中极常见的一种方式。

如前所见，在某种程度上，《法义》是对《王制》和《治邦者》两者相同的延续。至于修订的部分，这两部对话的情形就不一样了。相对《王制》，在关于善的共同体、哲人王的可能性、彻底革新的必要性等方面，《法义》"退却"了，这在对话中表现得一清二楚。相比之下，《治邦者》已经表现出对一位人类君主的期待（虽然没有明确主张：301c–e），并首次强调了知识与法律之间的区别，这为《法义》铺平了道路。即便在300c那里出现的"第二好"概念并不严格，但这在《法义》中仍然有效。②

然而，要把《治邦者》简单视为对《法义》所做修订的预备，应当特别小心。《法义》对《治邦者》除了明显的重复之外，也有批评。批评的问题，恰是这两部作品看似相同而与《王制》看法不同的地方，即它们都对"法律"的作用很感兴趣。首先，在《治邦者》那里，法律要么是专业治邦者手中有效的权宜之计，要么是毋庸置疑的第二好选择，如果没有真正的治邦者，它是我们最希望的选择。然而，《法义》中的法律，是神圣理智的体现：

> 我们应该……顺从我们分有的一切不朽因素，给理智规定

---

① Myles Burnyeat 曾（口头）提到曼提尼亚（Mantinea）的情形。公元前386/385年，斯巴达人打败曼提尼亚之后（Xenophon, *Hellenica*, v. 2. 7），把曼提尼亚人赶到了"乡下"。

② 关于这点，参 Rowe，前揭。

的分配赋予"法律"的名称。(713e8 – 714a2)①

法律中这种理智的体现,让人很难确定《法义》中的制度是更接近法治,还是更倾向于理智政制。

其次,同样重要的是,对法律形式的关键要素,《法义》做了新的强调。《治邦者》主要关心法律的"替代"方面(君主缺席的时候,法律才发挥作用),《法义》则专注于法律"禁令"(epitactic)维度的含意(法律是对某人发布的命令)。这种看法变化导致的一个主要改变是,《治邦者》(或《高尔吉亚》[Gorgias]中的相关内容)正式辩驳了政治"劝谕",而《法义》最终则对之采取了一个极不同的态度。②自此,公民协商——不仅是关于善的问题取得的成就——成为政治技艺不可分割的部分(对比《治邦者》293a9 – c4,《高尔吉亚》521e6 – 522a3,《法义》,例如卷四 722d2 – 723d4)。③确实,在大多数情况下,《法义》对《治邦者》的批评仍然很含蓄。无论如何,这种批评不像《王制》那样激烈,在某些情形中,《法义》对《王制》几乎是逐字逐句进行回应(711e – 712a 关于同时具备权力和明智,739c 关于善的共同体和家庭)。不过,法律在《治邦者》那里本来是作为"替代物",这种含义却在冠以《法义》之名的作品中消失,其意义绝不能低估。

---

① 同样将"习俗"与"理智"关联在一起的《克拉底鲁》式(*Cratylus - like*)"语源学",在卷十二 957c5 – 7 再次出现:未来的法官必须学习法律,为了变得更好,他比任何其他人都更应该学习,但前提是这些法律正确,"否则,说我们神圣而非凡的法律拥有合乎理智的名字,就徒然无效"。

② 这里说"正式",因为在 296a – 297b 展开了这个论证。事实上,《治邦者》确实需要"说服",以区分君主和僭主(291e)。因而,它始终坚持 304a – e 的看法:对于真正的统治者来说,"修辞"应当成为三种主要"辅助手段"之一。但这意味着,就说服所关注的东西而言,在《治邦者》中的两种思想类型之间存在紧张关系,而这种紧张是《法义》力图避免的。

③ A. Laks, "L'utopie législative de Platon", *Revue Philosophique*, 1991, p. 423 ff.

《法义》疏远功能（distancing function）的动力，不仅与《王制》和《治邦者》有关，而且在某种意义上，跟《法义》自身固有的一个模式有关。例如，在有关公有制度的情形中，可以证明，《法义》由之退却的起点，比我们在《王制》中看到的更加极端。因为，在描画"最好城邦"的轮廓时，《法义》明确指出，这个［公有制的］共同体应该尽可能扩散到"整个城邦"（739c1以下），但《王制》明确将公有限定在护卫者这个群体内。如果转向"劝谕"的主题，这种内在的远离就变得更加明显。卷九中一段至关重要的话证明，卷四结尾引入的"序曲"并不必定意指基于褒贬的修辞话语（像人们原来认为的那样），而是应当在理想环境下采取准哲学讨论的形式，以理性论证的方式进行（见下文第六部分）。相比这种立法者与公民之间理性讨论的理想境界，我们在《法义》中经常看到的、那种起作用的修辞说服，显得只不过是"第二好"，而无论在《王制》还是《治邦者》中，这种理想境界都绝无对应物。

最后，某些情况中的修订，比人们设想的更加轻微，竟至变得不好判定。在这里，前面所列四个基本政治特征的情形各不相同。我们听到的《法义》做出的第一个修订——用私有财产制度取代公有制——深入且不可逆转。然而，如我们所见，这不大像一条法律，而更像通常意义上的立法前提。另一方面，在顶层的夜间议事会，跟《王制》的哲人王有多大程度的本质区别，并不十分清晰。或许可以说，唯一的不同在于，用作为最小控制形式的联合统治取代了权力，在这种情况中，对理论生活的渴望不再能够成为抵御权力诱惑的保证。[①]

因此，即使《法义》中有对《王制》和《治邦者》的批评（这确实存在），但该批评也被调节到了下述程度：这两部对话中的理想，整合进了《法义》重建的"理想"城邦，而后者可能符合，也可能不符合之前的理想。在这个意义上，虽然乍看起来，《法义》的"关联亲属"很醒目，但却有些复杂。这种复杂性绝不会阻碍人们承认，必

---

① 亦参下文第五部分。

须认为"疏远"是诠释《法义》的基本范畴。恰恰相反,疏远不仅是从理想退却产生的结果,也是践履一种政治模式的必备条件。

3.3 践履

从某种意义上说,迄今所考查的两个视角——完成和修订——不是相互对立,而是相互补充。这在下述意义上是适切的:《法义》如果不是对某个模式的实际践履,至少也本该是这种践履的最初阶段(在本质上仍是理论性的)。因为,如果践履意味着把模式嵌入材料中,但二者之间并不必然相称,这必将引发材料的抗制,那么,践履就包含着完成和修订两个方面。这种看法至少可以为自己找到两个原因。大体来说,它很符合柏拉图的模型论(paradigmatism);更具体地说,它可让人认为,《法义》在政治学领域占有一席之地,就像《蒂迈欧》(*Timaeus*)在宇宙-生理学领域占有的位置那样。①这两部对话依赖相似的样式。《蒂迈欧》中工匠-造物主(craftsman-demiurge)依照的"模式"("样式"[Forms]),类似《法义》中"最好城邦"的政治模式。《蒂迈欧》中讲到了原料"空间"($\chi\tilde{\omega}\rho\alpha$),从中将产生基本的三角形和四种元素,这个空间对应着人类原料,立法者必须把这些原料塑造进一个政治机体中。甚至更让人瞩目的事实是,《蒂迈欧》的原料"载体"等于"必然性",而《法义》的立法者同样必须与必然性斗争(例如 857e10 – 858a6),必然性划定了立法者行为的限度。②

---

① 《蒂迈欧》也有政治的面向,因为总体来说,它被认为是《克里提阿》(*Critias*)的导论。不过要注意,《克里提阿》的重点不是政治制度,而且古雅典人(连同亚特兰蒂斯岛)属于遥远的过去,这让它更接近《王制》中的第一等城邦,而非《法义》。

② 关于《蒂迈欧》与《法义》之间的对比,参 A. Laks, "Legislation and demiurgy: on the relationship between Plato's *Republic* and *Laws*", *Classical Antiquity* 9, 1990, pp. 209 – 229。

相比《法义》与《蒂迈欧》之间的类似之处，两者的差异同样很有启发性。尤其重要的是，《法义》着重强调过去的时间长度和未来的不确定性，以及存在的各种可能性。跟《蒂迈欧》的造物主相比，《法义》的立法者是人，不具有造物主直接的"善"（《蒂迈欧》29e），他们必须时刻保持"审慎"。至于他们工作必须面对的原料，《蒂迈欧》中的"物质"相对比较简单，与之不同，《法义》的原料则包含了一个漫长历史的复杂积淀，对此，卷三做了生动描绘。最重要的是，虽然世界只有一个，但地球上有数不尽的城邦。正是在这样的语境中，人们必定会理解与前两种城邦（第一好和第二好）并列提到的"第三好城邦"（739e5）。"第三好城邦"的说法已经引起很多的困惑，而此后柏拉图再未提到它。有很好的理由认为，这第三好的城邦就是马格尼西亚城邦，一旦《法义》的讨论完成，克里特的立法机构便会开始建立。但同时，第三好城邦也代表一个开放的系列，指那些愿意致力于自我改良的所有城邦，不管它们是否是殖民地。当然，这些城邦彼此之间极不相同，处于各种各样的状况之中，柏拉图并未明确说出这点。

因而，从条件践履这个角度来看，可以将《法义》解读为对自然与历史之差异的反映。就此而言，对可能性问题的处理非常重要。与《蒂迈欧》相比，《法义》的兴趣中心已经转移：不再是实现模式本身，而是转向模式实现的条件。在形式上，这让《法义》与《王制》联系在一起，因为《王制》一开始介绍哲人王，是将之作为实现正义城邦的可能性条件（473c-d）。尽管如此，《法义》的这种转向也表明了一个事实：只有《法义》充分注意到一连串的"人类"因素，而《王制》则有意忽略这些因素。

尽管践履的概念确实考虑到《法义》的某些重要方面，并提供了一个可靠而精巧的方式去理解《法义》与《王制》之间的联系，但它并没有完全公允地对待《法义》的复杂性。毕竟，《法义》呈现出的不像对模式的践履，而更像是另一种模式。它的探讨仍然是理论性的。

真正的立法到后面才出现（702d）。如果必须抛弃严格的公有制，那是因为这种制度适用于诸神，而不适合人类。正是人与神之间的距离，让修订必不可少。这并不意味着《法义》放弃了第一好城邦的范式：相反，第二好城邦始终"尽可能接近"第一好城邦（739e2）。

因而，在某种意义上，《王制》与《法义》之间既非"修订"、也非"践履"，而只是从一个层次（神）转到另一层次（人）。不然的话，《王制》中的城邦就不能仅被视为一个理想模式，而应当是一种意欲"实现"自身的政治方案。但在这一点上，《王制》极为含糊：既可以将之解读为一种乌托邦（已经有人做了这样解读），也可以认为它是政治行动的蓝图。通过选择后一种解释——否则就无从谈到"退却"——《法义》表现出澄清这个问题的首次尝试。这是很大的功绩。《法义》以自身独特且非常柏拉图式的方式，斩钉截铁地对人类因素加以重视，由此，它开启了通向亚里士多德之途。人们甚至可以怀疑，《法义》中是否已经包含某些真正亚里士多德式的东西。

四　人与神：《法义》的人类学

跟诸神相比，人类是第二好的，因而，如果《法义》详尽阐明了"第二好"的城邦制度，那么，人们应该可以得出结论说，就人类的关注来说，这些制度是可能的最好制度。这点必须加以强调。这也让理解下面的问题变得更加重要：根据《法义》，作为人是怎么一回事？人类在哪些方面异于诸神？要为这个问题找到恰当答案并不容易，因为在这个语境中，诸神被描述为某种类型的人，即那些能够生活在最好城邦中的人（739d6 - e1）。关于这些神样的人，《法义》告诉我们的很少，除了一些否定性的描述。尽管如此，借由《王制》中的理想公民，人们仍然可以了解他们（尽管由于前面第三部分提到的理由，这二者并不能完全等同）。

《王制》中神样的人与《法义》之人的本质差别，并不在于他们灵魂构成的本质。与《王制》一样,《法义》中的人也是个复杂的统一体,理性与非理性的因素并存。尽管非理性因素自身多种多样,但最终可以化约为那些趋乐避苦的东西。另一方面,理性部分并不指向快乐,而是指向善。如果神样的人与纯粹的人之间有区别(这确实存在),那么,该差异存在于那些构成要素之间的某种关系,而不在于那些要素本身。

各要素之间的关系取决于它们各自的力量或强度。从《法义》的观点来看,《王制》忽略了人性的因素,因为它让护卫者采取公有制,并把权力赋予最娴熟的护卫者(哲人),同时,《王制》高估了理性部分的力量,而低估了非理性部分的力量。第二好城邦构架中表现出的退却,反映出对这种状况的重新斟酌。如果赞扬要通过允诺快乐而进行劝谕,那是因为"人的天性涉及的主要是快乐、痛苦和欲望。可以说,每个凡物都与这些东西难分难解,最为紧密地捆绑在一起"(732e4-7)。必须通过法的统治和分权这双重手段限制权力,因为"人的天性总是非理性地趋乐避苦,这总是促逼他(假定的君主)想要攫取更多,做出肆心之举"(875b6-8,参713c6-8)。

赞成私有财产也是基于同种考虑。对私有财产的赞成是所有其他变化的典型代表,它恰好出现在专门的立法工作开始之前。快乐和痛苦构成了人的真正本质,就此而言,财产是快乐的典型根源。①在最普遍的意义上,"从神圣界线的退却",在于懂得如何应对"什么是'真正'的人"这个问题,即使要以某种妥协为代价。确切地说,问题在于理解,这种妥协的本质是什么。这是衡量《法义》"第二好"城邦与第一好城邦之间差距的唯一标准。

由于下面的事实,这个问题变得复杂(也因此变得更加有趣):虽然《法义》中的那个人不是一位神,但他也不仅仅是个人。相反,人是他之所是,是因为在他身上有某种神圣的东西——即使对快乐

---

① 显然,柏拉图这里玩弄了 ἴδιον [译注:有私人、自我、财产的意思] 一词的双重含义。

来说，也同样如此。如果没有这种神圣因素，他将不是人，而变成野兽（766a3以下，参808d4以下）。但如果兽性始终只是残存在心里，那反过来，人的本性就会成为温顺的动物——可以认为，这是动物性的神圣形式（765e3 - 766a4）。

卷一的"人类学"段落分析了人类的动机（644c1 - 645c8），在那里，人的这种双重本性表现得十分清楚。在那段话中，人被比作"玩偶"（κατάστασις ἀρχῶν，644d7），由理智的金绳索和非理性冲动的铁绳索共同控制，前者高贵而温和，后者则强有力。这个类比很有名，但其含义往往受到误解。"玩偶"形象本身，很容易让人做出悲观甚至悲惨的诠释。乍看起来，雅典异乡人自己似乎也赞成这点，他在卷七提到，"人被设计出来，是作为神的玩物"（803e4以下）。然而，玩偶是非常特别的东西，是个不凡之物（prodigy），或者说，是"令人惊异"（这是ϑαῦμα一词的原初含义）的东西。人类玩偶的惊人之处，在于其调和能力，尽管受到不同因素的控制（明确反映在理性与非理性因素之间的冲突）。在某些情况下，金绳索和铁绳索可以朝同样的方向移动。

这种调和的最好例子，是舞蹈中的快乐，这在最年轻的孩子身上就开始表现出来——通过恰当的训练，这种快乐可以发展为参与宗教节日合唱队的喜悦。在农业和政治活动之外的时间中，宗教节日是柏拉图城邦最主要的活动之一（803e）。在舞蹈中，相互对立各方之间的冲突，以一种和平的方式得到解决。因为，舞蹈中的快乐是一种有秩序的快乐，从而是一种理性的快乐（664e - 665a）。因此，舞蹈代表着理性和非理性因素之间其他所有可能的调和。可以认为，拒绝调和的非理性因素要么是人身上真正属人的部分，要么从另一个角度说，是他身上仍然保留的兽性，正如那些为人敬重的诸神可以等同为他们自身的理性。

这个人类的不凡之物如果受到更普通的对待，那他不会变得如此奇妙。照现在的情况来看，非理性欲望非常顽固，到最后也无法根除。因此，必须设计一个独特的人类城邦。对于理性力量与非理性力量之间的习惯性冲突，"第二好"城邦的处理方式有两种：妥协和强制。在其四个基本特征中，至少有两个——分配土地和允许"人类"辩论（这种辩论基于人的快乐）——明显属于妥协，而混合政制（在其主要方面）和统治者服从法律，则代表着强制的温和形式。在具体法律的规划中，强制的程度各不相同（取决于其涉及的非理性程度）。确实，严格意义上的法律概念认为，法律是一种暴力形式，由理智施加于非理性欲望。要衡量某法律中涉及的暴力，不能单纯依据其中包含的威胁数量（719e9，890b5），也要依据其命令"混合"或"未混合"的程度（722e7 – 723a4，参 722b4 – c2）。

不过，应当强调的是，依据《法义》，妥协和强制这两个补充方面是残留下来的元素。《法义》最感兴趣的是理性和非理性二者融合的可能性：在大多数情形中，这种融合要借助培养，而非自发的（舞蹈很可能是这种自发性的唯一例证）。在这个意义上可以认为，这部对话正在进行一项系统探究，考察人类非凡之处可能的各种表现。因而，《法义》的兴趣表现在下面这些现象上：理性的情感（占核心地位的是"羞耻"[αἰδώς]），不可辩驳的言辞形式（尤其是赞扬和谴责，代表着序曲的最重要特征），神话和公共意见（尤其是关于诸神的存在，参 886a 和 887d），还有最后但并非最不重要的，对斯巴达政治体制的辩护，以及对雅典制度的更多辩护。在这个方面，《法义》的混合政制正是这一制度上的非凡之物。

五　政治制度*

卷六通过提到两种系统的非理性政治形式，明确说明了"制度法"（constitutional laws）：一方面是独裁专制统治，另一方面是不受

---

* 这部分很大程度上得益于 Morrow *Plato's Cretan City* 一书的启发，特别是有关制度细节的问题，应当参阅 Morrow 这本书（对于这种搜索，其书的附录有非常好的索引）。

控制的民主制。虽然形式上对立，但在很大程度上，专制和民主产生的结果非常类似。权力的专制运作只会刺激君主的非理性欲望，刺激他"竭力攫取更多"（$\pi\lambda\varepsilon o\nu\varepsilon\xi\acute{\iota}\alpha\nu$［贪欲］，875b6）。民主政制也会放任所有公民心里滋长这些相同的欲望，这实质上表现在对快乐的许可和追求上（参照700d-701b批评民主制为"剧场政制"）。

这两种政制之间的关系，相当于亚里士多德所说的两种相互对立的恶行。两种极端都是由于某个因素的过度（一种情形中是权力，另一种是自由），它们的恰当尺度在于"中道"（mean）。如果想要实现真正的自由，必须理性控制对它的许可，同样，要想实现真正的权威，必须对权力加以限制。这就是政治调和的全部内容。卷三提到了这种调和的两个历史范例：（好的）君主制，以居鲁士（Cyrus）统治下的波斯（Persia）为代表；好的民主制，以古代政制统治下的雅典为代表（693d以下）。可以说，这两种政制在历史或系统发展（phylogenetic）层面上的功能，相当于舞蹈在个人或个体发育（ontogenetic）层面上的作用。

《法义》的"混合"——或更恰当地说，"中道"——政制，是迄今所能达到的君主制与民主制之间政治调和的最完善形式。可以说，它是对各种调和方式的调和。随着调和的进行，"民主制"和"君主制"这两个术语获得了新的意义。真正的"民主"制度，是那些保障公民在政治生活中有效参与和行使代表权的制度；真正的君主制度，是那些保证资格（competence）履行的制度（现代用法和古代用法之间的差别显而易见）。虽然这两种要求有潜在的矛盾，但它们仍然趋向于相互融合——这正是一个成功的调和要达到的预期效果。

权威（authority）不是简单地容忍公民的自由，而是建立自由之可能的条件。也就是说，真正的自由取决于服从某个单独的合法权威，即法律（这里我们发现了一些特别强烈的观念征兆，后来卢梭也重新提出）。在《法义》中，"中道"政制的官员，不是必须限制其权力的专制君主，而是在其行使职责时就已融合必要限制的管理者。（这并不意味着，他不必为自己履行职责的方式负责，因为滥用权力的可能性始终铭刻在人类本性之中。）另一方面，民主议事会也不单纯是剥夺了某些特权的雅典议会。《法义》中民主议事会的自由不是消极的许可自由，而是追求善的积极自由。这至少部分解释了，为何"自由"算作立法宣称的三个目标之一，跟"明智"和"友好"并举（693b4，701d7 以下）。①

调和的逻辑要求是，自由不应当再是民众的唯一所有，就像明智也不应当再局限于统治者身上。换句话说，混合的要求不仅发生在各因素之间（外在混合），而且出现在它们内部（内在混合）。"君主式"（＝有资格的）统治者身上有民主的一面，要照顾到共同体的利益，这是僭主无法做到的；"民主的"议事会也有君主制的一面，它要选出大部分行政官员。在《法义》城邦中，议事会成员来源广泛，而自由本身属于所有人。《法义》城邦是友好、和睦的场所，完全有理由宣称，跟其他"非宪政"的制度相比（832b10 - c3），它是唯一真正的宪政制度。

《法义》的政治制度，类似于希腊（民主）城邦的那些制度。有两种类型的政府机构。第一类是议事会，包括三种情形：议事会（ekklesia），理事会（boule）和夜间议事会（或许还可以加上大众司法法院）。第二类是行政官员。行政官员的界定，依据他们的职责，按照出现的顺序依次包括：法律维护者（37 位），护卫者（军事官员：3 位将军，2 位骑兵指挥官，10 位连队指挥官和 10 位部落指挥官），宗教（祭司，数目不确定），经济（60 位田地管理员，每个部落 5 人，负责农村生活，3 位城邦管理员负责城邦秩序，5 位市场管理员，负责维持市场秩序），教育（只有一名官员，仅有的不是联合领导的情形），账目和审计（εὐθύνοι，无疑超过 12 个人），司法（选择高等法院的法官）。②

----

① "自由"一词包含多种含义，其中，它当然也指"政治"自由或城邦的自主性。

② 对于各种行政官员的分配和职责，Stalley 做了很有用的总结，参 R. F. Stalley, *An Introduction to Plato's Laws*, pp. 187 - 191。

有关代表和资格的补充原则，或许可以为分析这些制度提供引导。

(a) 代表。代表原则的行使，一方面是在议事会组建和行使职责的过程中，另一方面是在选择行政官员和理事会的方式中。

(1) 在各个方面，议事会都是最出色的民主制度，因为它包含了全体公民（很可能也包括女人）。它的主要任务，是指派行政官员（除了"最高法官"和那位主管教育的官员），并选出理事会成员。因此，它被授权去选举城邦当局。它的其他任务涉及共善。议事会要裁决初审时的公共罪行（767e–768e），管理节日和献祭这些明显涉及整个共同体的事务（参772c–d），决定是否将权利扩展到那些为城邦做出贡献的异乡人身上（850b–c），以及以城邦的名义授予最高荣誉（921e，943c）。因而，议事会的作用，是作为组成共同体的公民的合法表达场所。

(2) 可以区分三种类型的代表：行政的、经济的和政治的。如果说行政代表（按各部落）只是起很小的作用，且主要局限于乡村行政官员，那么，经济代表就更为重要。经济代表的特权位置在议事会内，在雅典制度的对应物中，议事会是各部落选出来的。这是因为财富的不平等——不管在柏拉图的城邦中，它可能受到多少限制——是城邦内冲突的潜在根源。因此，不同阶层在制度领域都要有所反映，这很重要。柏拉图设计了一套独特的复杂选举系统来确保这点，表明他非常重视这个问题。①但迄今为止，政治代表吸引了最大的关注，从哲学上讲，它也是最让人感兴趣的情形。对于这个问题，柏拉图采取了谨慎的态度，这明显见于如下事实：几乎所有的行政官员，皆是由全体公民选举产生。

这个方案煞费苦心。它结合了向所有公民开放的"提名"阶段和最后的投票选举。将被授权的官员越重要，就会采取越多的保障手段，防止草率决定。最引人注目的是法律维护者（37位）和那些

---

① 关于穷人无权投票这个事实，与其说这是隐蔽的寡头制，为的是让富人投票者握有更大的分量，更好的解释毋宁是，这是要避免选举本身对经济行为的伤害。前者是亚里士多德的解释，参 *Politics*，1266a14ff。

负责账目审计的官员（εὔθυνοι，我们可称为"审计官"）的选拔机制。就法律维护者而言，按照自己对谁最有资格担任这一职位（候选者年龄必须超过 50 岁）的判断，每个公民都要在木片上写下候选人的名字。这些名字会接受公众三天的审议。民众可以提出反对，并移走名字，但要保留讨论中提到最多的 300 个名字。在接下来的第二轮选举中，名单减少到 100 人，最后减少到职务所需人数（753b–d）。审计官的选举没这么复杂。每个公民提议一人（同样，候选人必须超过 50 岁），保留得到最多提名的百分之五十候选人，然后重复这个过程，直到选出所需数目的审计官（945e–946c）。

这样的制度机制让《法义》的体制看起来好像民主制，它指向选择那些有能力拥有权力的人。相比《默涅克塞诺斯》（*Menexenus*）中描述雅典古代政制所用的说法（"民众认同的贵族制"），在某种程度上，《法义》的程序听上去更加民主，莫罗（Morrow）正是以此描绘《法义》的特征。确实，人们不会认为《法义》中是民众统治。而且，民众也不是主宰者，因为在《法义》的理论中，算得上主宰者的唯一要素是理智。①不过，公民也的确能选择他们的行政官员。

（b）资格。如果代表原则主要表现在官员选举的程序中，那么，有关资格的补充原则，则有两种不同方式加以保证：首先，要成为行政官员，取决于某些要求。其次，更重要的是，有不同级别的行政官员和议事会。职位对法律理解的要求越大，候选者越要具备成熟的知识和教育。因此，夜间议事会是资格原则的集中表现。夜间议事会的任务，恰好是维持和加深对法律的理解（951e–952a）。

大部分行政官员都由议事会挑选，除了年龄外，不需要任何资格条件。然而，有两种情形需要第二阶的资格要求和选举。教育监管者

---

① "理智政制"是《法义》的政制形式，参前文页 260 以下，页 271。关于主权与政府之间的区别，参 Rousseau, *Social Contract*, vol. 3, chapter I。［译注］页 260 以下即本文第二部分以后，页 271 为 3.2 部分。

的选举,由所有行政官员秘密投票进行,从现有的法律维护者中选出,任期五年(766b)。高等法院的法官,每年要选举一次,要对之负责的是所有的官员(显然包括议事会成员)(767c-e)。这种选民的压缩,取决于所涉及职位的本质和责任。在这个方面,某种程度上,教育监管者和高等法院占据对称的位置。教育监管者是城邦最重要的官员(765e1以下),因为,所有其他事情都基于儿童教育,尤其是对法律的遵守。相反,高等法院对一切罪行进行最后裁决,并且是审判侵犯公众罪行的唯一法庭,其职责是弥补教育系统的失败。

所有行政官员,不管是由议事会还是由他们的同事选出,都要受到初步审查($\delta o \kappa \iota \mu a \sigma \iota a$),这要么由理事会进行,要么由法律维护者($\nu o \mu o \phi \lambda a \kappa \epsilon$)进行。这个程序是古代雅典的典型特征,而柏拉图没有给出很多细节,表明他接受当时的惯例,即要确认官员符合形式上的条件(年龄、公民权等),还要验证他们的好品格。在给出程序细节的地方,柏拉图会特别强调其拥有的具体资格,在某种意义上,这个特征违背了雅典习俗。

对《法义》的解读中,现代通常所说的"夜间议事会"(因为962c10的说法),其实应当称为"黎明议事会"(依据其开会的时间,951d和961b)。这个团体是《法义》城邦最重要的制度(按照961d2以下的说法,它是城邦的"灵魂"和"头脑")。它也最远离现存制度——不管是雅典制度,还是其他制度。

长久以来,对此对话的解释一直坚持认为,这个黎明的议事会只是个"附加物",被糟糕地整合到政制中,如果没有它,这个政制早已经完成(直至卷十二才提到它)。有人甚至宣称,夜间议事会的设计,是人类权威"凌驾"法律的实例。对于这些本质上非常浅薄的解释,莫罗已经做出了公正评价。① 对于柏拉图的城邦来说,像夜间议事会这样的团体必不可少,就像教育一样,这似乎是不言而喻的。前面几卷的一些章

---

① Morrow, *Plato's Cretan City*, p. 512.

节中，已经宣告或预设了这一制度。①它只是应当在最后一卷进行充分讨论，这不仅是修辞上的效果（在话语的顺序上，最先的最后出现），而且在逻辑上也恰当："审计官"本身也直到卷十二才出现，因为他们的职位以所有其他官员为前提——他们是"官员中的官员"（945c1）。出于同样的原因，那些研究法律的人，要跟随已经完成的法律。因而，在某种意义上，夜间议事会只能"外在于"其他制度，因为它是保存那些制度的手段。它要解决的问题，跟建立城邦的相关问题对称，二者的重要区别显然在于，夜间议事会不能使政制的开端制度化。

夜间议事会的建立，符合《王制》（497c8 - d2）提出的要求：城邦自身包含"一种元素，其对城邦制度的设想，与立法者在立法时的想法相同"——这个曲折的说法似乎暗含一种哲学制度。夜间议事会正是这样一种准哲学（quasi - philosophical）的制度，虽然跟《王制》中的哲学家相比，夜间议事会的关注点，更直接地指向政治和法律。研究法律需要广博的知识。对阐明法律问题有益的科学（952a）包括运动论（在卷十对无神论的反驳中可以看到）和数学知识。关于数学知识，卷十也有暗中提及（894a）。

由于夜间议事会并不施行统治（它没有行政权），它无法"凌驾于法律之上"。它的权力在于其理智和道德的权威。假如它是城邦的"头"，它也只不过是"头"而已：可以说，它是城邦的金绳索，要贯彻自己的意见，还需要外部的"襄助"（参645a5以下）。不过，如果认为夜间议事会跟权力完全分离，那也不对。夜间议事会确实包括一些城邦的重要官员：十位最年长的法律维护者，一定数目的祭司和"审计官"（他们已拥有很好的名声），还有教育监察官。其他成员可能是以前的行政官员（包括所有以前的教育监察官），或者是有特殊价值的公民，他们通常已积累宝贵的经验，尤其是如果他们曾到城邦

---

① "一丁点教育"（735a4）的说法，预设了一种更高教育的计划，这个计划的宣布，要到818a1 - 3那里展开。

之外游历的话（951d‑e，961a‑b）。每位高级成员都配有一位初级成员，后者年龄介乎三十到四十岁之间。这些初级者可以向高级成员提供帮助（可借给他们眼睛和耳朵，964e‑965a），但除此之外，这个安排显然反映出夜间议事会的教育天职。在致力于推动对法律进行科学规范研究的同时，议事会的成员也要训练他们的继任者。

（c）管制和妥协。政治制度的两种基本形式——议事会和行政官员——体现在代表和资格两个基本原则的不同层面。不过，这些制度之间达成的调和，不应当掩盖它们的限度。这些局限体现在那些谈强制（管制是其最温和的形式）和妥协的地方。

履行职责要受到一系列正式的、制度化的管制。在一个基本由代表和资格原则支配的系统中，仍然存在"威胁"，而管制可谓对这些"威胁"的最基本追踪。管制的目标，首先是要防止腐败。腐败的可能性，内在于人类的本性之中。例如，官员的任期有限制，个人没有资格连任。在司法领域，无论看起来是侵犯公众的犯罪，还是针对私人的罪行，都有一种上诉机制。通过这种机制，加上法律的保证，确保对司法领域的管制。例如，只有在特殊的情况下，才能宣布死刑的判决，尤其是，需要高等法院和法律维护者共同出席（855c）。但最重要的管制，是对账目的审计，所有行政官员（包括审计官自己）都必须接受审计。所有行政官员，不管高级还是低级，都被假定潜在地容易腐败，虽然腐败远非不可避免（跟绝对权力的情形不同），而且确实它理应是特殊情况。

政治制度必须留有余地考虑威胁，不管多少余地。同样，制度也必须承认妥协的最基本形式。因为，虽然公民必须接受实际控制行政官员选举的程序——程序包含所有公民的参与，但这种接受不可能是理所当然的。在卷六有关两种"平等"的著名段落中，这点说明得一清二楚。

根据"古老的说法"（毕达戈拉斯学派的说法），友谊基于"平等"（757a5以下）。这里涉及的不是"算术上"的平等，即每个公民拥有的财富都相同，而是"最真实和最好的"（757b5以下）几何学或分配上的平等。关于这种平等，苏格拉底在《高尔吉亚》（508a4–8）中已经推荐给卡利克勒斯（Callicles）。然而，不能简单地用一种平等替代另一种。因为"平等"一词含义模糊，需要解释。现在，大多数人对它的用法，是在算术学和平均主义的意义上。因而，借助于几何学的平等，会在一个更高的层次上重现那种争论，即它原本意想去阻止的争论。因此，必须通过使抽签这种民主选择的方式制度化，给予平等的次要形式（即算术上的平等）以某种有限的范围。抽签是算术上平等的典型政治表达。

在通常的表达中，抽签的民主选择是对人类本性的让步。尽管如此，在更积极的意义上，这种方式也被解释为"神圣机运"（θεία τύχη）的表达。相应地，抽签也被用来分配一年一度的宗教职位（759b–c）。同样，在民事法庭的构成上（768b），以及在选举中最后剩下的几位候选人之间做决定的时候（763d，选举城邦管理者），抽签也发挥了作用。

可以认为，在制度层面引入平均主义原则，是经济层面允许私有财产（参前面3.2部分）的对应物。对真正平等的流行误解，比如认为真正的公有制不可能实现，限制了人类的优异性。但即使存在这种对应，还有一个重要差别。没有人——纯粹作为人而言——能放弃个人所有的东西。因此，卷五采取的步骤过于激进。相比之下，如果得到恰当的教育，大部分公民最终应当都会承认，几何学的平等优先于算术上的平等：《法义》的教育规划，强调对于基础数学的训练（818b–e）。这就可以很好地解释，为什么在分配职位的程序上，抽签选举（它仰仗的是算术上的平等）只起到一种边缘的、很大程度上是一种象征性的作用。

六 政治演说的形式：何谓序曲？

政治制度领域中管制和妥协之间的两极对立，涉及一个更大的问题，即教育（παιδεία）的限度问题。这里教育一词的意义，是按照卷一对这个术语的严格限定（教育是"德性教育"，643e4，对比653b）。确实，《法义》理想与现实之间的基本张力，在教育中表现得最显著。为了满足人类的自然本性，人类的制度必须允许私有财产（就此而言，还有算术上的平等），而且必须包含管制的机制，以防止权力的滥用。与此相似，对教育的限制，一方面要靠修辞的劝说，另一方面要靠法律的约束。

劝谕本身是一种非暴力的过程（因为其方式是演说），不过，这个行为也可以采取毫不妥协的理性过程。这里的要害问题在于，劝谕在何种程度上能够成为毫不妥协的理性过程。原则上的立法演说（及更普遍意义上的政治演说）能否消除暴力惩罚？立法演说是否可以不妥协？虽然对话并没有明确处理这些问题，但必须基于整部作品中分散的证据重建。这些问题构成了对《法义》的大部分哲学兴趣。

如我们所见，在《法义》中，法律的基础是理论的，或者说是"智力的"（理智的）。[①]不过，这部作品最引人注目的特征之一，是它保留了有关宣传法律的内容。不仅立法者不满足于仅只制定法律（719e7 – 720a2），而且，在某种意义上，制定法律也不是他优先考虑的事情：他的真正任务是"教育公民，而非立法"（857e4 – 5）。这部作品的总体构造，反映了这种态度。亚里士多德说，《法义》中除了法律，几乎不包含其他内容（*Pol.* 1265a1ff）。此时，他想到的是法律与政制之间的区分，柏拉图只在卷六处理了这一问题。事实上，从概念上讲，《法义》处理法律（laws）的方式，主要是通过对法（law）的批判。这种方式要想可行，除非在赋予法以神学基础以及在批判法的时候，涉及的是"法"这个词的不同含义。因而，这部作品的标题就显示出了问题。

立法者超越了立法行为，甚至乐意宣布放弃它，如果要搞清这

---

① 参前文，页260以下。[译注] 即本文第二部分以后。

个看法的意思，那就要搞清法必须是什么？这个问题既涉及法的范围，也关系到法的定义形式。

柏拉图立法者的任务是，规定"关于高贵之物、正义之物和一切最重大的问题……及指向德性和邪恶的东西"（890b7－c3，对比《王制》484d1－3，《治邦者》309c5－d4）。这个包罗万象的描述表明，整个人类生活都有潜在的可能，成为立法关注的目标。由于人类的非凡性非常脆弱，柏拉图有充分理由去发掘这种潜力，以确立广泛的法律监督。柏拉图的立法专注于行为细节，这是其最引人注目的特征之一。在某种程度上，这种专注让柏拉图的法律类似于那些伟大的宗教法典和智慧文学。特别是，与"私人"生活有关的一切事物，也都受到严格规定，因为我们所谓的"私人"，实际上是整个法律大厦的支架（793c，对比780a1－7）。

现在，柏拉图的法律在范围上最广的那个点——就其涉及的内容而言——同样也是法的形式最成问题的地方。事实上，法律难以用于私人领域有两个原因。首先是情况各异。规定和管制私人生活，是在进行一项具有无限潜在可能性的任务。要设想一部涵盖日常生活方方面面的法典极为困难（甚至可能闹出笑话，789e）。第二个原因更深刻。在最严格的意义上，一部法律不仅仅是对规范的陈述，还是一剂强制性的药方（773c6，e4），违反它会受到规定的惩罚（789e4，790a1以下）。但是，对家庭犯罪的惩罚（倘若它被应用到那些相对次要的事情上，这是柏拉图的假设），绝对无法阻挡这些罪行带来的直接利益或幻想。要在这个领域立法，立法者只会让自己身陷城邦民的怒气之中，尤其是女人的怒气（参773c7，789d8－790a7）。

因而，立法者面临进退两难的境地。他无法将法律限定在严格意义上的政治共同体领域，因为所谓"私人"领域实际上并不私有。另一方面，在这个领域又不可能借助法律：不仅因为这"既不合适也不体面"（788b5以下），而且因为一定没有效果。要解决这个两难，需要立法者创作出一种在功能上等同于法律、却又不是法律的叙述。有关这种叙述的名称,是一个开放的问题。柏拉图可称之为"不成文法"(793a9 以下,参照 773e3),或者"介于劝谕与法之间的媒介"(822d6 以下)。最常见的情况,是把它们呈现为一种赞扬和谴责的言辞(例如,见 730b5-7,773e2-4,824a10 以下)。显然,这些描述符合卷四分配给法律序曲的作用,虽然其着重点更加明确——要紧的是"习俗"(黑格尔的伦理 [Sitte])在哲学上的适当性。在这个意义上,引人注目的是,女人对(家庭)法观念的抵制(它远未构成立法事业的障碍),正如它乍看起来那样,事实上滋养了一项立法工程,这项工程本质上要致力于限制法律的扩张。这是因为在《法义》中,法代表着某种类型的暴力($βία$,722b7)。但法律的暴力是在两个非常不同的意义上。

刑法(penal laws)涉及的暴力很明显。这种法律代表一种判决的法的概念,就像现在的法典中体现出的那样。从这个角度看,法律涉及两种不同元素:命令和威胁。这可以用柏拉图自己的例子来说明:"在 30 岁和 35 岁之间,人人必须结婚。如果没结婚,就必须处以罚金和不光彩,罚金是某某数量,不光彩是诸如此类。"(721b1-3)跟所有其他法典一样,《法义》经常规定各种惩罚或威胁(890b5,参 719e9),用于违反法律的情况,例如处死、殴打、没收财产,或者流放。①

不过,对命令本身一种非常含蓄的分析,深化了这种司法威胁的概念。就其本身而言,命令的暴力性并不输于威胁,因为它不提供理由。从这个角度讲,"命令"(imperative)——至少在一段话中,柏拉图将这种命令等同于法(723a5)——中已然存在暴力,强制不过是对这种暴力的扩展。甚至可以认为,在某些方面,命令比

---

① 在很多重要的方面,柏拉图的刑罚体系都比当时的法律更加先进,对此,T. J. Saunders 的 *Plato's Penal Code: Tradition, Controversy, and Reform in Greek Penology* 一书有透彻的分析。

法律暴力更加"暴力"。威胁只不过是相对的暴力，依据定义，它不是对惩罚的执行，而只是一种劝谕的具体形式，也就是劝阻。然而，命令根本不提供任何理由（甚至劝诫的内容），就此而言，它是赤裸裸的暴力：这就是为什么柏拉图称"未混合的法律"（即未混合劝谕的序曲）为"僭主的命令"（722e7 – 723a2）。尽管如此，不管把法律看作单纯的命令，还是视其为一种刑罚法，其内在的"暴力"都会导致对立法者任务的重新描述，将之描述为一种劝谕的事业。这种劝谕的场所不是法律本身，而是"序曲"，它是所有准立法叙述（para – legislative statement）的一般形式。虽然正式说来，序曲应当先于法律（723a2 – 4，参 720d6 – e2），但在很多情况下，柏拉图赋予"法"这个术语宽泛的意义，使得序曲本身也成了法的一部分（对比"未混合的法律"这个表达），或者使整个推理的药方都被称为"法"（情况往往如此）。

这就解释了为何在《法义》中，对法律的详细阐述总是伴想要超越法律的冲动。我们已经看到，在结构层面上，对立法工作的一再拖延如何反映了这点（参前文第二部分）。不过，这种形式上的特征有一个实质的对应物。《法义》的部分哲学计划，是要精简法律（就其涉及法律的形式而言），以便对话能成为立法交谈的理想形式。

这一步很可能是这部作品最让人费解的特征之一，它直接关系到劝谕在《法义》中的地位这一棘手问题。一种带有偏见却广泛流行的解释认为，序曲不过是一种对操控性修辞的运用，与这种解释相反，一些评论家最近强调，在作品中有争议的劝谕，原则上是理性的。[①]确实，《法义》中最接近解释序曲本质的两段话，很容易引起争论。但重要的是认识到，这种争议如何出现。立法者与医生之

[①] Ada B. Neschke Hentschke, *Politik und Philosophie bei Plato und Aristoteles*; Christopher Bobonich, "Persuasion, Compulsion, and Freedom in Plato's *Laws*".

间的扩展类比（719e7－720e5，857c4－e6），为此提供了框架。在柏拉图全集中，治疗类比经常出现，柏拉图阐述这个类比的方式是全新的。他区分了两种治疗实践。不像"奴隶"医生那样，好医生或"自由"医生不满足于只是给病人适当的药物，而是依据希波克拉底（Hippocratic）的传统，通过言语交流，让病人参与到治疗中。①病人的状态是讨论的对象。《法义》甚至描述说，在跟病人的准哲学讨论中，医生"追溯到身体的整体自然本性"（857d）。这里使用的夸张显而易见，但这样做的原因也一清二楚：这种苏格拉底式的辩证交谈构成了一种视域，而法律序曲的理论，必须位于这种视域之内。而如果将《法义》解读为柏拉图对苏格拉底的终极背叛（参前面第一部分），那这点就更加值得注意。

当然，这并不是说，柏拉图的序曲是一种苏格拉底式对话。相反，序曲的理论概念出自卷四和正在讨论的卷九中的几段，而它跟人们在卷五至卷十二中发现的实际序曲，差距非常明显。不可否认，长篇序曲构成了卷十的主要部分，在这一卷中，柏拉图给出了其运动论的最终版本，它有着浓厚的辩论意味（但这个论证很难说是辩证的，因为事实上，一超出某个范围，克勒尼阿斯和墨吉罗斯就无法跟得上异乡人的说法：参893a）。但这是个例外情况。在多数情况下，序曲是有关赞扬和谴责的演讲。人们或许有理由问，这些演讲形式从哪里获得劝谕的力量（这是《法义》带来的基本问题，虽然它并没有明确处理这一问题）。不过，无论如何，它更多的是一个"修辞学"问题，而不是恰当"理性"程序的问题。②确实，如果不

---

① Epidemics 1.5："病人必须跟医生一起与疾病斗争。"关于治疗类比，参 J. Jouanna, "Le médecin modele du legislateur dans les Lois de Platon", *Ktema* 3, 1978, pp. 77–91; A. Laks, "L'utopie législative de Platon", p. 422 ff。

② 参 R. F. Stalley, "Persuasion in Plato's *Laws*", *History of Political Thought* 15, 1994, pp. 157–177。这篇文章是对 Bobonich "柏拉图《法义》中的说服、强制与自由"一文的批评。

像《王制》那样扯一个实际的谎言，那就必须明确求助于谎言的潜在益处（663d6–664a7）。此外，在大部分刑法的序曲中，都会出现有关报应的古老神话，这些神话模糊了劝谕与威胁之间的界线，这点很有趣，但也很奇怪。即使可以合理地认为，劝阻是一种"说服"，但在本质上，它也仍然是一种威胁，并因此是一种暴力。

不过，理论与实践之间的差距不应当困扰我们。恰恰相反，如果恰当分析的话，治疗类比不仅意味着承认立法言辞无法遵循自由交谈的治疗模式，①而且，理论与实践、理想与现实之间的鸿沟贯穿整部《法义》。序曲的典范概念与其"近似的"实现物（通常跟所谓的模式相去甚远）之间的对比提示，我们处于专为人类而设的第二等城邦，同时，这种对比也意味着，人性本身并不同质。在第二等城邦的公民中，可以看到从兽到神的整个范围。立法者必须使用各种各样的序曲，序曲的种类惊人，只是公民多样性的结果。

在这个意义上，这部作品最悖论的地方之一是，卷十那个著名的序曲最接近劝阻演说，因此（人们会认为）也最接近由治疗类比所表现出的苏格拉底式讨论范例，却根本不是呈现为一种理想性的。它试图阻止的罪行，在所有罪行中最为严重，因为显然，立法以神学为基础，而无神论则质疑此基础的可能性。对手的这种性质就解释了克勒尼阿斯和墨吉罗斯的沉默，由此，雅典异乡人将其基于物理理论的论证，发展为证明宇宙的理性。求助这种论证，是不得已而为之，并非雅典异乡人的意愿，它是两个因素共谋的结果：前苏格拉底的物理学（它让自然成为万物的原则）和智术师对人类习俗的批判（889b–890a）。相反，常识受到称赞，因为对天体有序排列的发现，足以证明诸神存在（887d–e）。从柏拉图笔下产生对常识的称赞，可能让人觉得惊奇，这种称赞表明，卷十的序曲并不像人

---

① 对这点的详细论述，超出了本章的范围。不幸的是，对于这两段非常复杂的文字及其关系，还没有人做过充分的分析。

们设想的那样接近卷四概述的理性讨论模式。它也证实,柏拉图在其晚期政治作品中关心的是,那些可谓"人类非凡"理性的自然表现的东西。

七 结 论

柏拉图最后、最长的作品,是一部让人印象深刻的文献,不仅是柏拉图政治哲学的文献,也是柏拉图整体哲学的文献。廊下派的波西多尼乌斯(Posidonius)虽然是柏拉图的仰慕者,但他必定发现,即使相对他的品味来说,这部作品也过于柏拉图式,因为他坚决反对序曲理论,理由是,法律应当"简洁,以便那些不熟悉的人能够更容易理解"。他强调说,法律的目标是"秩序,而非争论"(iubeat lex, non disputet)——在16世纪对《法典汇编》(the Digest)的评注中,这个准则最终得到反映。①与此相反(如果可以把克勒尼阿斯看作代言人的话,而在这个问题上,这似乎是事实),柏拉图宣称,"拒绝[对法律]进行尽可能最好的解释,以帮助人的理解",属于"不敬虔"的行为(891a5-7)。

正是因为这部作品具有如此浓厚的柏拉图色彩,如果它碰巧与其他柏拉图对话——甚至是"晚期"的那些对话——并不总是协调一致,人们也不会感到惊讶。因为柏拉图作品的唯一共同性是,大部分柏拉图对话都是从头写起,而在这一点上,《法义》并不例外。必须承认,如前文所论(见第三部分),在《法义》中,某些教诲上的"变化"非常明显,它们有着非常特殊的地位。或许,还有一些这里无法分析的条目,人们也想要了解,比如在处理苏格拉底"无人自愿作恶"的原则时,柏拉图使用的概念框架,含蓄地拒绝了

---

① F. Duaren(参 *Digest*. 1.3)。Posidonius 对《法义》看法的来源,以及那个准则,来自 Seneca, *Letter*, 94.38(= F178 Kidd)。

德性与知识之间的同一性;① 或者让人吃惊的对于成文法的平反,他所用的语言,正是《斐德若》(Phaedrus)中用以谴责成文法的:

> 起码对于立法,这样做是审慎的,或许,这对于将法律的有关规定制定成文也大有裨益,因为,成文法可以随时让人检审,彻底固定下来。(890e6 – 891a2)(Phaedrus, 275d)

不过,跟全集中其他对话相比,《法义》最显著的地方是,在人类事务的行为中首次强调了"神",或者更普遍地说,强调了虔敬。这并不是说,在其他对话中找不到对神和虔敬的关注,比如,只要举几个明显的例子即可,《游叙弗伦》(Euthyphyro)、《会饮》(Symposium)、《斐德若》和《王制》。但笔者认为,公平地说,只有在柏拉图的《法义》中,神占据着如此核心的位置。卷一设定任务的方式,卷十中的神义论,以及将法律视为神圣理智的表达这一观念,都表明《法义》认可那个著名的神秘界线(Orphic line),并且要成为其注释。这个界线的提出,是在卷四总序曲的一个关键节点:神"掌握着一切生灵的开端、终点和中段"(715e7 – 716a1)。在这个意义上,柏拉图的《法义》不仅如前所论,是第一部真正的政治哲学作品,而且还是第一部神学 – 政治学著作。这让它在政治思想史上更加重要,无论是让其变得更好或更坏。此外,这也解释了为何这部作品强调"人的因素",但仍然与亚里士多德相去甚远,即使是在它看起来为亚里士多德铺平道路的地方。这是因为,在根本方向上,《法义》是一部反普罗塔戈拉(anti – Protagorean)的著作:神,而非人,才是政治秩序的尺度(716c4 – 6)。

---

① 参 859c – 864b。关于这点的讨论,参 T. J. Saunders, "The Socratic paradoxes in Plato's *Laws*: a commentary on 859c – 864b", *Hermes* 96, 1968, pp. 421 – 434, 691a5 – 7。

《法义》中的戏剧要素

怀特克（Albert Whitaker） 撰

张清江 译

　　《法义》以"神"一词开篇。这部对话的人物面前是一条山路，从一座城邦通往山中圣地。作为对话的读者，在我们面前的是"神"一词。可以说，从一开始，柏拉图就试图将他的读者，巧妙地放入其对话人物的位置上。不管是对他们还是我们，通往柏拉图政治学的旅程以"神"开始，除非我们始终记住神圣的在场，否则仍难以理解它。

洞　府

　　如任何戏剧一样，这部对话人物的出现，是作为场景的一部分。在这个场景中，晨曦刚刚冲破爱琴海，开始照亮克诺索斯（Knossos）。克诺索斯是克里特最大的城邦，它位于年轻的城邦雅典与古老的埃及王国中间，是一座岛屿。一条满是灰尘的道路，从城邦通往伊达山（Mount Ida）下的平原。在这条道路上，可以看到两个人缓缓行走。一人留着长发，拄一根黑杖，衣着单调，是典型的斯巴达人；另一位明显是克里特人，他更矮小，皮肤更黑，看起来很精明。两人年纪都很大。接着，从路旁的柏树林中，一个操外地口音的人向两人打招呼，是一个从雅典来的异乡人的声音。他逐渐走近，也是一位老人，但相比其他两位，他走路更轻快；

他诙谐的目光投向秃头的另一边,秃头的中央,伸出的是上翘的鼻子。三位老人彼此问候,并继续赶路。这条路通向山里,最终通向宙斯的洞府。①

让我们暂时放下这些老年旅行者,先飞到前面他们旅程的目标——越过葡萄园和橄榄地,经过浓密的柏树林和栎树林,穿过干燥、坚硬的伊达山麓,掠过优美的尼达(Nida)高原,还有它的牧人和羊群,最终,在山顶下方,但高出海平面将近五千英尺地方,我们来到了伊达山宙斯的洞府。

我们同道的旅行者,从清晨出发,朝阳在他们左边升起。人们相信,同一个太阳,即使在它升起之前,神圣的伊达山也能够看到,而且,这个太阳从东方出现,用阳光充满洞府之口。②根据莫罗(Morrow)的计算,要到达这一崇高场所,三位老人至少需要十或十一个小时(页27,注释45)。即使是在夏至日——这一天,克里特的白昼时长大约有14小时——他们到达之后也将发现,长长的影子投射在洞府之中(参683c)。

他们将看到什么?洞府前面,矗立着一棵高树——白杨,或者可能是柳树——多半被奉献的物品所装饰,可能是小青铜护盾,或

---

① 关于这个洞府及其作为伊达宙斯圣所的证明,参 G. R. Morrow, *Plato's Cretan City*, Princeton: Princeton University Press, 1960, pp. 27 – 28。Willetts 同意说,伊达山是他们的目的地,并且支持 Morrow 的看法,否认它是赛克罗(Psychro)洞穴(在迪克特山),他提到,在几何时期(geometric period),后一个洞穴中的敬拜就已经终止,参 R. F. Willetts, *Cretan Cults and Festivals*, New York: Barnes and Noble, 1962, p. 298, pp. 215 – 216。Willetts 还认为,在古典时代及以后,迪克特的宙斯可能没有任何确定的崇拜地点,R. F. Willetts, *Cretan Cults and Festivals*, 216 n. 105。

② 关于山与太阳的关联,参 R. F. Willetts, *Cretan Cults and Festivals*, 143n. 23。关于洞府之口的朝向,参 Anna Kofou, *Crete: All the Museums and Archeological Sites*, Athens: Ekdotike Athenon, 1990, p. 162。

挂着陶器。①离树不远处,放着一块平躺的巨大石板,数个世纪来,它被用作祭坛。农人的奉献堆满了祭坛旁边,或者就放在祭坛上面,有水果、谷物,还有稀奇古怪形状的玩偶和塑像。

祭坛后面,洞府巨大的入口张开着,在伊达阴冷的岩石墙上,像一张盲人的嘴巴。据测量,它大约100英尺宽,30英尺高。不管是在破晓时分,还是利用火把的亮光,这张嘴都闪闪发光,它富有更具分量的奉献物,金、银和铜,都是其他朝圣者放在那里的。走到里面,来访者就进入了一个巨大房间,向下倾斜,仿佛剧场一般。这里到处都闪耀着装饰,是希腊最重要的宗教场所之一:"花瓶和器皿,雕塑与圆环,封印石和珠宝碎片",还有破败的青铜盾牌和武器。②进入洞府超过100英尺深,在右边,可以开启另一个大房间。在昏暗的光线中,它显示出很多献祭的地方,带着灰烬和烧焦骨头的黑色,并饰以无处不在的克里特公牛的头盖骨(R. F. Willetts, *Cretan Cults and Festivals*, p. 144)。最后,正是在主房间的后面,一个老化的阶梯,通向更小、近乎隐蔽的洞穴,大约25英尺长。这最隐秘的地方,仅有10英尺宽,在这里举行入会仪式和挽回祭。不知名的人们已经将那里的石笋,塑造成怪异的人的形状。在这隐秘房间的后部,有更多的公牛骨,这些公牛是献给洞穴神祇的(Anna Kofou, *Crete:All the Museums and Archeological Sites*, p. 189)。

太　阳

这位神是谁?要获得这个问题的答案,可以更切近地考察柏拉图建构的戏剧场景的第二个突出特征:不仅其地点,还有其时间。

正如前面提到的,剧中人物出发前往伊达宙斯的洞府,是在夏

---

① R. F. Willetts, *Cretan Cults and Festivals*, 242n. 77, 144.
② Anna Kofou, *Crete:All the Museums and Archeological Sites*, p. 159, p. 189.

至日。这一天,太阳在天空中的高度达到顶点,并为地球提供最长时段的阳光。但对希腊人来说,这一天并不被视为"至日",即"太阳静止不动"的一天。毋宁说,正如墨吉罗斯所认为的那样(683c5),它是"神的回转"(θεοῦ τρεπομένου),这一天,太阳从其更高的夏季高度回转,开始慢慢朝着更低、更短的冬日下降。重点是,它恰逢这位神的运动,尤其是其循环运动。

在夏至日这天,伊达宙斯的仪式是否会进行特别庆祝,我们不清楚。不过,在太阳神的运动与洞府里这位神的生命之间,存在一种联系。太阳每年的升降,从冬天的黑暗到夏日的明亮,然后再度返回,这对所有观察者来说都很明显。关于回转的神祇,伊达宙斯的仪式教导着类似的故事。

伊达山洞府的宙斯,是著名的"克里特出生的宙斯"(Ζεύς Κρήταγένες)。根据赫西俄德(Hesiod)《神谱》(Theogony)(453 以下)的最著名解释,宙斯是克洛诺斯(Kronos)之子,为了避免被父亲吞食,在克里特迪克特山(Mount Diket)的某处洞穴中,从母亲瑞亚(Rhea)那里秘密降生。出生之后,其神圣的追随者库里特斯(Kouretes),将其带到伊达山的洞府之中。在那里,他秘密成长。纽墨菲(Nymphs)喂养他。一位女神给了他一个金球,供其游戏,还有一个金摇篮,供他睡觉(R. F. Willetts, *Cretan Cults and Festivals*, p. 242)。

但是,这仅是故事的上行部分。根据古代资料,这位伊达宙斯每年都会出生,并长大成人,同样,他每一年也会死去——或者,可能是被他的追随者杀死(R. F. Willetts, *Cretan Cults and Festivals*, pp. 240 - 241)。他是可朽的,又是不朽的,总是失去活力,又总是恢复活力(Anna Kofou, *Crete: All the Museums and Archeological Sites*, p. 189)。克里特是他的出生地,但伊达也是他的"坟墓"。①据说,

---

① 对于自称是宙斯坟墓的克里特其他几个地方,Willetts 也进行了编目(p. 219)。

哲人毕达戈拉斯（Pythagoras）甚至在那里为他写了碑铭："这里躺着死去的生者（Ζάν），人们称他为宙斯。"（R. F. Willetts, *Cretan Cults and Festivals*, p. 242）在仪式中，这位"垂死之神"可能采取公牛的外形，被其追随者撕裂和吞食。他取代了另一位神，即那位在希腊其他地方以狄俄尼索斯（Dionysos）著称的神（R. F. Willetts, *Cretan Cults and Festivals*, p. 202）。

因此，跟太阳一样，这位宙斯过着一种"回转"的生活。从其顶点处，他落入死亡。但是，并非抛弃其追随者和他们的土地，他从死亡中升起，并因此带着前方生命和馈赠的希望，让他的追随者们复兴。这一宗教语境完全吻合柏拉图将对话设定在（或接近）夏至日的选择。对这些老人而言，这种选择并非是想预示那令人沮丧的前景：他们的政治设计（及他们的生命）将陷入黑暗，正如太阳一样。毋宁说，柏拉图对该对话时间和地点的选择，应当让我们明白，《法义》的政治设计发生在诸神——宙斯和太阳神——的庇护之下，他们让人看到衰退和死亡的不可避免性，但也同样预示着复原和重生的可能性。

隐　喻

在柏拉图的《法义》中，洞穴与太阳代表两个最重要的戏剧特征。把它们合起来，可以称之为作品的天地结构（terrestrial and celestial frame）。但它们的突出，也指点读者离开《法义》，转向柏拉图最负盛名的对话——《王制》。在《王制》中，太阳和洞穴的精巧隐喻起到核心作用。看起来，两部作品之间的这种关联并非偶然。由于我们试图理解《法义》，值得对此做短暂考察。

在《王制》中，苏格拉底引入太阳，视其为"善的儿子"。这是他三个隐喻中的第一个，用来部分阐明其"善的理念"（参506d - e，508a）。苏格拉底解释说，正如太阳不仅照亮并支撑着可见世界的成长，使其得到滋养，同样，对可知领域而言，其可知与存在，都源于善（509a－b）。

同样，在这里，苏格拉底使用的第二个隐喻（"线段"，509d）中，太阳处于中心地位，并且在他的第三个洞穴隐喻中，太阳也处于顶点位置。对于洞穴隐喻，苏格拉底视之为"受过教育的人（Παιδεία）与没受过教育的人的自然本性的影像"（514a1－2）。没受过教育的人的情况，表现为洞穴中的囚犯。他们被绑在座位上，背对着入口，热衷于争论投射的阴影的命名问题，这些阴影是借助火光，投射到洞穴后墙上面的木偶（514a－b，515b）。与之相对，教育的发生是这些囚徒之一解除禁锢，被拉上通往洞穴出口的坡道。他适应了外面的世界，并开始细察这个世界，并非阴影，而是太阳照亮的真实存在——最终，他甚至直接研究太阳本身（515c－516c）。

对《法义》来说，这些著名的隐喻能够提供什么教导？很自然地，人们可能会对比这部对话中的人物旅程与《王制》洞穴中想要成为哲人者的旅程。在这太阳照射最强烈的一天，为了能够从太阳下获得暂时的休息，克勒尼阿斯、墨吉罗斯和雅典异乡人寻求"高高树下的荫凉"，他们正在赶往洞府的漫长旅途上，那是一个太阳光线无法穿透的地方（625b4，b2）。与之相反，在《王制》中，想要成为哲人的被拉出阴影，离开地下，进入阳光。因此可以说，《法义》的旅程与《王制》的运动相反——从光明进入黑暗的迁徙，与从黑暗进入光明的迁徙的对比。换言之，在《法义》中，哲学即使曾经出现，也非常贫乏；而在《王制》中，哲学体现在苏格拉底身上，它不能忽视。[1]

---

[1] 关于这两部对话的显著对比，参 Thomas Pangle, *The Laws of Plato: Translated with Notes and an Interpretive Essay*, Chicago: University of Chicago Press, 1980, pp. 381－382. Allan Bloom, *The Republic of Plato*, New York: Basic Books, 1968, xvi－xvii。他们都扩展了 Strauss 的看法，参 Leo Strauss, *Argument and Action of Plato's Laws*, Chicago: University of Chicago Press, 1975, p. 14; *What is Political Philosophy?*, Chicago: University of Chicago Press, 1959, p. 32，及其他各处。

但是,这种对比将《王制》中的洞穴隐喻视作解释权威,然后进行简单比较。对于《法义》中太阳和洞穴的复杂本质而言,这种对比并不公平。在《法义》中,洞穴和太阳并非完全对立,而是共享许多特性。它们都拥有神明。这些神明都提供生命,而且在某种程度上,它们都提供光亮——太阳通过光,而正如我们将要看到的,洞穴是通过立法的灵感。

还有,两者都涉及"回转"——正是有了这个观察,我们可以开始重新解释《王制》的隐喻,及其与《法义》的关联。在《法义》中,太阳不是静止的实体,不是一个在天空中固定的源头,太阳东升西落,并且整年都在转动。同样,如前所见,《法义》中的洞府之神也绝非死板地固定在阴影世界,他也升起、落下,然后再升起。在这个方面,《法义》中的两位神祇,太阳神和伊达宙斯,不仅与《王制》中的太阳和洞穴相似,还与那部对话中想要成为哲人者类似;苏格拉底解释说,这位想要成为哲人者的教育,相当于一种"回转"或"转向"(Περιαγωγή)(518d4)。此外,这一转向并非单独事件。正如苏格拉底清楚表明,没有哲人能够完全停留在上面世界,他必须也返回洞穴之中,参与对那里民众的统治(520b-e)。他的运动类似于太阳的真实运动:并非单向的,而是循环的。

诚然,在《王制》中,苏格拉底提到,哲人"被迫"返回洞穴之中(参519c-e)。但是,考虑到《王制》是一部对话,一个戏剧,而非空洞的论述,因此有理由相信,苏格拉底这里的讨论,是在适应对话者的需要,尤其是格劳孔(Glaucon)。在尚未准备好之前,格劳孔就急切地想要参与政治生活,而苏格拉底曾尝试制止他(参347a-e)。同样,对于这种过分单纯化的图景,即哲人被迫返回对政治的关心,柏拉图作品也以很多其他方式进行了辩驳。毕竟,在《法义》中,我们看到了一位雅典异乡人,他很像一位苏格拉底式哲人,并愿意与那些卓越而务实的非哲人详细讨论政治。此外,即使我们忽略柏拉图的书信及其在叙拉古(Syracuse)的行动,像这样对政治事务细致和长时间的考察,已经告诉人们《法义》作者的想法。这显示出他对政治的兴趣超越了单纯的需要,或单纯的引介。①最后,在《苏格拉底的申辩》(Apology)中,苏格拉底指出,他避免担任任何统治官职。他解释说,这样做是因为,他当统治者对母邦的利益很小。取而代之的是,通过私下劝告追随他的公民,他将一生的时间献身于正义。无论如何,尤其是《苏格拉底的申辩》,以及整体的苏格拉底对话都清楚表明,对于与年轻人谈论具体的政治允诺,苏格拉底有着特殊的兴趣。

简言之,《法义》的戏剧场景,帮助我们加深了对《王制》这些著名隐喻的恰当理解,并由此加深了对柏拉图政治哲学整体的理解。"洞穴"并非仅仅是一个需要逃离的错误,而是给予生命的神的处所。当然,对于眼睛或理智而言,它并非显而易见,但尽管如此,它是魅力和灵感的源头。"太阳"并非仅仅是不变的灯塔,毋宁说,在其运动中,在一个持续的光明与彻底的黑暗之间的中间地带的往

---

① 对《法义》对话占用了整天时间这一事实,Strauss 做了评论:"联系《法义》整体,我们会观察到,由于这一天很长,它足以详细阐明一部完整法典。在这样一个有足够长度的日子,一个能干的人可以详细阐明一部完整的法典。"参 Leo Strauss, *Argument and Action of Plato's Laws*, p. 42。显然,他在责备他们。立法是政治的顶点,确实,它并非能够瞬间完成的事务。一天之内,精明的人能够解释一部合宜的法典。奇怪的是,Strauss 对异乡人政治活动的尖刻话语,忽略了关于那些政治事务的重要政治思想,即那些已经进入建构这个一整天(day-long)谈话之中的事务。正如在其他地方,Strauss 自己提醒柏拉图的读者,每一部对话都是一个精心建构的整体,在其中,作者的诗学关注,清除了所有机会元素。参 Leo Strauss, *The City and Man*, Chicago: University of Chicago Press, 1964, 50 ff, especially 59 – 60。他这种对政治的诋毁,依据的是如下判断:"'政治哲学'的主要含义,不是对政治的哲学处理,而是对哲学的政治处理,或通俗处理,或者说,对哲学的政治介绍——它试图引导那些有资格的公民,或他们有资格的子孙,从政治生活走向哲学生活。"Leo Strauss, *What is Political Philosophy?*, pp. 93 – 94。这种对政治哲学的理解本身,也依赖于对上面描述和争论的《王制》的"洞穴"的解读。

复运动中，它成为哲人生命的标志。此外，哲学上的"回转"，并非将僵死的观点替换为另一个，替换为它的对立面，而是把学生引入一种生活，使他们能够包容人类活动不同却互补的目标——政治与沉思，理论与实践。

克里特的人与神

每一部戏剧都有其场景，但同样也有其人物。因此，作为戏剧，柏拉图的对话可以从许多不同角度理解。一个人可以尝试去理解，作为作者，在写作的时候，柏拉图所想的东西和想传达给读者的内容。这样，他也可以并且必须努力去理解，在说话时，对话的参与者正在想的东西。毕竟，他们的观点是发动机，推动着戏剧的言辞和情节。现在，我们必须瞧一瞧对话中的人物，以及他们对第一个词"神"的看法。

对他们来说，这个令人印象深刻的语词意味着什么？这是作为读者的我们一开始会提出的问题。因此，我们再一次模仿了对话，因为它也是以问题开头："神还是某个人，异乡人啊，你们礼法的制定可归因于他？"雅典异乡人向其他两位提出了这个问题。作为回答，他们——克里特人克勒尼阿斯和斯巴达人墨吉罗斯——非常坦率地表达了自己的想法。克勒尼阿斯如此回答：我们的法律归因于一位神，这位神就是宙斯。可以说这就是最正确的回答；但是在斯巴达，他们说了一个稍微有些不同的故事；他们也说，他们的法律来自一位神，但他们相信这位神是阿波罗（624a）。对话最初的问题，得到了最初的一个答案，或者说两个答案。

在这个小小的剧情中，克勒尼阿斯和墨吉罗斯的话——他们确定自己相信，他们的法律归因于一位神——得到了环境和情节的证实。如前所见，从克里特的克诺索斯城出发，这三位正在步行前往宙斯的洞府和神庙。但是，他们为什么要去那里？要回答这个问题，我们必须利用自己作为读者的自由，从戏剧中脱离出来，跳到对话的前面去。

在《法义》卷三结尾，克里特人克勒尼阿斯告诉他的同伴，他是一个治邦者，让母邦克诺索斯选中，去为克里特即将建立的新殖民地立法。在立法方面，他拥有很大的自主权：可以完全照搬克诺索斯当前的法律，或者给予新殖民地一套全新的法典（702b-c）。现在，宙斯是克里特人信奉的最主要的神，他的信徒宣称，在伊达山顶的洞穴中，婴儿期的宙斯受到看护。克里特人甚至宣称，通过中介者米诺斯王，宙斯为他们制定了法律（624b）。

因此，克勒尼阿斯是一位克里特治邦者，肩负着立法的重大使命。他正赶往那位克里特出生的宙斯的洞府。他的民众说，这位神给了他们的第一位王最初的法律。因此，对于这次旅程，最明显的解释是，克勒尼阿斯要去向宙斯这位神圣的立法者祈求祝福，或许是祈求灵感。通过其言行，克勒尼阿斯表现出，在他的生命中神非常重要。他相信（或许其他人也一样），神不仅注视着他，而且会引导他。他的言行显示出如下信念：在最重要的事务——比如立法——上，人们可以而且应该寻求神的指引。对他来说，神是政治导向的终极源泉。

然而，对于对话起初的问题，克勒尼阿斯的回答强调，神的指引不是仅仅针对某个或某些人，而是针对整个政治共同体。他回答说，神是法本身的起因。这一信念产生了重要结论，对于现代民主社会的观察者而言，这些结论可能无法立刻得到理解。

首先，在时间和权威上，这一信念建立了政治事务的某种等级。起初是神明，从神那里产生了法，然后法为共同体设定了秩序。神和法优先于共同体。在克诺索斯产生之前，先有宙斯和他的法。同样，在克诺索斯公民克勒尼阿斯存在之前，宙斯和他的法已经存在。法和神优先于共同体的每位成员，只要是这个共同体的一员。

其次，克勒尼阿斯的信念教导说，城邦并非自身命运的主宰。克诺索斯和斯巴达不能自己产生。这些城邦来自诸神，来自远远高出它们自身的力量。通过神明赐予城邦的法律和指引，这些力量可以限制城邦。

最后，他的信念暗示，类似的限制取决于任何这种政治共同体中的公民。作为一个公民，克勒尼阿斯无从选择：克诺索斯存在这类限制，它有这样的法典，或者宙斯作为其建立者。立法作为最大的政治行为在他的掌控之外。但还不止如此。由于立法是由一位神传下来的，对他来说，公开质疑法律的优良性就是错误的，甚至不虔敬。① 在这种城邦中，公民身份的特征，更多表现为顺从，乃至敬畏，而非自治。

这种政治的立场与今天的普遍看法迥然不同。当今世界，民主或自由社会的统治占主导地位，比如美利坚合众国。现代民主制公开否认，法律有高于人类的源头。它公开宣称，法的基石是人类理智、人类本性，乃至人类意志。因此，现代民主制中存在的巨大力量，不利于公民对法的敬畏，不利于视法律为高于人类或神圣的。这些公民并不将自己视为法的产物，毋宁说，法是他们的产物。他们作为个体，是优先于法的。

克勒尼阿斯视自己（他的生命），为某种法所建构与支配，这种法高于自己，并优先于自己。与之相反，现代民主政体下的公民，倾向于将自己视作个体，优先于任何政治共同体，以及任何公法。克勒尼阿斯暗示，一位神将人类聚集起来，给了他们一部法律，因此创造了一个新的城邦。现代民主制下的公民猜想，他们（作为个体）自己走到了一起，然后决定应当遵守何种公共法则。对现代民主制的公民们而言，公民至上；对于克勒尼阿斯来说，神明至上。对于自由社会的公民来说，基本的政治事实是，个体自由或个体"权利"，这意味着个体对法律的优越性。个体及其权利，是加诸法律之上的限制。对克勒尼阿斯来说，基本的政治事实是神圣的天意。法律的唯一限制是神。

通过考察一些著名情感，可以更清楚看到克勒尼阿斯的政治观与

---

① 甚至，雅典异乡人所说的克里特法典中"最好的法律"，也禁止年轻人批评神圣法律（634d - e）。在卷十，这三人同意，在讨论的城邦中，不敬虔是非法的。

现今流行观点之间的差别。这些情感出现在现代民主制首次显露之际，即美国独立战争时期。首先是柏克（Edmund Burke），一个保守的英国政治思想家，但大体来说，他是美国人民的朋友。他同意启蒙思想家的说法，认为公民社会依赖于契约或合伙关系，但他坚持认为，国家"不仅是活着的人之间的合伙关系，而且也是在活着的人、已经死了的人和将会出世的人们之间的一种合伙关系"。这种思想，与克勒尼阿斯和墨吉罗斯的观点相当一致。①一个人属于哪个共同体，要遵守哪种法律，这些并非个体选择的事情。相反，一个人生来就处于共同体之中，生来就是公民，生来就是某种古老法律的仆人。

这是柏克的观点。但值得对比另一句名言，即杰斐逊（Thomas Jefferson）在其"英属美利坚权利概观"（"Summary View of the Rights of British – America"）中写下的。在其中，杰斐逊宣告：

> 自然赋予一切人，有离开自己国家（他之生活在这个国家不是出于自己的选择，而是由于偶然的机会）和寻求新的住处并且在那里建立新社会（其法律和规章，在他们看来，最能促进公众幸福）的权利。②

这更接近今天的主流政治观。一个人属于哪个共同体，要遵守

---

① 重要的是，柏克关于国家的这个论证，是作为关于建立国家宗教的更大论证的一部分，参 Edmund Burke, *Reflections on the Revolution in France*, New Rochelle, NY: Arlington House. [N. D.], paragraph 165。[译注] 中译文参柏克《法国革命论》，何兆武等译，北京：商务印书馆，1998，页129。

② 1774年8月，第二段。当然，美国《独立宣言》中也包含着类似的说法："……任何形式的政府一旦对这些目标的实现起破坏作用时，人民便有权予以更换或废除，以建立一个新的政府。新政府所依据的原则和组织其权利的方式，务使人民认为唯有这样才最有可能使他们获得安全和幸福。"[译注] 杰斐逊文章的中译文，参《杰斐逊集》，刘祚昌、邓红风译，北京：三联书店，1993，页112。

哪种法律，这些是个体选择的事情。如果一个人不喜欢自己出生的共同体，可以改变或离开它，没有虔诚或者敬畏的要求挡道。

由于这些教导，难怪在今天看来，克勒尼阿斯和墨吉罗斯的信念相当怪异——他们相信，一位神将一些人聚集起来，给了他们一部法典，由此形成了一个新的城邦。然而，这种信念果真完全异质吗？相比柏拉图的《法义》，大部分人更了解《圣经》。但是，希伯来圣经，尤其是律法书（Torah），主要讲的故事就是上帝拣选以色列民（Israelites），给他们颁布法律，并在他们之中建立新的国家。至少在这一点上，西方思想的两大根源——希腊和以色列——并非如此不同。

但或许，人们会回应说，旧约故事与克勒尼阿斯和墨吉罗斯的信念一样愚蠢。"不同的神明，同样的荒谬。"因此，我们应该考虑这个问题：现代民主观点认为，个体及其权利超越于法，超越于政治共同体，这种观点是否明显更加明智？

现代民主观点，让个体成为政治基本（politically primary）或政治至高者（politically supreme）。现代民主个体不需要对任何人或任何东西负责，除了他自己，或许还有他的良心。如果他有责任，那是他自己选择的责任。没有任何力量高于他自己，从而能够强加给他任何义务。

这是主流政治观点教导的内容。但是，认为个体是政治的至高存在，这是否也是生活教导的东西？相反，说人生来就与其他人相联系（他们的家庭），生来就与共同体相联系（他们的母邦或祖国），甚至说他们生来就与某种信仰相联系，这是否更远离普遍经验？就此来看，现代民主制主张个体是政治至高者，听起来不是更像一种愿望，而非对现实的真实描述吗？如果是这样，就值得怀疑何者更怪异，是克勒尼阿斯和墨吉罗斯认为的神圣法律的政治优先性，还是现代自由观点的个体优先性。

关于法律的起因，克勒尼阿斯给异乡人的回答简洁，却含义丰富。它们向现代读者敞开了一个信念世界，当今时代的看法遮蔽了这种信念。克勒尼阿斯信念的核心是神：神是法律的起因。为了更好地理解"神"这个词对克勒尼阿斯和墨吉罗斯意味着什么,还应当考虑另外一个推论。如前所见,克勒尼阿斯和墨吉罗斯正在前往宙斯洞府,很可能是去祈求祝福及引导,因为克勒尼阿斯要建立新的城邦。克勒尼阿斯有理由希望获得这种祝福和引导,因为他自信,宙斯曾经慷慨地给予他所在的城邦最初的法律。

戏剧的这些元素,揭示出克勒尼阿斯所认为的人类需求与神的慷慨。当然,人类有很多需要。但最深层的需要,不仅有强大的压迫力,如同性的欲求,或者如果不满足就会致死,比如饥饿或饥渴,而且单凭人类自己,根本无法满足这种需要。按克勒尼阿斯的观点,神所满足的,正是此种需要。他给了人类什么?给了法。克勒尼阿斯的言行显示,他相信,就这一点而言,人类无法自我满足。人类真正需要的——并且自己无法提供——是带着共同目标一起生活。这个共同目标就是法(比如,克里特或斯巴达的法)所揭示和要求的。仁慈的神给了人类这种法。用另一种方式来说:看起来,克勒尼阿斯相信,人类缺少的知识是何为适当的共同生活,以及生活的目的。神的旨意填充了这个缺失。神给予了我们真正需要的东西。

再次,人们不应当忽略,这种观点与今天流行的观点之间,差异是多么深刻!像美国这样的民主社会教导说,政府在人之中(并且是由人)创立,为的是保护他们的个人权利。这是《独立宣言》(*Declaration of Independence*)第四条"不言而喻的真理"。再一次,个体连同他所有的个人权利,优先于法律。

暗含在这个观点中的信念是,为了获得如何生活的指引,个体不必定要转向法律。自由政体下的公民,转向法律寻求保护或安全。私底下,他们转向自己,寻求如何生活的指导。法律并不引导,而仅仅是保护自我选择、自我指引的"对幸福的追求"。从最根本而言,自由政体教导说,对于如何生活,作为个体,每个公民拥有或能够自己获得充分理解。不同于克勒尼阿斯,现代民主个体拒绝如下看法:每一个人,就其自身而言,是根本贫乏或不完善的。当然,为了获得吃穿，人类仍然需要共同工作。现代民主制下的公民也需要他人，以便获得伴侣或爱。但除此之外，并且高于所有道德和理智，这种公民受到的教导是，视自身为完全的整体（completed wholes）。总而言之：现代民主制下的公民，由于他们作为个体自视过高，并且对他们正确引导自身的能力估计过高，他们对公共生活的期待很低。这是古今之间的基本差别。

因此，从开场场景中，以及通过关注词语"神"，我们获得了有关克勒尼阿斯和墨吉罗斯品格的这些内容。他们声称，神是他们政治共同体的建立者，优先于法律，远远超越于任何个体人类或人类意志。同样，看起来，克勒尼阿斯和墨吉罗斯相信，人类最大的需要之一，是寻求如何过美好生活的指引，而要获得这种指引，诸神是最好的源头。在所有这些方面，他们都迥异于现代民主制的公开教诲。

神圣政治

在《法义》开篇，雅典异乡人问克勒尼阿斯和墨吉罗斯，其城邦的法律起源是什么。接着，异乡人询问克里特人克勒尼阿斯，克里特神圣法律目标所指的善的事物是什么。只有在那时，他们的对话才开始兴起。克勒尼阿斯提供了多种可能性，但他说，宙斯的法律首先是要使克里特人在战争中获胜（625c–626b）。接着，就其作为异乡人而言，雅典异乡人做出了一些令人吃惊的举动：关于克里特法律的善，他质疑这位克里特治邦者的意见。雅典异乡人的辩驳，并非基于克里特法律的具体知识，而是基于对何为善的认识。克勒尼阿斯所认为的克里特法律的优良目标，在他看来，并不那么好。

由于这种转换，克勒尼阿斯感到困惑，并有点受挫。雅典异乡人的质疑，是否意味着他认为，克里特的法律不好（630d）？作为对此挑战的回应,雅典异乡人做了第一次长篇演说(631b-632d)。这篇演说是为了向克勒尼阿斯表明,应当如何赞扬他的法律,克里特法律——如果它们真的是善法的话。根据雅典异乡人的看法,称赞的主要对象,应当是那能让使用它的人获得幸福的法律。这如何做到?通过向人提供所有"好东西"(631b6)。接着,雅典异乡人将这些善分成两个等级:属人的诸善——健康、美貌、力量和财富,及"属神的诸善"——明智或理智、节制、正义和勇敢。雅典异乡人主张,如果城邦获得了属神的诸善,那么,它也将得到较小的属人的诸善。因此,善法应当被称赞,首先是因为它引导人们趋向"属神的诸善"。因为,"属神的诸善"看起来是权威。

同样,在同一卷的稍后时候,雅典异乡人也提到神灵。跟着雅典异乡人,克勒尼阿斯和墨吉罗斯继续讨论克里特法律,它现在受到质疑。雅典异乡人建议他们,首先应该考虑教育。人类需要教育,因为他提出,人类只是"神的玩偶",只是诸神的玩物,除此之外,什么也不是(644d)。希望和恐惧的铁质绳索,拉扯着这些玩偶(644c),留给他们自己及其生命的只是混乱。但是,他们确实有救星——不是"内在",而是"超越"于他们自身——"推理(calculation)的拉力,金质的和神圣的拉力"(644e)。因此,诸神给人类提供了某种方式救赎自身。而且,这种救赎并非纯粹个人性的。雅典异乡人主张,城邦可以以推理为头,它要么来自诸神,要么来自已经理解它的人,并把这种神圣原则设定为法律的形式(644d,645a)。

这些段落也能解释,早些时候,异乡人为何断定,任何善法必定指向"属神的诸善",即明智、节制、正义和勇敢(631c-d)。这些善似乎是人类品格的完善。不过,看起来,它们是通过神圣推理的引导,启示给我们的完善。

雅典异乡人确实仍然强调,为了抓住神圣的绳索,人类玩偶必须做出自己的努力。他是个玩偶,但却是个有意志的玩偶。因此,相比那位要创立城邦的克里特立法者，雅典异乡人表现出，自己的品格同样积极进取，甚或更有进取心。然而，雅典异乡人的意图表明，他们只是在进行最谨慎的检审。

这位雅典异乡人是谁？这个问题有着悠久的历史。亚里士多德及其追随者，将异乡人确定为苏格拉底——大部分柏拉图对话中的首要谈话者。①在异乡人身上，《法义》的其他研究者看到了4世纪学院派哲学家，附带（cum）也是立法者的代表。② 而一些较少同情的读者，则将异乡人视作狭隘的道德主义者，或者是恃强凌弱、非苏格拉底式的独断论者。③ 然而，迄今为止，大部分学者相信，异乡

---

① Aristotle, *Politics*, Carnes Lord trans., Chicago: University of Chicago Press, 1985, II. 6, 1265b11。至少在两个地方，施特劳斯解释并捍卫亚里士多德将异乡人等同于苏格拉底的看法，参 Leo Strauss, *What is Political Philosophy?*, p. 33; *Argument and Action of Plato's Laws*, p. 2, 但可对比页 1。Pangle 采纳了他的这一论证，参 Thomas Pangle, *The Laws of Plato: Translated with Notes and an Interpretive Essay*, 379, 511n. 2。

② 现代国家要为法律作者提供一个学术智囊团（Academic "think‑tank"）支持，这一要求起于普鲁塔克对副手（off‑hand）的注意。它最开始的发展，是作为对《法义》和雅典异乡人的解释，最先由 Burnet (John Burnet, *Greek Philosophy: Thales to Plato*, 1914, New York: St. Martin's Press, 1964, p. 256) 和 Taylor (A. E. Taylor, *Plato: the Man and his Work*, New York: Methuen Press, 1949, pp. 463 – 464) 推动，但建立完整表达的是 Glenn. R. Morrow 和 Trevor Saunders。参 Glenn. R. Morrow, *Plato's Cretan City*, pp. 6 – 10, 573; Trevor Saunders, "Plato's Later Political Thought", Kraut, pp. 482 – 484。

③ Ast 丑化了这部对话，他称异乡人是狭隘道德主义者的喉舌，参 Friedrich Ast, *Platons Leben und Schriften*, Leipzig: Weidmannishen Buchhandlung, 1816, p. 388。Versenyi 和 Nightingale 都认为，异乡人代表着老年、教条，甚至代表着神权政治的柏拉图，一个完全远离他所熟知的苏格拉底之根的柏拉图。参 Laszlo Versenyi, "The Cretan Plato", Rev. of *Plato's Cretan City*, by Glenn R. Morrow, *Review of Metaphysics* 15 (1961), pp. 73 – 75; Andrea Nightingale, "Writing/Reading a Sacred Text: A Literary Interpretation of Plato's *Laws*", *Classical Philology* 88 (1993), pp. 294 – 300.

人是柏拉图自己几乎不加掩饰的"代言人"（mouthpiece）。① 不幸的是，由于柏拉图几乎跟荷马一样，是一位模糊的作者，最后一种看法看上去是在用更加模糊的东西，解释原本模糊的内容。

显然，对"异乡人是谁"这个问题的回答，对阅读和理解《法义》关系重大。有些人视异乡人为哲人——不管是学院派成员，还是苏格拉底或柏拉图的替身，他们倾向于深入论证，哲学引领着《法义》的整个进程。（关于这种观点，两个最有影响的解释者，是肖里［Shorey］② 和莫罗③。）与之相对，有些人认为异乡人是非哲

---

① 这是一个很长的名单，包括了下两个注释中的大部分学者。但是，将异乡人等同于柏拉图，很难说是现代现象。第欧根尼称异乡人是"柏拉图，或创造的某个匿名人物"（Diogenes Laertius, *Lives, Teachings, and Sayings of Famous Philosophers*, R. D. Hicks trans., Cambridge, MA: Harvard University Press, 1991, III. 52），而且，《法义》卷一的译注者同样认为，异乡人代表柏拉图。

② Paul Shorey, *Unity of Plato's Thought*, 1903, Chicago: Archon Books, 1968, pp. 86 – 87; "Plato's *Laws* and the Unity of Plato's Thought", *Classical Philology* 9 (1914), passim; *What Plato Said*, 1933, Chicago: University of Chicago Press, 1968, pp. 356 – 357, 407。Taylor 也指责说，认为柏拉图晚年生活和作品从科学转向了宗教的论证，是对"《法义》结尾部分的彻底误读"，即处理夜间议事会（Nocturnal Council）的部分，A. E. Taylor, *Plato: the Man and his Work*, p. 497。Dies 似乎认为，《法义》的"宗教"部分，只是补充了《王制》卷二中规定的信念，参 Auguste Dies, "introduction", *Platon: Oeuvres completes*, vol. 11, *Les Lois*, Paris: Societe d'Edition "Les Belles Lettres" 1976, lxx – lxxi。

③ Glenn. R. Morrow, *Plato's Cretan City*, pp. 576 – 591。Vlastons 非常重视 Morrow 的一个论证（即作为老年人，柏拉图开始认为，离开法律，没有人［甚至哲人］能够实行好的统治）。Vlastons 认为，柏拉图晚年对哲人统治者堕落性的认识，导致他理论的变化，并引导他走向《法义》中更加"民主"的改良，参 Geogry Vlastons, "The Theory of Social Justice in the *Polis* in Plato's *Republic*", North, p. 36。Shiell（Timothy C. Shiell, "the Unity of Plato's Political Thought", *History of Political Thought* 12 (1991), pp. 389 – 390）和 Guthrie（W. K. C. Guthrie, *A History of Greek Philosophy*, vol. 5, Cambridge: Cambridge University Press, 1978, p. 382）拥有类似的看法，不过可对比 Guthrie, *A History of Greek Philosophy*, pp. 322 – 323。

学、非苏格拉底式的人,常常把《法义》本身解读为"独断的",甚至是"神权政治的"论述。^①(这种看法的最尖锐的倡导者,或许是费尔辛伊^②)。在后一类思想家看来,虽然从深层次上说,这种威权法

更一般地说,Morrow 认为,在《王制》和《法义》中,哲学和法律都相互合作。在对 Morrow 作品的评论中,Kahn 和 Levinson 甚至比 Morrow 更坚定地确信这种合作,Charles H. Kahn, "Rev. of *Plato's Cretan City*, by Glenn R. Morrow", *Journal of the History of Ideas* 22 (1961), pp. 419 – 421; Ronald Levinson, "Rev. of *Plato's Cretan City*, by Glenn R. Morrow", *Classical Philology* 57 (1962), pp. 136 – 137。在类似的注解中,Saunders 认为,柏拉图假定,政治是一门精确的科学,建基于"绝对"道德观念,参 *Plato's Laws*, Trevor Saunders trans., New York: Penguin Press, 1970, p. 34。这种特征描述导致他跟 Stalley 一样,严厉批评柏拉图的"非自由"或"极权主义",前揭,以及"Plato's Later Political Thought", p. 477。

① 关于这种观点的经典表述,参 George Grote, *Plato and the Other Companions of Sokrates*, 1888, New York: Burt Franklin Press, 1973, p. 277。另外,Bury 称《法义》的城邦是"神权政体"(theocracy),参 Plato, *The Laws*, 1926, R. G. Bury trans., Cambridge, Mass.: Harvard University Press, 1961, p. xiv (Klosko 也使用了这一特征,George Klosko, *The Development of Plato's Political Theory*, New York: Methuen, 1986, p. 198, 231, 在那里,他把《法义》描述为"从许多方面来说,是一部宗教作品")。虽然 Barker 最终确实宣称,柏拉图仍旧是一位"真挚的"理性主义者(而且是准僭主 [would-be-tyrant]),但他也认为,在《法义》中,柏拉图为立法加上了"宗教方面",参 Ernest Barker, *Greek Political Theory*, London, 1947, pp. 381 – 382。Sabine 走得更远:虽然他认为,柏拉图在《法义》中的"理想"仍然是哲人王(philosopher-kings)的统治,但他否认哲人王在夜间议事会占支配地位,相反他认为,议事会的"智慧"被灌输了"宗教的本质",参 George H. Sabine, *History of Political Theory*, 1959, Hinsdale, Ill.: Dryden Press, 1973, p. 78, 91。

② Versenyi 强烈反对 Morrow 的观点,Morrow 认为,在《法义》中,哲学和法都占统治地位,参 Laszlo Versenyi, "The Cretan Plato", Rev. of *Plato's Cretan City*, by Glenn R. Morrow, pp. 67 – 80。在众多检讨 Morrow 的著作中,只有 Crombie (I. M. Crombie, "Rev. of *Plato's Cretan City*, by Glenn R. Morrow", *Philosophical Review* 75 [1966], pp. 104 – 107)、Grube (G. M. Grube, "Rev. of *Plato's Cretan City*, by Glenn R. Morrow", *Phoenix* 16 [1962], p. 283) 和 Sinclair (T. A. Sinclair,

典的解释者雅典异乡人是非哲学的，但在政治上，他可能非常狡诈。①

那么，雅典异乡人想得到什么？前面提到，他以一个非常奇怪的问题，开启了《法义》的对话："神还是某个人，异乡人啊，你们礼法的制定可归因于他？"（624a1-2）确实，作为任何谈话的开头，这个问题都相当古怪。之前没有一系列的引言吗（至少，站在两位治邦者克勒尼阿斯和墨吉罗斯的立场来说）？没有先行的戏谑？很奇怪，看起来并没有。

这个结论依据如下推论，对雅典异乡人而言，墨吉罗斯确实是个异乡人。克勒尼阿斯介绍墨吉罗斯，仅简单地说他是"拉刻岱蒙人"（Lacedaimonian）（624a4）。因此，在642c2之前，雅典异乡人三次提到墨吉罗斯（633c8，635e5，637b7），每次都称他为"拉刻岱蒙的异乡人"。在642c2，墨吉罗斯介绍了自己的名字。自那之后，直到683b4，雅典异乡人才实际与墨吉罗斯有了首次交往。正是那时，雅典异乡人才称呼他的名字。因而，似乎可以合理地推论，在这次谈话之前，雅典异乡人并不认识墨吉罗斯。

我们同样应该注意，是雅典异乡人发起的与另外两人的对话，在雅典异乡人介入之前，他们两人才是一对同伴。克勒尼阿斯和墨吉罗斯的亲近，可以从下述事实加以推断：异乡人一开始向他们两

"Rev. of *Plato's Cretan City*, by Glenn R. Morrow", *Political ScienceQuarterly* 76［1961］, p. 440），与Versenyi的看法接近，作为政治支配的原则，他们使Morrow面临哲学与法的不可调和性。在评论《柏拉图的克里特城邦》（*Plato's Cretan City*）时，Saunders（Trevor Saunders，"Rev. of *Plato's Cretan City*, by Glenn R. Morrow", *Journal of Hellenic Studies* 82［1962］, p. 182）从另一个方向（文本）处理这一问题，颠覆了Morrow的如下主张：对于完美城邦（Callipolis）的哲人王，法律施加了少许限制。

① 关于后一点，参Mary Nichols的论证，参Mary Nichols, "Rev. of *The Laws of Plato*: *Translated with Notes and an Interpretive Essay*, by Thomas. Pangle", *Ancient Philosophy* 4（1984），pp. 239-240，她认为，雅典异乡人是非哲学的，或许是前苏格拉底的，但对于政治，他很有兴趣，也很有能力。

人提问的方式（注意624a1的双数）；624a4和626c3的交谈中，克勒尼阿斯将墨吉罗斯包括在内的友善方式。不过，我们不应当假定，克勒尼阿斯和墨吉罗斯是亲密的朋友。克勒尼阿斯泛泛地将墨吉罗斯介绍为"拉刻岱蒙人"，这明显反映出，他本身不知道墨吉罗斯的名字。此外，在702b4-c1，克勒尼阿斯揭示，跟雅典异乡人一样，墨吉罗斯也是在这个恰当的时间碰巧"撞上"的。

从首次交流的特征以及雅典异乡人与墨吉罗斯之间明显的陌生，可以安全地说，对话正是始于我们现在所看到的地方。我们没有错过三人之间早先的交谈。这个结论使雅典异乡人开篇的提问，越发惊人和古怪。

但是，如果能够证明，在进入其行程之前，雅典异乡人知道克勒尼阿斯是谁，并知道他的使命是什么，那么，雅典异乡人开篇的问题，是否不会更有意义呢？确实，克勒尼阿斯似乎并不认识雅典异乡人，而且在这次交谈中，确实也从未得知他的名字。（克勒尼阿斯推断雅典异乡人的城邦，是根据他的口音，因为仅仅在交谈几分钟后，克勒尼阿斯就称他"雅典异乡人"，参626d3，及642c5墨吉罗斯提到雅典异乡人的方言）。与此相比，克勒尼阿斯从未说出自己的名字，也从未提到他要去哪儿，他仅仅在谈话开始时暗示了自己的城邦（在624a4提到宙斯，625a1提到"我们克里特人"）。尽管如此，在没有更多信息提供的情况下，雅典异乡人称他为"克诺索斯的克勒尼阿斯"（629c3）；在没有被告知的情况下，雅典异乡人知道，克勒尼阿斯正在赶往宙斯洞府和神庙的路上（625b1-2）。或许，他推断克勒尼阿斯的城邦，是通过他的口音，或者仅仅是通过如下事实：他们正走在克诺索斯城郊（参625b1）。也许，他知道克勒尼阿斯的目的地，是根据他们正在走的那条路（但这个推论似乎有很大跳跃性）。然而，这位从雅典来的旅行者，从哪里得知克勒尼阿斯的名字？不是凭空得知。简言之，在决定介入克勒尼阿斯的旅途之前，雅典异乡人已经知道，克勒尼阿斯是谁，他从哪里来，要到哪里去。

根据这一指引,对雅典异乡人的认识,从《法义》后面的篇章我们可以推论出更多内容。在卷三结尾,克勒尼阿斯概述了他所受的委托:克诺索斯和大部分克里特人委托他和其他九人,为新殖民地立法。在对其政治使命的这个简要描述中,关于拟建殖民地的位置在哪里,克勒尼阿斯没有给雅典异乡人任何暗示(参702c3-8)。(可能的区域很广:古典时代的希腊城邦,其维系的殖民地,从黑海东岸一直到今天西班牙的南端)。看起来,对于计划的位置,雅典异乡人完全没有注意,因为在卷四的开头,他问了克勒尼阿斯几个关于殖民地的基本问题,但这些问题的答案本身,并不能为确切推断出其地点提供充分信息(704a1-705c2)。(例如,参Morrow, 31,对拟建城邦地址,在今天克里特的确切位置,提出了非常有见识但仍然是假设性的猜测。)同样,雅典异乡人没有询问拟建城邦的名字,将其放在一旁,认为借用当地某条河流或某个源泉,或者一位地方神的名字,就能够解决这个问题(704a2-b1)。在剩下的整个对话中,克勒尼阿斯也没有说出新殖民地的拟建地点。

然而,在更后面,他们讨论到城邦具体结构的安排。在这个深入讨论中,雅典异乡人突然提到"马格尼西亚地方神"(Local Magnesian deities)(848d3)。接着,在860e6中,他提到"马格尼西亚城邦",作为他们正为之立法的城邦。此后,他还三次提到马格尼西亚(919d3, 946b6, 969a6),作为拟建城邦所在地。克勒尼阿斯未加反对,更重要的也未纠正他。

克勒尼阿斯对其所受委托的揭示,促进了"言辞中的城邦"的整体建立(702b4-e2)。克勒尼阿斯认为,他们仨——他,墨吉罗斯和雅典异乡人——能走到一起,完全是幸运(702b5)。不过,克勒尼阿斯似乎弄错了。在打扰他之前,雅典异乡人知道克勒尼阿斯是谁,从哪里来,要到哪里去。同样,对于克勒尼阿斯担负的政治任务,雅典异乡人似乎了如指掌。但是,直到那一刻,克勒尼阿斯还将这个任务描述为"隐秘"——即使是对他的同伴,多里斯(Doric)治邦者墨吉罗斯(702c1)。

以对"法"的源头或起因的提问,雅典异乡人开启了整个交谈。他让克勒尼阿斯公开了其政治议程,既通过展示他自己对政治事务的深刻理解(在卷一到卷三),也通过一个只能被视为具有诱导性的提问(702b1-3)。最后,即使在两个治邦者中,墨吉罗斯表现得更加老练,①但看起来,雅典异乡人更渴望将克勒尼阿斯作为主要对话者。确实,他大部分的对话都是同克勒尼阿斯交谈。因此,以下推断并非不合理,雅典异乡人访求到一场与一位严肃的政治行动者的对话,目的是深刻影响他对自身政治使命的经营和理解。

但是,将自己卷入克里特大政治(grosse Politik)的喧嚣之中,雅典异乡人头脑中考虑的是什么?他的政治参与,可能出于坚定的现实动机,虽然他很有雄心壮志。考虑一下关于城邦财富的分配,雅典异乡人给克勒尼阿斯的最初意见。他声称,立法者必须首先致力于土地的多产,并处置与邻邦的关系。这就是说,城邦应该占有足够的土地,以养活一定数量有节制的人,而不用依赖进口;应该有足够的人,以保卫城邦免受可能的不义邻邦的侵害,或为遭受不义攻击的友邦提供援助(737c6-d5)。雅典异乡人这些话的意思是,城邦的首要关注点,是食物,以及对食物来源的护卫。

然而,虽然在这里,雅典异乡人异常谨慎,只说到了防卫战争,但在704c5-7,克勒尼阿斯已经告诉他,拟建城邦距离任何邻居都相当遥远。用地缘政治(geo-political)的术语人们可以说,或许比之单纯地避开邻邦的攻击,雅典异乡人有着更多的扩张目标。关于这点,亚里士多德的评论富有启发性。在《政治学》(Politics)第二卷中,

---

① 参680c6-d3(墨吉罗斯知道荷马的诗句及其教导,而克勒尼阿斯不知道),804b5-6,以及842a4-6(墨吉罗斯随即看出雅典异乡人论证的根本重要性,克勒尼阿斯则需要更多时间思考)。

亚里士多德评价说，雅典异乡人5040个男性公民的假想规划，需要"巴比伦（Babylon）那么大的领土"（1265a11 – 18）；克里特的地理环境，使其政治制度得以安定（1272b16 – 17）；克里特的地理位置，似乎"天然地适合统治希腊"和整个地中海（1271b34）。或许，柏拉图的异乡人告诉我们，如何以他们自己的方式打败阿尔喀比亚德（Alcibiades）或伯利克勒斯（Pericles），也就是说，如何在和平的基础上，建立一种霸道但却管治良好的世界权力。

开　放

把克勒尼阿斯和墨吉罗斯的观点，与今天流行的观点加以比较，会发现一些有益的东西。要对雅典异乡人也这样做，则需要后退到这些政治推论（对理解对话而言，它们本身非常重要），还要对他含义丰富的开场评论，进行另一种路径的解释。

跟我们一样，雅典异乡人以提问开始，而非陈述。再一次，他的问题："神还是某个人，异乡人啊，你们礼法的制定可归因于他？"在这个场景中，雅典异乡人似乎没有宣布自己的观点，也没有谈论他的母邦或自己（的确，他对自己闭口不言，以致没有人得知他的名字）。相反，他提问。看起来，他在那里是为了学习。无论他最终的政治抱负是什么，至少在开场，他将自己呈现为，不是这些政客的教师，而是他们的学生（Leo Strauss, *What is Political Philosophy?*, pp. 29 – 30）。

但是，他想要学到什么？他并不单纯地对诸神感兴趣。如果是的话，他会去和祭司交谈，比如，就像柏拉图《游叙弗伦》（*Euthyphro*）中苏格拉底所做的那样。相反，他的主要兴趣是政治。更准确地说，他的主要兴趣是关注政治生活的基石：法的起因是什么？政治权威的根源是什么？他的开头提问提供了两种主要可能性：起因或根源，可能是某个人；或者，那个起因或根源是一位神。因而，至少在开头，他对诸神的兴趣只是因为一些人说，诸神是政治权威的基石或根源。恰好在这里，他找到了两个这样的人。

这个开篇表明，雅典异乡人拥有异常开放的心灵。他想要了解政治，了解其基础和根源。从哪里开始学习？并非仅仅坐在那里自己思考，相反，他探询人们，尤其是那些政治上严肃的人对这些事情的看法。一些政治上严肃的人说，神是政治生活的基础和根源。异乡人对这个说法最感兴趣。当然，我们要小心，不要把兴趣与赞同混为一谈。雅典异乡人并没说，他同意这种观点。他并没有插嘴说："是的，我相信，我的城邦雅典，应当将法律归因于雅典娜（Athena）。"不过，显然他确实认为，讨论这种主张会得到一些严肃的东西。

同样，这一点可以更推进一步。雅典异乡人还感兴趣的观点是，神是城邦法律的起因。他没有说同意这个观点。不过，他也没有说不相信。事实上，在《法义》中，他没有做过这种否认。恰恰相反，他一再重复表达了一个观点，诸神会以各种方式，引导和支持他们开始讨论的新城邦。[①] 简言之，看起来，对于诸神给予某个人法律的可能性，对于神圣法律的可能性，他都持开放态度。

因此，他也不得不接受，遵循神圣法律是最好的生活方式。那么，他必定接受：在根本上，人类是贫乏的，对于如何过美好生活，他们一无所知；为了过上美好生活，他们需要神圣指引。关于雅典异乡人，这种开放性揭示出了什么？或许，最简单的，雅典异乡人想知道，这些满有名望的神圣法律，是否能引导他自己的生活过得更好。如前所示，虽然戏剧允许很大空间的推论，但要理解异乡人的目的，这或许是最安全的出发点。

在考察克勒尼阿斯和墨吉罗斯时，我们首先描绘出他们的观点，然后比较了更现代的看法。这个比较差不多是一种对照（contrast）。同样，这样处理雅典异乡人的观点，也有启发意义，虽然此刻很少看

[①] 关于合适的引用，Pangle 提供了一份长长的清单，参 Thomas Pangle, *The Laws of Plato: Translated with Notes and an Interpretive Essay*, 502。

得到［这样的比较］。在某种程度上，与克勒尼阿斯和墨吉罗斯相比，雅典异乡人的思想似乎更接近现代思想。克勒尼阿斯和墨吉罗斯确信，在政治生活中，宗教和神的话语应该具有或确实具有权威作用。相反，现代民主思想倾向于分离宗教信念与基本的政治权威。同样，雅典异乡人似乎也并不只是推进宗教统治，至少在今天看来不是。

但从总体上说，关于宗教在政治中的可能作用，雅典异乡人的看法仍然与今天的观点相距甚远。在这一点上，差别并非在于宗教权威的政治位置，或诸如此类。毋宁说，它可以看成是提问与陈述之间的差别。

如前所述，在关于神和政治的问题上，雅典异乡人拥有开放的心灵。他的提问是为了解法律的根源。相反，现代民主制声称，政治权威的基础和根源，在于个体人的自由选择。诸神作为政治权威的故事，每个人都听过。但现代民主思想视它们为故事，而宣扬个体的政治至高者。神可以做一个很好的个人顾问，只要个体选择听从，但是，现代民主个体强烈质疑，可以从相信神的话语应当是终极政治权威中，得出任何善。相反，对此种可能性，雅典异乡人持开放态度。他没有立刻拒绝它，而是想要了解。或许，它具有某种善，某种以其他方式看待政治缺乏的好处？归根结底，这就是雅典异乡人的开放——不管是吸引我们，还是令我们沮丧，更多的是在表达我们而非他自己的意见。

柏拉图的克里特城邦

莫罗（Glenn R. Morrow） 撰

张清江 译

乍看起来，选择克里特作为《法义》的环境，让人感到吃惊。在生命的最后几年，柏拉图忙于西西里（Sicily）的事务。我们知道，柏拉图力劝青年狄奥尼修斯（Dionysius）实行的计划之一，就是重建某些古老的希腊城邦。在狄奥尼修斯父亲统治的时候，这些城邦遭到外邦人劫掠，仍然处于荒废之中。①因此，我们应该预计，柏拉图会选择西西里，作为其构想的殖民地之背景，尤其是因为，在前两个世纪中，这个岛国对希腊事务产生了重要影响，有时甚至是决定性影响。而另一方面，在这段时间中，克里特对希腊其他地方影响甚微。在对抗波斯人（Persians）时，其城邦几乎没有提供任何帮助。在伯罗奔半岛战争（Peloponnesian War）中，克里特保持了中立。在支持哪方的意见上，它产生了分歧；对于战争两方领导者的命运，它的影响微不足道。对于希腊文化的发展，它贡献甚微，并且对于其他地方的文化运动，似乎也没有直接作用。从泰勒斯（Thales）到亚里士多德的众多哲人

---

① *Ep.*, VII, 332e，对比331e。很可能，《法义》前几卷创作时，柏拉图在叙拉古（Syracus）跟青年狄奥尼修斯在一起。参 L. A. Post, "The Preludes to Plato's *Laws*", TAPA LX, 1929, pp. 5–24。

中，没有一个出自克里特（除非我们同意狄尔斯［Diels］的看法，把厄庇墨尼德斯［Epimenides］算入哲人之列）。克里特没有学校教授雕塑、陶瓷、绘画或医学。在《法义》中，在解释其邦民不知道荷马的原因时，克勒尼阿斯说："我们克里特人不常使用外邦的诗。"（680c）克里特有诗人，但他们湮没无闻，其他地方对他们几乎一无所知。这个岛国有什么东西值得柏拉图注意，以致将其作为这部对话的背景，以及构想城邦的场所呢？

虽然在古典时代，克里特缺乏政治和文化上的重要性，但对于这个岛国过去的荣耀，对于其古代君王米诺斯——他曾经控制了整个希腊海——的巨大权力，① 对于古风时期（archaic period）克里特对希腊文化诸多方面的贡献，② 无论柏拉图还是其邦民，都记忆犹新。代达罗斯（Daedalus）的传奇形象——他跟克里特有关，也跟雅典和西西里有关——表达了往昔克里特艺术和工艺的高度水平。

克里特曾经是合唱和舞蹈的早期中心之一。克里特诗歌，克里特人献给阿波罗的颂歌，以及全副武装的舞蹈，都确切证明大陆城邦受其恩惠。③ 无论雅典还是斯巴达，都很熟悉这些歌舞，据说，它们的引入是效仿克里特的丘列特斯（Cretan Curetes）的舞蹈。

克里特是大部分神话和习俗的发源地，传说，它是宙斯的出生地。这些神话和习俗以崇拜奥林匹亚诸神（Olympians）为基础，形成了希腊下层社会的宗教。④ 一般而言，人们相信，正是从克里特那里，阿波罗带给了德尔斐（Delphi）净化的仪式。之后，这种仪式

---

① Thuc., I, 4, 8; Herod., III, 122; Arist., *Pol.*, 1271b 37; *Laws*, 706ab; Diod., IV, 60, 3.

② 关于古风时期克里特作为中心，其影响的重要性，参 P. Demargne, *La Crète dédalique*, Paris, 1947。

③ Plut., *De Mus.*, 9 – 10, 42; Strabo x, iv, 16; See Vetter, RE s. v. Thaletas.

④ Nilsson I, 281 ff.; Bengtson, *Gr. Gesch.*, 45.

被写入雅典和希腊关于杀人的法律之中。①起源于克里特的,是克洛诺斯(Kronos)的"黄金时代"的故事,及与之相关的极乐岛(the Islands of the Blessed)神话。②

同样,在古风时期,克里特产生了很多神秘主义者和术士(wonder-workers),他们专门进行净化和预言。其中最著名的是克诺索斯(Cnossos)的厄庇墨尼德斯,他深受毕达戈拉斯学派(Pythagoreans)的喜爱,《法义》也提到他对雅典的传奇贡献(642d;参677d)。不管是事实还是幻想——现在,我们开始认识到,幻想的下面通常有事实的基础——这些故事和信念都标示着,在历史时代的希腊人想象中这个伟大岛国占据的位置。③

---

① 参荷马时代的 *Hymn to Pythian Apollo*, 388ff.; L. R. Farnell, "Cretan Influence in Greek Religion", in S. Casson ed., *Essays in Aegean Archaeology*, Oxford, 1927, 26。据说,阿波罗本人在杀死巨蟒之后,由克里特的卡拉玛诺(Caramanor)进行净化。参 Paus. II, xxx, 3; x, vii, 2。关于某些德尔斐仪式的克里特起源,参 J. Defradas, *Ler Thèmes de la propagande delphique*, Paris, 1954, 22, 72ff.: 例如,三脚祭坛, 77ff., 颂歌, 81ff.。

② Nilsson I, 302ff.; Diod., v, 66; 参 Hesiod, *Works and Days*, 111ff. 厄琉希斯(Eleusis)秘仪可能源于克里特(W. K. C. Guthrie, *The Greeks and their Gods*, Boston, 1951, 282f.); 但也有相反的看法, 参 Wilamowitz, *Der Glaube der Hellenen*, Berlin, 1931, I, 99, 124。

③ Frost 的看法好像有道理,他认为,在亚特兰提斯(Atlantis)传说中,古代克里特海上帝国的荣耀,不知不觉地成为柏拉图为之着迷的魅力资源。参 Frost, "The *Critias* and Minoan Crete", in JHS XXXIII, 1913, 189-206。在《蒂迈欧》(*Timaeus*)中,柏拉图说,梭伦从埃及先知那里得到这个传说,并计划就这一主题写一部史诗。很可能,柏拉图是在陈述一个事实,而非寓言。柏拉图可能知道这部未完成的作品,并以之为基础,创作了自己著名的神话。亚特兰提斯的位置,在赫拉克勒斯(Hercules)之柱更远处,除此之外,亚特兰提斯故事中的很多细节,完全符合克里特的地理位置,以及克诺索斯对周围岛屿的统治权。保存在埃及记载中的这个故事,当然是从埃及人的角度进行论说。那个时代,埃及人没有航海技术。他们的描述是,那是从遥远的西方,或者世界的尽头而来的攻击。对索伦时代的希腊人来说,情况不可能是这样,对他们来

不过，无论在古代记忆中克里特多么神圣，《法义》中描述的克里特，是柏拉图当时的克里特，它实行古代制度，以"守法"（εὐνομία）著称。在首卷中，雅典异乡人说："克里特的法律在整个希腊具有特别高的声望"（631b）。我们所掌握的证据残篇，证实了这一说法。希罗多德（Herodotus）时代骄傲的斯巴达人相信，他们使用的吕库戈斯制定的法律，起源于克里特（Herod., I, 65）。亚里士多德提到，有人试图说，不仅吕库戈斯，还有扎琉库斯（Zaleucus）和加隆达斯（Charondas），都受教于戈堤斯的泰勒塔斯（Thaletas of Gortyn）。① 基于年代顺序，亚里士多德拒绝这种传承关系，不过，对于其中隐含的对克里特的赞扬，他表示赞同。他说："真正的政治家，其目的是使公民有德性和遵从法律，例如克里特和斯巴达的立法者。"（Nic. Eth., 1102a 8–11）某些狂热者甚至断言，梭伦立法时，受到克里特人厄庇墨尼德斯的帮助。② 因为这位奇特的天才除了是宗教法律方面的专家之外，还被公认为写了一首关于克里特政制的诗篇（Diog., I, 112）。

这些公元前4世纪的传统，揭示了当时人们相信的东西。这些东西并不必然真实，但过去一个世纪发现的铭文（inscription），充分证实了他们对克里特立法者的赞赏之情。关于公元前5世纪和前4世纪的部分克里特城邦法律，戈堤斯的长篇铭文，以及出自同一地

说，克里特人在南方更近，而非世界的西方尽头。因此，这个神秘岛屿的位置，移到了赫拉克勒斯之柱以外。米诺安力量，突然彻底崩溃（这一事实已为考古学家证实），并由此消失，从埃及人的知识看来，这似乎更像一场自然灾难，即岛屿陷入海中，正如梭伦所述神话中描写的那样。亦参 Brandenstein 的类似假设，W. Brandenstein, *Atlantis*, Vienna, 1951。

① 《政治学》，1274a 25–31。这位泰勒塔斯是歌咏诗人，被认为创立了斯巴达的裸男舞，参 *Rep.*, 452c，及前面注释4。

② Plut., *Solon*, 12. 普鲁塔克的材料，很可能来自古代的忒奥彭波斯（Theopompus），参 Diog., I, 100。

区的许多其他残篇,给我们提供了大量信息。它们说明,在立法方面戈堤斯人并非外行,而是一个悠久传统的继承者。① 最近在德勒洛斯(Dreros)发现的铭文,"很可能不晚于公元前 600 年",从中,艾伦伯格(Ehrenberg)找到了政制的城邦类型(在古典时期,它成为希腊城邦的普遍特征)的早期资源(CQ, xxxvii, 1943, 14 – 18)。

柏拉图对克里特的敬重并非其思想的新发展。在早于《法义》很多年的对话《普罗塔戈拉》中,苏格拉底自称相信,与希腊其他任何地方相比,克里特和斯巴达所培养的对知识的热爱,更加古老、更加热切(342a – 343b)。确实,这段话中存在幽默和矛盾,但我们不应该忽略,它同样也严肃地称赞克里特人和斯巴达人巧妙隐藏的深度智慧。苏格拉底肯定认识这种深度智慧,因为按柏拉图的描绘,他在多种场合下称赞了克里特和拉克岱蒙(Lacedaemon)。而且在《王制》中,他引用"克里特和斯巴达政制",作为不完美政体形式中最好的例子(*Crito*, 52e; *Republic*, 544c)。

从早期时代开始,柏拉图的对话就显示出对克里特的兴趣,从这一点可以看出,在学园(Academy)对法律和政治的学习中,克里特制度明显是重要的部分。我们知道,亚里士多德曾经写过《克里特政制》(*Constitution of Cretans*),但是,除了由赫拉克利德斯(Heraclides)保存下来的残篇之外,这部作品后来都散佚了(Aristotle, Fr. 611, 14, Rose)。我们现在无法确定,这部作品属于亚里士多德著述生涯的哪个部分,但亚里士多德对这个主题的兴趣,必定是从柏拉图身上获得的。《政治学》第二卷包含着对克里特的长篇论

---

① 参 Guarducci, *Insc. Crete.*, iv, Pref., 32:"许多这样的人[即戈堤斯的名人]同样指出,那些最严肃的戈堤斯人,热切地遵循自古以来的法律而生活。"对程序规则的注意,表明戈堤斯的法律已臻成熟。参 A. S. Diamond, *Primitive Law*, London and New York, 1935, 340ff.; Headlam, "The Procedure of the Gortynian Inscription", JHS XIII, 1892 – 93, 48 – 69。

述,还有对克里特和斯巴达制度之间的细致对比,以及对它们的历史关系的讨论。耶格(Jaeger)认为,在《政治学》的这一部分,亚里士多德使用的材料是他住在学园时收集的,"当时,柏拉图正从事《法义》的写作,斯巴达和克里特的制度,正是他喜欢讨论的主题"(Jaeger, *Aristoteles*, 300 – 301, n. 1)。柏拉图的《米诺斯》出于同一时期,或稍晚一些。即使不是柏拉图本人的作品,《米诺斯》也是出于学园派之手。这部对话的人物是传说中的克里特王,在对话中,他为自己辩护,反对雅典戏剧家当时对他的误解。

柏拉图和学园派对克里特政制的兴趣,只是所谓"发现克里特"——它发生在大约公元前 4 世纪中期——的一个阶段。①这一"发现"的另一位贡献者,是埃福罗斯(Ephorus)。他在《历史》(*Histories*)第四卷描述了克里特及其政制,其中的"主要观点",由斯特拉波(Strabo)保存下来(Strabo, x, iv, 16 – 22)。还有一位更不出名的人物,多斯阿德斯(Dosiades,或 Dosiadas),或许他本身就是克里特人。在这个时期的某个时间,他写了一部关于克里特的著作(FGH 3B, 394 – 396)。斯特拉波对埃福罗斯描述的摘要表明,已经有人形成精神的理论转向:埃福罗斯思考的是克里特法律后面的哲学。他说:

> 看上去,立法者假定,城邦最大的善是自由,因为它单独就可以让拥有它的人获得财富;如果处于奴役之下,所有东西都属于统治者,而非臣民。

这是克勒尼阿斯提出的观点。在柏拉图的对话中,这位克里特参加者在其开篇陈述中,说到克里特立法者的意图:

---

① 这个词组并不完全恰当,正如 Henri van Effenterre 指出的,"在古典希腊,克里特闻名远播,不需要重新发现"(*La Crète et le monde grec de Platon à Polybe*, Paris, 1948, 84)。

> 没有什么是真正有益的，无论财物还是生意，除非我们在战争中获胜。因为，那时战败者的所有好东西均属于胜利者了。(626b)

对于这位克里特法律的未知诠释者，克勒尼阿斯效仿他的观点，而柏拉图则批评他的主张（从后面给出的理由明显可以看出，他不可能是埃福罗斯本人）。如果想要确定这位诠释者的身份，很可能会一无所获。但是，如果有人想要让多斯阿德斯这个模糊人物的形象稍微清晰一些，那么，没有证据妨碍我们把这稍进一步的主旨归于他身上。①

这些不同解释彼此之间的关系（及其与维拉莫维茨［Wilamowitz］假定的未知探险家［Forschungsreisender］间的关系②），很多是不确定的推测。克里莫斯女士（Miss Chrimes）认为，我们得到的关于克里特社会制度的所有详细信息，都来自多斯阿德斯（或许是通过埃福罗斯）。③ 维拉莫维茨认为，埃福罗斯是亚里士多德信息的源泉。但耶格似乎认为，亚里士多德或埃福罗斯的亚里士多德（Aristotle of Ephorus）的资料是否来自埃福罗斯，仍旧是个开放性的问题。④

---

① Athenaeus 的 *The Deipnosophists*（143a–d）中包含着很长一段从 Dosiades 的摘录，描写克里特制度对公餐的贡献，还有其他地方（264a）表明，他的论述包含某些关于奴隶和农奴的内容。除了 Dosiades，Diodorus 也自称，他关于克里特历史的资料，来自 Ephorus（v, 64, 4），Epimenides, Sosicrates 和 Laosthenidas（v, 80, 4）。如果这位写了《克里特音步》（Κρητικά）的 Sosicrates，正是 Athenaeus（422d）提到的写了《后继者》（Διαδοχαί）的那位，那么，很明显，他的时间太晚，不可能是柏拉图批评的对象。Laosthenidas 则只有在 Diodorus 提到的这里才为人所知。Diodorus 使用的 Epimenides 的 Κρητικά，现在一般认为是后人的伪造（Kern, RE s. v., Epimenides, 176; Bethe, *Hermes*, xxiv, 1899, 420ff.）。柏拉图可能知道 Epimenides 的真正作品，但给人的印象是，在《法义》中，他与之争论的人更接近他自己的时代。

② *Aristoteles und Athen*, Berlin, 1893, II, pp. 25–26.

③ K. M. T. Chrimes, *Ancient Sparta*, Manchester University Press, 1949, p. 234.

④ Wilamowitz, *Der Glaube der Hellenen*, I, p. 305ff.; Jaeger, *Aristoteles*, p. 301, n. 1.

但事实是，没有一个推测符合我们掌握的事实。对比埃福罗斯的主要观点（按照斯特拉波的保存）和亚里士多德《政治学》中的看法，就会揭示出，分歧如此重大，以至于不可能得出结论说，一者完全依赖另一者。①看上去，两者拥有一些共同的材料来源。我们是否应遵循克里莫斯女士的看法，认为这种共同来源是来自多斯阿德斯呢？至少，据我所知，还有另外一种可能性从未被考虑。很可能，两者都依据柏拉图，不一定依据柏拉图的《法义》，而是依据他所收集的材料，并使学园中对此主题感兴趣的其他人能够用到这些材料。的确，无论是在埃福罗斯还是在亚里士多德的看法中，都有特征表明，柏拉图对他们的影响并非没有可能。②

---

① 当然，它们有很多共同点。两者都提到，斯巴达人称公餐为 $\Phi\iota\delta\iota\tau\iota\alpha$，但克里特人则称之为 $\dot{\alpha}\nu\delta\varrho\varepsilon\iota\alpha$；而且，跟斯巴达一样，克里特的餐桌也是由公共财政支持，而非私人贡献。两者都声称，在功能上，克里特的监察官和斯巴达的监督官有相似之处；而且都指出，在数量上，前者是十人，后者是五人。两人都表明，两种政体中都有"长老"，前者是从以前的监察官中选举，后者是从以前的监督官中选出，并都注意到，在克里特这一团体成为议事会。两人也都相信，克里特习俗更加古老，在很多情形中，它是斯巴达习俗的原型。但是，亚里士多德提到了克里特的农奴，并解释了为什么他们不像希洛人之于斯巴达那样，是危险的源泉。而这一点埃福罗斯略过未提。此外，对于克里特监察官、议事会和议会（埃福罗斯甚至没有提及议会）的权力，亚里士多德的论述更加充实，更有批判性，并且对不负责任的监察官，它以严厉的指责告终。另一方面，埃福罗斯更多注意对年轻人的教育，而亚里士多德几乎完全忽略了这一主题。埃福罗斯还详细描述了克里特人独特的爱的习俗，而这又是亚里士多德忽视的主题。

② 公餐是雅典异乡人探究的首个论题（625c），柏拉图赋予公餐极大的重要性。无论亚里士多德还是埃福罗斯，都很早提到这些，并将它们作为基础政制。亚里士多德感兴趣的是政府部门间权力的划分。对于这一政制理论论题，在《法义》卷三，柏拉图给予了特别关注。亚里士多德批评克里特政制，因为"长老们"不负责任。这似乎是对柏拉图一再重复的警告的回响。柏拉图警告，不应该有官员 $\dot{\alpha}\nu\upsilon\pi\varepsilon\dot{\upsilon}\vartheta\upsilon\nu\omicron\iota$ [不负责任]。而另一方面，埃福罗斯处理的是柏拉图感兴趣的其他问题：年轻人的体育和军事训练，使用战舞，克里特的诗歌，以及娈童习俗。

可以明确肯定一点，至少亚里士多德和埃福罗斯所依据的，不仅是学园，而且更是柏拉图的教诲。斯特拉波告诉我们，关于米诺斯的角色，埃福罗斯和"古人"的观念之间存在显著差别。在古代作家的描画中，米诺斯是专制、暴虐的贡物征收者，而且，根据米诺陶（Minotaur）、迷宫及忒修斯（Theseus）和代达罗斯的探险故事，他们创作了很多肃剧作品（Strabo, x, iv, p. 8）。这些公元前5世纪关于米诺斯的肃剧，都没有保存下来，但从传下来的标题判断，它们的数量很可观。① 同样，看起来，早期的阿提卡（Attic）历史学家费雷西德斯（Pherecydes）和赫兰尼库斯（Hellanicus）也强调，米诺斯的角色是古代雅典人的敌人。② 但在公元前4世纪，米诺斯的名声经历了根本转变。结果，他变成了宙斯指引下伟大、明智的立法者——根据斯特拉波的说法，这是埃福罗斯坚持的观点。同样，这也是柏拉图的看法，而且，由于对克里特习俗的新兴趣，以及对伟大古代（great antiquity）的信仰，推测起来，在公元前4世纪，这大概也是许多其他人信奉的观点。③ 但在埃福罗斯的立场中，引人注目的是，他使用了一个奇怪的论证，跟我们在柏拉图作品中发现的一致。斯特拉波告诉我们，他引述了荷马的诗行：

ἔνθα τε Μίνως
ἐννέωρος βασίλευε Διὸς μεγάλου ὀαριστής.

---

① 索福克勒斯（Sophocles）写过一部《忒修斯》（*Theseus*），一部《代达罗斯》（*Daedalus*）和一部《卡米西伊》（*Camicii*）。它们描述了米诺斯在卡米库斯（Camicus）的死亡。代达罗斯逃离克里特后，米诺斯想要重新抓住他，但这一努力徒劳无功（Herod., vii, 170）。这些作品构成了三部曲。欧里庇得斯（Euripides）写了一部《克里特人》（*Cretans*），还写了一部关于政治诗人（柏拉图的表亲克里提阿［Critias］）的戏剧，名字叫《剌达曼堤斯》（*Rhadamanthys*）。关于这些及其他佚作的题目，参 Poland, RE s. v., Minos, 1891。

② 关于费雷西德斯，参 FGH Pt. I, 3, F148 – F150；关于赫兰尼库斯，参 Pt. I, 4, F164。

③ 例如，Isocrates, xii, 205。

在那里，米诺斯

九岁为王，他是伟大宙斯的密友。

求助于荷马，正是我们在柏拉图伪篇《米诺斯》中发现的辩护手段。引述的这几行诗非常晦涩。对于公元前 4 世纪的希腊人来说，不仅 ὀαριστής［密友］是个非常陌生的词语，而且，ἐννέωρος［九岁］的含义也模糊不清。而不管其含义是什么，它是修饰 Βασιλεύε［当王］，还是修饰 Μίνως［米诺斯］，或者 ὀαριστής［密友］，都无法确定。在《米诺斯》中，苏格拉底解释说，ὀαριστής 的含义是"亲切交谈"（συνουσιαστής ἐν λόγοις），也就是门徒；而 ἐννέωρος 意思是"每隔九年"。因此，这一段的含义是，每隔九年，米诺斯去造访智慧的伟大导师宙斯（319b‑e）。很显然，这并非这段话唯一可能的解释，甚至不是最合理的诠释。苏格拉底式注疏有其独创性，这是一个很好的样板。①对我们的目的而言，不必要确定《米诺斯》作为柏拉图对话的真伪，因为这种解释的要点，就包含在《法义》开篇雅典异乡人的问题之中："难道你们不跟随荷马，说米诺斯每隔九年去造访父亲，与他相会，并根据他的神谕为你们城邦制定法律？"在这种勉强的荷马式注疏上，埃福罗斯与柏拉图的相同之处太多，不可能只是巧合。如果如现在一般相信的那样，埃福罗斯的历史大约始于公元前 350 年或稍晚一些（FGH 2C, 25），那么，他处理克里特的第四卷书，就不可能在柏拉图去世前出现。由此，即使我们假定，柏拉

---

① *Odyss.*, xix, 178‑179。关于这段话在晚近古代的四种解释，参 Poland, *op. cit.*, 1902‑1903。在为米诺斯辩护的其他地方，苏格拉底的厚脸皮很明显。他引用赫西俄德刻画的米诺斯形象，即"君王中的君王"，并引用了《奥德赛》，xi, 569，在那里，据说掌管死者权力的，不是剌达曼堤斯，而是米诺斯。但是，他避免提到《奥德赛》（xi, 322）中的 Μίνως ὀλοόφρονος［狡诈的米诺斯］——这明显是个不讨人喜欢的称呼，尽管在古代，人们试图把它理解为善意的（参 Poland, RE s. v., Minos, 1891）。

图愿意公然从另一位作家那里借用这种看法,他也不可能受其影响。因而,很明显,埃福罗斯的荷马式解释,表明他熟悉这种有点儿别致的柏拉图式教诲,可能也表明他读过《法义》和《米诺斯》。①

因此,对公元前4世纪发生的对克里特兴趣的复兴,学园尤其是柏拉图,起到了相当重要的作用。这一点证据很充分。柏拉图《法义》对那个岛屿的讨论,是我们所知那个时代最早的论述。起码,它跟亚里士多德《政治学》的论述同时,当然它肯定早于埃福罗斯的第四卷书。不论是否先于多斯阿德斯或其他一些完全不知名的旅行者或作家,看起来,在塑造后来的传统上,柏拉图的影响都至关重要。通过《法义》,柏拉图使自己成为赞成克里特(pro‑Cretan)一派的领袖。后来谈到所谓克里特法律优点的作家,总是要引述他。②

但是,对于他那个时代的克里特,柏拉图的赞赏多大程度是基于确切的知识?又有多少是借着对一个神秘和传说国度的信息残片而产生的想象结果?关于柏拉图的旅行,有无数传说,在这之中,没有关于他访问克里特的说法。据说,苏格拉底死后,柏拉图在他的漫游时代(Wanderjahre)曾去过古利奈(Cyrene)和埃及(Egypt)。如果这是事实,那么,在途中(en route),他很可能在克里特停留,就像里特尔(Ritter)猜想的那样。③ 大约公元前387年,以及后来的公元前367和361年,他访问了南意大利和叙拉古。从雅典到西西里的海路,环绕着伯罗奔半岛(Peloponnesus),因而,在这些旅程的一次或几次中,他有可能停留在克里特。但是,我们没有证据证明他这样做。直到最近,仍然有人假定,柏拉图对克里特没有直接认识。此外,在古典时代,这个岛屿相对孤立,因此,即使通过间接手段,他也很难获

---

① 关于《米诺斯》,参附录 A(Excursus A)。
② 比如,Polyb. Vi, 45; Strabo, x, iv, 9; Clem. Alex., *Strom.*, i, 170, 3。
③ *Platon*, Munich, 1910–1923, I, 87–88; See Albert Rivaud, *Hist. de la Philosophie*, Paris, 1948, i, 163, 204.

得确切知识。维拉莫维茨花了很大精力表述这一观点,① 不过,埃芬泰尔(Van Effenterre)重新检审了证据之后,得出了不同的结论。

首先,如果柏拉图没有访问克里特,他就对这座岛屿所知甚少,这种假定当然不正确。虽然在古典时代克里特相对孤立,但是,希腊其他地方并没有忘记或忽略它,克里特人也没有丧失他们身为希腊共同体成员的观念。在公元前480年,希腊联盟一直抱有希望,克里特会提供帮助,反抗波斯人。这表明,克里特被视为希腊世界的一部分。而且,关于他们没能做出反应,克里特人后来给出了解释。这说明克里特人对此感到不安。他们求教德尔斐,基于神谕的回应,他们认为中立是明智的选择,希罗多德如是说。② 但看上去,这个神谕的故事,以及另一个派去参加萨拉米斯(Salamis)战斗的克里特弓箭手的故事,是这件事之后的创作,而且在某种程度上,是两个相互矛盾的创作。伯罗奔半岛战争期间,戈堤斯人同情雅典,西多尼亚人(Cydonia)同情斯巴达。同时,在海运航线上,这座岛屿的战略地理形势——从雅典到西西里,从伯罗奔半岛到埃及和东方诸岛——使其成为雅典和斯巴达的军事必争之地。③

有很多证据表明,在公元前5世纪和前4世纪,克里特和希腊其他地区之间,存在商业和文化联系(Van Effenterre, *La Crète et le monde grec de Platon à Polybe*, 40 – 44, 109 – 115)。修昔底德提到一位戈堤斯的尼基阿斯(Nicias),他是雅典人的外交大使(proxenus)(Thucydides, ii,

---

① Wilamowitz, *Platon*, 2nd edn., Berlin, 1920, I, 661.

② Herod., vii, 169 – 170. See van Effenterre, *La Crète et le monde grec de Platon à Polybe*, 35 – 36.

③ Thuc., ii, 85。更早的观点认为,在西多尼亚袭击雅典舰队,是雅典人的愚笨和爱吉纳人(Aegina)的盲目憎恶的明证。Van Effenterre (*La Crète et le monde grec de Platon à Polybe*, 37) 反对这种看法,他恰当地从如下角度看待事件:它是精心策划的政策之一部分,是为了夺取贸易线上的战略要地。参 Thuc., iv, 53; G. B. Grundy, *Thucydides and the History of His Age*, London, 1911, 326 – 327。

85，5）。在公元前 4 世纪的阿提卡铭文中，有好几篇提到克里特或克里特人；其中一篇提到雅典人接受克诺索斯人的一项王冠。① 在船舶建造和庙宇的木造部分上，克里特著名的柏树木材深受赞誉；在阿里斯托芬时代，克里特毛绒制作的衣服闻名雅典；在公元前 5 世纪晚期和前 4 世纪早期，几乎所有的战斗中，都有熟悉的克里特弓箭手的份儿。② 从游走的商人那里，从克里特雇佣兵那里，从学园中其他旅行到过克里特的人那里，或者，从学园的克里特籍哲学访问者那里，甚至可能从关于这个岛屿的早期书写论述中，柏拉图能够获得充足的信息。这几乎毫无疑问。③

正是《法义》第一页提供了一个实际的克里特背景。三位老人启程，从克诺索斯步行前往"宙斯的洞府和神庙"。现在，在克诺索斯附近，至少有三处洞府和神庙，曾被奉为宙斯的圣地。有一个迪克特洞府（Dictaean Cave），位于克诺索斯东南，离现在拉希提（Lassithi）平原上的赛克罗村（Psychro）不远。根据古代传说，这里是宙斯的出生地。还有一个伊达洞府（Idaean Cave），正位于尼达平原（Plain of Nida）上面的伊达山上，在克诺索斯西南。作为宙斯的墓地（$μν\~ημα\ Διός$），它竟然至今仍闻名于世。同样，在山的顶峰，有一个古老的神庙，而在南坡，有一个洞府，证明这里曾是古代敬拜的场所。

---

① 10 II 1443, 120 – 121. 这些教令的时间，早于公元前 344—前 343 年（Van Effenterre, *La Crète et le monde grec de Platon à Polybe*, III）。

② 关于柏树木材的出口，参 Van Effenterre, *La Crète et le monde grec de Platon à Polybe*; Plut., *Quaest. Conv.*, I, ii, 5, 4; Hermippus apud Athen., 27f。关于克里特木材，参 Aristoph., *Thesm.*, 730。一支 80 名箭手的小型先遣队，组成了雅典人远征叙拉古（Syracuse）的一部分（Thuc., vi, 43; 参 vii, 57, 9）。在增援青年居鲁士（Cyrus）的力量中，斯巴达的克里尔库斯（Clearchus）拥有 200 名克里特弓箭手（Xen., *Anab.*, I, ii, 9）。而且，色诺芬（Xenophon）的《希腊史》中，多次提到克里特雇佣兵（IV, ii, 16; vii, 6; VII, v, 10）。

③ 一份阿拉伯文献，引用了一篇亚里士多德失传的对话。其中似乎表明，在晚期柏拉图学园中，有一位克里特成员。参 Richard Walzer, "Fragmenta Graeca in litteris arabicis", *Journal of the Royal Asiatic Society*, 1939, 416 – 417。

最后一个洞府，距离克诺索斯不够远，不符合旅程"漫长"（ἱκανή）的描述。另外两个中，乍看起来，迪克特洞府似乎更有可能是目的地，因为它可以步行九到十个小时到达，相比之下，另一个洞府则可能需要十二或十三个钟头。① 但是，考古发现似乎表明，作为敬拜场所，迪克特洞府在公元前 8 世纪，已经遭到废弃，② 而在整个古典时代，并直到希腊化时代，伊达洞府都是敬拜中心和朝圣场所（Nilsson, I, 242, 285）。因此，看起来，柏拉图所指的很有可能是伊达洞府。③ 克勒尼阿斯对旅行的描述，也支持这个推测。

---

① J. D. S. Pendlebury, *The Archaeology of Crete*, London, 1939, 10。他给出了去往迪克特洞府的距离为九个小时。Karousos 先生（赫拉克利翁博物馆［Museum of Heracleion］的导游）估计，需要十个小时。至于伊达洞府，我的亲身体验证实，从阿诺吉亚（Anogeia）出发，只需四个半小时便可到达。阿诺吉亚是现在尼达平原北部的一个村落。从赫拉克利翁到阿诺吉亚，公路的距离是四十千米，步行至少需要八小时，这使得整个行程大概需要十二个半钟头。但也可能，古人走的是一条更直接的线路，从东面进入尼达平原。地形图显示，沿着一座叫寇德侯尼山（Koudhouni）的北坡，有这么一条线路。离现在的考法伊斯（Korfais）村不远有一个山谷，就从山谷出发。我在村子里询问得知，这是现在牧人们使用的线路，需要花大概五个钟头。这些人还告诉我，从考法伊斯到克诺索斯，也要差不多五个钟头。牧人们并没有手表，这些估计只是个约数，考虑到这一事实所允许的误差，似乎很清楚，这条从克诺索斯出发的路线，比另一条所用时间明显要短。今天的考古发掘对古人使用线路的追寻，尚无法肯定古人是否实际上使用了这条线路。我没有实际探索这条路，由于它只不过是古代的一条路，不大可能保存有什么明显的痕迹。

② D. G. Hogarth, *Annual of the British School at Athens*, 6, 1899 – 1900, 114.

③ 有碑文证据表明，尼达平原上面的洞府，正是伊达宙斯的神庙。参 Fabricus, *Mittheilungen des Deutschen Archäologischen Institutes in Athen*, x, 1885, 280;"Die Idäische Zeusgrotte", ibid., 59 – 72。从柏拉图的文本中，A. B. Cook（*Zeus*, Cambridge, 1914 – 1925, II, 933f.）甚至推断说，克诺索斯和伊达洞府"有一条不错的路相连，朝圣者可以在路边树的阴影下休息。"根据 Fabricus（*op. cit.*, 71）的说法，柏拉图的文本告诉我们："伊达山上这座宙斯神庙，是一个朝圣之所，通常，克诺索斯的外方人会在夏天来这里朝拜。"

> 我们沿途走下去，有丛丛柏树，高得惊人，美得出奇，还有片片绿茵可供我们休息，消磨时光。(625b)

泰奥佛拉特斯（Theophrastus）提到，即使跟克里特相比，伊达山上柏树的尺寸，也异乎寻常。在古代，克里特的柏树生长得非常繁盛。① 走过这片崎岖的地区，无论何人都会想起许多山地草场，这为攀登岩路的跋涉提供了安慰。更重要的是，水草丰美的尼达平原，正位于顶峰下方。夏天，朝圣者很喜欢在平原上休息，与居住在那里的牧人交谈。洞府就在平原上方，大概三百英尺高的地方。我去访问那里时——1953年的五月——厚厚的积雪差不多阻塞了入口。因此，通常朝圣之旅要到六月，或者更迟。

关于三位老人的这次行程，柏拉图描写说，它发生在仲夏（683c）。人们会得到印象，柏拉图熟悉这条朝圣之路，如果不是从个人经历中得到的话，至少也是从某个做过这种朝圣之旅的人所提供的生动叙述中获得。没有更详细地指明洞府意味着，在他的时代没有必要说，克诺索斯人在伊达山敬拜宙斯——如我们所见，这一点已经由考古证据确证。

柏拉图大量提到克里特人的生活与习俗，很难判断其准确性，不过，这其中的一些所指示的内容，超出了关于这个岛屿的普通知识。克里特实行公餐（625c，及其他地方），他们偏爱弓箭手和轻装士兵，而非骑兵和重装步兵（625d，834b），他们献身自由（711a），他们喜爱男孩（636bc，836b），② 他们重视体育训练（673b），③ 他们的教育有军事化倾向（626ab），甚至，他们提到自己的城邦时，可能称之为

---

① *Hist. Plant.*, iv, i, 3; 参 Pind., *Paeans*, iv, 50–51.
② 墨吉罗斯欣然接受雅典异乡人反对娈童的严苛法律，然而，克勒尼阿斯反对他的观点（842a），这并非毫无意义。
③ Thucydides（I, 6, 5）说，斯巴达人是裸体训练习俗的首个采用者，但柏拉图认为是克里特人（*Republic*, 452e）。柏拉图的依据，或许就是戈堤斯的泰勒塔斯的说法。参前面注释4和10。[译注] 即本文注释4和注释9。

"祖上或母邦"("father and motherland")①——克里特生活的这些特征，普遍为人所知，不需要预设特殊知识。

柏拉图也提到，除了提尔泰俄斯外，对于荷马及外邦诗人，克里特人普遍无知（680c，629b），②他们也缺乏对数学的了解（818e）。雅典异乡人祝贺克勒尼阿斯，因为在他的城邦，没有出现伊奥尼亚生理学家的著作（886b-e）。带着赞许的口气，雅典异乡人提到一项克里特法律，禁止年轻人讨论法律的功过（634de）。并且他清楚意识到，克里特和斯巴达公餐制度之间存在差别。③他提到克里特法律对酒的使用（639d，参674ab），以及关于诗和舞蹈的法规（660b）。他意识到一个事实，克里特人不知道僭政——某个人单独实行的没有法律的统治（711a），并认为克里特政制跟斯巴达一样，是一种混合政制，难以归类（712e）。在克里特开拓殖民地过程中，柏拉图所说的阿尔戈斯人（Argives）起到的作用，以及他提到的定居岛上的爱吉纳人（Aeginetans）和"希腊其他地方人"，都得到了很好的证实。④

克里特有一个非常重要的省略，即省略了地位等级列表。由于这种列表，奴隶制会引起骚乱（776cd）。同样，通过比较克里特和拉克

---

① *Republic*, 575d: "φίλην μητρίδα καὶ πατρίδα [亲爱的母邦和祖上]，如雅典异乡人所称呼的。" 参 Plut., *An Seni Sie Ger. Resp.* 17, 2。关于思想，参 *Menex.*, 239a。

② Van Effenterre (*La Crète et le monde grec de Platon à Polybe*, 53) 引用公元前2世纪的铭文，证明克里特人仍然偏爱他们的本土诗歌。

③ 842b, 847e。Wilamowitz 认为，柏拉图对克里特所知甚少。他解释说，这不过是柏拉图可能听到的统治方式，"一种未被采用的统治"（*Platon*, I, 661n.）。但很难看出，这会使对岛屿的特别认识更少。而且无论如何，847e 提到 Κρητικοῦ νόμου [克里特习俗]。克里特制度不同于拉克岱蒙，这是亚里士多德的主张（*Politics*, 1271a, 28; 1272a, 13）。

④ 707c, 708a; Beloch, *Gr. Gesch.*, I, I, 128ff。Van Effenterre (*La Crète et le monde grec de Platon à Polybe*, 29, n.4) 提醒人们，关于公元前5世纪，克里特与阿尔戈斯的关系，要注意碑文证据。

岱蒙的法律，亚里士多德也指出，跟斯巴达不同，克里特没有臣民反叛的困扰（*Politics*, 1269a39）。克勒尼阿斯恰当地反映出波斯战争的克里特版本："我们克里特人认为，正是在萨拉米斯的海战，拯救了希腊。"然而，雅典异乡人和斯巴达人认为，马拉松（Marathon）和普拉泰亚（Plataea）的陆战，才是决定性战役（707bc）。

此刻，很难辨别克里特不同城邦彼此间的政治关系。柏拉图提到这些城邦时，用"许多"称呼它们，这意味着它们相互独立。克诺索斯领导着大部分这些城邦（702c，752e），戈堤斯则享有最高的道德威望（708a）。的确，这只是一些片段，但它比我们能从柏拉图同时代人那里得到的东西更多。那个时代的所有作家，在提到克里特时，就好像在某种意义上，它是统一的政治实体。这一事实莫名其妙。无论埃福罗斯还是亚里士多德，都描述为"克里特政制"，而非戈堤斯、克诺索斯，或任何其他个体城邦的政制。他们要么没有意识到这些城邦间的区别，要么，他们选择只描述领头城邦的政制。但是，即使事实是后一种，关于他们认为的领头城邦是哪一个，他们也没有给出暗示。①

柏拉图的说法为驱散笼罩在真实情形上的烟雾，做出了一些贡献（但不幸的是，只驱散了一点点）。三百多年后，斯特拉波写道，克诺索斯和戈堤斯是领头的城邦，当它们彼此合作时，所有其他城邦都会服从它们；但是，一旦它们闹翻，整个岛屿都会发生争执（x, iv, ii）。柏拉图的说法表明，他写作的时候，正处于克诺索斯和戈堤斯彼此关系不错的时期之一。

---

① 有可能（参 R. F. Willetts, *Aristocratic Society in Ancient Crete*, London, 1953, 225ff.），我们从铭文中得知的、公元前 4 世纪之后的克里特联盟，事实上是克里特境内更为古老的多里斯团体同盟的复兴，类似于先前存在于伯罗奔半岛的多里斯征服者们。确实，它可能是一个散漫的联合，但在早期时代，考虑到共同的语言及其成员的社会传统，它足以给外界留下统一的表象，虽然其成员邦各自独立，而且某些城邦对其他城邦具有明显的支配权。参 Van Effenterre, *La Crète et le monde grec de Platon à Polybe*, 26ff.

克勒尼阿斯负责建立新殖民地。关于这块殖民地的位置，克勒尼阿斯给出的描述（704b - 705c）表明，柏拉图头脑中想到的是克里特南部一块确定的地方。其位置被描述为：距海大约 80 斯塔蒂（九到十英里）；有一个优良海港；其领土包含着森林、平原和山地的混合；那土地上有梧桐树和松树，还有一些柏树和冷杉，但对于大规模的造船来说，它们并不足够。从前，曾有人占据那里，但在很久以前，那些居民就已经迁走，那里已经荒废了很久。后来，柏拉图笔下新殖民地的公民，被称为马格尼西亚人。他们明确地受到叮嘱，要给予以前马格尼西亚人的所有地方神祇以应有的尊重，这些更早的记忆仍然保留。[1] 所有这些意味着，柏拉图记得或者设想，有一座古老的克里特城邦叫作马格尼西亚。

现在，我们发现一篇公元前 3 世纪的铭文，来自小亚细亚（Asia Minor）迈安德的马格尼西亚（Magnesia - on - the - Maeander）。这篇铭文记录着一个说法，从克里特的马格尼西亚而来的移民，建立了亚洲城邦。[2] 实际上，亚洲的马格尼西亚位于莱塔乌斯（Lethaeus）河边，正是在城邦下面，这条河流入迈安德河之中。在克里特，也有一条莱塔乌斯河，现在叫希罗坡塔摩斯河（Hieropotamos），它穿越梅萨拉（Messara）平原，流经戈堤斯和菲斯托斯（Phaestos）。公元前 3 世纪的亚洲马格尼西亚传统，将其克里特母邦放在这条河的流域，更确切地说，位于戈堤斯和菲斯托斯之间。这个地方在梅萨拉的西部尽头，距海大约十英里，越过阿斯特洛斯亚山（Asterousian），沿岸有个小型却适用的海港。这里非常符合柏拉图描绘地点的自然位置。不幸的是，

---

[1] Μάγνητες 一词首次出现是在 848d，它是对设想的殖民地公民的称呼。但在这之后，它出现了四次：860e, 919d, 946b, 969a。

[2] O. Kern, *Inschriften von Magnesia am Maeander*, Berlin, 1900, 17, lines 7ff。Wilamowitz 讨论了这篇铭文，参 Wilamowitz, *Herme*, xxx, 1895, 177 - 198。提到这一传统的另一篇古代文献，参 Strabo, xiv, I, ii。《王官选集》（Palatine Anthology, vii, 304）中保留了一块墓碑的铭文，其主人来自克里特的马格尼西亚。

没有考古证据能确证这一古老说法,因为在这个区域,经过研究的地方,没有一个可以明确肯定是古代的马格尼西亚,虽然对这个区域的探索远未结束。要证明克里特的马格尼西亚存在,这个证据显得不足,不过,它足以说明,公元前 3 世纪的说法不可能纯粹是亚洲马格尼西亚的捏造。即使是捏造,《法义》也显明,在保存到今天的铭文出现之前一个世纪,这种说法就已经在流传;柏拉图听说过它,① 并且他自己必定获悉那个区域的地理特征。

另一方面,如果在古代传统中,这是事实——通过对梅萨拉的进一步探索,这点随时可能确证——那么,柏拉图信息的来源,很可能是曾经到过克里特这部分地区的某个人。这个人听到或看到一片废弃城邦的遗址,它被称为马格尼西亚。只有考古学家的铁铲,能够在这两种选择间做出决定。但是,无论哪种情况,我们都有另外的证据证明,柏拉图自己努力要熟悉克里特,无论是这个地区的自然特征,还是它的社会制度。

在柏拉图的时代,克里特和斯巴达通常连在一起,不仅是作为守法的城邦（εὐνομούμεναι）,也因为它们拥有明显相似的法律。在柏拉图思想中,从其创作活动的最早时期开始,它们就关联在一起,②《法义》中强调了它们政制间的亲缘关系。雅典异乡人曾提到,它们的"法典有如亲兄弟"（ἀδελφοῖς νόμοις, 683a）。通常也认为,在整部对话的大部分问题上,墨吉罗斯和克勒尼阿斯看法相似,或站在同一立场。③ 柏拉图看到,这两种法律间存在相似性,但他没有给出

---

① 据说,通过普罗克洛斯（Proclus）,马格尼西亚的数学家忒迪奥斯（Theudius）成为柏拉图时代学园的一员（参 Proclus, *Com. on Euclid*, 67, Friedlein）。

② *Crito*, 52e; *Prot.*, 342a, d; *Rep.*, 544c。

③ 例如,关于诗的法规（660b）,关于体育训练重要性的规定（673b）,关于公餐的规定（780b, 842b, 633a）;对快乐的自制（635b）,以及关于饮酒的规定（674a）。

系统说明。不过，在《政治学》中，对它们的同异，亚里士多德确实草拟了一个表格（Politics，1271b，40ff）。而且看起来，这个部分的写作，正是他在学园跟随柏拉图的时候。

最近，克里莫斯女士透彻研究了亚里士多德的这一节，并非常令人信服地证明，亚里士多德对统治结构相似的看法，肤浅且错误。另一方面，她发现，社会组织方面的类似性比亚里士多德意识到的更多，并且更重要。① 克里特跟斯巴达一样，在君主制和自由两个极端之间遵循中道（693e），因此，柏拉图曾称赞克里特。柏拉图还说，克里特政制跟斯巴达一样难以归类（712e）——这是他的方式，意味着它是"混合"政制。② 在阐明上述事实之后不久，柏拉图也曾经赞扬克里特。但是，柏拉图从未提及任何具体的克里特统治职位或机构。在另外一些段落提到这两种政制的相似性时，柏拉图考虑的是其社会和教育制度——它们的公餐、体育训练、饮酒禁令，它们对男孩的喜爱，关于诗的法规，对歌曲的使用，以及战争舞蹈习俗。按照斯特拉波的说法，埃福罗斯对克里特政制的论述，很强调这些内容。这些内容也是色诺芬描述斯巴达的主题。可以公正地说，这些内容正是柏拉图认为使两种体制"亲如兄弟"的相似性。

柏拉图如何解释这种亲缘性？在其同时代的人中，最普遍的解释是，这两个种族中的一个模仿另一个。但是，无论斯巴达模仿克里特，还是克里特模仿斯巴达，都存在疑问。③ 在希罗多德的时代，拉克岱

---

① Ancient Sparta, 209ff。在一点上，克里莫斯女士似乎弄错了亚里士多德对比的真正对象。她指出，正如亚里士多德错误称呼的那样，克里特的 Περίοικοι ［农奴］拥有的合法状态，完全不同于斯巴达的希洛人，亚里士多德对比了这两者。克里莫斯女士指出这一点，毫无疑问是正确的。但是，对亚里士多德来说，正如对柏拉图一样，重要的相同点在于，借着这个农业劳动力的特殊阶层的存在，公民得以从劳作中解放出来。尤其参 1272a，I。

② 参索引 s.v.，"混合政制"（Mixed Constitution）。

③ Arist., Pol., 1271b 20ff.; Strabo, x, iv, 17.

蒙人自己声称，他们的吕库戈斯法律来自克里特（Herod., I, 65）。一个世纪之后，亚里士多德记录了一个说法，在多数方面，拉科尼亚（Laconian）政制是在模仿克里特政制。① 亚里士多德认为，这很可能是真的。亚里士多德还补充了另一种说法，在制定法律之前，吕库戈斯在克里特待了很长时间。对此说法，亚里士多德同样未加反驳。其同时代或稍后时期的作家，大多同意亚里士多德的说法，认为吕库戈斯曾造访克里特。事实上，这似乎已经成了公认的、几乎毋庸置疑的说法。② 另一方面，在希罗多德时代及其之后，也有人声称，斯巴达政制起源于德尔斐。在公元前4世纪，没有作家不知道，斯巴达政制的基本公约即大公约（the Big Rhetra），据说是基于德尔斐的一个神谕。亚里士多德知道这个大公约，并花了些精力去弄清这个古语的含义。③

这两种信念并非不可调和，因为按照色诺芬的解释，神谕的作用在于，认可吕库戈斯事先拟定的法律（*Const. Lac.*, VIII, 5）。这也是亚里士多德调和两种说法的方式，同样，埃福罗斯也以此种方式加以调和（Strabo, x, iv, 19）。因此，在柏拉图的时代，对此问题倾注最多思想的那些人，对它的流行解释是，虽然斯巴达政制得到德尔斐的认可，但它的建立是仿效吕库戈斯在克里特观察到的制度。

---

① 参注释67。在《米诺斯》（318d, 320b）中，苏格拉底及其对话者，都接受这种观点。[译注] 注释67，即本文注释51。

② 关于埃福罗斯，参 Strabo, x, iv, 19。普鲁塔克对这次造访的叙述（*Lyc.*, 4）跟埃福罗斯一样，说吕库戈会见了泰勒塔斯。但亚里士多德宣称，这是不可能的（*Pol.*, 1274a, 29）。因此，在这个地方，普鲁塔克必定直接或间接地依靠埃福罗斯的说法。普鲁塔克的这一章中有证据表明，对吕库戈的旅行存在很多前人的说法，而且在某些方面，它们多种多样，但都承认他航行去了克里特。关于后面时代的说法，参 Lucian, *Anacharsis*, 39。

③ Herod., I, 65；Plut., *Lyc.* 6。对这个大公约的讨论，以及其与斯巴达政制的关系，参 Busolt - Swoboda, op. cit., 42 - 52；H. T. Wade Gery, CQ, XXXVIII, 1944, 115 - 126。

值得注意的是，柏拉图对这种解释漠不关心。在《法义》中，没有任何地方暗示，斯巴达人模仿了令人敬佩的克里特法律，① 尽管这种背景看起来无疑吸引人。雅典异乡人及其同伴总是说，拉克岱蒙法律来自阿波罗，而克里特人的法律来自宙斯（624a，632d，634a，662c，686a）。米诺斯和吕库戈斯保持区分（632d）；而且，在提到吕库戈斯作品的那一节（691e），不仅没有迹象表明他曾去过克里特，而且他的改革被描绘成在一种生活方式内部的修正，而正是拉克岱蒙人落魄到伯罗奔半岛时，带给他们这种生活方式——"他们改了名，将阿开奥斯人（Achaeans）改为多里斯人"（682e‑685e，691d‑692a）。

那么，在克里特和拉克岱蒙的生活方式之间，柏拉图如何解释它们的相似性？跟柏拉图一样，一位现代历史学家不会凭借一种随意的解释，说一方是对另一方的模仿，而是会说，真正的原因在于这两个种族同出于多里斯血统。② 在所有希腊人中，柏拉图时代的克里特人和拉克岱蒙人，代表了这一血统传承中的最纯粹形式。不少多里斯社群，背离了他们祖先的习俗。在后米诺斯（post‑Minoan）时代，克里特的主要城邦受大陆多里斯人殖民，并由于其地理环境以及民众对海洋的厌恶，得以免受外来影响。自然地，克里特显示出的生活方式与社会，类似于拉克岱蒙建立的社会，后者通过预设

---

① 尽管 Strabo（x, iv, 9）暗示，柏拉图把斯巴达描绘为克里特法律的模仿者（Ζηλωταί），但柏拉图只是说，人们公认克里特跟斯巴达很像，都有εὐνομουμένη［好的法律秩序］，并暗示说，在目标和很多其他细节方面，这两种制度很相似。或许，对柏拉图的这种误解来自埃福罗斯。在同样的句子中，斯特拉波引用了埃福罗斯。

② "毫无疑问，克里特复制了斯巴达，或者相反。在希腊历史上，在分裂为不同的多里斯城邦之前，多里斯种族经历了早期阶段的发展，斯巴达和克里特都从这个阶段的政制中继承了某些东西。它们的特别之处在于，当其他城邦丢弃了这些制度后，它们仍旧保持着。"参 A. Andrewes, *The Greek Tyrants*, London, 1956, 69。

的政策保护自己,免受外部世界影响。

柏拉图从未给出这种解释,但他很可能觉察到了这点。跟亚里士多德一样,柏拉图意识到,在后米诺斯时代,多里斯人将殖民克里特(707e-708a, Aristotle, *Pol.*, 1271b, 27)。因此,当他提到米诺斯是克里特的立法者时,不能从字面理解认为,这意味着在多里斯人来到之前,所有克里特法律都源自那个古老源泉。就像亚里士多德一样,柏拉图必定也认识到,在农奴(περίοικοι)的法律——亚里士多德说,它被视为米诺斯的原初法律(*Pol.*, 1271b, 30-32)——与后来主导的殖民法律之间,存在区别。在其设想的殖民地中,多里斯模式得以继续,因为殖民地成员主要来自克里特和伯罗奔半岛(708a)。大致浏览柏拉图的这些思想可以发现,即使柏拉图没有清楚认识到,却也已经很接近正确的解释。

无论如何,克勒尼阿斯和墨吉罗斯代表着两个社会制度,在《法义》的设计中,这两种制度间的亲缘性是一个基本特征。看起来,柏拉图有意要跟他的同伴雅典异乡人及其伊奥尼亚亲属一起,共同面对这些多里斯传统,而这些传统来自它们被保存得最好的城邦。但是,对这个说法的探究,必须等到检审过柏拉图对斯巴达的态度之后。斯巴达是另一个多里斯传统的城邦,在柏拉图的时代,它是多里斯传统更加重要的代表。

神圣立法与德性教诲

斐奇诺（Marsilio Ficino） 撰

张清江 译

献给洛伦佐·德·美第奇

尊敬的洛伦佐先生，按照古人的看法，有一个独一无二的时代，拥有三位真正闪亮的智慧之星：毕达戈拉斯、苏格拉底和柏拉图。然而，我们发现，毕达戈拉斯的智慧更多强调沉思，而苏格拉底强调行动，柏拉图则给予沉思和行动同等重要的地位。

此外，看起来，在某种程度上，毕达戈拉斯对沉思的教导，与苏格拉底对道德的教导，二者都远离人类的共同习俗。但是，柏拉图的教诲既是沉思的，又是道德的，它似乎提供了人类与神圣的普遍结合。因而，它很容易适应人类的共同习俗，同时也很容易让人类转向神圣与永恒之物。

但不应该就此认为，柏拉图与其敬若神明的毕达戈拉斯和苏格拉底背道而驰，毋宁说，他对他们加以结合，并把他们的神圣力量（如果我可以使用这个措辞的话）与人类境况相调和，以至于在某种程度上可以说，在他们身上，是一种纯粹的神圣力量。在追随柏拉图的亚里士多德和其他哲人身上，仅仅是人类力量，但在柏拉图那里，神圣与人类之间的力量得到平均分配。

我们何以要提到这点？是为了我们能够记住，既然现在考虑的

《法义》安排，不是像其他作品那样，通过毕达戈拉斯或苏格拉底这些人物给出，而完全通过柏拉图自己这个实际人物给出，那么，在神圣事务与人类事务之间就应该秉持中道（middle path），以便我们不致陷于不可知或不可行的道路之中，或陷入较低层次的领域。这就是为什么《王制》的十卷更多具有毕达戈拉斯和苏格拉底的韵味，而现在检审的《法义》却被视为柏拉图式的作品。《王制》的安排，是为了那些欲求并且选择王制的人，而我们现在思考的《法义》的安排，则是为了那些不能进行这一艰苦攀登的人。

无论如何，他们不会拒绝接近这些更为温和的斜坡。想一下，对于人类福祉，柏拉图给予多么大的关注！因为看起来，他不仅想要在人们眼中因巍峨的高度而受尊崇，而且想要因低一些的斜坡而对所有人显得简单、友善和有益。因此，他不会强迫人们违背自己的意志，将所有东西变成公有，而是允许个体依据习俗拥有他们的私有财产。

但无论如何，我们极为谨慎的御马者（charioteer），不会放松他的缰绳。因为，除了其他法律中表现出的高度谨慎之外，他还将做出最明智的规定，不允许任何人将自己的私有财产扩充超过确定的适当限度，免得有些人拥有过多，相反，另一些则会过少，他们不得不在母邦的怀抱中成为乞讨者。在柏拉图看来，这种情形非常不幸。

柏拉图这个人，谨慎地隐藏在雅典异乡人的名称之下。对读者来说，随后的很多理由会让这一事实变得明确，尤其因为他要宣称，自己已经论述了孪生君主制。但是，在要为希腊人立法时，从三位最好的希腊立法者那里（米诺斯、吕库戈斯和梭伦），他恰当地进行吸收，予以消减、增益、修补和设计，并通过所有这些工作，创作出了可能的最好形式。

虽然在起初，他确定了城邦和政府的统治，但他指的是法的给予，而非王制。因为在那个个体占有财产的城邦中，为了应对种种争执、诉讼和罪行，很多法律是必要的。

您将注意到，在建立这些法律时，柏拉图对神圣充满尊崇，并做了最仁慈的安排。对那些留意到其善意（kindness）的人，他为每个法律设计了一个激动人心的序曲。这些序曲以温和的方式吸引人们，使他们完全愿意遵守法律，而且出于自愿，他们也将顺从那些其他人不情愿遵守的法律，就好像他们是法律的孩子。而不情愿遵守法律的人，则好像正在服从僭主的统治，他们或者借助遁词，或者通过暴力，以避开僭主的支配。但在细致演说之后，对于那些视母邦为继母而非亲生母亲的人，他确实加上了威胁，甚至惩罚。

在探讨这些法律之前，我们已经建议每个人，阅读那部称为《米诺斯》的对话及其概要。现在，让我们转向《法义》卷一的真正主题。我认为，他们应当怀着如下意图探讨这些法律：在其决断中勤勉地奉行，并在行动中忠实地遵行它们。如果不是这样，而且他们不愿遵循那些法律，那么，他们就应该理解，经过对正义和非正义的这样一次准确呈现之后，他们将会因自己或小或大的罪行而产生负罪感。

雅典异乡人即柏拉图，他去了克里特，在走向克诺索斯时，偶然碰到了斯巴达人墨吉罗斯和克里特人克勒尼阿斯。受克诺索斯人邀请，克勒尼阿斯与其他九人一道，要为那里做出一项决定，以建立一座城邦，并为其立法。

因此，当雅典异乡人遇到他们，并询问他们要去做什么时，这两人正在赶往宙斯神庙的路上，关于此事的讨论就在那里进行。他们回答说，要设计法律。但是，当异乡人问到他们很多关于法律的问题时，他们几乎无法回答。而且，在他们看来，异乡人拥有很大资格讨论法律问题，因此，他们恳请异乡人跟他们一起走，帮助他们管理一个拥有法律的城邦。

因此，雅典异乡人应允了他们，并首先向他们提出，法律赋予人类，其来源和途径是神（God）和哲人。接着，他探究了法律的目的，并教导说，这个目的是通过对于真理的沉思，直到充分实现之时，公民理智和精神达到未被扰乱的纯洁。第三，他考察了法律的实际形式和内容。

整个古代人及柏拉图的很多作品,都支持如下看法:法律由神注入人类之中,我们对柏拉图对话的概要中引证的很多理由,也为此提供了证据,并且,在我们的《神学》(*Theology*)中,无论何时讨论到宗教,都能对此加以证实。①除了作为神圣天意(divine providence)的最底层工具之外,自然(nature)什么也不是,无论走到哪里,它都显得小心翼翼。确实,如果自然本性不是自身的指引,而是受到天意的指引,天意在自身之中制定所有事物的目的与安排,并以看起来合适的方式将之分配到自然本性之中,我认为,如果自然本性没有因过度而溢出,或者没有遭受必需之物的缺乏,那么,事实无疑是,在必需之物上,神圣天意绝不会使之缺乏。

对人类而言,一个必要的规定是,除非作为一个和谐的社会,否则无法生存。同样,社会也需要法律,如果远离法律,社会将很快灭亡。反过来,法律所必需的东西是神圣权威,以免由于疏忽,或因欺诈或暴力的破坏,法律遭受废弃。但是,建立神圣权威,需要生命的圣洁和超越人类力量的惩罚,并且让敬畏扎根于每个人的心中。

因此,在制定尤其是合乎人类福祉的法律时,神的旨意不可或缺。为了满足所有种类的元素、植物、野兽及社会成员的各自需要,神预见到何为必需,并对崇拜神力(Godhead)的生物中最完美的物种,神会给予更多的关心。

他补充道,离开上天的气息,没有任何领导者,能让城邦这艘大船进港停泊,它在任何时候都可能受到暴风雨的冲击,并任凭数不清的危险摆布。

因此,无论何时需要,通过灵魂未显现的灵感,神都启示出法律的神秘,并通过显现的奇迹,公开认可和传播这些神秘。由于这个原因,柏拉图以祈祷的方式,开始了他在《法义》中的工作。祈祷是真

---

① [译注] 费奇诺著有《柏拉图的神学》一书,见 Ficino, *Platonic Theology*, Books I – IV, Harvard University Press, 2001。

实的，并且正是在一开始，柏拉图以恰当、得体的方式，三次呼唤神明。因为有三位立法者进行讨论，他们都迫切需要神圣的保护。

同样，这三位也是在追随立法者的足迹——米诺斯、吕库戈斯和梭伦——他们将法归诸三位神：宙斯、阿波罗和雅典娜。这是非常正确的，因为太阳神是行星的主宰，掌管权力，宙斯充满着仁慈，雅典娜则充满智慧。这三位神包含法的整个本性和完美。

那么，我们是否在说，法根本不是理性的统治？后者通过某种秩序，引导主体趋向善。为了确保理性、统治与秩序内在于法律之中，智慧显然是必要的。此外，为了确保法律达致其目标，并得到维系，权力首先能够使它通向善，也就是说，通向所有人的福祉。而要确保其方式令人接受和友善，需要仁慈的原则规定。

因此，根据古人的看法，三位神祇代表着神圣的三位一体，他们无可避免地为法律负责。由于这个原因，对于法律管理部门的领导者来说，三种与之类似的才能注定必不可少。而且由于在建立法律时，必须让这些完美的才能共同工作，而人类能力无法达到这样，因此，为了建立极其精准的法律，神圣的帮助必不可少。

在《米诺斯》和当前这部对话中，由于柏拉图常常提到九年之期，作为从宙斯那里接受法律，并传达给人类的内在必要条件，柏拉图可能是指天使精神（angelic minds）的九个等级。正是通过它们，如同通过解释者一样，立法的原因能够传达给人类。

所有这些等级的天使，都是法律的解释者。在《普罗塔戈拉》（Protagoras）中，它们被归入赫尔墨斯（Hermes）这个独一名称之下。当然，您不会没有意识到，和天使相关的数字九，不仅仅为基督徒使用，而且为柏拉图主义者使用，尤其是普洛克罗斯（Proclus）和西瑞阿努斯（Syrianus），正如我们在《神学》中所清楚呈现的。

那么，在这里，如果九暗示出权力的三重使用、智慧的三重天性，以及仁慈的三层天性，而数字三内在于法之中，内在于治安官员的审判、法的仆人以及审判的执行之中，那么，我们的结论应该是什么？

此外，数字三内在于所有事物和行动的开端、中间与终点。很明显，三乘三产生数字九。

但是，《王制》开头的讨论，基于雅典娜的神圣之物，而这里却基于宙斯的神圣之物，为什么？是否是因为《王制》的讨论发生在雅典，关注雅典古代城邦，要献给雅典娜，而当前的讨论发生在克里特，涉及克里特城邦的建造，它恰好紧靠宙斯的神庙，并且，讨论始于宙斯之子米诺斯的法律？或者，是否是因为前者的国家形式更加纯粹、严密，完全与雅典娜一致，而后者的形式在其温顺性上，更适合并接近宙斯？

简言之，在这两部对话中，对于要出现的城邦，我们都通过祈祷和献祭，祈求神的祝福。

我省略了漫长的论述，神圣的树林，献给神庙的树，及很多其他事物。所有这些，都更适合做个评论，而非概要。

柏拉图通过寓言教导说，人类事务，尤其是那些公共事务，离开了神圣引导，便不能恰当安排，这就是为何法律起源于对宙斯的敬拜，他创造了世界，并将法给予世界和我们。但是，在这几句话之后，他立刻否认，法的终点是对战神马瑞斯（Mars）的崇拜，同时，对米诺斯和吕库戈斯的法律，他做了些适度调整，因为它们没有看到完整的德性本身，而是走向了好战的德性。这些做法是正确的。

确实，在城邦中，他们尤其应当视法律为目的，引导万物转向法律，就像转向某种准则一样，最重要的是，所有公民都需要找到这种准则。但是，战争和征服充满劳苦和罪恶，它们不是因为自身的利益被选择，而是为了和平与生活的完全平宁静，因为没有人选择这样的生活方式：不断与恶行（ills）做斗争，并要不断战胜它们。

最后，柏拉图总结道，不能把和平的技艺关联到战争行为上，而恰恰相反，要把战争行为关联到技艺与和平的工作上，并把和平本身关联到对真理和神自由的、不受妨碍的崇拜上。

但是，在论证这些内容时，他把善的事物的自然本性分成很多种类。他说，有些善属人，另一些则属神，属人的善取决于属神的善。他断定，属人的善远远低于属神的善。这些属人的善，首先是健康，其次是美貌，再次是力量，第四是财富。而这些善的事物中，领头的是明智，它也是属神的诸善的领头。在他的看法中，紧随着明智的，是节制，接下来是正义，循序而至的是勇敢。

事实上，在这里和《王制》卷四中的阐述，他的意思是，灵魂存在三个部分，理性、血气和欲望，明智仅仅内在于理性部分，而勇敢仅内在于血气部分。

但是，他将节制和正义放置在所有三个部分中，并称这二者是整个灵魂的和谐。然而，节制是情感中的和谐，而正义是行动中的和谐。节制是灵魂的健康，正义是灵魂的美貌，明智是眼睛，勇敢则是手。

如果考虑到灵魂的实质，以及需要沉思的纯粹（purity），您就会将节制放在正义之前。如果考虑到人类习俗，您就会将正义放在首位。但无疑，您会将明智放在所有其他品德之前，正如会将眼睛放在脚的前面，并视之为脚的向导。您会把勇敢放在自制（continence）之前，因为勇敢不会那么容易偏斜。同时，在其自身之中，勇敢也包含对痛苦的忍受，以及克服欲望的自制功能。而这两者被认为低于节制和正义。节制和正义以明智为向导和领袖，控制着整个灵魂的全部秩序。从这点出发，他推论出，立法者自己应该将属人的事物关联到属神的事物之上，并将属神的事物——德性——关联到一个献身于真理和神圣天性的精神之上。同时，立法者也要让其他人做出这种关联。

在讨论法律的目的时，他也阐述了立法者的责任和意义。简言之，立法者应当以最大的关心，培养整个城邦，如同培养一片田地，并且在选种、播撒上，在每种植物的恰当培育上，在对待即将破土而出的杂草和荆棘上，以及在预定季节使一切成熟上，都要有一套完善的体系。但在所有这些之中，注意，他认为，屈从于快乐的人比屈从于痛苦的人更糟糕。

又一次，勇敢者的责任，并不仅仅是克服恐惧和危险，而且要约束其血气。此外，没有人能够被视为真正勇敢，除非他已受过长期艰辛的劳苦和危难，并且我们应该加上，除非他已成功地通过放纵的试炼，以及快乐的诱惑，在这些情形中，那些能够真正自制的人得到考验。

请注意，训练一个人，使之变得勇敢而远离恐惧，或者训练一个人，使之变得节制，远离所有快乐的诱惑，这并不安全。此外，立法者的积极学习，应集中在快乐和痛苦上，以便这两者不会如同野兽一般脱缰。因为，如果它们受到缰绳的约束，生命的旅程很容易变得幸福。如果没有约束，这个旅程将变得非常艰难和不幸。

同样，您也会注意到对雅典异乡人的评价：正派的雅典异乡人正派得异乎寻常，因为他们的正派是仅仅出于天性，出于神的分配，没有任何强迫或威胁。当他这样说时，柏拉图的意思是，在一个组织很糟糕的城邦中，好的公民虽然稀少，但他们是所有人中最卓越的，因为他们成为这样，没有受过任何训练，而是通过神的分配和天性的完善。他们如此卓越，以致未受普遍蔓延的思想的污染。

接下来，对于每项技艺和整个生命，您将注意到如下引导：那些在孩提时就在实践和参与某项技艺时表现出他们非凡才能的人，必须受到每种技艺的指导者如下方式的观察：向那些孩子提供最适合于长大之后的技能的游戏，由此，尽可能地将游戏者的灵魂吸引到对那种运动的热爱上。当他们长大成人之后，他们就会严肃地从事那项运动。

正是在此刻，柏拉图界定了教育。教育是为了生命，从童年起就进行的训练，它一步步引导儿童的灵魂达到对德性的热爱，特别是那种让人长大后懂得如何统治和被统治的德性。

一个人从童年起，就需要而且能够获得这种教育。通过对人类天性的描述，柏拉图对此恰当地予以确认：因为他说，虽然个人是一个单一实体，但在他身上包含着许多不同元素。其中，有两个专制者，它们讨人喜欢，却相互对立，并因此使灵魂分心。它们是痛苦和快乐。

此外，还有对未来善的事物和恶的事物的意见。其中，我们对善产生欲求和希望，而对恶会产生恐惧。灵魂也存在类似的忧虑。还有理性的判断，断言何者更好、何者更坏。如今，这种判断在个体身上就是私法（private law），但是在城邦那里，就成了公法（public law）。

不过，在说了生灵是由如此多样的元素构成之后，他又恰当地补充道，在所有生灵中，人是神圣的奇迹（divine miracle）。追随赫尔墨斯的说法，他断言，人类是一个伟大的奇迹。生灵分为三种：他们要么身体和灵魂都不朽，要么两者都可朽，或者他们的灵魂不朽，而身体可朽。第一类生灵是天上的、飘渺的（ethereal）和轻盈的，被称为诸神或精灵。最低等的是野兽。但是，处于中间的种类是人、水中和地上的精灵。因为既然这些精灵的身体跟人类身体一样，由相互对立者构成，那么，它们可能在任何时刻消融，而且它们传播了忧虑。

但是，如果把所有其他东西撇开，为什么人是一个奇迹？因为，虽然人是神圣的，但令人惊奇之处在于，他感染了必死性（mortality）；另一方面，虽然人终有一死，令人惊奇之处在于，他与神圣密切相关。

但是，他何以被称为神圣的奇迹？因为神圣的天意就是如此规定他的，而且正如《蒂迈欧》（*Timaeus*）所教导的，从世界的创造者上帝那里，我们接受了理性灵魂的实体；从其他神明那里，我们接受了一个低于理智的核心本性；最后，从精灵们那里，我们接受了有形的身体。

他补充说，人类由诸神创造，这要么是出于游戏，要么是为了严肃的使用。此时，您应该理解，他的意思是，如果灵魂跟游戏中一样，处于从天上事物到地上事物，然后再从地上事物回到天上事物的永恒运动之中，而永远无法停留在与神及其永恒的处所一起，那么，人的受造就是出于游戏；反之，说人出于严肃使用的目的而受造，只有有时，在创造诸神和造物主上帝面前，灵魂能保持不变。

在这种分歧中，我们应当选择哪一边？在此，柏拉图没有冒险宣布。然而，在这里和其他地方都显露，他认为，很可能是出于某种程度的严肃使用的目的，人类才受到神圣构造，而非为了游戏。但是，如果有人希望把柏拉图的这些含糊话语解释为，它意味着人类由神圣存在者组成，那么，他就应该把这理解为"由星体"组成。如果有人将之解释为，它是在说人类是由很多创造物（creatures）构成，那么，他就应该把这理解为，灵魂的角色和属性，让柏拉图诗意地称为"活物"（living creatures）。在《王制》卷九和《斐德若》开篇，这一点相当明显。不过，您最好自己去读这些篇章。

接着，柏拉图转而讨论的事物，虽然看起来没那么严肃，却对教育和好的伦理准则的完美传递必不可少：研究音乐及相似的消遣。现在，在其普遍意义上，音乐包括所有部分的有序，不仅包括言辞、曲调、声调和舞蹈，也包括体育竞赛和宴会的风度。在一个城邦中，所有这些事物需要如此安排，随着所有煽动混乱和恶习的东西被消除，它们能够调和身体、情感和灵魂。

然而，以相似的方式，他开始讨论宴会和饮酒。他首先说，必须注意确保，酗酒不会达到疯狂的境地，它内在于我们身上。

因为，如果对酗酒不加节制，它会抑制理性的功能，并加入疯狂的急流。不过，他赞成宴会和饮酒，只要注意到他在下一卷中阐释得更为充分的告诫。但就目前而言，他相信，最好表达出的看法是，有时候，太过自由的饮酒，透露出人们在宴会上的习惯，因为它通常会让人更加鲁莽，更加厚颜无耻。

因此，年轻人的明智护卫者，在此事上限制年轻人的恶习，尤其是不知羞耻的恶习，将会更加容易地矫正他们的错误，并在他们身上促成一种习惯，使他们即使在最为无耻的醉酒时，也能够保持羞耻感。

羞耻感的大小，可明显见于如下事实：正是由于这种担心，年轻人最怕任何丢脸的事情；他们大胆地追求任何高尚的事情，即使它令人畏缩。

确实，对于共和国而言，相比其他任何东西，这两者更为必需，不管是在和平还是战争时期。因为这个原因，立法者必须积极地致力于将这些事情灌输到公民心中。

神立法还是人立法

普兰尼克(Zdravko Planinc) 撰
张清江 译

《法义》的第一句话让人想起荷马的神义论。在《奥德赛》I. 32 - 34，宙斯说，凡人将恶归咎（αἰτιόωνται）于诸神，简直愚蠢透顶，因为他们所受的灾祸，乃是他们自己造成。在凡人自己造成的恶中，他们没有区分依靠自己与按照礼法（νόμοι）指引所做的行为。《法义》第一句话问的是礼法。雅典异乡人问他的两个对话者："神还是某个人，异乡人啊，你们礼法的制定可归因于（αἰτίαν）他？"克勒尼阿斯回答说，最正确（δικαιότατον）的回答是一位神：克里特人说宙斯是礼法的起因，拉刻岱蒙人说是阿波罗。接着，他受到提醒，克里特人也说米诺斯是他们法律的起因。然而，他们不相信米诺斯仅仅是个凡人。根据荷马的说法，克里特人认为，按照其父宙斯的指引，米诺斯为他们制定法律。他们同样认为，米诺斯的兄弟剌达曼堤斯（Rmanthus）是最正义的（δικαιότατον γεγονέναι）。显然，为了成为正义的人，单靠起源于宙斯并不够（624a - 625a）。

克勒尼阿斯非常坦诚，向雅典异乡人解释了他所理解的米诺斯立法（在宙斯指引下）的结果。他说，米诺斯对所有事物的规定，公共的或私人的，都着眼于战争。因此，在公共领域，一切人对一切人都是敌人，而在私人领域，每个人都是自己的敌人（626a - b, d）。与克勒尼阿斯相比,雅典异乡人对荷马的理解要好很多。他看到,克勒尼阿斯描述了凡人自己可能造成的最大的恶,但克勒尼阿斯也提出,对克里特人而言,说他们的法归因于宙斯是最正确的。不过,雅典异乡人并没有因此视克勒尼阿斯为愚人。克勒尼阿斯拥有充分的坦率、善意和智力,足以让雅典异乡人接过他所说的话,引导他更好地理解这些事情(*Gorgias*, 487a)。

雅典异乡人对神义论的更好理解,明显表现在建立马格尼西亚城邦的时侯。基本上,它可以媲美荷马的神义论。不过,它的出现,是在散文和对话中,而非在诗歌或吟诵中,并且直接关联到城邦的立法。在对话开头,米诺斯的立法和剌达曼堤斯的正义,被认为是最正义的凡人能够达到的最好标准。到了对话结尾,马格尼西亚的建立即将完成时,出现了新的标准。雅典异乡人说:"剌达曼堤斯的技艺(τέχνη),不再适合当今人类的审判。"(948c-d)米诺斯的技艺同样如此。雅典异乡人的技艺已经超过他们两者,因为他建立了一个真正正义的城邦。更重要的是,通过这样做,他成功说服克勒尼阿斯和墨吉罗斯,他们言辞中的城邦的建立应当依据对神义的理解,这种正义无可指摘。而在对话开始时,他们两人都没有接受这点。

雅典异乡人说,神是所有事物完美的正义尺度,甚至是人类事务的尺度。然而,对于自己的事务,人类负有完全的责任。他们是自身行为的起因,礼法是他们自己的。但是,对于并非起因于人类的事务,对于不用负责的事物,神如何能够成为它们的尺度?对这一问题,荷马的神义论没有明确回答。雅典异乡人的神义论明白地做了回答:通过凡人身上的不朽之物,神成为所有人类事务的尺度。人类可以变得神圣,并非因为源出于神,而是通过在其人性的限度内,尽可能变得像神。此外,人类可以制定他们的法律,与他们所学到的东西一致,即通过追随灵魂中神的金绳索的向上拉力学习。然而,为了实现这点,神圣的立法者必须给予法律一个恰当的起点。雅典异乡人正是这样的人。他建立的城邦,其法律在所有事情上都指向神。在以此方式制定法律方面，他的技巧最明显表现在最重要的城邦法律上，即关于公开谈论神的那些法律。这些法律最明显表达了雅典异乡人的神义论：人类事务中所有的善，在某种程度上都归于神；而所有的恶都归于凡人的盲目愚蠢。

同样，克勒尼阿斯也是一位立法者。从对话的一开始就很明显，他很严肃地看待自己的责任。现在，他正效仿米诺斯每九年一次的上升，从克诺索斯前往宙斯神社。因此，对于他负有部分责任的克诺索斯殖民地，克勒尼阿斯倾向于效仿米诺斯的法律来建立，他相信这一法律最正义。克勒尼阿斯绝不会到达宙斯神社。因其作为立法者的技艺，这一点很明显。与雅典异乡人的交谈让他相信，马格尼西亚的法律是可能的最好法律，远比他所有的更好。克勒尼阿斯从神社的方向折回，与雅典异乡人一起返回家乡克诺索斯，这具有划时代的意义。一旦描述出马格尼西亚城邦，宙斯神社所象征的社会秩序，就不再是权威。三人在对话中攀登的目标（τέλος），取代了他们正走向的目标。因此，宙斯的时代结束，一个新的时代开始了。

《法义》开篇就宣告了这个新时代，虽然直到马格尼西亚完全建立，它才开始。按克勒尼阿斯对米洛斯立法的论述，在公共领域，每个人都与所有人为敌，而私底下又成为自己的敌人。当雅典异乡人揭示这一点时，克勒尼阿斯赞扬了他，说他正确把握了从开头（ἀρχή）以来的论证（λόγος）。接着，他同意雅典异乡人说，首要的、最好的胜利，是在灵魂中战胜自己，灵魂令所有的德性成为可能。这样，克勒尼阿斯表明，他愿意从开头那里返回。在他同意后，雅典异乡人建议："还是让我们从反方向回到那个论证"（τὸν λόγον ἀναστρέψωμεν）。在所有人类事务中，对导致战争（πόλεμος）和内战（στάσις）的反方向论证，必定导致另一个开端。雅典异乡人、克勒尼阿斯、墨吉罗斯三人间的对话，所要攀登的目标正是这个新的开端。它是灵魂的目标，使灵魂能够胜过自己，获得完整德性。同样，它也是法律的目标，使城邦能够生活在和平与友谊之中（626d–627a，628c–e）。

在柏拉图的对话中，动词 ἀνατρέψω [回返] 并不常见。雅典异乡人以将来时态使用它，其重要意义，最好通过克洛诺斯（Kronos）的神话来理解，在《治邦者》（*Statesman*）269c - 273e，爱利亚异乡人（Eleatic stranger）讲述了这个神话。爱利亚异乡人谈到两个根本不同的时代，克洛诺斯的黄金时代与宙斯的当今时代。在前一个时代，神亲自引导着万物的循环、旋转进程（τό πάν）。不过，当这一进程达到时代的尺度（μέτρον）时，神就会撒手不管。于是，它不再沿着相同方向转动。相反，它朝着相反方向倒转（περιάγεται）。它能够做到这点，是因为在起初（κατ' ἀρχάς），神把它创造成为明智（φρόνησις）的活物（269c - d，参照《蒂迈欧》，29e - 30c，34a - b）。爱利亚人说，宇宙反向旋转（ἀνέστρεφεν）自身，并且，当舵手完全放开了对舵的操控时，宙斯的时代开始了。对所有事物而言，这是个划时代的变化：回转（μεταστρεφόμενος）以相反的方式，产生了开端和目标（ἐναντίαν ὁρμὴν ὁρμηθείς，272e - 273a，参 271a）。① 有朝一日，宙斯的时代必定到头，并以另一个回转结束。然而，爱利亚人没有提到将来，而雅典异乡人提到了。在《法义》中，从反方向回到那个论证，是一个划时代事件。它标志着在人类当中，宙斯时代的终结，以及一个新的开端和目标的时代的开始。②

新时代的命名，是根据那位以理智（νοῦς）统治全人类的神。面对克勒尼阿斯明确的问题，"这位神是谁？"雅典异乡人答之以克洛诺斯时代的神话（713a - 714a）。他告诉克勒尼阿斯，克洛诺斯的幸福统治，是人类幸福生活方式的起因（αἴτια）。克洛诺斯并没有直接统治支配事务，而是在人类各城邦里设立了君王和统治者——他们并非人类，而是精灵，是一种更神圣的种族成员。他们的统治带来了和平、

---

① 柏拉图这一神话创作，在其幽默的爱利亚式呈现中独具特色。关于其来源及特征的总结，参 W. K. C. Guthrie, *A History of Greek Philosophy*, 5: 193 - 196。

② See Thomas Alan Sinclair, "Myth and Politics in the Laws", pp. 274 - 276.

敬畏、良法（εὐνομία）和正义，而没有嫉妒（ἀφϑονία）。因此，人类种族没有内乱（ἀστασίαστα），活得幸福（εὐδαίμονα）。在当前时代，人类试图自己统治一切。雅典异乡人没有称当前为宙斯的时代。他只是说，在这个时代，由某个凡人而非某位神进行统治，城邦将无法摆脱各种邪恶和艰辛（cf. Republic, 473c - e, 499b - c, 502a - c）。神的幸福统治在城邦中缺席，他似乎放弃了引导所有事物——可朽或不朽之物。然而，这仅仅是一种表象。是人类自己背弃了神和所有不朽之物。更重要的是，这种背弃导致他们试图从自己身上获得神的权威。雅典异乡人说，当人类拥有主宰一切（πάντα）的权威时，没有不充满肆心（ὕβρις）和不义（ἀδικία）的。相反，他们应该千方百计地模仿（μιμεῖσϑαι）克洛诺斯时代的生活方式，在公共生活和私人生活中，按照分有的一切不朽（ἀϑανασίας）因素安排一切。于是，他说，理智规定的分配（διανομήν），值得赋予"法律"的名称（cf. 957d, *Minos*, 317d）。

根据理智安排法律，雅典异乡人的城邦是第一个。这个城邦的建立，不单纯是在宙斯的时代模仿克洛诺斯的时代。它是理智时代的开始。跟前两个时代相比，理智的时代具有品质上的差异。克洛诺斯的精灵统治之下的人类，不能背弃神明。在宙斯时代的那些人，可以并确实背弃了神明。在理智的时代，每个人都仍然可以自由地背弃[诸神]，但没有人这样做。为了过一种幸福的生活，人类不再需要精灵种族的仁慈统治。相反，每个人都根据自身之内的不朽因素生活，他的灵魂（ψυχή）和理智转向所有事物的开端——神圣理智。他们自身中最接近神的那些东西，支配着一切。

反方向论证宙斯的时代，宣告这个新时代的产生，雅典异乡人立刻告诉克勒尼阿斯和墨吉罗斯，"有必要再次从头开始（ἐξ ἀρχῆς）"（632d - e）。他再次开始，谈到据说是从宙斯和阿波罗而来的礼法，即米诺斯和吕库戈斯（Lycurgus）制定的法律，并乐意听到两个对话者对他们的看法（631b - 632c）。根据新时代的开端，重新制定克里特和拉刻岱蒙的法律，这很可笑，但它也有严肃的目的。它揭示出，雅典异乡人言辞中的城邦如何安排和统治。

他说，法律的制定应该使所有使用它的人幸福，通过向他们提供所有好东西（πάντα τὰ ἀγαθά）。有些好东西属神，其他一些则属人。依据重要性依次下降的顺序，属人的诸善，包括健康（ὑγίεια）、美貌（κάλλος）、力量（ἰσχύς）和财富（πλοῦτος）。作为善的事物，它们不能单独获得。如果属神的诸善缺席，属人的诸善也不会存在（参649d，661a–c）。属神的诸善以升序排列，包括勇敢（ἀνδρεία）、正义（δικαιοσύνη）、节制（σώφρων），以及第四个，其他诸善的领头（ἡγεμονοῦν）。雅典异乡人没有用智慧（σοφία）一词完成这个清单，他给予了最重要的属神的善两个名称，明智（φρόνησις）和理智（νοῦς）。对于凡人身上的不朽因素来说，这两个名称涉及其两个方面。当向上转向神圣理智时，它就叫理智；当它依据理智统治所有属人和属神的诸善时，就叫明智。

接着，雅典异乡人说，立法者首先应该致力于关注这些善的事物，确保它们正确排序。特别是，公民必须知道，属人的善向属神的善寻求引导，属神的善则向理智寻求。同样，他们必须知道，这些善作为整体优先于所有其他事物。公民能够在如下方式中学到这些：立法者的法律对荣誉与耻辱的分配，对高贵和卑贱的教导，以及对收入与支出的控制（参726a–729a）。雅典异乡人说，如果在法律中，立法者把所有这些都联结起来，那么，他就可以为公民设置护卫者（φύλακας）——有的护卫者明智，另一些则具有真实的意见（ἀληθοῦς δόξης）。在对话中，这是第一次描述夜间议事会。在雅典异乡人的城邦中，夜间议事会是明智和理智的体现。

在城邦和灵魂中，明智和理智必须具有优先性。雅典异乡人说，有别于克里特人和拉刻岱蒙人，他制定的法律着眼于整体德性，尤其是德性的领头（ἡγεμονα）："也就是明智、理智和意见（δόξα），连同遵循它们的爱欲（ἔρως）和欲望（ἐπιθυμία）。"（688a–b）马格尼西亚的法律不同于宙斯时代的法律，它能够灌输明智作为人类事务的最大德性，并能驱逐无知（ἀμαθία）。为了做到这点，他们必须引导灵魂指向恰当的爱欲（ἔρως）和友谊（φιλία）目标。

雅典异乡人说，很明显，最大的一类无知在于，某人视为高贵或好的东西，自己却憎恶它，反而喜欢（φιλέω）他视为邪恶（πονηρός）和不义的东西（689a）。人类对恰当爱欲目标的无知，起因于过分地爱自己（ἑαυτόν φιλίαν），导致认为自己的无知是智慧。雅典异乡人甚至说，这种过分的自爱，是"所有情况下，每个人恶行（ἁμαρτημάτων）的根源（αἴτια）"（863c）。自认为聪明的那些人，即使他们精于算计（λογιστικοί），并且在一切精细的工作上（πάντα τα κομψά）训练有素，这都无关紧要。他们应该为自己的无知受责备，并且不应当让他们分享城邦的统治权。在雅典异乡人的城邦中，统治职位总是掌握在明智者（ἔμφροσιν）手中，他们可以恰当地被称为智慧者（σοφούς;；689c‑e）。

自爱是不义、肆心（ὕβρις）和鲁莽（αφροσυνε）的根源，导致人类的毁灭，不管他们看起来多么聪明。正义、节制和明智的结合，才能挽救他们。换句话说，只有遵循明智和理智，他们才能获救（906a‑b）。他们必须使其灵魂转向，从自爱转向爱所有分有明智和理智的事物。正如雅典异乡人描述的，在某种程度上，天体诸神分享着它们。对人类而言，最大的爱的对象，是神圣理智。这位神高于所有天体诸神，是所有事物的开端和目标。

自认为聪明的那些人，拒绝承认天体诸神的神性，并试图自己设想超越天体的神明力量。这种智术师相信，在所有论证中，他们的论证最聪明（σοφώτατον），拥有最大的明智（μέγιστε φρόνησις）。然而，雅典异乡人说，他们的论证仅仅显露出他们极度的无知（μάλα χαλεπή ἀμαθία）。最聪明的是神，而非任何人（886b，888d‑e，902e）。智术师们自称具有神一般的智慧，他们试图将神圣理智拉向人类理智（cf. Philebus, 22c）。这不仅仅是推论的错误，或是过分聪明，它源于最大可能的自爱，是最大可能的不明智。

对那些服从法律的人，雅典异乡人的法律通过教育（παιδεία）指导他们的爱和欲望，从而引导他们趋向明智和理智。借由开篇再次启动对话后不久，雅典异乡人告诉克勒尼阿斯和墨吉罗斯，他们的谈话若想要继续进行，直至抵达神明的话，首先要给教育下个定义（643a）。接着，他提到一个定义。这个定义无法让对话达到恰当目标，它更适合格劳孔（Glaucon）的 καλλίπολις［美好城邦］，而非他要建立的言辞中的城邦。雅典异乡人提到，教育是正确的教养（ὀρθὴν τροφήν），这种教养就是尽可能把孩子的灵魂，从玩游戏的爱欲（ἔρωτα）之情，引领到他必须要做的事情上，这样他才能在自己的职业德性上（τοῦ πράγματος ἀρετῆς）成为完美（τέλειον）之人（643c – d）。

不过，他马上解释说，为什么这根本不是教育的定义。他说，现在提到的教育，通常只是关于某种交易或职业。然而，精通某种事情的人，并不因此就是一个好人。教育指向德性和善本身，而必定不能指向金钱、力量或者"其他某种不带理智和正义的智慧（σοφίαν ἄνευ νοῦ καὶ δίκης）"。后面那种教养庸俗（βάναυσόν）又卑贱（ἀνελεύθερον）。与之相对，雅典异乡人提供了另一个定义：童年起就进行的德性教育，那种教育让人渴望并乐于（ἐπιθυμητήν τε καὶ ἐραστήν）成为一名完美的公民（πολίτην ... τέλεον），懂得如何依据正义行统治和被统治。受过这种教育的男人和女人，基本上变成了有德性的好人，但他们的教育必须贯穿一生，如果教育误入歧途的话，他们必须始终尽其所能去改正（643d – 644b）。

雅典异乡人的定义并未完成，不过，它使谈话得以继续，并达到其目标。第一个定义不恰当。从他所说可以清楚看出，以类别区分的教育并非真正的德性教育。所有人都必须受教育，以防止卑贱主导下层集团，以及不义和轻率的庸俗主导上层集团。所有人必须成为完美的公民，能够进行统治，并且反过来也能够被统治。但是，这种公民需要完美的城邦（πόλις），以培养他们的德性；需要完美的政制（πολιτεία），以便他们轮流统治。换句话说，他们需要的是，雅典异乡人将要在其言辞中描述的城邦和政制。如果雅典异乡人能够成功描述这个城邦的法律，那么，下一步的谈话就应当从他定义教育的论点出发。这一论点尚有待澄清：儿童的爱欲和渴望，如何引向他们的恰当目标？

为了澄清这一问题，雅典异乡人向对话者呈现了玩偶意象（puppet ikon）（644c – 645c）。他将这一意象描述为德性神话，但他补充说，如果它能够拯救谈话，这一神话将保存（σεσωμένος）下来。同样，这一神话也未完成。雅典异乡人说，每个人都是神明的玩偶，在德性和邪恶之间的区域挣扎。每个人身上都有三条绳索。其中两条坚硬的和铁质的绳索，以各种形式剧烈地拉扯灵魂往下降。它们叫作快乐和痛苦，或者以灵魂对未来的意见而言，称为大胆和恐惧。这两者都是灵魂愚蠢的（ἄφρονε）顾问。

同样，还有一条金质而柔软的推理（λογισμός）绳索。推理本身就是计算灵魂的意见中何者更好何者更坏。这种推理不是德性，而是聪明（cleverness）。单凭推理的绳索，无法从邪恶中拯救灵魂。拯救它的是绳索中神圣（ἱεράν）的拉力，它拉扯灵魂上升，远离鲁莽，趋向明智和理智。此拉力很温和，需要帮手。通过获得真正的推理（λόγον ἀληθῆ），每个人都要学习帮助它。①

雅典异乡人的意象揭示出，对于灵魂正确的东西，对城邦也同样正确。对城邦而言，推算其关于未来的意见何者更好、何者更坏，然后，赋予这些共同的意见（它们的推理是最好的）以法律的名称。这样，城邦有可能变得聪慧。在这种法律中，没有显著的德性。有些人看起来勇敢，但是在他们显著的德性面前，则过于大胆。但对城邦而言，同样可能的是，襄助向上的拉力，将法律建基于推理之上。这种推理要么来自某位神，要么来自这些事情的知者。于是，通过帮助所有公民使他们遵循自己灵魂内的向上拉力，并教导他们

---

① 关于玩偶意象，Eric Voegelin 做了几个比较性分析，参 Eric Voegelin, *Order and History*, 3: 230 – 236; "The Gospel and Culture", pp. 71 – 76; "Wisdom and the Magic of the Extreme: A Meditation", pp. 253 – 256。

懂得如何依据正义行统治和被统治，关于法律的真正推理就会从鲁莽中拯救城邦。

教育的首要任务是，使灵魂能抵制快乐和痛苦、大胆和恐惧的向下的剧烈拉力。一旦学会抵制它们，灵魂便赢得了最重要、最好的胜利——战胜自己。如果能通过游戏恰当引导儿童的爱欲和渴望，那么，童年时期就能赢得这场胜利。如果以某种方式组织游戏（παιδία），引导儿童养成好习惯，那么，教育就可能成功地引导他们走向全部德性。雅典异乡人说，只有那些能够统治自身（ἄρχειν αὑτόν），并且在整个一生中受到恰当教育的人，才能成为好人。在赢得第一场胜利后，恰当的教育要避免误入歧途。尤其是，它必须避免单纯计算中的聪明，那是很大的愚蠢和鲁莽。它必须使灵魂能靠真正的推理，沿着向上的拉力，直到获得属神的诸善中首要的和最好的善。

对那些遵循向上拉力的人，雅典异乡人称之为"黄金种族"。这个名字让人想起，《王制》中使用了赫西俄德的神话，以区分美好城邦中的三个种族或等级。在美好城邦中，神在所有儿童的灵魂中掺入了金属，根据金属的不同，所有孩子一出生就被分作几类。对话没有解释，如何发现灵魂中的这些金属。于是，儿童受到指导，从事最适合自己的职业，并接受他们城邦职责要求的恰当教育。① 相反，玩偶意象揭示出，神往所有人类灵魂中掺入了各种金属。雅典异乡人的黄金种族成员无法一出生就确定。只有教育，贯穿整个一生的教育，而非出生或职业，能表明谁是黄金种族的成员。因此，在雅典异乡人的城邦，所有人都接受相同的教育。

关于谁可谓黄金种族，雅典异乡人没有明说。他只是说，向上的拉力需要"帮手"（ὑπηρετῶν），如果黄金种族要胜过其他种族的话。这是一个含糊的说法。在玩偶意象中使用了赫西俄德神话，在这种情

---

① 关于《王制》中的腓尼基人（Phoenician）传说，对其富有洞见的讨论，参 Eric Voegelin, *Order and History*, 3: 104 – 108。

形下,其他种族由那些成员组成,他们跟随低贱金属绳索向下的拉力。因此,看起来,黄金种族包括所有那些胜过自己、获得第一场胜利的人,在某种意义上,他们紧抓住金绳索,追随它的拉力,并战胜了快乐和痛苦。但是,雅典异乡人的意象也涉及城邦。在这种情形下,黄金种族由所有适合统治城邦的人组成——他们的一生,都在靠着真正的推理,襄助向上的拉力,并由此获得了明智和理智。这两种情形,雅典异乡人都有意谈到,要理解他的意思,必须把两个情形结合起来。黄金种族包括所有那些人,他们已经赢得了第一场胜利,在某种意义上,他们生活在神或神圣理智的引导下。一些人是"桨手",其他一些是娴熟的领航员。他们联合起来可胜过其他种族;如果各自为战,则不可能(cf. *Republic*, 540d – 541a)。雅典异乡人建立城邦,是为了希腊的黄金种族。他逐出了所有其他种族,并且制定了法律,引导桨手和领航员联合起来,朝着共同目标航行。更重要的是,城邦的教育允许所有桨手学习尽可能多的领航技艺,如果他们想要学的话。要确保他们最终成为完美的公民,懂得如何依据正义行统治和被统治,这是最好的方法。

在《法义》第二半部分的开端(791a – 794a),雅典异乡人对教育进行了延伸讨论。在那里,玩偶意象及其意在阐明的教育定义的重要性,表现得更清楚。儿童体验到低贱绳索极为强烈的向下拉力,他们需要最大的帮助,以追随温和的向上拉力。早年时代的习惯($\xi\vartheta o\varsigma$, cf. *Nichomachean Ethics*, 1103a14 – 18),对品性($\tilde{\eta}\vartheta o\varsigma$)的形成最为关键。如果这时候能赢得第一场胜利,那么,他们就能用审慎的习惯($\tilde{\epsilon}\xi\epsilon\iota\varsigma\ \tilde{\epsilon}\mu\varphi\varrho o\nu\alpha\varsigma$)取代狂乱的性情($\mu\alpha\nu\iota\kappa\tilde{\omega}\nu\ \delta\iota\alpha\vartheta\acute{\epsilon}\sigma\epsilon\omega\nu$)。审慎的习惯是那些正确的生活方式,它们既不完全追求快乐,也不彻底逃避痛苦。极端追求快乐会让儿童易怒($\delta\acute{v}\sigma\kappa o\lambda o\nu$)、暴躁($\dot{\alpha}\kappa\varrho\acute{\alpha}\chi o\lambda\alpha$),一点小事就会暴跳如雷。另一方面,过度劳苦的极端奴役,会使他们卑躬屈膝($\tau\alpha\pi\epsilon\iota\nu o\acute{v}\varsigma$)、偏执($\dot{\alpha}\nu\epsilon\lambda\epsilon\upsilon\vartheta\acute{\epsilon}\varrho o\upsilon\varsigma$)、憎恶世人,不适合在共同体中与他人共处。

正确的生活方式取其中道($\tau\acute{o}\ \mu\acute{\epsilon}\sigma o\nu$)。通过劝谕和强制混合的方

式，它慢慢向儿童灌输审慎的习惯。游戏的诙谐的严肃性，引导他们远离劳苦的奴役；而正直的惩罚性强制，则引导他们免受快乐的奴役。但是，中道并非单纯的两个极端之间的算术中点。正确的生活方式并非单单依据推理，它依据向上的拉力，通向审慎和理智。雅典异乡人明确地说，中道也是神自己的状态。因此，如果人类渴望尽可能地变得像神，就必须遵循中道的习惯（ἕξιν）。由此，他们可以称得上神圣（θεῖον）。

同样，从审慎习惯到神的中道方式，雅典异乡人也描述为航程。他说，在肉体和灵魂上，新生儿都很狂乱。同样，酒醉式的（Bacchic）和狂舞的（Corybantic）狂欢者也是如此。狂欢者们用音乐和舞蹈治疗他们的狂乱。对新生儿，或许可以用同样方法。为了平息他们的狂乱，让他们进入中道的方式，护士们应该持续地摇动他们，并唱歌给他们听。这不仅仅是一种同类疗法的朴素建议，它揭示出一个基本原则："这有益于所有人安定，而非仅仅有益于较幼小者，倘若有可能的话，就像始终在航船上。"（790c‐e）稍后，雅典异乡人解释说，这确实可能。他说，所有的生活就是一次航程（τό πλοῦ）。他对儿童游戏和教育的讨论，类似于造船匠们的工作，他们铺设船的龙骨，由此勾画出它的形状——这是他们所设想的船造好时的形状。为了勾画出最好的生活道路，雅典异乡人正在为灵魂铺设龙骨（803a‐b）。正如我们能知道船的最好形状，同样也能知道最好的生活方式：通过考察他们航程所要达到的目标。

每个灵魂都是一艘朝向同样目标的航船。为了说明这点，雅典异乡人回忆起玩偶意象。用他自己的话说，他的目标是神，但这是根据经验（πάθος）来说。人类事务不配有巨大的严肃性（μεγάλα σπουδες），不过，在某种意义上，却必须严肃对待它们。雅典异乡人说，谈论这些人类事务的方式，要采取一种恰当的尺度（σύμμετρον），也就是说，依据中道原则，它也是神自身的状态。他说，依据自然（φύσει），神的事务配有完全的和神圣的严肃性。由于人类是神的玩物（παίγνιον），因此，他们应该把一生献给最美的游戏（καλλίστας παιδιάς）：献祭、歌唱和舞蹈。对要生活在这个城邦中的那些人，雅典异乡人的法律描述了这些游戏。他们将依据其天性（κατὰ τὸν τρόπον τῆς φύσεως）度过一生，即他们是神明的玩偶，只分享一丁点真实（σμικρὰ δὲ ἀληθείας，803b–804c）。

对于所有出生于其城邦的孩子，如果雅典异乡人能够教育他们，进行严肃的游戏，目标指向神，那么，在某种程度上，所有这些孩子的父母也要接受他的劝说。这意味着，反过来他们也非常幸运，年幼时就被铺设了好的龙骨，在前来城邦拓殖之前，他们自己已遵循着中道的生活方式。换言之，所有前来雅典人的城邦拓殖的那些人，都是好的桨手，他们会追随一位娴熟的领航员，以寻求最好的生活方式。只有希腊的黄金种族，才能入住这个城邦。

同样，雅典异乡人跟克勒尼阿斯关于殖民的讨论，也得出这个结论。他说，城邦的殖民者不应当是那些乌合之众，他们来自其他某个城邦，一窝蜂地聚集在一起。相反，殖民者应该全部从希腊挑选。但雅典异乡人也坚持，不会接纳每个希腊人，无论他多么想来（707e–8b）。正如[牧人]会清理畜群，剔除体质上不健康和质量差的那些，对想要进入城邦的那些人，也要如此。对所有由于坏的教养，灵魂已毁坏，并无可救药的那些人，要全部剔除。选择的标准很简单：拒绝坏人进入，给予好人尽可能亲切的邀请。雅典异乡人没有进一步阐明好人和坏人的差别，也没有描述选择的过程。他仅仅指出，通过"足够长时间内各种形式的劝谕（πειθοῖ）"加以检验，这种区分是可能的（735a–736c）。

雅典异乡人的城邦所拣选的殖民者，自愿遵从法律生活。法律的目标是，使每个遵循法律的人得到最大的幸福（εὐδαιμονέστατοι），彼此之间尽可能相互友善（μάλιστα ἀλλήλοις φίλοι，743c）。在到达城邦之后，他们不会彼此憎恨（737b），在很大程度上，这是他们迁居的理由导致的。最好的殖民者很可能是这些人："由于内乱（στάσεσιν），一个城邦的某部分会被迫迁移到异乡。"（708b）这个段落让人想起，苏格拉底论述的那条更长的路，用他的术语来说，最好的殖民者将从城邦的这些部分中挑选,即洞穴居民中渴求利益的穷人们,发动了内战,使城邦陷入毁灭的威胁中。他们的灵魂经验丰富,拒绝继续住在这样的城邦之中,因为城邦已经成为诡辩的幻想世界。如果在希腊能够找到足够数量这样的人,那么,马格尼西亚城邦将完全实现共同家庭(common home),它将为太阳和善所照亮,而所有留下的城邦,将成为完全的地狱(cf. *Republic*, 520c – 521b)。

雅典异乡人告诉克勒尼阿斯,"还有的时候,一整个城邦落荒而逃,让无法抵抗的进攻完全压倒"(708b),此时,马格尼西亚城邦将实现共同家庭,为希腊黄金种族居住,这种可能性会体现得更加明显。这里提到的是神话,而非希腊历史。它提到了《奥德赛》中描述的费埃克斯人(Phaiakians)的迁徙。费埃克斯人曾经居住在辽阔的许佩里亚(Hypereia)大陆,他们土地的名字——许佩里昂之子赫利奥斯(Helios Hyperion)(12.176),将他们与太阳相关联。确实,他们的名字表明,他们是一个"华丽""闪耀"的民族,宙斯甚至形容说,他们"在起源上,与神明们是近族"(5.34 – 36)。因此,费埃克斯人是神样的凡人。然而,在许佩里亚,他们不幸与库克洛普斯人(Kyklopes)相距不远。库克洛普斯人是一个穴居种族,他们是食人的巨人,没有法律或任何好习俗的真正知识,因为他们相信,自己比诸神更好(9.105 – 115, 215, 273 – 298)。为了远离他们,瑙西托奥斯(Nausithoos)王带领全体费埃克斯人,乘船航行到斯克里埃岛(Scheria)。在那里,他们生活得很安宁,因为库克洛普斯人没有船只,也没人懂任何造船技术(6.4 – 12, 9.25 – 26)。

雅典异乡人城邦的殖民者与此类似。他们是接近神明的人类,渴望摆脱荒唐、肆心的洞穴居民的无法状态($παρανομία$),这些洞穴居民侵害了他们的城邦,并占据统治地位。殖民者们拥有很好的船只,愿意跟随一位君王般的领航员,驶向阳光下的岛屿,在那里,他们可以根据法律平静地生活,这些法律尊敬神明超过其他一切。换句话说,他们是希腊的黄金种族,齐心划向的城邦是希腊唯一的城邦,完全建立在共同家庭之上。

当殖民者"已经到达并出现在眼前",首先要对他们说的话,是关于神明的论述。在一切事务上,神明都引导着黄金种族的桨手和领航员:

> 按照古代的说法,有一位神,掌握着一切生灵的开端（ἀρχήν）、终点（τελευτήν）和中段（μέσα）,他通过循环完成依据自然的直接进程（εὐθείᾳ περαίνει κατὰ φύσιν περιπορευόμενος）。(715e–716a)。

评注家写道,这里提到的"古代的说法",是俄耳甫斯教的说法:

> 宙斯是开端（ἀρχή）,宙斯是中段（μέσσα）,万物（πάντα）皆由宙斯创造。宙斯是大地和星空（οὐρανόν ἀστερόεντος）的基石（πυθμέν᾽）。

俄耳甫斯教与雅典异乡人说法之间的差异,宣告了宙斯时代的终结,以及理智时代的开启,后者属于聚集起来的殖民者。新时代的神不仅是天地万物的开端,也是它们的目的。因此,他既是它们的存在,也是它们的完善。这位神超越了所有财物,在力量和地位上都超过（*Republic*, 509b）。雅典异乡人的措辞,区分了万物的开端和目的,还有中段。这表明,中道方式通向明智和理智（属神诸善中的第一个）,人类通过它可以归向超越万物的神。

神引导着所有马格尼西亚人,雅典异乡人是以一种影射和唤起的方式描述他们。如果单独提到物理运动,他的话似乎自相矛盾,甚至不可理解。因为看上去,直线运动与循环往复运动之间,无法协调。①

---

① 参 England 对这一章的讨论,参 E. B. England, *The Laws of Plato*, 1: 447–448。

然而，马格尼西亚人不会以这种方式理解。在他们看来，雅典异乡人的话涉及宇宙和人类中理智的运动。由于他们是经验丰富的桨手，马格尼西亚人懂得，如何根据宇宙球体的旋转引导自己。对数字的学习教导他们，如何可以说宇宙也进行直线运动。他们学习的"1、2、3"，以及线、面、体之间的关系，会教导他们毕达戈拉斯哲学对万物创造起源的论述（817e - 820d）。因此，马格尼西亚人理解，所有事物都有体积，甚至宇宙自身，它们从"一"（One）那里以直线过程产生。宇宙的直线运动和循环运动，与人类中的类似运动相配。雅典异乡人说，学习数的目的，是为了通过一门"神圣的技艺"（747b），超越一个人的天性。达到这种超越的途径是，沿着中道，上升和下降。通过忠诚的回应黄金绳索的向上拉力，一个人的灵魂和理智可以超越宇宙，向着神或神圣理智上升。但是，紧跟着这种上升的，总是必须有下降或回归（homecoming）。如果一个人想变得神圣，那么，在力所能及的范围之内，他必须尽可能经常参与这种上升和下降。对神圣生活来说，人类灵魂和理智必须进行这种重复上升和回归。因此，这种重复运动可以说成是一种直线和循环运动，与宇宙的直线和循环运动相同。所有这些运动加在一起，构成了理智的运动。

为了引导殖民者转向神，雅典异乡人选择的言辞——"他通过循环完成依据自然的直接进程"——不仅涉及那种需要学习才能理解的运动，也更直接地关涉到神。它们是一种唤起的暗示，暗示穿越中（περαί ［横穿］）的好神（εὐ-θέος ［直线］），这位神超越所有生成之物（περι-πορευόμενος ［循环］）。

对于这些聚集起来的殖民者，雅典异乡人继续向他们谈论。他提醒他们想起移居时留下的东西（716a - b）。他说，有些人背弃神法（τὸν θεῖον νόμον），即依从理智的法律，必定遭受正义"无可指责的报复"；任何背弃神的人，也会遭神遗弃。他列出各种各样背弃神的人：充满自负的人；由于财富、荣誉或好体形而感觉轻飘飘（ἄνοια）的人；那些认为自己既不需要统治者（ἄρχοντος），也不需要任何领导者

(ἡγεμόνος) 的人，因为其灵魂让肆心燃烧着。当人类背弃了神，他们"就与像他们那样的人厮混"，四处撒野，"捣乱一切"，在别人面前，每个都试图成为大人物。在苏格拉底描绘的从洞穴上升的隐喻中，一些人拒绝朝着太阳和善上升，相反，他们转回头去，在自己创造的地狱中共同生活。在那里，为了毫无意义的荣誉和奖赏，他们以愚蠢的方式彼此竞争（《王制》，514a – 517a）。雅典异乡人说，正义之神对这些人的惩罚是，让他们自己、家庭及其城邦"彻底毁灭"（ἄρδην ἀνάστατον）。马格尼西亚的殖民者们非常审慎，当这些人之间存在内战和城邦战争的威胁时，他们离开了城邦。当他们离开后，神遗弃了他们的城邦。他们到达时，雅典异乡人的言辞让他们知道，他们离开的城邦已让那些仍存留的城邦彻底摧毁（《王制》，521a）。

对于殖民者，雅典异乡人接下来的训辞是，宣布新时代的神义论。在某种程度上，这些评论是讲给克勒尼阿斯听的，以便他能够更好地理解下述两种人的区分，一是愿意移居到新时代第一座城邦中的那些人，一是不会离开宙斯时代城邦的那些人。雅典异乡人说，"对我们而言，在最高程度上，神会是万物的尺度（μέτρον），远远超过任何一个'人'，如他们所言。"所有愿意在理智时代生活的人，都把神作为他们的尺度，并要尽力变得像他。其他人则相反。所有追随神的人，会获取属神的诸善。而追求属人的善而背弃神的那些人，必定遭受正义无可指责的报复（716c – e；参 624a – 625a）。

雅典异乡人对这两种尺度的对比，让人想起苏格拉底在《泰阿泰德》（Theaetetus）和《王制》中说的几件事情。在《泰阿泰德》中，苏格拉底说，对所有人而言，有两种 παραδείγματα［样式］：属神的（θεῖον）最幸福（εὐδαιμονέστατον）；无神的（ἄθεον）最不幸（ἀθλιωτάτου,，176a – 177c）。如果人类通过行为，使自己像（ὁμοιούμενοι）其中一种，那么，他们就变得不像（ἀνομοιούμενοι）另一种。拥有智慧（σοφία）和真正德性的那些人知道，无论在任何方面，神绝非不义的。通过逃离人类世界，转向神圣世界，他们使自己像神的样式。人类世界不可能消除邪恶，而神圣世界则不可能存在邪恶。苏格拉底说，从人类世界逃离（φυγή），是为了"尽可能像神（ὁμοίωσις θεῷ）"。以此种方式，凡人变得正义、神圣（ὅσιον）和明智。但也有一些人，他们看上去有智慧，却犯了许多不义，言行不神圣（ἀνόσια）。他们的愚蠢及极度缺乏理智（ἐσχάτης ἀνοίας），让他们无视神的无可指摘。他们没有意识到，因为其不义行为，无可避免地要遭受惩罚。他们所受的惩罚是，"与像他们那样的人共同生活"，这是最不幸的样式。

在《泰阿泰德》中，对于最像那两种样式的生活，苏格拉底并没有给它们命名。在《王制》中，他给它们命了名：真正哲人的生活与僭主的生活。哲人认为，善高于存在者（ἐπέκεινα τῆς οὐσίας），这是他的样式。僭主一旦远离法律和理性（φυγὼν νόμον τε καὶ λόγον），就会认为某种奴役的快乐高于（ἐπέκεινα）各种真正的快乐，及各种次一级的快乐（苏格拉底所描述的），这是他最不幸的样式（Republic, 509b, 587b-c）。甚至，僭主不会将"某个人"作为万物的尺度，对他而言，"万物的尺度是一只猪、一个狗头猿，或者其他罕见物种"（Theaetetus, 161c）。①

并非所有人都是哲人或僭主，但所有人都生活在这两种样式之间，

---

① 为了支持对《泰阿泰德》和《王制》的这种理解，及其与《法义》的关系，可以举出哲学的论证。《王制》中描述哲人和僭主样式的章节，与其直接相关，因为在柏拉图对话中，只有这两处用到了语词ἐπέκεινα［超越］。以一种类似的方式，它们也都与苏格拉底在《泰阿泰德》中的神义论有关。《泰阿泰德》中描述了从人类中逃离（φυγή），这使他变得像神的样式，但没有说从他人那里逃离。另一方面，《王制》描述了僭主从法律和推理那里逃离，走向了某种甚至远不如次级快乐的东西，但是，它没有描述哲人向着超越逃离的善上升。这两个文本相互补充。为了尽可能精确地描述僭主最不幸的样式，在《泰阿泰德》中，柏拉图对普罗塔戈拉（Protagoras）关于万物尺度的格言进行了独特的重新表述，这表明，这两个文本的论述与《法义》关于两种尺度的论述有关。

哲人和僭主各自最接近它们。所有人，甚至包括哲人和僭主，都是悬于两种绳索之间的神的玩偶，一种向上拉，指向神圣的样式，另一种向下拉，指向最悲惨的样式。换句话说，所有人都悬于德性与邪恶之间的区域。没有人能够逃离这一区域，以及这两种拉力之间的紧张。拉力要求回应，而且所有人都要为他们回应的方式承担责任。哲人的回应是，追随中间、向上的道路，它通向所有德性。作为人类，哲人尽其可能地上升，但他无法完全摆脱向下的拉力。僭主的回应是，拒绝以任何方式追随向上的拉力。作为人类，僭主尽其可能地下降，但他无法完全摆脱向上的拉力。因为这种下降，僭主受到的惩罚是，成为可能的最邪恶的人类，而不单单是动物。

雅典异乡人明确地告诉克勒尼阿斯，他给殖民者们的演说，对象不是那些"完全粗鄙的灵魂"（$παντά\ πασινομαῖς$），而是那些"能够被说服尽可能顺从德性的人"（$εὐπειθεστάτους\ πρὸς\ ἀρετήν$）。他意在那些人，他们能够接受真正哲人的劝说，并愿意追随他，沿着中道朝着所有德性上升。对那些选择追随僭主的粗鄙方式的人，不允许他们进入城邦。接着，雅典异乡人描述了这两种方式及其追随者之间的不同。他援引赫西俄德，毋庸置疑，克勒尼阿斯熟悉这位诗人（718c - 719a）。雅典异乡人告诉克勒尼阿斯，赫西俄德是睿智的（$σοφόν$），他说，通往邪恶之路（$ὁδός$）是"平坦的"，走起来"毫不费力"，因为它"非常短"，但更长的路不同：

> 永生的诸神铺下了
> 艰辛，通往有识之士的路又长又陡，
> 到达顶点艰难曲折；一旦抵达顶峰，
> 道路从此变得平坦，无论前路多么艰难。
> （《劳作与时日》，289 - 292）

不管哪条道路，都很少有人曾经到达其顶峰，大部分人的生活介于两者之间。此外，相比旅途的安适，更少有人会因为路途更短而受到吸引,因为所有人都明白,路的尽头是什么。雅典异乡人并没有完整引述赫西俄德的诗句,他假定克勒尼阿斯能够记起下面的内容,并会明白,要走上那条又长又陡的路,有很多方式。诗篇继续道:

> 亲自思考一切事情,并且看到以后以及最终什么较善的那个人是至善的人;
> 能听取有益忠告的人也是善者;
> 相反,既不动脑思考、又不记住别人忠告的人,
> 是一个无用之徒。(《劳作与时日》,293—297)

赫西俄德并没有单单区分德性与邪恶,在好人中,他也区分了两种人:一种在已经完成攀登之人的指引下,愿意追随向上道路,另一种是拒绝所有指引的无用之徒。

雅典异乡人跟赫西俄德同样睿智,因为他对人类的差异有类似的理解,并用它确保好人进入马格尼西亚,拒绝无用之人进入(参735a—736c)。他想要让马格尼西亚成为希腊黄金种族的共同家庭。在这个城邦中,完全的至善——神圣理智支配一切事物——统治着好人,仅仅使用教育和劝谕的手段,指引他们朝向共同追求的目的。那些以各种方式拒绝记住神圣理智忠告的人,在城邦中没有一席之地。

立法的目的

斯塔雷（R. F. Stalley） 撰

张清江 译

在《法义》中，如柏拉图所言，法必须指向城邦整体的善。但仅就此而言，这个说法缺乏任何实际内容，因为对立法要寻求的善的诸形式，它没有给出任何论述。关于立法，柏拉图确实娓娓而谈，但还不清楚，他对立法具体目标的不同陈述相互间是否一致。

对多里斯法律的批评

对最著名的克里特和斯巴达政制，雅典异乡人询问它们的目的。① 这激发克勒尼阿斯从整体论述克里特法律的目的。他宣称，立法者安排的一切皆着眼于战争。这样，克勒尼阿斯也含蓄批评了大多数人，他们没有认识到，事实上，自己总是处于战争之中。实际上，通常认为的和平不过是不宣而战的状态，在这种状态中，所有城邦都准备反对彼此。因此，正确的做法是全力备战，因为战争中失败的城邦，会失去所有好东西（625c–626b）。

---

① 《法义》，625c–632c，688a–b，693b–c，697b–c，705d–706a，707d，718c–724b，811c–812a，829a，857c–859b，961c–964a；《王制》，426c–435a，441c–445b；《高尔吉亚》，503d–505c。

上述观念认为，我们应当持续地准备保卫自己。雅典异乡人的回应延伸了其范围：不仅将其用于城邦之间的关系，而且用于村社、家庭和个人之间。接着，他提议说，我们甚或可能是自己的敌人。那位克里特人急切地抓住如下观念：一切人对一切人皆是敌人，每个人都是自己的敌人。因此，最重要的胜利，是自己战胜自己。换言之，我们都需要节制（626c‑e）。接着，雅典异乡人让克勒尼阿斯同意，城邦也能胜过自己。如果民众中较好的人统治较坏的人，这就会发生。因此，节制德性的政治等价物，就是最好的人统治城邦的情形（明显有问题的类比）（627a‑c）。此刻，雅典异乡人改变了方向，他认为，最好的情形，不是较好的人战胜或摧毁较坏的人，而是较坏的人自愿服从较好的人。因此，理想状况是，利用法律手段保证和平与和谐，建立友谊。因此，跟医学治疗一样，只有作为一种手段时，战争的胜利才是好的。最高的善和立法的真正目的应当是和平（627d‑628d）。

在这里，某种程度上，雅典异乡人和克里特人都提出了很好的论点。确实，战争中获胜可以得到大部分其他微不足道的东西；同样，使人注意到内战的危险，注意到城邦内和平与友谊的价值，这也完全正确。谁能否认这些看法呢？但是，不能因此得出，立法的唯一目的就是这些目标的其中之一。在社会中，可以实现很多不同的善，如果立法者追求其中一种，而排除所有其他的话，他必然会牺牲很多有价值的善。因此，人们可以主张，认为立法只有单一的目标，这是错的。立法者必须尽可能地去实现许多不同目标。或者，可用另一种方法描绘终极目标的特征：立法包含一切有价值的特殊目标。看起来，这是雅典异乡人希望前进的方向。他反对通常认为的克里特和斯巴达政制的目标，这并非因为它是错的，而是因为它被界定得过于狭隘。

在629a‑630d，为了指出多里斯理想的不充分，雅典异乡人使用了两个对比鲜明的引用，分别来自诗人提尔泰俄斯（Tyrtaeus）和忒奥格尼斯（Theognis）。提尔泰俄斯是斯巴达人喜爱的诗人，他赞扬那些在战争中表现勇敢的人，但忒奥格尼斯认为，那些在内战中值得信任的人最有价值。在雅典异乡人看来，这种值得信任不仅仅需要勇敢（ἀνδρείας），而且需要正义（δικαιοσύνη）、节制和明智（φρόνησις）。因此，好的立法者制定的所有法律，都是为了教导这种整体德性。从这点出发，雅典异乡人推断说，不应该认为，伟大立法者的主要目标是教人勇敢，因为勇敢仅仅是德性的一部分。毋宁说，这些立法者们的目标是教导整体的德性或善。因此，重要的是，不要像通常的习俗一样，零散地立法，而要系统地立法，以德性为出发点（630d – 631a）。

631b – 632d 的重要演说，扩展了这种关于立法者行为的观点。对于那些在法律下生活的人们而言，通过提供属人的和属神的诸善，正确的法律确保他们获得幸福。属人的诸善包括健康、身体力量、美貌和财富（如果明智地使用），但这些取决于属神的诸善，第一位是明智，然后，"接在理智之后的，是灵魂的节制习性"，第三是其他属神诸善的产物——正义，第四是勇敢。因此，属人的诸善向属神的诸善看齐，而后者则向领头的理智看齐。接着，着眼于教导这些德性，雅典异乡人相当详细地说明，立法者应如何监管公民的整个生命，从孕育到死亡。他特别强调，立法者需要理解欲望和情感。最后他建议，应当设置法律维护者，有的维护者明智，有的则具有真实的意见。这样，理智会把整个系统结合起来，并可以宣告，这些东西跟随的是明智和正义，而非财富或野心。

立法的目的是德性，在整部对话中，这一观念始终是雅典异乡人的正式立场，而且至少在理论上，它形塑了雅典异乡人大部分的实践计划。当第一次转向考虑新城邦的政制时（705c – 706d，707d），雅典异乡人重申了这一观念；在对夜间议事会的最后论述中，这一观点再次得到最强烈的确认。正如医生必须明白他技艺的目的（健康），将军也必须明白他的目的（胜利）。因此，对城邦而言，必须有一些人明白其目的。这是夜间议事会的功能，它必须将注意力集中在那个唯一目的上，整个城邦制度都指向那一目的，即德性。因此，夜间议事会需要理解，德性如何既是一又是多，并且能够教导城邦中的公民（961e – 964d）。

作为法律目标的德性与和平

雅典异乡人并没有取消其看法（628c-d）：立法的目的应该是和平与和谐。在对忒奥格尼斯的引用中（630a-d），他暗示，要追求整体德性是因为它使人们在内战时期值得信赖。从这里明显可以推出，德性被视为有价值的，首先是因为它促进了和平与安全。然而，在接下来的一两页之内，雅典异乡人宣布，德性是属神的诸善，拥有它们是幸福的唯一保证（631b-d）。这里蕴含着德性是善的最高形式——仅仅因为自身的缘故而被追求。因此，看上去存在严重的含混性。追求德性是因为它自身就是终极目标，还是因为它只是达到和平的一种手段？

在《法义》其他地方，也有类似的问题，尤其在卷三讨论到历史追记（historical excursus）的目标时。在那里，雅典异乡人两次重申了他在631c-632d的说法：立法的目的是整体德性（688a-b，697b-c）。这一部分对话的主题，是对节制或自制德性的需要。由于雅典异乡人将节制视为其他德性的根本前提，因此在这里，他的看法与如下观点一致，即法律应该让公民成为有德性的人。但他也坚持认为，立法的目的是自由、友谊和明智（693b；参694b，695d，701d）。稍后，友谊的理想被推到极致。在真正的最好城邦中，对于一切事物，所有公民都分享共同的情感——只有废除了财产和家庭关系，这种情形才可能出现（739c；参807b）。在693c，对于以如此多种不同方式刻画立法目的的特征，雅典异乡人表示道歉，但他宣称，不管这个目的是描述为节制、友谊还是明智，都没有关系，因为它们实际上是相同的。

在这些段落中，对于要追求的目的，雅典异乡人似乎在使用两个基本概念。根据第一个概念，目的是德性，它本身是灵魂最大的善。根据第二个概念，立法的目的是使城邦尽可能和平与团结。为了一致，雅典异乡人必须坚持这两个目的概念相互重合——在追求德性时，我们会促进城邦的团结与和平；追求这种和平与团结时，我们不可避免地会促进德性。在829a，他试图表明这点：

> ［城邦］必须过美好生活，正像个体一样。幸福生活的必要条件，是既不对他人行恶，也不被他们行恶。第一个要求并不十分困难，但是，要获得不被行恶的力量，就极端困难。一个人不可能完全具有这种力量，除非他成为完全的善。城邦亦是如此。如果它是善的，就能生活在和平之中，但是，如果它是恶的，那么，它就会遭受到对外的战争和对内的战争。

这里的论证似乎是，有德性的个人和城邦，可以用某种方法避免遭受他人行不义。因此，德性与和平走到了一起，可以视为同一个终极目的的不同方面。但是，从表面上看，这似乎很荒谬。对每个人来说，很显然，有时候好人是不义的受害者。因而，雅典异乡人怎么能够说，德性保护我们远离恶行呢？

只要关注个体间关系，雅典异乡人就能以如下论述为自己辩护：由于城邦整体有德性，每一个居民就都是善的。因此，他们没有人愿意对自己的同伴行不义。这样，那些生活在德性城邦中的人，肯定不会遭受不义。于是，他们每个人都受到保护，这与其说是靠他们自己的德性，不如说是靠同胞的德性。

即使这一论证可以接受，雅典异乡人仍不得不解释，德性城邦如何免遭没有德性的外邦人行不义。关于这一点，他的看法似乎是，德性会使城邦在政治和军事上强大。因此，这是城邦能够抵抗外来攻击的证据，同样，它也能平息内乱。这种观点有某种合理性，只要想到，德性就是一个人勤勉地履行分配到的社会角色。德性城邦将会很强大，因为无论明智的统治者说什么，公民都会忠诚而勇敢地去做。确实，看上去，雅典异乡人立法的很多内容的确是为了鼓励这种顺从态度（尤见700a–701d, 729d, 793b–c, 942a–d）。

麻烦在于，雅典异乡人曾提到，德性是"属神的诸善"（631b - c），跟那时他信奉的德性相比，我们现在似乎正致力于考察一个完全不同的德性。在那里他的立场是，作为属神的诸善，德性是其占有者们最大可能的幸福。而如果德性仅仅是遵守社会规范，那毫无疑问，它是共同体的幸福，但并不必然是有德者自身的幸福。毕竟，做社会所需之事，并不总是符合自己的利益。关于为什么认为德性的占有者总是幸福，雅典异乡人并不很明确。但如人们所见，他会结合《王制》的学说：对我们来说，德性是好的，因为它是灵魂的有序状态，在其中欲望恰当地服从理智。但在这个意义上，一个有德的人，为何必定应该是顺从的公民，准备充当城邦机器中可信赖的齿轮？这一点原因并不明显。在这里，两种不同的德性概念之间存在巨大张力。如果德性是个体的善的状态，那么，就没有明显理由说，拥有德性公民的城邦将会强大；如果德性意味着对社会规范的顺从，那么，为什么有德的人会幸福，这一点并不明显。

这两个概念之间的差别很重要。一个人只要专注于看待立法的目的是德性，他就可以得出结论，雅典异乡人的基本关切是个体公民，是他们的幸福和道德践履；他也可以推论说，个体灵魂的价值优先于城邦价值。① 但如果教导说，为了城邦的利益，个人无论需要什么都得去做，只有在这种性情中德性才存在，那么，上述个人主义的解释就毫无可能。要解决这一问题，唯一的可能在于，柏拉图能以此发展其关于德性和城邦的论述，即表明在实践中这两种德性概念可以等同。

柏拉图的法律道德主义

只要视德性为立法的目的，在逻辑上，雅典异乡人及其同伴就在致力于一种法律道德主义的形式，比如，认为法律应当追求提升公民

---

① R. Hall, *Plato*, London: Allen and Unwin, 1981, p. 97.

的道德品格。对现代读者而言,这种观点可能会令人困扰,因为我们大部分人的成长,都受到自由主义思想家(比如穆勒 [J. S. Mill])的影响,怀疑任何种类的法律道德主义。这些思想家提出的主要反对意见是,如果国家追求使民众成为好人,它就先取得了选择权,而这些选择本应恰当地留给个人,因此,国家扼杀了个体性。这些说法不会让多里斯人担心,不过,至少从暗示中可以看出,某些柏拉图的同时代人会担心。例如,伯利克勒斯赞扬雅典,[①] 就因为它赠予个体公民以自由。他们自由地过私人生活,按自己的意愿自由教育子女。

毋庸置疑,在很大程度上,柏拉图的道德主义是因为缺乏希腊式思考,以及缺少区分这两者的语言:一是法律,一是道德问题或者习俗问题。但是,它同样跟柏拉图哲学的最基本特征密切相关。这些特征之一是苏格拉底的教导:个体只有具有德性的灵魂,才可能幸福。通过很多对话,比如《高尔吉亚》和《王制》,读者很熟悉这种教导。从这点出发,加上那个看起来无伤大雅的前提,即立法者应当追求全体公民的福祉,紧随的结论是,立法者应当尽可能地使公民成为有德之人。因此,虽然有时候苏格拉底被视为自由良知(liberal conscience)的主要代表人物,但柏拉图从他那里得到的教导,直接导致法律道德主义的信条。对于自由主义传统而言,这个信条是一种诅咒。

让民众有德性是立法者的任务,这种观点意味着,立法者知道德性要求哪种生活方式。因此,雅典异乡人的法律道德主义,也依赖于其对道德的客观主义(objectivist)立场——他视之为知识问题。更重要的是,它涉及一种特殊的客观主义的强形式(strong form)。雅典异乡人相信,找到一位拥有可信赖的善恶知识的立法者,并且这位立法者能够为正当的生活制定细致的规则,这些预期都很合理。着眼于"属神的诸善"(631b–632c),这位立法者将规定公民生活的方方面面。

想要为个人自由学说进行严肃辩护的人,几乎必然会拒绝这种

[①] See Thucydides, *History of the Peloponnesian War*, II, 35ff.

客观主义的强形式。他会坚持认为，道德价值并非知识对象，而仅仅是个体或群体偏好的表达。（很可能，一些柏拉图的同时代人已经以这种方式，发展了自然与习俗之间的区分，虽然这种证据不太明显。）或者，另一种方法以一种更加有限的形式，取代柏拉图的强客观主义。那么，他会认为，（a）即使在原则上道德价值可以认识，但事实上，关于这些问题，没有人能获得可信赖的无误知识；（b）虽然在客观上终极价值（比如和平、自由和正义）可以认识，但它们会以许多不同方式实现。因此，每个人都有余地去决定自己美好生活的形式。

我认为，即使我们无法接受柏拉图对道德知识的论述，也并不意味着，我们必须立刻拒绝其整个道德和政治哲学。自由主义思想家对他们主张的论证，不仅通过攻击如下观点，即统治者能够认识，对于臣民而言何者正确，同样，他们也通过描述一个诱人的社会，允许高度的个人自由（很像葬礼演讲中伯利克勒斯对雅典的称赞）。类似地，柏拉图也可以描绘一个有魅力的社会，坚持他欣赏的那种道德秩序。他可以努力表明，只有在这样一个社会中，人类最基本的需要才能够满足。人们可以把《法义》视为这样一种尝试：坚持柏拉图法律理想的生活，尝试让读者感觉到这种生活的魅力。因此，即使我们没有柏拉图的认识论预设，阅读《法义》也能够激发我们重新检审某些假设，而这些假设已经成为我们自己政治态度的基础。

作为教育的法律

雅典异乡人要求，立法者应当监督公民的所有活动，并通过赞赏和谴责、荣誉和耻辱，还有惩罚不义行为，引导公民认识何为善、何为恶（631b–632d）。这意味着，立法者具有教育的职责。这个概念有两种理解方式。首先，关于教养孩子和建立恰当的教育机构，有相应的法律规定。其次，更显著的观点是，法律本身必须涉及一种引导，通过说服和强制,它应当追求塑造品格。

通过一个治疗的类比,这种显著的看法得到发展。有两种医生。第一种医生自身是奴隶,而且他们的病人大部分也是奴隶。他们匆匆地到处出诊,其处方单纯基于经验,不加解释地发号施令。第二种是自由医生,治疗自由人。他们细致地询问病的情形,并向病人解释正在发生的事情。只有确保得到病人同意后,他们才会给出指导。因此,他们的治疗主要是靠劝谕(719e – 720e)。类似地,存在两种立法方式:"单一"方式,仅仅为某些行为制定惩罚措施;"双重"方式,在开出惩罚药方之前,先试图说明,为何论及的行为是恶的,并劝谕民众不要去做。在价值上,"双重"方式被认为是单一方式的两倍(720e – 722c)。这里蕴含的意思是,立法者必须引导和教育公民(857c – e)。要做到这点,他会采取序曲的手段:为了产生所需的行为,采用的手段是说服,而非威胁(722c – 723d)。

雅典异乡人遵循"双重"方式,既为法律系统的整体设置一个总的序曲和前言(726a – 734e),同时,也为单个法律提供序曲。(在实践上,经常很难区分序曲与(a)介绍法律特定部分的一般讨论,及(b)制定惩罚的恰当法律。)对于序曲,雅典异乡人引以为豪,并将之归因于神圣的灵感。同样,他提议说,《法义》本身应当作为教育青年的主要教本,必须强制教师用心学习它,以及一些类似的作品,并传授给他们的学生(811c – 812a,957c,对比858c – 859c)。

立法者应当使用劝谕和引导,使公民出于道德责任感正确行动,而非惧怕惩罚。这种观点听起来很有吸引力。确实,说服民众自愿去做要求的事情,比通过惩罚强迫他们更为可取。但是,雅典异乡人的建议值得怀疑。困难不在于它们不切实际——非常清楚,政府的宣传会非常有效——毋宁说,这些建议在道德根基上可疑。

这里提出的一个观点,涉及柏拉图的劝谕观。在《高尔吉亚》(454b – 455d)中,他区分了以修辞术达到的劝谕(它仅导致信念)

与产生真正知识的劝谕。人们会倾向于认为，法律序曲实践后一种劝谕，① 但很明显，这并非事实。它们是劝谕而非论证（例如，参 726a - 734d，741a - e，772e - 773e，823d - 824a），雅典人引以为豪的是它们的文学品质（811c - e）。考虑到（a）《法义》中的德性观，强调要对情感进行正确训练；（b）如下信念：仅有一小部分公民能达到完全的理性理解，因此，这在所难免。无论如何，柏拉图从未伪称，可以用几句话传达这种理解。另一方面，《法义》建议，即使并非事实，诗人也要教导说，正义等同于幸福（663d - 664a）。但除此之外，没有任何内容支持波普尔的论断：关于"劝谕"，在很大程度上，柏拉图的意思是"欺骗的宣传"。序曲的大部分，具有相当传统的布道特征。②

虽然序曲本身没有任何危害，但雅典异乡人加诸它们，以及加诸其他劝谕手段上的信赖，可能非常危险。这里包括两点：

（1）正如柏拉图所见，宣传可以延伸至生活领域，而惩罚在那里无效，并且与处罚造成的恐惧相比，宣传产生的社会压力可能同样强大。因此，雅典异乡人提倡的那种劝谕，会限制下述领域，在其中，个体本可以自由选择自己的生活方式。

（2）如果民众可以自由接触与官方说法对立的宣传观点，那么，劝谕就不可能有效。

因此，如果政府希望运用劝谕，作为达到社会一致的主要手段，就不能容忍言论自由。因而，以法律为教育的观念，不可避免地联系到《法义》的特征之一：它不允许公民表达自己的看法。在现代读者看来，这很可能最令人不安。

---

① R. Hall, *Plato*, pp. 93 - 96.

② K. R. Popper, *The Open Society and Its Enemies*, vol. 1, Plato, London: Routledge, 1966, p. 270.

柏拉图论立法与战争

德沃林（Angela Dworin） 撰
张清江 译

《法义》开篇呈现的观点，会让一位研究国际关系的现实主义学者内心欢畅。这部对话的开头，一位雅典异乡人问他的多里斯（Dorian）同伴——克诺索斯的克勒尼阿斯和斯巴达的墨吉罗斯——他们法律的起源和目的。克勒尼阿斯的回答引人注目，他说，在城邦内部及城邦之间，诸神命定了一种永无休止的战争状态，而和平仅仅是个空名。相应地，克里特立法者制定的所有克里特法律，都是为了在战争中获胜，因为在这种情形中，所有的好东西均属于战争中获胜的城邦。

因此，柏拉图关于立法的对话以令人吃惊的观点开篇：法律的目的是为了发动战争。这种观点基于克里特和斯巴达的法律，前者是希腊最古老、最让人敬畏的法律，后者则是雅典的历史敌人和理论对手。柏拉图要依据自然，探究最好的法律，为什么会以法律旨在战争的论断开始？大部分《法义》研究者如波波尼兹（Christopher Bobonich）主张，[1] 雅典异乡人反对多里斯人的观点，不管是其整体还是部分。

---

[1] Christopher Bobonich, *Plato's Utopia Recast: His Later Ethics and Politics*, Oxford, 2002.

其他一些学者如伯纳德特断定，① 雅典异乡人不仅保留了战争的目标，而且在雅典异乡人的法律中，这个目标居于主导地位，以至于城邦变得富于侵略性、好战。我的主张大概介乎两者之间。我将证明，雅典异乡人发现很多多里斯法律的可批评之处，但他没有反对的观点是，法律的目标在于战争，事实上，他进一步确证了这一观点。然而，他这样做的途径是，与其说战争目标②否定获得德性，不如说是支持它。

有很多好的理由可以断定，雅典异乡人反对多里斯人的战争目标。在卷一中，雅典异乡人激烈反对战争，反对把战争的目的作为政治的最高目标，并且确实贯穿整部对话。雅典异乡人说，真正的立法者"是为了和平而制定战争方面的法规，而不是为了战争事务制定和平时的法律"（628e）。在卷二中，雅典异乡人说，他的多里斯同伴不熟悉哲学，这并不奇怪，因为他们的"政体是军营式的政体，而非居于城邦之人的政体"（666e）。在卷七，雅典异乡人说，"事实是，依据自然，战争不是也不会成为游戏或者教育，而无论何时，教育都值得我们探讨"（803d）。《法义》中充满雅典异乡人对多里斯政制强调战争的批评。

因此，例如，萨拜因（George Sabine）认为，雅典异乡人从整体上反对多里斯法律：

> 在《法义》开始的几卷中，柏拉图相当尖锐地批判了像斯

---

① Seth Benardete, *Plato's "Laws." The Discovery of Being*, Chicago, 2000.

② 在这整篇论文中，我会证明，雅典异乡人保留了多里斯人的战争目标。我使用的"战争目标"一词，基于柏拉图贯穿其对话中使用的一系列表达，可译为"旨在战争"（βλέπων πρὸς τόν πόλεμον，625e），"着眼于战争"（πολέμου χάριν，688a），及其他类似短语。我对"战争目标"的使用，有意保留了柏拉图术语中表现的模糊性，它既可以像 Morrow（G. R. Morrow, *Plato's Cretan City*, p. 388）和 Saunders（*Plato's Laws*, Trevor Saunders trans., p. 321）认为的那样，理解为法律的保卫目标，也可以像 Benardete（Seth Benardete, *Plato's "Laws." The Discovery of Being*, p. 237）主张的那样，理解为征服。我相信，在这点上，柏拉图有意保持含糊性，为的是驾驭各种有活力的情感，服务于道德训练和对法律的献身。

巴达那样一些城邦，斯巴达采取居第四位的道德品质——勇敢——作为训练的主要目的，使得其公民以服从军事上的成就为最高道德。对斯巴达的这一评价显然不如《王制》中谈到荣誉政体时所估计的那样有利，而且直言不讳地谴责一些城邦把从事无益的战争作为目的。①

其他一些学者做了更加混合的分析，② 他们认为，雅典异乡人的计划，是建构一套法典，使之适应某些多里斯习俗，但反对多里斯人对战争的片面强调。这也是一个合理的评价。正如莫罗（Glen Morrow）所说：

> 至少，当柏拉图选择斯巴达城邦作为出发点时，他是在遵循一个固定的传统。如果能重新设计这种坚实的多里斯结构，使之适应伊奥尼亚（Ionian）生活的道德和理智风度，那么，还

---

① George H. Sabine, *History of Political Theory*, 4th ed., Thomas Landon Thorson revised, Chicago, 1973, p. 84。萨拜因的分析，似乎忽略了一个事实，对于其自我控制和对法律的遵守，斯巴达人引以为豪。例如，参 Thucydides, *History of the Peloponnesian War*, Rex Warner trans., London, 1954, I. 84。在此篇中，国王阿奇达姆斯（Archidamus）说："我们明智，因为没有受到很高教育，以致轻视我们的法律和习俗；并且，我们严格训练公民的自制，使他们不会违背法律。"在讨论卷三时，萨拜因（页86）也说："既然'愚昧无知是城邦灭亡的原因'，柏拉图便通过追溯斯巴达覆灭的原因——在于其实行压倒一切的军事化体制——而附带地针对斯巴达提出了批评。"但是，在卷三，覆灭的不是斯巴达，而是三个城邦的联盟。[译注] 中译参萨拜因《政治学说史》，盛葵阳、崔妙因译，南木校，商务印书馆，1990，页105，有改动。注释引文见页107-108。

② Ernest Barker, *Greek Political Theory*, London, 1947; R. F. Stalley, *An Introduction to Plato's Laws*, Indianapolis, 1983; Glen R. Morrow, *Plato's Cretan City: An Historical Interpretation of the Laws*, Princeton, 1960; Paul Friedlander, *Plato*. vol. 3., translated by Hans Meyerhoff, Bollingen Series: 59., New York, Pantheon Books, 1969; Werner Jaeger, *Paideia: the Ideals of Greek Culture*, vol. 3., *The Conflict of Cultural Ideals in the Age of Plato*, translated by Gilbert Highet, New York, 1971.

值得重新创造吗?(Morrow,页63)

他接着说道:

> 毫无疑问,柏拉图选择一位雅典异乡人与两位多里斯人对话,是经过深思熟虑的。显然,这表明,他有意让多里斯人的方式,遭遇自己的城邦传统。斯巴达和雅典之间的竞争,塑造了希腊人的生活样式,这一点存在已久。(Morrow,页74)

在这种观点中,雅典异乡人对多里斯政制的处理,是依据历史惯例,是雅典和斯巴达之间存在已久的争论的反映。对多里斯法律来说,这给了它历史的尊重,并对其中的某些因素,包含着真正的赞赏和认可。雅典异乡人赞许地注意到,在希腊法律中,多里斯法律对德性的追求是独一无二的;他也观察到,"克里特的法律在整个希腊具有特别高的声望"(631b)。此外,从柏拉图的其他作品中可以确证,柏拉图及其同时代的许多雅典公民,都赞扬斯巴达的良好秩序(εὐνομία [和谐])及其公共教育体系。修昔底德称赞斯巴达是文明化的希腊,赞赏它创造了共善(common good)的理念(Thucydides, I, 6)。因此,另一组学者认定,雅典异乡人和/或柏拉图真诚地赞赏多里斯政制中的某些因素,并认为在为马格尼西亚制定新法典时,他融入了其中的某些部分。但他们全都认为,战争目标受到驳斥和驱逐。如弗里德兰德(Paul Friedlander)所说,"卷一开头进行的争论,以新法律胜过多里斯城邦观念而告终……"(Paul Friedlander, *Plato.*, p. 396)

这种观念认为,雅典异乡人新的法律,战胜了多里斯法律。与之相反,我将证明,雅典异乡人谴责了多里斯人战争目标的某些方面,但并没有驳斥或驱逐它。毋宁说,他对其做了修正。按多里斯人的说法,以战争为目的是为了绝对帝国(empire),相反,雅典异乡人的修正指向战争的法律,以德性为目的。他做这点是在对话的前几页,正是在看上去驳斥战争目标的那几页中。

如果我的主张是对的,即雅典异乡人并非反对而是修正了多里斯人的战争目标,那么,问题在于,他这样做为何如此诡秘,甚至偷偷摸摸?我认为有两个原因。首先,如果雅典异乡人公开赞同其多里斯同伴,认为法律应当以战争为目标,那么,他们会继续把战争视为法律的唯一目的,而不会从与雅典异乡人的讨论中学习。其次,雅典异乡人吸收了战争目标,以其提升公民对诸德性的看法,他声称,这些德性高于勇敢。即使公民的德性有助于战争目标,也要教导公民灵魂高于身体,诸德性高于身体和物质的诸善。雅典异乡人坚持这个修辞学立场,即法律的目标是整体德性,因为这使得公民教育能够视灵魂高于身体,视灵魂的诸善(诸德性)高于身体的诸善。于是,在维护战争目标方面,雅典异乡人谨慎含蓄,因为如果公开主张,战争是法律的目的,就会因此侵蚀法律对公民德性的提升,并削弱支撑它的信仰体系。

多里斯人的战争目标

克诺索斯的克勒尼阿斯表达了多里斯人的看法,法律应当以战争为目标。雅典异乡人反对这种观点,并给出自己的看法。看上去,柏拉图好像以多里斯人的战争目标作为陪衬,但这样做的原因很多。克诺索斯的克勒尼阿斯清楚表达出它们,这意味着,多里斯人的法律被认为拥有克里特法律的根源,在希腊,后者是最古老、最令人尊敬的法律(631b)。对任何想要建立新法律体系的人而言,都必须把多里斯法律考虑在内;多里斯人的战争目标,正是需要处理的内容。

此外,斯巴达法律与克里特法律明显相似。[①] 在柏拉图的时代,贵族政体下的很多雅典人,称赞斯巴达及其生活方式,他们赞美斯巴达的邦内秩序(εὐνομία),还有对德性的严格和执着。再者,柏拉图

[①] 雅典异乡人说,斯巴达和克里特的安排,"两者的法典有如亲兄弟"(683a)。参 *Minos*, 318cd。

《法义》的写作是在伯罗奔半岛战争之后。在那场战争中，雅典败给了斯巴达。这场失利让很多雅典人增加了对雅典民主制价值的怀疑，加深了对斯巴达政体的敬重。斯巴达是希腊城邦的领袖，任何要探讨最好法律的研究，都必须考虑其法律。相应地，柏拉图把多里斯法律看作自己论立法的对话要最严肃考虑的内容，也就不足为奇。

雅典异乡人问克勒尼阿斯，多里斯人的公餐、体育训练和武器的习俗目的何在。因此，克勒尼阿斯做了长篇回应说，这些以及所有克里特习俗的建立都是为了战争。

> 我想，异乡人啊，每个人都很容易理解我们的做法。正如你们所见，整个克里特领土天然不像忒萨里那样平坦，因此，他们更多骑马，我们则依赖于跑步。这里的地形崎岖不平，更适合跑步训练。在这样的地方，更需要轻便甲胄，而非重装武器，如果我们要跑步的话，而且，轻巧的弓箭似乎也与此地相符。我们现有的一切训练，皆是为了战争，我们立法者的所作所为，就我看来，旨在于此〔战争〕。因此，就公餐而言，立法者所以制定，很可能是因为，他发现在打仗时，大家出于防备而被迫在一起用餐。我认为，立法者会谴责多数人的漫不经心，他们没有认识到，每个人的一生，都与所有城邦之间有着一场永无休止的战争。如果在战时，因防备而需要公餐，以及统治者和子民有序地轮流守卫，那么，在平时也应该这样做。因为，绝大多数人所谓的和平，立法者认为只不过是个空名；实际上，对每个人而言，一切城邦之间不宣而战，天然就一直存在。如果你以这种方式来考虑和平，你肯定会发现，克里特的立法者为我们制定的一切习俗，公共的和私人的，皆是为了战争，立法者根据这些原则制定用于防卫的法律。因为，在他看来，没有什么是真正有益的，无论财物还是生意，除非我们在战争中获胜。因为，那时战败者的所有好东西均属于胜利者了。(625d – 626b)

根据克勒尼阿斯的看法,克里特立法者制定克里特法律基于如下理解:诸神赞成的是那相当于强者统治的东西。① 城邦之内和城邦之间的生活,是永无休止的战争。克勒尼阿斯说,在这样一个冲突永不止息的世界中,胜利是最高目标,因为战败者所有的好东西,均属于胜利者。

因此,以战争为目标并非为了战争自身,而是为了其结果。战争目标下面的真正动机是对财富的热爱(《王制》,548ab)。它跟生存密切相关,但不限于生存。因而,克勒尼阿斯表达的信念是,通过无限制地获取财富和权力,物质诸善和身体的快乐,构成了人类幸福。战争旨在实现普遍专制,就其本身而言,它表达的信念是,僭主是最幸福的人,因为僭主拥有无限的权力和财富,能够满足他所有的欲望(《高尔吉亚》,492ac;《王制》,344b)。

多里斯人的战争目标,表达出一种渴望,稍后,雅典异乡人说,全人类都有这种共同渴望:"让各种事情按照自身灵魂的指令发生——最好是一切事情,但如果不能的话,至少是人类事务。"(687c)按照雅典异乡人的说法,渴望专制,是全人类共享的一种渴望。大部分人相信,如果获得了全部自由和权力,僭政和帝国,他们就会幸福。

在柏拉图看来,多里斯人的战争目标,不仅表达了某个特殊历史时期统治或文化的具体形式,而且是人类普遍渴望的制度化。通过以多里斯人的战争目标为衬托,雅典异乡人揭露了隐藏在大多数人心中的这种渴望,因为他们不愿意承认拥有这种渴望。根据雅典异乡人的说法,这种渴望是普遍的,但它基于无知,基于一种错误的幸福观,这种观念的产生,是由于对最高快乐的无知(《王制》,586ab)。

---

① 在卷三雅典异乡人关于统治的清单中,这是七个标题中的第五个:雅典异乡人:"我认为,第五就是,强者行统治,而弱者受统治。"克勒尼阿斯:"那么,你已提到一种强迫性的必要统治喽。"雅典异乡人:"这一点在众生中最普遍,并且是依据自然,恰如底比斯人品达(Theban Pindar)曾说过的那样"。(690b)在清单中,它位于主人统治奴隶和审慎统治无知之间。

帝　国

柏拉图的一些同时代人也讨论过这个观点,帝国会带来幸福。最显著的有,修昔底德、色诺芬和亚里士多德。①

修昔底德展现了雅典人与米洛斯人(Melians)之间的对话。雅典人给米洛斯人的选择是,要么屈服成为奴隶,要么被征服和毁灭。米洛斯人告诉雅典人,他们不会屈服,因为诸神站在他们一边。但雅典人不同意,并告诉米洛斯人说,诸神站在雅典人一边,因为诸神赞成强者统治,雅典人是唯一遵守诸神礼法的人:

> 关于神祇的庇佑,我们相信我们和你们都有神祇的庇佑。我们的目的和行动完全合于人们对于神祇的信仰,也适合于指导人们自己行动的原则。我们对于神祇的意念和对人们的认识都使我们相信自然界的普遍和必要的规律,就是在可能范围以内扩张统治的势力,这不是我们制造出来的规律,这个规律制造出来以后,我们也不是最早使用这个规律的人。我们发现这个规律老早就存在,我们将让它在后代永远存在。我们不过照这个规律行事,我们知道,无论是你们,或者别人,只要有了我们现有的力量,也会一模一样地行事。②

"自然界的普遍和必要的规律,就是在可能范围以内扩张统治的

---

① Thucydides, *History of the Peloponnesian War*, trans. by Rex Warner, London, 1954; Xenophon, *Cyropaedia*, trans. by Walter Miller, 2 vols., Loeb classical library, Cambridge, Ma., 1983; Aristotle, *Politics, with an English translation by H. Rackham*, Loeb classical library, Cambridge, Ma., 1990.

② 修昔底德,《伯罗奔半岛战争志》,V.105。[译注]中译文参修昔底德,《伯罗奔尼撒战争史》,谢德风译,商务印书馆,1985。

势力",听起来,雅典人的这个说法很像克勒尼阿斯宣称的永无休止的冲突。在雅典人和克勒尼阿斯的观点中,由于诸神以胜利的结果奖赏征服者,城邦力求战胜其他城邦,看上去确实是神的意志。

色诺芬《居鲁士的教育》(Cyropaedia)完全基于军事强权等于幸福。在《法义》此处和其他地方,① 柏拉图似乎有意想特别引出色诺芬的《居鲁士的教育》。居鲁士(Cyrus)关于其新军队的说法,极其类似克勒尼阿斯得出的结论:必须取得胜利,否则没有任何东西有益,因为那时战败者所有的好东西都属于胜利者。居鲁士说,

> 我们有什么权利让我们显得比你们更加热爱胜利,比你们更加渴望胜利呢?为我们赢得胜利的人,难道不是同时使我们所有美好与完美的东西也得到了保护吗?不单单是我们,难道你们不是也应当尽力为弱者带来好的东西,使他们成为强者吗? (Ⅱ.1.17)②

色诺芬的居鲁士获得了军队的忠诚,并建立了其绝对权力,基于如下原则:践行军事德性是为了其结果,③ 因为军事征服的果实能带来幸福。

> 然而,在我看来,他们追求英勇所得到的,无论是对社会还是对他们自己都不一定是好的东西。而且,我相信,人们努力追

---

① 尤其在卷三,694a-698a。看起来,雅典异乡人对居鲁士和波斯覆亡的描述,更多来自色诺芬《居鲁士的教育》,而非波斯的实际历史。

② 在希腊文中,克勒尼阿斯的话是,πάντα δὲ τὰ τῶν νικωμένων ἀγαθὰ τῶν νικώντων γίγνεσθαι [那时战败者的所有好东西均属于胜利者了];居鲁士的话是,κράτους τε, ὃ πάντα τὰ τῶν ἡττόνων τοῖς κρείττοσι δωρεῖται [尽力为弱者带来好的东西,使他们成为强者]。[译注] 中译参色诺芬《居鲁士的教育》,前揭,页81-82。

③ See Xenophon, Cyropaedia, 4.2.39, 4.2.46, 8.2.22.

求某种出类拔萃并不只是为了让那些优秀的人去做一些毫无价值的事情；或许可以说，人们远离短暂的欢愉，并不意味着他们不想得到这种快乐。不是这样的，对自己的约束也是一种训练；要想获得更大的快乐，就要经过一段时间：这就好像人需要日夜努力才能成为一个能言善辩的人，不过，能言善辩并不是人们生活的目的，人们的目的在于通过他的能言善辩去影响别人，从而达到某种高尚的目的。对于我们，也可以这样说，我们接受了作战技艺的训练，但是，我们付出这样的努力却不是为了无休止地不停地征战，我们只是希望，假如有一天，当我们具备了英雄气概，我们就可以为我们的城邦和我们自己去捍卫我们的财富、幸福和荣誉。（色诺芬，《居鲁士的教育》，I. v. 8。译注：中译文参色诺芬《居鲁士的教育》，前揭，页48－49）

无论如何，色诺芬的居鲁士实践着克勒尼阿斯表达的多里斯人的战争目标，语言上的相似也表明，柏拉图写作《法义》时，很可能想着《居鲁士的教育》。起码我们可以说，从许多角度看，在柏拉图的时代，多里斯人的战争目标代表当时的主流观点。

显然，亚里士多德（*Politics*, 1333a－1334b）吸收了《法义》这些篇章。他也发现，有必要反对的观点是，"唯有独裁的、专制的政体形式，才能达到幸福"。他注意到，"在某些城邦中，对邻邦实行独裁统治，也是它们政体和法律的显著目标"，而且在像斯巴达和克里特这样的地方，法律旨在一个明确的东西，其目的始终是统治（*Politics*, 1324b）。同样，亚里士多德发现，在大多数人眼中，战争是一个强力的目标，因此有必要证明，大多数人错误地崇尚斯巴达政制，因为他们认为帝国会带来幸福（Aristotle, *Politics*, 1333b）。显然，认为军事力量是获得幸福的手段，这种一般看法很广泛。对于此看法，柏拉图在自己的对话中加以处理，他同时代的大多数杰出人物也细致论述。

对于柏拉图的同时代人而言，多里斯人的战争目标产生影响，不仅是因为斯巴达为其提供了例证,而且还因为它与无神论观点具有亲和性。柏拉图时代的著名诗人和智术师们,表达了这些无神论观点。根据这些观点,正义不过是弱者的发明,是用来奴役强者的诡计。① 在《法义》卷十,雅典异乡人向年轻的无神论者们做了演说。从诗人和智术师那里,这些年轻人学到,诸神存在是由于礼法,而非出于自然,因此,

> 最正义的是,无论什么都允许人们用强力来获取。……有些人利用这些说法,挑起了公民的冲突:他们把人引向依据自然的正确生活方式——实际上就是过统治他人的生活,而非依据礼法成为他人的奴隶。(890a)②

雅典异乡人告诉墨吉罗斯,由于这种无神论信念已经扩展到整个希腊,有必要用诸神存在的证明加以反击(891b)。

在柏拉图的其他作品中,也可以找到类似观点,最显著的是《王制》和《高尔吉亚》。在《王制》中,忒拉叙马霍斯(Thrasymachus)、格劳孔和阿德曼图斯论证不义比正义更好③,乃是讨论正义的起点。而讨论正义是《王制》的主题。在《高尔吉亚》中,卡利克勒斯呈现了如下观点:强者统治弱者,是自然的法则。

> 但至少我相信,自然本身昭示,这恰恰是正义的,即更优者

---

① 这种看法也类似于雅典人对米洛斯人表达的观点,诸神赞成强者统治,他们自己的生活也如此。参 Thucydides, 5.105。

② 克勒尼阿斯要么没有察觉这一观点与他先前支持的观点之间的相似性,要么,在对话的此刻,他已经让雅典异乡人说服,因为听到雅典异乡人表达这一看法,他说,"你已非常详细地探讨了一种说法,异乡人啊!这个数说法着实摧毁了年轻人,无论在城邦的公共生活里,还是在私人家庭里!"(890b)

③ 忒拉叙马霍斯认为,正义是强者的利益(《王制》,338c-354c);阿德曼图斯认为,正义就是最好和最坏之间的折中——所谓最好,就是干了坏事而不受罚;所谓最坏,就是受了罪而没法报复(《王制》,358b-360e);格劳孔的论点是,不应该做真正义的人,而应该做看起来正义的人(《王制》,362a-362c)。

比更差者、更能干者比更无能者拥有更多。但显然，在多数地方情况恰恰如此，无论在其他生物中，还是在属人的所有城邦和族类中，正义已经这样得到规定，即更强者统治更弱者并拥有更多。因为，克瑟尔克瑟斯率兵反对希腊，或者他父亲反对西徐亚人，还能使用何种正义呢？或者，某人还有其他无数这类事例可讲？不过，我相信，这些人都根据正义的本性［自然］做这些事情，对，凭主神［宙斯］起誓，至少根据自然的法则……①

因此，卡利克勒斯表达的观点，类似于克勒尼阿斯论证强者统治时表达的那些观点。

所有认为僭政是幸福手段的这些看法，表达的共同理解是：从根本上说，人的本性是身体性的（physical）。人的自然本性由身体和灵魂构成，在这种二元性中，这些观点全都赋予身体优先性。与之相应，人的幸福就在于，满足身体的需要和欲望。因此，幸福所需的典型清单，就类似于雅典异乡人列举的那些——健康、力量、美貌和财富（*Gorgias*, 451e; *Laws*, 631cd, 661ab）。

相应地，在某种意义上，多里斯政制认可和培养的德性也是身体的。多里斯法律最强调的勇敢，是灵魂的一种德性，但它不同于其他三种德性，因为它不涉及理性（λόγος）（963e）。此外，它的基础不是理智，而是耻辱，是对意见的恐惧。同样，克勒尼阿斯理解的自制或节制，也是非理性的。在克勒尼阿斯的理解中，勇敢是跟恐惧的战斗，同样，他把节制理解为对快乐的战斗。在多里斯人的概念中，德性本身是战胜恐惧、痛苦、快乐和欲望，是自身某个部分对另一部分的强制支配。确实，这种自制是灵魂的一部分，但它不涉及最高部分，而是某种情感（对意见或身体惩罚的恐惧）对其他情感的强迫统治。

不过，在一个重要方面，卡利克勒斯和克勒尼阿斯存在差别。卡

---

① 《高尔吉亚》，483de。[译注] 中译文参李致远未刊稿。

利克勒斯认为，被统治讨人厌，即使是被自己统治（*Gorgias*, 491e – 492c），但克勒尼阿斯认为，自己战胜自己，乃是一切胜利中首要的、最好的胜利，而被自己打败，则是最可耻的失败。① 因此，与卡利克勒斯相比，克勒尼阿斯的观点最终更接近色诺芬的居鲁士。因为，居鲁士不仅认为德性是为了将来快乐的自制，而且在其自身之内，他也经历了一场不同欲望间相互冲突的战争，并认为，至少不完全满足所有欲望的做法是明智的（5.1.8）。

斯巴达人实践着战争目标，色诺芬的居鲁士也为其提供例证，但柏拉图认为它有害，因为它对灵魂产生有害影响。卡利克勒斯想象着，灵魂的活力属于优秀和天生的统治者。与之相反，柏拉图相信，在实践上，指向战争或僭政的目标会扭曲灵魂。在僭政的最高层次，为了维护其权力，居鲁士必须拒绝自己想看美好事物的欲望，每天朴素度日。同样，为了维护政制和献身战争，多里斯公民拒绝接近美好事物，无论身体的还是理智的。自制位于多里斯人战争目标的中心。在自制中，追求身体快乐的激情压倒了理智，培养身体的激情却让理智的激情饿死。多里斯立法培养出的灵魂更像野兽，而非柏拉图认为的最高的人。

与多里斯人的战争目标不同，雅典异乡人提议，法律应该指向德性。我将尝试说明其中的重大问题：那种德性由什么构成，在多大程度上雅典人相信，实际上有可能指向德性的法律（因为战争的目的不能忽略，但它与德性的目的对立）。但对于多里斯法律，雅典异乡人的基本论证是，法律应当让使用它的人变得更好，而非更差（770de），而在雅典异乡人看来，多里斯立法让人变得更差。

胜利与德性

通过三个一连串的具体论证，雅典异乡人为修正多里斯法律奠定

---

① 这是《王制》430e – 432a 中给出的节制的定义。

了基础：首先，他把目标从战争转向和平；其次，他把目标从勇敢的德性提升到整体德性；最后，他主张，城邦的幸福取决于提供德性而非战争胜利的法律。首先，克勒尼阿斯展示了克里特立法者的战争目标，之后，雅典异乡人问他，是否相信在村社、家庭、个人之间，以及一个人自己跟自己之间，也存在这种相同的敌对关系。[1] 克勒尼阿斯回答说相信，而且事实上，自己战胜自己，乃是一切胜利中首要的、最好的胜利（626e）。但雅典异乡人告诉克勒尼阿斯，他说的胜过自己的含义是：在一个人自身之中，有较好的部分和较坏的部分，短语"胜过自己"意味着，较好的部分打败较坏的部分。通过这种方式，雅典异乡人把德性引入对话之中。克勒尼阿斯和雅典异乡人继而承认，在一个城邦之中同样如此：如果较好的人统治较坏的人，城邦就强于自身。雅典异乡人没有把这一观点放回城邦间的关系，但隐含着他在后面更明确说出的内容，"胜利并非明确标准，而是有争议的标准"（638a），因为只有当胜利者好的时候，胜利才是好的。换句话说，如果人们想要城邦较好的部分打败较坏的部分，那么，一个好的城邦战胜一个坏的城邦，这是否也更为可取？

留着这个非常重要的问题没问，雅典异乡人转而表明，制定法律是为了建立和平，而非战争。他聚焦于一个大部分兄弟都邪恶的家庭问道，哪一种法官更好：一个法官消除他们中的坏蛋，让较好的人统治自己，另一个法官让好人来统治坏人，或者有一个法官，给他们制订法律来调解他们。克勒尼阿斯选择了第三个选项，即法的统治，作为最好的选择。通过这种方式，雅典异乡人告诉他，法律的目标是带来和平，而非战争。虽然他没有明说，但支持和解就拒绝了以战胜为目标。因为一派战胜另一派并非和平，而是如克勒尼阿斯早前所说，

---

[1] 在《王制》352a，苏格拉底提出了类似的列表："城邦、家庭、军队或者任何其他团体"。他说，只有不正义出现的地方，就会出现派别，不义使其拥有者无法达到任何目的，并使之与自己为敌，与正义者为敌。

"只不过是个空名",它不是结束了冲突,而是使之制度化(Republic, 351d, 423a)。

在雅典异乡人看来,克勒尼阿斯误入歧途之处,在于误解了必要性和最好之间的关系。① 如我们今天所说,他混淆了"是"与"应当",或者再次说,他没能对事实和价值做出恰当区分。雅典异乡人会同意,战争的胜利是必要的,但不会同意,战争是最好的。必要之物应当有助于最好之物,但其自身并非目的。雅典异乡人说,最好的东西是"和平,同时还有相互之间的善意"(628c)。因此,他谈到,

> 在城邦或个人的幸福上,以这种方式思考的人,如果他首先并仅仅考虑外部战争,他就决不会成为一个正确的治邦者;他也决不会成为严格意义上的立法者,如果他不是为了和平而制定战争方面的法规,反而是为了战争事务制定和平时的法律。(628de)

战争和战争之物应当视为和平目标的工具。然而,根据克勒尼阿斯的说法,多里斯法律的制定恰恰相反(625e)。在和平时期,城邦的安排是为了战争,设立公餐和其他习俗,如同"军营,而非居住在城邦里的人"(666e)。

法律的目的是促进和平,而非战争。确定了这点之后,雅典异乡人的第三步是主张,多里斯法律旨在战争,由此指向勇敢,但法律应旨在所有德性:明智、节制、正义,还有勇敢。他说,事实上,勇敢是德性的最低部分,法律应指向德性的最高部分,而非仅仅是最低部分。从这个角度来说,与其说多里斯法律是错的,不如说它们不充分。雅典异乡人说,法律着眼于勇敢是走在正道上,因为这是以德性为目标(631a)。不过,这个目标仍然太低,太过狭隘。雅典异乡人说,法

---

① 同样,在卷十,雅典异乡人认为,无神论者混淆了灵魂与身体间的关系,并误解了灵魂(892a)。

律应当以所有德性为目标,而不仅仅以某种德性为目标。因此,雅典异乡人把这种修正表现为补充,是对多里斯法律的增益,而非颠覆。①

相应的,雅典异乡人的德性目标,看起来超越了多里斯的战争目标,但并非反对它。整体德性包括多里斯的勇敢德性。雅典异乡人似乎在说,没错,法律必须产生好的战士,因为城邦必须能够保卫自己,② 但是,法律也应当产生好的公民和好人,而多里斯法律的建立并没有考虑要做这一点。正如雅典异乡人注意到的,"在提尔泰俄斯提到的那种战争中,有很多雇佣兵都愿意加入一方,并战斗到死,他们大多数人皆鲁莽、不义、粗野且非常轻率,只有极少数人才不是这样"(630b)。

相比之下,指向整体德性的法律,会产生好的公民,同样也会产生好的士兵。他们有德性,同样能取得战争胜利。③ 他们不仅勇敢,而且节制、正义和明智。"教育得好的人就成了好人,成为这样的人后,他们在其他方面会举止高贵,同敌人战斗也会高贵地取胜。"(641b)接着,雅典异乡人展示了他的另一种目标,作为多里斯法律的补充或附加,而非反对它。以整体德性为目标,就是以胜利和德性为目标。

德性与哲学

但是,雅典异乡人告诉克勒尼阿斯,他本来乐意听到克勒尼阿斯如何展开谈话(631b)。由此,雅典异乡人概括了他关于法律的恰

---

① R. F. Stalley, *An Introduction to Plato's Laws*, p. 36.
② 这并非是说,在《法义》或其他地方,柏拉图仅仅将勇敢视为一种功利性的德性,只为军事防卫的目的服务。事实上,在《法义》中,勇敢是节制性欲的基础,参835c。对比《王制》429c – 430c。
③ 这跟伯利克勒斯在葬礼演说上表达的雅典人的观点相似,见修昔底德的记录,2.34 – 46。

当目标的看法，此时，他更明确地反对多里斯法律。克勒尼阿斯说，没有胜利城邦将失去所有的好东西（626b），但雅典异乡人说，恰恰相反，没有德性，城邦将失去所有的好东西。

"异乡人啊"，本来应该这样说，"克里特的法律在整个希腊具有特别高的声望，绝非浪得虚名。它们都是正确的法律，使用它们的人能获得幸福。因为那些法律提供了所有好东西（对比730c）。这些好东西是双重的，有些属人，有些则属神。属人的诸善取决于属神的诸善，如果一个城邦取得了更大的一头，它也会取得较小的一头；如果不是，就会两头皆空。在较小的诸善中，健康居于首位；第二位是美貌；第三是力量，跑步和其他所有身体运动上的力量；第四是财富——不是盲目的而是目光如炬的，因为它跟随着审慎。而审慎，反过来，在属神的诸善中又居于第一的和主导的地位。接在理智之后的，乃是灵魂的节制习性，这两者结合勇敢，就产生了处于第三位的正义。第四位是勇敢。后面所有这些［属神的］善，在等级上天然高于前面那些［属人的］善，立法者应该按这个等级来排列它们。在这些事情之后，应该告诉公民，给他们另一个等级的东西，乃是为了这些善，在这些善中，属人的向属神的看齐，而所有属神的善则向领头的理智看齐。"（631b–d）

在对多里斯目标的这种修正中，雅典异乡人反对克勒尼阿斯。他说，为了获得所有的好东西，德性才是必要的，而非胜利。不仅如此，他还着重指出，在等级上，诸德性（他称之为属神的诸善）高于身体诸善（在这里，他称之为属人的诸善）。多里斯法律以战争为目标，认为身体优先于灵魂。相反，雅典异乡人在此认为，在等级上灵魂高于身体（726a）。

因而，雅典异乡人说，法律应该指向所有德性，而非仅仅指向勇敢，此时，他说的是多里斯法律产生好的战士，而非好人，因为多里斯法律忽略了灵魂。无论如何，指向勇敢的目标本身，并非一个目标。这是雅典异乡人的修正。多里斯人强调勇敢德性，这有助于战争中获胜这一目标，相应地，在等级上，它低于通过战争取得的"好东西"。现在，雅典异乡人说，这些好东西在等级上低于德性。多里斯法律使德性——而且仅仅是德性的最低部分——成为工具，而非目的本身，由此损害了灵魂（727c–729c；743c–743e）。

雅典异乡人列举了属神的诸善，提到第二位是"灵魂的节制习性"，由此，他唤起了对灵魂的注意。确实，在对话中，这是首次提到灵魂。看起来，这个短语是有意设计的，以唤起对灵魂的注意，因为它不同于雅典异乡人为其他四种德性命名的方式。雅典异乡人使用了名词节制（σωφροσύνη），正如其他三个的命名，明智（φρόνησις）、正义（δικαιοσύνη）和勇敢（ἀνδρεία）。事实上，这个短语提前指向饮酒的讨论，这个讨论将占据卷一剩下的大部分内容。多里斯法律禁止饮酒（Laws, 637a；Minos, 320ab），但根据雅典异乡人的说法，正是饮酒这一习俗能理解和教育灵魂。对多里斯立法者来说，禁止饮酒含蓄地表明，他们缺乏对灵魂的照管。然而，雅典异乡人说，政治的目的恰恰在于照管灵魂（而非身体）（650b）。

重新再看雅典异乡人呈现的他希望听到克勒尼阿斯说的内容，我们发现，雅典异乡人的目标仍然更高。因为，在明智、节制、正义和勇敢诸德性之上，雅典异乡人安放了理智（νοῦς）。正如多里斯人的战争目标超越了勇敢的目标，雅典异乡人的目标也超越了他列举的四种德性，并且事实上，超越了整个身体。因而，雅典异乡人真正的替代性目标，更清楚的是理解为理智，或者纯粹精神或智力。

按照雅典异乡人的说法，并非身体，而正是理性的精神——理智——才在人类本性中处于最高地位，才是法律应当聚焦的东西。这跟多里斯法律不同。因此，雅典异乡人增加审慎、节制和正义三种德性，产生的是质的变化，而非仅仅程度的不同。雅典异乡人后面说到，勇敢的德性为人类与野兽所共有。不同于明智、节制和正义，勇敢不分享理智或理性（λόγος）。① 相应地，在对勇敢的训练中，多里斯人锻炼了灵魂的非理性因素，却明显忽略了理性因素。多里斯法律扭曲了人的自然本性，它操练人类与野兽共享的东西，却忽略了理性部分，而按照雅典异乡人的看法，后者是神圣的，因为它们是理智的一部分，并且向领头的理智看齐。② 因此，迄今，雅典异乡人对多里斯人的指控更加明确：多里斯法律不仅忽略了灵魂，而且更确切地说忽略了灵魂的理性部分。相反，雅典异乡人的理智目标，指向灵魂的纯粹精神、纯粹理性的部分。

理智的目标是德性整体，而非某一部分。通过转向理智，雅典异乡人正在说的是，人类的完善与理智相联系，与人类精神走向理性的能力相联系。因而，最高的人类活动不是战争，而是哲学。最高的人类德性，并非体现在近距离征服敌人者身上，而是体现在理性的个体身上。追求真理是其最强烈的欲望，因此，这可以挣脱激情、痛苦、欲望、恐惧和意见——这些东西会转移和打乱理智（在这里，雅典异乡人称之为νοῦς）的自由运作。只有当灵魂爱真理胜过其他一切时，明智、节制、正义和勇敢才获得它们的真正形式，因

---

① 参963e。在那里，雅典异乡人说：

你就问我为什么我们一边主张二者为一（德性），后来提到它们又称其为二（勇敢和明智）。我会告诉你原因：因为勇敢牵涉恐惧，即便野兽也分有勇敢，至少，就像幼儿的习性中也有勇敢。因为灵魂无需理性，凭自然本性就能变勇敢，但相反，没有理性，灵魂就绝不曾、不能也绝不会变得明智并拥有理智——因为那是不同的实体。

在雅典异乡人的善目表中，他说，正义是明智、节制和正义的混合物。相应地，它包含理性。同样，在善目表中，他明确指出，灵魂的节制习性包含理智（νοῦς）。

② "……灵魂运用着这一切，它总是将理智即神作为助手——从正确的意义上讲，神是指诸神——灵魂引导万物走向正确和幸福之路，不过，当灵魂与非理性结合时，它给万物带来的却是相反的东西。"（897ab）

为那时，它们不再是习惯性或强制性地灌输，而是基于正确的知识。这样一个人才真正主宰自己，直接用理性支配自己。这样一个人以某种方式行动，不是因为被告知那是最好的，而是通过获得关于它的真正推理（645b），知道它是最好的。

会　饮

对会饮的讨论占据了卷二的第二部分，根据雅典异乡人的理智目标，这一讨论看起来就不是"在鸡毛蒜皮的事情上小题大做"（642a）。因为会饮是一种哲学的图景。酒让人没有羞耻感，它去除了对意见的恐惧，这种恐惧压抑着他留心自己日常行为中的言行。因此，会饮的主要特征是自由言说（παρρησία），它也是哲学的本质特征。雅典异乡人说，会饮是教育的帮手，因为它提供了羞耻或忍受快乐的训练，并能够洞见公民灵魂的真正本性，通过饮酒，这种本性变得可见。

但是，有关会饮的教育作用，这些论证有点儿可疑。经由这种论证方式，我们得到一个城邦范围内会饮的图景。这个城邦并非处于战争，而是在法律规则的清醒支配下，"朋友与朋友之间和平、友善的集会"（640b），他们致力于哲学。在这图景中，作为清醒的首领，法律的目的在于"既是他们友谊的护卫者，又负责让他们通过交往来加深友谊"（640c-d）。在其中，公民明白，他们聚到同一个城邦是为了成为更好的人，通过共同推理接受德性方面的教育。在这幅城邦的会饮图景中，公民进行的所有活动，都是为了精神发展的更高目的。接着，相应地，"应该告诉公民，给他们另一个等级的东西，乃是为了这些善，在这些善中，属人的向属神的看齐，而所有属神的善则向领头的理智看齐"（631d）。

多里斯法律假定，幸福在于身体的快乐，但与之相反，雅典异乡人理解的人类幸福目标，在于理智探究的快乐。雅典异乡人提出，法律的目的是教育灵魂。基于这一理解，他的法律教导公民，要追求真理，并由此让灵魂尽可能趋向神圣。因而，在最高层次上，雅典异乡人指向整体德性的替代性目标，不是扩展，而是颠覆了多里斯法律：从战争到和平，从帝国到哲学。但是，在卷一后半部分和卷二中对会饮的讨论，包含一个替代性的快乐观——多里斯人对这个观念一无所知——以及一个替代性的德性观。醉酒挣脱了自制的束缚，允许随心所欲地探究多里斯法律，从而以哲学为目标。根据柏拉图的看法，哲学既是最高的快乐，又是最高的德性。

我已经证明，事实上，雅典异乡人的德性目标是以哲学为目标，这一目标旨在产生由推理的个体组成的社会。我们面前的问题是，在建立这一目标时，雅典异乡人是否在事实上驳斥了多里斯人的战争目标。

我刚才认为，雅典异乡人朝向理智的终极目标，颠覆了多里斯人的战争目标，但是，雅典异乡人坚持，他融合了多里斯人的勇敢目标。在双重的善目表中，雅典异乡人没有拒绝尘世的诸善，而是把它们跟属神的诸善（诸德性）放到一起。因此，在其善目表中，他看起来联合了胜利和德性这两个目标。

雅典异乡人给人的印象是，当指向更高的某种东西时，法律能够而且应该吸收多里斯人的战争保卫目标。雅典异乡人的替代性目标隐藏的根本问题在于，事实上，他提出的法律所指向的德性，与战争的胜利相对立。仔细考察雅典异乡人的论证就会发现，事实上，他做出的这些论证是在批评多里斯人的战争目标，而非驳斥它。在对话的开篇几页，雅典异乡人就做出这些论证，由此，正如他努力使之明显的那样，他并非为驱逐多里斯人的战争目标奠基，也并非是要简单地吸收它，毋宁说，这些论证所要为之奠基的是，显明雅典异乡人替代性的理智目标如何及为何难以达到。

治理得好的个体

如我们之前所见，克勒尼阿斯呈现的多里斯法律，没有提到任何关于德性的内容。胜利本身并非作为某种高贵的东西出现，而仅仅是获得好东西的一种手段。雅典异乡人总结克勒尼阿斯的观点说，"治理得好的城邦，它的组织方式，必须着眼于在战争中击败其他城邦"（626c）。接着，他继续问克勒尼阿斯是否同意，在村社、家庭、个体之间，及一个人与自己的关系上，也存在同样的敌对关系。克勒尼阿斯同意，"在公共领域，一切人对一切人皆是敌人，而在私人领域，每个人都是自己的敌人"（626d）。雅典异乡人要求克勒尼阿斯做出解释，克勒尼阿斯说：

> 正是在此，异乡人啊，自己战胜自己，乃是一切胜利中首要的、最好的胜利。而被自己打败，则是一切失败中最可耻同时也最糟糕的失败。这些事情表明，在我们自身内部，有一场自己针对自己的战争在进行着。（626e）

通过迫使克勒尼阿斯做出说明，雅典异乡人引导他，开始在胜利和德性之间做出区分。在谈及城邦之间关系时，克勒尼阿斯并没有做这种区分。在这里，克勒尼阿斯说到，被自己打败，则是一切失败中最可耻同时也最糟糕的失败。羞耻概念的引入，使如下观念成为可能，即除了失败，某些胜利也可能同样可耻。

雅典异乡人引导克勒尼阿斯由此认识到这点：胜过自己这个概念表明，自我分为各个部分，胜利或失败的问题，取决于某人自身中哪个部分获胜。换言之，自我之中存在较好的部分和较坏的部分，克勒尼阿斯的意思是，如果较好的部分获胜就是胜利，但如果较坏部分获胜便是失败。关于德性和胜利之间的区别，雅典异乡人通过引入一组绕口的对比加以强调，这事实上使问题更混乱。"如果我们每个人要么强于（κρείττων）自身，要么弱于（ἥττων）自身，"他问道，"一个家庭、一个村社和一个城邦自身的内部，是否也是这样？"这引导克勒尼阿斯解释说，在那些较好的人（ἀμείνονες）胜过（νικῶσιν）大多数人和较坏的人（χείρους）的地方，就可以正确地说，这个城邦强于自身（κρείττων），因这样的胜利称赞该城邦是非常正当的。但出现相反情形的地方，则说法相反。(627a)

通过引入语词 κρείττων 和 ἥττων——在希腊文中，其含义分别为较好或较强，与失败或较弱[①]——雅典异乡人为告诉克勒尼阿斯如下内容作了准备：事实上，"较好"和"较强"是不同的概念，并非所有胜利都是好的。对克勒尼阿斯而言，他前面的叙述没有显明这种区分，因为在其构想中，胜利与"较好"相联系，失败与"较坏"相联系：较好的人（ἀμείνονες）胜过较坏的人（χείρους），就可以说这个城邦强于自身（κρείττων）。

但接着，通过以如下方式总结问题，雅典异乡人让问题对克勒尼阿斯变得明显。克勒尼阿斯非常惊讶地同意了他的说法：

从某个角度讲，较坏的人是否强过较好的人，这问题我们且搁在一边，这需要更长的讨论。在此，我是这样理解你说的话：有时候，同宗的和同城邦的公民变得不义，为数众多，他们联合起来用暴力奴役为数较少的正义者。当这帮人确实更强时，就可以正确地说，这个城邦弱于自身，同时也就是坏城邦；但这帮人更弱时，该城邦就强于自身，因此是个好城邦。

稀奇古怪，异乡人啊，你现在说的这番话；不过，很有必要同意。(627b – c)

在这段叙述中，通过对包含在语词 κρείττων 中的模糊性做文章，雅典异乡人区分了胜利与德性：较坏的人（χείρους）是否强过

---

① 参《高尔吉亚》488b – 489b 中，苏格拉底与卡利克勒斯之间类似绕口的谜语。

（κρεῖττον）较好的人（ἀμείνονες），这问题我们且搁在一边。但是，他把问题更推进一步，表明胜利和德性不仅是不同概念，事实上，它们不可能同时发生，因为在大多数情况下，较坏的人多于较好的人：城邦的不义公民，为数众多，他们通常会打败正义者。于是，这个城邦弱于自身，同时也就是坏城邦；但当少数的正义者获胜时，该城邦就强于自身，因此是个好城邦。

稍后，雅典异乡人更坦率地说明了这一点：胜利取决于数量、大小和力量，而非德性。"我们不应该总是把战斗中的胜败，设定为习俗是否高贵的明确标准，而是有争议的标准。事实上，大城邦在战斗中打败小城邦。"（638a）这是一个问题，因为依据自然，坏蛋多过好人。因此，虽然雅典异乡人把德性引入对话，但这样一来他就证明，胜利者不仅不必然是好人，而且更可能是坏人。

大部分兄弟邪恶的家庭

我们记得，在讨论多兄弟家庭时——"他们变得不义的居多，正义的极少"（627c），通过一系列论证，雅典异乡人引导克勒尼阿斯得出结论说，法律的目标明显从战争转向和平。但通过更细致的观察，我们可以发现，在这部分，雅典异乡人实际所做的是证明，为了城邦能够打胜对外的战争，法律的目标应当是城邦内和平。

在雅典异乡人的论述中，他向克勒尼阿斯证明，依据自然，坏人在数量上超过好人，因此，最可能的胜利将会是较坏的人战胜较好的人。再看一次这个说法，我们注意到，雅典异乡人嵌入了下述元素：现在讨论的群体是同宗的（common stock），较好和较坏变成了正义与非正义的问题，胜利是一种暴力奴役。这种变化不仅以惊人的好战语词描绘了城邦的内部状态，而且通过说明这些公民出自同一血统（ξυγγενεῖς），指向了家庭的讨论。

因而，当雅典异乡人表达有关家庭的问题时，克勒尼阿斯同意说，大部分人不义，正义的极少，这一点儿也不奇怪。但是，雅典异乡人描述家庭的词语是众兄弟，为同一个男人和同一个女人所生。看起来，雅典异乡人着意强调一个事实，这些兄弟有同样的父母。一方面，这表明，在任何群体中，不义的人占多数这一倾向并非因为遗传。同样，这也意味着，上面描述的城邦的战争状态，不单纯是因为，事实上正义者不与不义者共处，而是更强调这种冲突是关于统治的冲突。就血统而言，相同父母的诸儿子有平等的统治权。①

通过把讨论从城邦转向家庭，雅典异乡人至少强调指出，现在问题已经改变：问题不再是这个家庭是否能称为好于自身或坏于自身，而是依据自然探究法律。但是，他所建立的探究方式似乎更像是反自然的，而非依据自然：雅典异乡人不是关注父亲，而是问克勒尼阿斯，三位法官中，哪一位最适合这些兄弟。

> 哪一种会更好：一个法官消除他们中的坏蛋，让较好的人统治自己，或者，另一个法官让有价值的人来统治，并允许较坏的人活着，同时让他们自愿受统治？但我认为，我们也应该说说第三个有德性的法官——如果终究应该有这么一个法官的话，他有能力接管这个四分五裂的家庭，不消灭任何人，反而给他们的余生制订法律来调解他们，以挽救他们彼此之间的友谊。（627e – 628a）

一位父亲不会愿意杀死任何一个自己的儿子，即使他们不义，因此，他不会选择第一位法官。另一方面，如果父亲就是法官，可能的结果是对第二位法官的描述，因为正如《法义》其他篇章的暗示，通

---

① 例如，参雅典异乡人在 695b 对居鲁士儿子们的说法；尽管康比塞斯（Cambyses）年纪更大，雅典异乡人提到，由于争夺王位，康比斯谋杀了他的兄弟斯墨迪斯（Smerdis）。参 Herodotus, *The History*, translated by David Grene, Chicago, 1987, 3.30 – 32, 3.61 – 64。

常在这种冲突中，父亲会偏向某个派别，而不是客观的。① 但是，要依据自然制定最好的法律，雅典异乡人在家庭中发现了什么作为指引？② 我认为，答案在于，克勒尼阿斯选择的第三个法官——法的统治。尤其是对于一个外在的旁观者——他的情感不受家庭冲突的影响，最好的方案看起来是能够带来和平的那位。一个家庭的基础是血缘关系，而非选择。家庭本身就是一种善，不管其成员品质如何，都值得保存。对家庭而言，最高目标并非德性，而是和谐与团结。至少，这是克勒尼阿斯的想法，因为他选择了第三位法官，即法的统治。

克勒尼阿斯一做出这个选择，雅典异乡人就告诉他，他自相矛盾，因为他选择的不是胜利，而是和谐，不是战争，而是和平："可以肯定，他为他们制定法律时，不是为了战争，而是为了战争的对立面。""确实如此。"（628a）或许非常奇怪，正是通过家庭的画面，我们发现，法律的目标首先是要带来和平，这明显有别于德性和胜利。因而，对个体来说，胜过自己可能是恰当的目标，也可能不是，但它不是家庭或城邦的目标。

看起来，在对家庭稍加研究之后，这正是雅典异乡人接下来要说的，因为一看到克勒尼阿斯承认，目标是和平而非战争，雅典异乡人立刻上升到城邦层面。他问克勒尼阿斯，在安排城邦的生活方式时，给城邦带来和谐的人会更侧重于外部战争，还是内战。雅典异乡人提供给克勒尼阿斯的选择有些欺诈性，因为一方面，着眼于外部战争与着眼于内战安排城邦，这两者兴许有差别。对于内战，每个人都决不希望在母邦中发生，要是发生了，也希望尽快结束

---

① 《法义》的隐含主题之一是父子间的冲突。例如，参关于杀父母的法律（869a-c），忒修斯（Theseus）和希珀吕托斯（Hippolytus）的暗示（687e），及克洛诺斯与宙斯的暗示（713c-d）。

② 在卷三，雅典异乡人称，库克洛普斯人（Cyclops）的家族统治，是"一切君主制中最为公正的君主制统治"（680e）。

(628b)。事实上，一个人理所当然地希望在对外战争中获胜，并确实可能出于要获取财富或权力的目的，寻求这种战争。但是，如雅典异乡人所说，内战的目标并非要致力于战胜，而是要阻止战争；或者，如果无法阻止，也要尽早结束它。无论如何，在雅典异乡人那里，这个问题的目标已设定为和谐，选择更侧重对外还是对内的战争，是一种手段的选择，而非目标的选择。因而，克勒尼阿斯承认，给城邦带来和谐的人，会更侧重内战来安排城邦生活。

这一观点确立后，雅典异乡人再次表达这个问题，他问道：

> 人们更喜欢下面哪种情况呢：通过清除某些人并战胜另一些人以带来内部和平，或借助调解获得友谊及和平——假设该城邦有必要注意外部敌人？(628c)

克勒尼阿斯回答说，每个人都愿意自己的城邦是后一种情况。但是，先明确雅典异乡人赞成的观点：(1) 想要给城邦带来和谐的人，在安排城邦生活时，会更侧重于内战；(2) 如果必须注意外部敌人，一个人更喜欢如下状态，即通过调解而非战胜敌人带来的城邦内和平。让克勒尼阿斯接受这些观点后，雅典异乡人继续说，最好的东西并非战争，而是和平与善意，真正的立法者"是为了和平而制定战争方面的法规，而不是为了战争事务制定和平时的法律"(628e)。不管克勒尼阿斯和第三位法官选择调解这个家庭的原因是什么，雅典异乡人的解释是，做出这个选择——它与第三位的德性有关——的部分原因，是需要"注意外部敌人"。

设想一下，如果必须注意外部敌人，为什么和前两位相比，会更偏向选择第三位法官？如果消灭坏人，好人统治自己，那么，城邦将会非常小，因为仅有极少数人是善的。城邦将因太小而无法保卫自己。如果安排好人统治坏人，这是一种派别统治的情形，是一个敌人统治另外的敌人。一旦发生对外战争，不能假定某个派别会保护其他派别，而且，统治集团的确不敢武装平民，因为害怕这会推翻他们的统治(832c)。

接着,雅典异乡人把法律的目的从战争转向和平。或者更明确地说,在"假设该城邦有必要注意外部敌人"的情况下,他确立了城邦内和平的目标。这就是说,立法者的城邦内和平目标,是为了对外战争。

更早的时候,克勒尼阿斯曾说,和平仅仅是个空名(626a)。如果他指的那种和平是某个派别对另一个派别的胜利,确实,雅典异乡人可能会同意这个说法。但在这里,雅典异乡人谈论的和平是通过化冲突为友谊实现的。在所有层面上,这种和平都不适合克勒尼阿斯无尽冲突的图式。

无论如何,雅典异乡人说,如克勒尼阿斯暗示的那样,认为胜过自己的城邦最好,无异于说,"一个病人接受通便治疗后就可万事大吉,而从不转转弯,考虑那些根本用不着这种治疗的人"(628d)。至多,胜利只是治疗一个生病的城邦,并非高贵,而高贵才是最高目标。雅典异乡人说,这同样适用于对外战争:如果立法者首先并仅仅考虑对外战争,那么,他这样做只是在治疗一个生病的城邦。这似乎涉及克勒尼阿斯早前所说的话:

> 因此,就公餐而言,立法者所以制定,很可能是因为,他发现在打仗时,大家出于防备而被迫在一起用餐。我认为,立法者会谴责多数人的漫不经心,他们没有认识到,每个人的一生,都与所有城邦之间有着一场永无休止的战争。如果在战时,因防备而需要公餐,以及统治者和子民有序地轮流守卫,那么,在平时也应该这样做。因为,绝大多数人所谓的和平,立法者认为只不过是个空名;实际上,对每个人而言,一切城邦之间不宣而战,天然就一直存在。(626a)

换句话说,公餐和其他习俗的设立,不仅是为应当发生的战争作准备,而且是因为,对战争的准备带来了城邦内部的秩序。这即是说,多里斯立法者制定的战争目标是带来城邦内部的和平。这是对我们现在称之为"凝聚在国旗周围"(rallying around the flag)的描述:国难当头时,为了保全整体,内战暂且放置一边。

现在的问题是，在何种程度上以及在哪个方面，雅典异乡人改变了目标。雅典异乡人把目标从战争转向和平，但这种转换实际等于：如果多里斯立法者制定对外战争目标，确实是为了城邦内和平，那看起来，雅典异乡人现在建立城邦内和平的目标，是为了对外战争。①

而且，再看一下为大部分兄弟邪恶的家庭选择的法官，我们记得，法官能带来和谐，是以德性为代价。相应地，早在论证的早期阶段，雅典异乡人并未驳斥战争目标，而是实际上吸收了它，并且，这样做的途径是他所提议的替代性的德性目标。事实上，"大城邦在战斗中打败小城邦"（638b），而且在任何城邦中，不义者在数量上多于正义者，因此，法律不能指向德性。在战争中，好的城邦很可能无法保卫自己。② 为了军事安全，法律将指向邦内和平。作为目标的德性将是公民德性，它有助于实现公民和谐的目标。

总结来说：最初，克勒尼阿斯呈现的多里斯人的战争目标，没有提及德性。但在雅典异乡人的督导下，克勒尼阿斯很快遇到了城邦内部的问题：很可能，好人无法获胜，因为在数量上，他们天然更少。对城邦内部的这个问题，法的统治提供了一种和平的和解，但如此做的方式是，调解少数的好人和多数的坏人，这降低和削弱了德性。在对外战争的层面，这意味着，好城邦不能够保卫自己免受其他城邦的攻击：不仅德性与胜利之间没有必然关联，而且这部分告诉我们，事实上德性和胜利彼此对立。

因此，正是在插入德性观之处，雅典异乡人做了巨大让步：德性不能直接统治，因为它太过稀少，在面对不占有它的那些人时力量太弱。相应地，当雅典异乡人转向下一部分，标准就不再只是德性，而是战争

---

① 考虑一下那伙强盗对正义的需要，参 Republic, 351c–352d。

② 例如，参 Republic, 422a–d。在那里，苏格拉底好城邦不义的对外政策。为了保卫自身，这个城邦挑起其他城邦间的战火，它向一个城邦许诺，如果帮助战胜另外的城邦，将获得物质战利品。

中的德性。在这一段中,克勒尼阿斯可能失掉了战斗,可是,看起来他赢得了战争。正如雅典异乡人似乎想暗示的那样,对邪恶兄弟家庭的讨论,并没有导致驱逐或驳斥战争目标,而毋宁是吸收了战争目标。

提尔泰俄斯和忒奥格尼斯

在接下来的一部分,雅典异乡人转而讨论诗人提尔泰俄斯和忒奥格尼斯(Theognis)。① 在这部分,通过摘录提尔泰俄斯和忒奥格尼斯的诗,雅典异乡人论证说,法律的目标应当是整体德性,而并非只是德性的部分。通过求助诗,雅典异乡人把法律的目标从战争提升到德性。他的推理是,由于内战比对外战争更加残酷,在内战中表现优秀的人,就比在对外战争中表现优秀的人更加优秀。由于跟对外战争相比,内战需要更多的德性,法律的目标就应当是整体德性,而非仅是德性的一部分。看起来,法律的目标应当是整体德性,这一论证才是雅典异乡人真正想要提出的。但是,它所依据的推理如此草率,以至于让人疑心雅典异乡人的动机。的确,对这两位作者的诗引发的问题而言,雅典异乡人简易的论证不符合问题的复杂性。我将努力证明,雅典异乡人对提尔泰俄斯和忒奥格尼斯的讨论,存在三个难题,这些难题暗示,他不是驳斥多里斯人的战争目标,而是认可它。

但首先,让我们先确定场景。通过摘录其诗,雅典异乡人提到提尔泰俄斯,说:

"我不会纪念、也不会在语词中记下一个人",即便他是最富有的人,诗人宣布,即便他拥有许多好东西(然后诗人只是

---

① 所引提尔泰俄斯的文献,基于 M. L. West ed., *Iambi et Elegi Graeci: Ante Alexandrum Cantati*, vol. 2, Oxford, 1972, pp. 169 – 184。所引忒奥格尼斯的文献,基于 M. L. West ed., *Iambi et Elegi Graeci: Ante Alexandrum Cantati*, vol. 1, Oxford, 1971, pp. 172 – 241。

提到了所有那些东西），除非那个人总是最擅于作战。(629b)①

接着，雅典异乡人转而问提尔泰俄斯，他所赞颂的战争中的那些人，是指内战还是对外战争。他问提尔泰俄斯说："你是否像我们那样，明确认为有两种形式（εἴδη）的战争？还是别的什么？"继而，他继续为提尔泰俄斯做出回答说，存在两种形式的战争：

> 对于这些事情，我认为，即使远不如提尔泰俄斯那样受尊敬的人，都会如实回答，即有两类，有一类我们大家都称之为内战——这在各种战争中最为残酷，正如我们刚才所说。另一类战争，我相信，我们会视之为跟外人和其他部族的争战，这比前者温和多了。(629d)

雅典异乡人进一步假定，在这两种形式中，提尔泰俄斯谈论的，必定是对外战争，而非内战，"因为在你的诗句中，[629e]你确实说过，你根本不能忍受这些人，他们不敢'直面血腥的死亡，敌人攻近时还按兵不动'"(629e)。

提尔泰俄斯赞扬在对外战争中表现优秀的人。确定这点后，接着，雅典异乡人对比了提尔泰俄斯的诗行与忒奥格尼斯诗行：

> 库尔诺斯（Κύρνος），在严酷内战中值得信任的人，
> 其价值等同于黄金白银。（忒奥格尼斯，行77－78，630a）

以这两个引文为基础，雅典异乡人说，忒奥格尼斯的诗行表明，他证明了雅典异乡人的看法："那些在最伟大的战争中表明自己最优秀的人"，优于那些在对外战争中表现最好的人，因为那些在内战中最优

---

① 提尔泰俄斯，12，第1行："οὔτ' ἂν μνησαίμην οὔτ' ἐν λόγῳ ἄνδρα τιθείμην"；第6行："πλουτοίη δὲ Μίδεω καί Κινύρεω μάλιον"［但是，财富不过是麦得斯和基尼莱奥的一缕发丝］。

秀的人，拥有正义、节制、审慎和勇敢，"因为，一个人如果不具有全部德性，那他在内战期间就绝不值得信任，也完全靠不住"（630b）。

于是，表面的论证是：法律的目标应该是整体德性，因为内战比对外战争更加残酷，内战中的战士就比对外战争中的战士更优秀。内战中的战士需要全部德性，外战中的战士则仅需要勇敢，内战中的战士更优秀，因此，法律的目标应该是整体德性。雅典异乡人主张，这些事物表明，

> 这个地方出类拔萃的立法者——他来自宙斯，以及其他有眼光的立法者，除了最大的德性外，绝不会为了其他什么东西而制定法律……这也正如忒奥格尼斯所说，是患难之中见真情，这种品质有人会称为完美的正义。（630c）

少数与多数

因此，雅典异乡人自称，引用提尔泰俄斯和忒奥格尼斯，是为了支持他的主张：法律的目标应当是整体德性。但事实上，这个讨论回到了前面部分的问题，即坏人的数量优势问题。提尔泰俄斯和忒奥格尼斯的写作，都是在各自城邦进行经济和政治革命之时。提尔泰俄斯的写作，是在第二次迈锡尼战争（the Second Messenian War）期间，当时，斯巴达的奴隶希洛人（Helots）正反抗他们。一个世纪前，斯巴达征服了迈锡尼。这已经是希洛人第二次试图解放自己，脱离斯巴达的统治。[①] 雅

---

① N. G. L. Hammond, *A History of Greece to 322 B.C.*, Third ed. Oxford, 1986, pp. 135 – 139. J. B. Bury and Russell Meiggs, *A History of Greece to the Death of Alexander the Great*, fourth ed., New York, 1975, p. 94. Arthur W. H. Adkins, *Merit and Responsibility: A Study in Greek Values*, Chicago, 1975, p. 73. A. W. H. Adkins, *Moral Values and Political Behaviour in Ancient Greece: From Homer to the End of the Fifth Century*, New York, 1972, pp. 35 – 37.

典异乡人描述说，提尔泰俄斯笔下的冲突是对外战争，实际上，这场战争发生在斯巴达公民与受奴役的希洛人之间，前者人数较少，后者的人数远多于前者。① 忒奥格尼斯的城邦麦加拉（Megara），当时正陷入内战的混乱中。战争的双方是以传统土地为基础的贵族组成的少数派，以及数量不断增长的新财主，后者的致富是通过商业和贸易。② 在两种情形中，少数人群体都以武力统治多数人，而且在每种情形中，这种统治都岌岌可危。

两位诗人都努力试图在少数人派别中灌输一种新的德性。提尔泰俄斯写作时，正值重装步兵方阵取代贵族骑士的远距离战斗。③ 要取代战斗英雄的个体德性，重装步兵的战斗需要一种新型德性，它能够使人"直面血腥的死亡，敌人攻近时还按兵不动"，因为打乱队列会危及整个方阵。提尔泰俄斯的许多诗，都致力于灌输这种新德性，这些诗被传授给斯巴达公民，并教他们在战场上唱诵。④

忒奥格尼斯的麦加拉的情形，是少数人善、多数人恶的典型例子。忒奥格尼斯是传统贵族的一员，对于麦加拉革命带来的变化，他深感悲痛。他坚定捍卫以土地为基础的贵族。这些贵族被公认为好人（ἀγαθοί），但他们的权力正在丧失，转入新兴富有的大多数人

---

① J. B. Bury and Russell Meiggs, *A History of Greece to the Death of Alexander the Great*, pp. 94 – 95; N. G. L. Hammond, *A History of Greece to 322 B. C.*, p. 138; W. G. Forrest, *A History of Sparta 950 – 192 B. C.*, New York, 1968, p. 31, 37 – 39.

② Arthur W. H. Adkins, *Merit and Responsibility: A Study in Greek Values*, pp. 75 – 79; N. G. L. Hammond, *A History of Greece to 322 B. C.*, pp. 150 – 151; J. B. Bury and Russell Meiggs, *A History of Greece to the Death of Alexander the Great*, p. 113.

③ J. B. Bury and Russell Meiggs, *A History of Greece to the Death of Alexander the Great*, pp. 94 – 95; N. G. L. Hammond, *A History of Greece to 322 B. C.*, pp. 138 – 139.

④ Arthur W. H. Adkins, *Merit and Responsibility: A Study in Greek Values*, p. 73; N. G. L. Hammond, *A History of Greece to 322 B. C.*, p. 138.

手中，这些富人被公认为坏人（*κακοί*）。① 在贸易扩张和货币传播之前，财富和德性之间存在着自动的相关性。财富以土地为基础，只有很少一部分人很富裕。这些以土地为基础的贵族，被认为是好人、有德的人，因为只有他们能负担起马匹和盔甲的装备，为城邦提供军事保护。在忒奥格尼斯看来，新兴富人权力的兴起，颠覆了财富与德性间的自动关联，这引导他重新检审何为德性，并引导他根据正义重新定义德性。②

因此，通过转向考虑提尔泰俄斯和忒奥格尼斯的诗，雅典异乡人看起来回到了前面段落讨论的困境：在一个城邦中，有德的人极少，而坏人很多。事实上，通过选择用法律调解两个群体的第三位法官，克勒尼阿斯略过了这个问题。但通过引入提尔泰俄斯，雅典异乡人迫使——尽管非常隐秘——他面对一个事实，至少实际上，斯巴达的法律是第二位法官的制度化，这位法官规定好人统治坏人。好人统治坏人是实行派别统治，并且，提尔泰俄斯的诗所清晰描绘的血腥使人理解，派别统治就是战争。

这个问题掩饰了内战和外战的区分，而在这部分，雅典异乡人着力进行的正是这种区分。我们注意到，雅典异乡人问提尔泰俄斯，是否坚持内战和外战的区分，或者提尔泰俄斯自己描述的战争，是一种内战还是对外战争，此时，雅典异乡人并没有让提尔泰俄斯自己做出回答。如果让提尔泰俄斯自己做出说明，那么，他是否会给出雅典异乡人为他给出的回答，这一点儿也不明确。因为提尔泰俄斯描述的战争，即第二次迈锡尼战争，可以相当准确地视为一种内战。一个世纪前，斯巴达人征

---

① N. G. L. Hammond, *A History of Greece to 322 B.C.*, p. 173; J. B. Bury and Russell Meiggs, *A History of Greece to the Death of Alexander the Great*, p. 113; A. W. H. Adkins, *Moral Values and Political Behaviour in Ancient Greece: From Homer to the End of the Fifth Century*, pp. 37–46.

② A. W. H. Adkins, *Moral Values and Political Behaviour in Ancient Greece: From Homer to the End of the Fifth Century*, p. 42.

服了希洛人,并通过武力奴役他们,① 现在他们是在反叛。事实上,在某些方面,第二次迈锡尼战争好像一种对外战争,而在某些方面,它又像一种内战。因此,实际上,至少在这种情形下,提尔泰俄斯是否会"明确认为"两种战争之间存在区分,仍然很可疑。

在这一点上,雅典异乡人的花招,等于是在严厉谴责多里斯法律,因为看起来,正是因为经常存在希洛人反叛的威胁,斯巴达法典才成为必要。② 事实上,提尔泰俄斯以如此血腥的语词描述战争,正是第二位法官的实例。这位法官让少数人(在这个情形中,是斯巴达公民)统治多数人(希洛奴隶)。如上所述,这种派别统治是一种战争,或许,正是克勒尼阿斯开篇提到的不宣而战。重申一次,提尔泰俄斯记述了社会中好人胜过坏人的例子,确实,在他的诗中,他所清晰描绘的血腥证明,要实现好人统治坏人,为何更可取的是第三位法官,虽然他在德性上排在第三位。③

明白了这点,实际上看起来,对于整体的多里斯法律,以及明确具体的斯巴达法律,雅典异乡人的真正批评并非在于它们的战争目标,而是因为在外部战争上,它们没能成功确立公民间的一致。实际上,众所周知,由于邦内公民间的不一致,斯巴达人不情愿进行战争。④

对忒奥格尼斯,雅典异乡人的使用同样微妙。至少从忒奥格尼斯自己的观点来看,他的诗更明显地符合雅典异乡人描述的少数好人和多数坏人。显然,在他的诗中,忒奥格尼斯关注德性问题,以

---

① 回忆一下雅典异乡人对这个问题的重述:"有时候,同宗的和同城邦的公民变得不义,为数众多,他们联合起来用暴力奴役为数较少的正义者。"(627b)

② J. B. Bury and Russell Meiggs, *A History of Greece to the Death of Alexander the Great*, pp. 95 – 99;参 W. G. Forrest, *A History of Sparta* 950 – 192 B. C., pp. 40 – 60,对"吕库古改革"时代的讨论。

③ 参修昔底德对科西拉(Corcyra)内战的描述,3.69 – 85。

④ Thucydides, I. 118; Forrest, *A History of Sparta* 950 – 192 B. C., p. 39.

及政治权力与德性的关联问题。但是，在雅典异乡人引述的诗行中，忒奥格尼斯似乎在劝诫库尔诺斯，不要趋向"整体德性"或"最大的德性"，而是要持守党派的忠诚。的确，雅典异乡人引述的诗行，出现在忒奥格尼斯介绍完库尔诺斯为了其派别所行的隐秘和诡诈之事后面（Theognis, 61 – 68, 73 – 74）。忒奥格尼斯并没有如雅典异乡人引导人们设想的那样，比较内战战士的德性与外战战士的德性。在这些诗行中，他没有像雅典异乡人那样，把值得信任称为"完美的正义"，也没有称之为"最大的德性"。他也没有列举这种德性的成分，更不用说详细指明这些成分是正义、节制、审慎和勇敢。简言之，正如提尔泰俄斯没有为雅典异乡人区分外战和内战提供可靠支撑一样，忒奥格尼斯也没有为雅典异乡人的论证——法律的目标应当是整体德性——提供可靠支撑。

然而，雅典异乡人确实利用忒奥格尼斯论证，在德性的培养上，多里斯法律存在严重缺陷。因为正如他所说，"在提尔泰俄斯提到的那种战争中，有很多雇佣兵都愿意加入一方，并战斗到死，他们大多数人皆鲁莽、不义、粗野且非常轻率，只有极少数人才不是这样"（630b）。虽然雅典异乡人引述的诗行不支持这种观点，但通过提及忒奥格尼斯，雅典异乡人确实表明，多里斯法律可能产生好的战士，可是，它无法产生好的公民或好人（Aristotle, *Politics*, 1334a28 – 1334b5）。

就此，我敢说，雅典异乡人选择忒奥格尼斯的这些特殊诗行，不是为了支持自己的论证，即法律的目标应当是整体德性，而是要提醒读者，警惕这种表面背后的其他论点，并对它们保持沉默。雅典异乡人在这里对提尔泰俄斯的使用，等于在整体谴责斯巴达法律，看上去，他想要掩饰这种严厉性。

因而，提尔泰俄斯和忒奥格尼斯的诗，都不能很好证明，内战中的德性比外战所需的德性更加优秀。他们的诗所支持的是克勒尼阿斯选择的法的统治，是拥有第三种德性的法官，即使他谴责斯巴达。因为，提尔泰俄斯和忒奥格尼斯写作的处境，都是第二位法官的情况，在其中，好人统治坏人，雅典异乡人把它描述为，法官让坏人自愿受好人的统治。但是，如这两个例子所示，这种自愿是由基于财富的力量带来的自愿。一旦财富的优势转变，紧随而至的是权力的变化，同样，接受统治的自愿也会随之变化。

德性与财富

由此雅典异乡人处理了提尔泰俄斯和忒奥格尼斯的第二个难题。雅典异乡人自称对比了内战和外战，还有两位诗人也做了雅典异乡人暗中强调的另一个比较。这就是德性和财富间的区分。在所引述的两首诗中，问题都在于，与财富相比，所考虑德性的相对价值何在。实际上，提尔泰俄斯把勇敢德性跟很多东西对比，财富只是其中之一，而且并非第一个。在引用提尔泰俄斯时，雅典异乡人故意摘录涉及财富的言辞，这一事实是个明显的信号，表明雅典异乡人真正关心的是德性与财富间的对比。他在这里做出的论证，反对克勒尼阿斯将财富作为战争的目标。雅典异乡人并不把财富作为战争目标，他似乎认为，法律旨在战争，是为了在战斗中培养德性。忒奥格尼斯支持的正是雅典异乡人的这个论证，因为忒奥格尼斯说，值得信任的人，其价值等同于黄金白银。

依我们在这部分所见，战争目标心照不宣地得到接受和确认，因为这里对比的德性以战争德性出现。[1] 雅典异乡人把它呈现为涉及哪种战争的问题：对外战争还是内战。的确，雅典异乡人讨论忒奥格尼斯为何如此奇怪，这是部分原因。他没有对比战争必需的德性与和平所需的德性，而是比较对外战争与内战必需的德性，对下述问题存而不论：在他称之为最大战争的内战中表现优秀的人，是否

---

[1] Leo Strauss, *The Argument and the Action of Plato's Laws*, Chicago, 1975, p. 6; Seth Benardete, *Plato's Laws: The Discovery of Being*, pp. 16–18.

像前面提到的法官一样,能终止内战,或者能帮助他所在的特殊派别战胜其他派别。在这一点上,忒奥格尼斯这些诗行从引述部分来看,同样也模糊不清。然而,一旦将其与前面几行关联阅读,忒奥格尼斯的诗行似乎意在提升,某个派别压过其他派别的胜利观。

如果是心照不宣地确认,为何特别强调战争目标?这部分对财富的凸显,似乎与此相关。问题毋宁已经变成,战争结果(财富)及战争德性的相对价值问题。因为,即使在引述的两位诗人的诗行中,诗人们也没有说,德性明显比财富更受偏爱。雅典异乡人套用提尔泰俄斯的话说,他不会纪念一个人,即便是世界上最富有的人,除非那个人同样勇敢。类似地,忒奥格尼斯没有说,值得信任比黄金白银价值更大,而是具有同等价值。将这些诗行放到诗人各自诗作的上下文中来看,我认为,提尔泰俄斯和忒奥格尼斯试图建立的德性,显然与财富分离,并且比财富更重要。同样,即使雅典异乡人揭示了克勒尼阿斯的真正目标是财富,他与其说驱逐了财富,不如说在财富中插入了德性的重要性,作为其目标之一。在后面部分我还会讨论,事实上,雅典异乡人会把财富纳入法律必须提供的诸善之中(631c)。

那么,雅典异乡人对比德性和财富,其关键何在?他是否说德性需要财富?无论提尔泰俄斯还是忒奥格尼斯,他们的写作时代都是各自城邦进行经济革命之时,富人的数量不断增加。[①] 在历史上,财富与德性相联系,因为传统上,德性是战士对城邦的护卫,而战士装备盔甲和马匹,必定要有财富。社会中仅有一小部分人能够负担起盔甲,因而,优秀的人、好人、有德的人是少数,而下等人、坏人是多数。

但是,在提尔泰俄斯和忒奥格尼斯的时代,这些比例都在变化。提尔泰俄斯写作时,正值手拉手的重装步兵方阵作战取代骑士贵族远距离战斗。这种改变得以可能是由于工业进步,制作盔甲不再那

[①] J. B. Bury and Russell Meiggs, *A History of Greece to the Death of Alexander the Great*, pp. 94 – 96, 112 – 113.

么昂贵,因此,更多的人能够武装自己,保卫城邦。①

提尔泰俄斯和忒奥格尼斯都坚持说,不,德性不需要财富。但就事实而言,在斯巴达的例子中,德性确实需要财富。斯巴达公民或贵族,能专心训练自己的勇气,是因为希洛人的农业劳作为他们提供了这样做的闲暇。一方面,这种军事训练的制度化,是为了维持对希洛人的统治,但另一方面,如果希洛人的劳动力不能提供这样做的闲暇,他们也不可能专心致志于训练德性(亚里士多德,《政治学》,1269ab)。正如一位学者所言:"社会的整个训练,需要希洛人的存在;另一方面,希洛人的存在,又使这种训练成为必需。"② 斯巴达人决定把他们的经济建立在希洛人农业劳作的基础上,而不是像希腊其他地区一样,致力于贸易,这使其卷入了提尔泰俄斯描写的迈锡尼战争之中。③ 学界普遍同意,至少斯巴达教育体系——训练($ἀγωγή$)——的发展,是为了保持对希洛人暴动的持续警惕,也就是说,是为了防范一种内部的威胁,而非外部威胁。事实上,斯巴达人并不情愿进行对外战争,因为他们害怕希洛人会趁军队不在的机会进行反抗。④ 如果考虑到这点,就更让人觉得惊奇。

此外,提尔泰俄斯描写的战争,与斯巴达的法典制度密切相关。提尔泰俄斯的写作是在公元前 7 世纪,历史学家们普遍认为,在这个时代,斯巴达的经济和政治发展偏离了希腊其他地区。⑤ 当时,希腊其他地区开始使用金银货币,而斯巴达禁止这种货币流通。并且,斯

---

① J. B. Bury and Russell Meiggs, *A History of Greece to the Death of Alexander the Great*, pp. 94 – 95.

② J. B. Bury and Russell Meiggs, *A History of Greece to the Death of Alexander the Great*, p. 98.

③ W. G. Forrest, *A History of Sparta* 950 – 192 *B. C.*, p. 38.

④ W. G. Forrest, *A History of Sparta* 950 – 192 *B. C.*, p. 39; Thucydides, 4. 80.

⑤ J. B. Bury and Russell Meiggs, *A History of Greece to the Death of Alexander the Great*, p. 91.

巴达制定了新的法典，或者至少是新法典的一部分，这些法典赋予监察官（ephors）以权力。另一方面，一些学者推论说，重装步兵作战的变化，与斯巴达法典的制定息息相关。长官拥有权力，是斯巴达政制中的民主元素，它很可能是基于民众财富的增长。在另一首诗中，提尔泰俄斯自己写到了斯巴达法律的由来（Tyrtaeus, 4W）。

就目前看来，雅典异乡人使用忒奥格尼斯的目的，是"证明"他对斯巴达的谴责，而非对提尔泰俄斯的谴责。两位诗人都支持雅典异乡人把德性放进来，作为法律的目标。雅典异乡人解释提尔泰俄斯的话说，"不会纪念、也不会在语词中记下"一个富人，"即便他拥有许多好东西……除非那个人总是最擅于作战"（629b）。由此，雅典异乡人利用提尔泰俄斯，直接反对克勒尼阿斯的主张：胜利的目的是要保护和获取"好东西"（626b）。因为提尔泰俄斯说，这些好东西没有价值，除非那个人也拥有德性，勇敢的德性。

同样，提尔泰俄斯也提供了一种渠道，雅典异乡人借此隐秘地谴责了斯巴达法律。因为斯巴达法律倾向于在城邦内保持战争状态，并且这样做的代价是公民教育。为了保持一种持续的战争状态，持续的需求，及对希洛人的高度警惕，导致斯巴达法律强调勇敢的德性——雅典异乡人说，勇敢只是德性中最低的部分——却忽视了更高的明智、节制和正义。

同时，雅典异乡人利用两位诗人提出问题：尽管财富不像克勒尼阿斯认为的那样是终极目标，但对德性来说，它是否必要？提尔泰俄斯让人想起斯巴达人对希洛人的奴役，这反过来又提出了下面的问题：实际上，培养德性是否需要闲暇，是否要从艰辛劳作中摆脱出来（Aristotle, *Politics*, 1329a1-3；*Laws*, 828d-829a）。雅典异乡人含蓄地谴责了斯巴达人提供这种闲暇的特殊方式，但问题依旧。

这正是雅典异乡人提及忒奥格尼斯的真正目的所在。跟提尔泰俄斯一样，雅典异乡人讨论忒奥格尼斯的诸多意义，存在于没有说出的内容中。提尔泰俄斯的诗与希洛体制相关，如果因此雅典异乡人对其诗的使用有效，那么，对忒奥格尼斯诗的使用同样有效，因为它与贵族生活方式相关，尤其与贵族对德性的追求相关。提尔泰俄斯的诗在战场上被唱诵，忒奥格尼斯的诗在雅典人的会饮中唱诵。① 会饮是有闲暇的富人的习惯，有时候用它来教导年轻贵族的德性。忒奥格尼斯的诗以娈童暗示（pederastic overtones）而闻名：其中的大部分（包括雅典异乡人引述的这句），都指向库尔诺斯，他是作者的挚爱。实际上，忒奥格尼斯的许多诗行都涉及会饮和饮酒，它们皆能支持雅典异乡人自己的描述（参467－510行）。雅典异乡人对忒奥格尼斯的引用与德性密切相关，这为下面讨论作为教育制度的会饮铺平了道路。这个讨论开始于卷一的第二部分，② 在那里，讨论的主题和环境从战争转移到酒会和醉酒上。雅典异乡人强调，这些是人们闲暇时候的活动，"是朋友与朋友之间和平、友善的集会"（640b）。

跟提尔泰俄斯一样，忒奥格尼斯自己仍得出结论说，德性同财富分离，但不是在雅典异乡人引述的诗行中。如上所述，新的坏富人力量兴起，引导忒奥格尼斯走向对德性的新理解，即德性不取决于财富。③ 除了其他人以外，亚里士多德也曾引用忒奥格尼斯的话：

> 宁愿做一个虔诚的人，甘于清贫，
> 也不要做富而不义之人。

---

① 参 Daniel B. Levine, "Symposium and the Polis", in *Theognis of Megara: Poetry and the Polis*, J. Figueira and Gregory Nagy ed., Baltimore, 1985, pp. 176 – 196。Levine 认为，忒奥格尼斯"用会饮描写城邦，用城邦描写会饮"（p. 176），他也坚持，在《法义》中，柏拉图倡导忒奥格尼斯代表的诗的传统。参 "The Symposium as a Paradigm of the Polis in Plato", pp. 195 – 196。

② 如果再往前看，对忒奥格尼斯的使用，甚至指向卷十二的夜间议事会。夜间议事会是一个哲学的娈童机构，在其中老年人庇护着年轻人，与之相同，在忒奥格尼斯的诗中，作者教育他的挚爱库尔诺斯。

③ A. W. H. Adkins, *Moral Values and Political Behaviour in Ancient Greece: From Homer to the End of the Fifth Century*, p. 42.

> 正义是一切德性的总括：
> 每个人都是好人，库尔诺斯啊，只要他正义。
>
> 即使邪恶之人，神也给他们财富，
> 库尔诺斯呵，但德性注定只伴随少数人。（行 145 – 150）[①]

这些是忒奥格尼斯的诗行。雅典异乡人说，忒奥格尼斯证明，在内战中表现优秀的人非常卓越，因为他们必须拥有整体德性，拥有完美的正义；尤其是我们看到，雅典异乡人反对克勒尼阿斯的财富目标，此时，人们会认为，雅典异乡人正是在提及这些诗行。我们不能假定，墨吉罗斯和克勒尼阿斯熟悉忒奥格尼斯的诗，但可以安全地假定，柏拉图的很多雅典读者熟悉这些诗。因此，雅典异乡人实际引述的诗行——"库尔诺斯噢，在严酷内战中值得信任的人，其价值等同于黄金白银"（630, Theognis, 77 – 78），兴许没有或不及目前期待的那般强调，而指向对诗行所述内容的重新思考。将忒奥格尼斯值得信任的人等同于最高德性，雅典异乡人是意指什么呢？

战争德性

从雅典异乡人对提尔泰俄斯和忒奥格尼斯的检审中，我们得到的不是对战争目标的驳斥，而是对克勒尼阿斯把财富作为战争目标的驳斥。相反，雅典异乡人说，法律应为了德性而着眼于战争。因此，他把法律的目标从战争的结果提升到战争的德性。

通过他们的诗，雅典异乡人把法律的目标从战争或和平提升到他们各自的德性。但仍要注意，上述德性应理解为战争德性。若是这样的话，他说旨在整体德性又是何意，倘若他确实是指战争德性？他说

[①] 无论如何，众所周知，亚里士多德曾处理过这些诗行，在《尼各马可伦理学》1129b29 引述了它们。

法律应该指向最高的德性，完美的正义，那又是什么？重新再看，我们会发现，正如从战争德性中预期的那样，雅典异乡人归于忒奥格尼斯的"完美的正义"与提尔泰俄斯的勇敢之间，有显著的相似性。

让我们再看一次忒奥格尼斯的诗行："库尔诺斯，在严酷内战中值得信任的人，其价值等同于黄金白银。"再一次，在这里，忒奥格尼斯没有对比内战与对外战争中的德性，而基于雅典异乡人的评论，人们可能会预期有这样的对比。他对比的是一个拥有某种具体德性（值得信任）的人与财富。他说，这样的人不是比黄金白银更好，而是等价于黄金白银。再次聚焦雅典异乡人未说到的内容，忒奥格尼斯的这些诗行，出现在关于保密和欺诈的重要性的一系列劝谕之后。① 尽管忒奥格尼斯劝告库尔诺斯，敬重值得信任的人（730c），但他没有建议库尔诺斯成为这样一个人。实际上，他建议库尔诺斯，"用你的话，让每个人都觉得，你是他们的朋友，但在行动中，别对任何事情太认真"（63－65），诸如此类。

但是，忒奥格尼斯不仅没有对比内战与对外战争的战士，也没有列举值得信任的成分，更不用说明确指明正义、节制、明智和勇敢这些成分。此外，"那些在最伟大的战争中表明自己最优秀的人"这个说法很古怪。在最伟大的战争中最"优秀"是什么意思？② 雅典异乡人是否是指内战？这样的人是不是帮助一个派别战胜另一派别的人？或者，就像前面部分的法官，他是能够平息和调解战争中

---

① See *The Laws of Plato*, translated by Thomas L. Pangle, Chicago, 1980, vol. 1, n. 24, pp. 514－515.

② 在830a，雅典异乡人用了相似的模糊说法："现在来看看，要使整个城邦团结一致，要培养哪类公民呢？他们不是最伟大的竞赛中的运动员吗？在这些竞赛者中，他们面对成千上万的对手。"又，830c："那便会怎样呢？每一次，我们城邦武装力量的准备，不如刚才提到的那种竞赛，他们敢于进入最伟大的竞赛吗？这是它进入竞赛的方式吗？在那种竞赛中，处于危机的，是灵魂、孩子、财产和整个城邦。"

各个派别的人吗?

无论如何,看起来,忒奥格尼斯用 πιστός 意指某个你可以相信其忠诚的人,① 某个不会因财富的诱惑而投靠其他派别的人。同样,看上去,雅典异乡人脑中也想着忠诚,因为在某种程度上,他把忒奥格尼斯的话修改为"在内战中值得信任,完全靠得住"(πιστὸς μὲν γὰρ καὶ ὑγιὴς ἐν στάσεσιν, 630b),然后又修正为"患难见真情"(πιστότης ἐν τοῖς δεινοῖς, 630c)。但"患难见真情"这个最后的修正,听起来不是像勇敢吗?② 出于更高的理由,不管是城邦还是名声(提尔泰俄斯确信,战士正是为了名声),一个人会坚定地面对死亡。至少,这个人类似于这样的人:为了更高的事物,他在患难中毫无畏惧。

雅典异乡人得出结论,最伟大的德性是完美的正义,也就是,在危难中值得信任。最伟大的德性这个说法,让人想起雅典异乡人提到提尔泰俄斯的其他诗行。在同一首诗中,提尔泰俄斯说:

> 这是德性,这是最高贵的奖赏,对一个年轻人而言,这是他在世界上能够赢得的最美好的事物。如果一个人在最前线,毫不退缩,毫无畏惧,让其感情和灵魂经受磨炼,忘掉肮脏的集体逃跑,并能够用言语激励周围战友,那么,无论是对城邦,还是对其民众而言,这都是一种普遍的善。这样一个人,就是战争中的好人……(Tyrtaeus, 12, lines 13 – 20)

在诗的结尾,他再次说道:"这是每个人现在都应当追求的德性,而绝不仅是战争要追求的。"(行 44 – 45)

---

① Seth Benardete, *Plato's Laws: The Discovery of Being*, pp. 17 – 18.
② "在患难中值得信任"的德性,忒奥格尼斯赞扬它的价值等同于财富。这种德性类似于《王制》429c 和 430ab 中的勇敢定义。同样,忒奥格尼斯称赞的值得信任,也类似于《法义》835c 中,雅典异乡人描述的无畏的人,他必须讨论反对同性恋的法律。

尤其当我们记起，事实上，提尔泰俄斯记述的战争，是一场内战，因而，两位诗人及其赞成的德性之间的差异，就不再像雅典异乡人表面宣称的那样截然分明。尽管如此，显然雅典异乡人确实认为，忒奥格尼斯赞扬的人比提尔泰俄斯赞扬的人更优秀。

> 我们坚信，在更严酷的战争中，这个人比其他人要好得多，几乎就像是正义、节制、明智，连同勇敢，集于一人身上，这好过只有勇敢本身。因为，一个人如果不具有全部德性，那他在内战期间就绝不值得信任，也完全靠不住。在提尔泰俄斯提到的那种战争中，有很多雇佣兵都愿意加入一方，并战斗到死，他们大多数人皆鲁莽、不义、粗野且非常轻率，只有极少数人才不是这样。(630b)

战士的忠诚，雇佣兵的忠诚，只需要一种成分：勇敢。但雅典异乡人说，值得信任的人拥有的不止勇敢，还有明智、节制和正义。提尔泰俄斯这位诗人赞美战争，以及战士战斗中表现出的德性，但忒奥格尼斯这位诗人赞美和平及其德性。在战斗中朗诵提尔泰俄斯的诗篇，在会饮时唱诵忒奥格尼斯的诗作。因此，在这段中，雅典异乡人对比了诸德性，虽然这些德性很相近，但它们源自不同的价值设定，由各自的诗人支持。这非常类似雅典异乡人在卷一确定的法律的两个目标：战争与和平。

我们将看到，雅典异乡人法律指向的德性，既不是提尔泰俄斯的雇佣兵的勇敢，也不是会饮者的贵族德性。它们是内战中的战士所具有的，而非对外战争中的战士：它们是公民德性，那些居住在城邦中的公民具有的德性，城邦法律的目标指向战争。在接下来的部分，我会更细致地考察整体德性。

当雅典异乡人转向提尔泰俄斯和忒奥格尼斯时，德性已经被贬低，但正是在这一部分，德性被确立为目标。并且，在法律的目标提升到德性的同时，引入了财富。财富需要德性，正如德性需要财富。我们在下一部分会看到，实际上，完美的正义——这里，雅典异乡人称之为最伟大的德性，它是法律指向的德性——只排在第三位，而非第一位。

善目表

基于前面的讨论，雅典异乡人说，克勒尼阿斯对多里斯法律的说明是错误的，因为他说法律仅仅指向德性的一部分，而且是最低的部分，即勇敢。相反，克勒尼阿斯本应该说，在制定法律时，多里斯立法者寻求全部德性（630e）。接着，雅典异乡人告诉克勒尼阿斯，他本来乐意听到克勒尼阿斯如何展开谈话。在这个修正版中，看上去，雅典异乡人好像颠覆了克勒尼阿斯的原初说法：要获得好东西，首先需要获得战争胜利。与之相反，雅典异乡人在此说，为了获得好东西，首先需要拥有德性。

因为雅典异乡人说，正确的法律让公民幸福，因为它们提供了所有好东西。他把这些好东西分成两种类型，属人的和属神的。属人的诸善是俗世的、身体的善，包括健康、美貌、力量和财富。属神的诸善是他在前面部分提到的整体德性的成分：明智、节制、正义和勇敢。在这里，在某种程度上，雅典异乡人采取的路线看起来与前面部分相同。正如他更早时候所说，法律的目标不应该只是某种德性，而应是全部德性。至此，通过提出两种善的清单，属人的和属神的善，他说，法律应提供所有的善，而不仅仅是属人的善。对于克勒尼阿斯，替代性目标看起来毫无害处：胜利加上德性，勇敢加上明智、节制和正义，属人的善加上属神的善。

但克勒尼阿斯说，为了获得好东西，必须获得胜利，而雅典异乡人说，为了获得好东西，必要的是德性，是属神的诸善：

> 这些好东西是双重的，有些属人，有些则属神。属人的诸善取决于属神的诸善，如果一个城邦取得了更大的一头，它也

会取得较小的一头；如果不是，就会两头皆空。(631b)

克勒尼阿斯说的东西，类似于没有胜利就没有幸福，而雅典异乡人说的是，没有德性就没有幸福。

在后面，雅典异乡人说，只有好人拥有俗世的诸善时，这些善才是好的；而当坏人占有它们时，那些善就是坏的（661d，参742d - 743a）。在那里，雅典异乡人会更清楚地阐明他的意图。换言之，克勒尼阿斯说，没有胜利，好东西毫无益处，而稍后，雅典异乡人至少会说，没有德性，好东西毫无益处，只会给拥有者带来伤害。但看起来，雅典异乡人在这里想要说些不同的东西：如果城邦没有明智、节制、正义和勇敢，那么，它也将缺少普遍认为的幸福必需的东西。

当我们考察雅典异乡人呈现这两组善的方式时，它们之间的关系似乎更有问题。如果属人的善确实取决于属神的善，那么，他似乎可以简单地以降序排列这些善：明智、节制、正义、勇敢、健康、美貌、力量、财富。但相反，雅典异乡人用两组降序排列它们，首先是属人的诸善的列表：健康、美貌、力量、财富，明智、节制、正义、勇敢。看上去，属人诸善的列表相当典型，它所列举的事物，正是人们普遍认为的对人类幸福必不可少的东西。① 雅典异乡人首先展示这个列表，这一事实可能意味着，在某种意义上它更重要：相比属神的诸善，大部分人认为，这个列表对他们的幸福更重要。因此，或许，雅典异乡人如此呈现这些善，是为了让它看上去更有吸引力。克勒尼阿斯曾说，好东西是通过胜利获得和/或保存的财产和习俗，因此，对他来说，这样的列表可能更有说服力。

但是，这个展示次序的一个奇怪结果是，人们本来预期，高贵会伴随着较高诸善中的最高善——明智，但是，它变得有点儿模糊不清，因为它出现在这个长的清单的中间，而不是开头。这点甚至更加显著，因

---

① 参《高尔吉亚》451e 和《法义》661ab 中，类似的诸善列表。

为一开始对明智的介绍，不是作为较高诸善中的最高善，而是作为较低诸善中最低善——财富——的必要伴随物。在第一种情况中，明智作为属人诸善中最低善的必要伴随物列于表中，接着，又作为属神的诸善中的最高善再次提及，① 这种对明智的自然展现，确实引人注目。

明智的提出，甚至不是通过名称，而是用一个不定关系代词，这点更重要，但缺乏强调。在英文译本中，这点很难表现出来，② 但实际上，雅典异乡人引入属神的诸善的第一位善时，用的是不定代词ὅ，来指代前面提到的明智，在前面，它作为财富的伴随物被提到。明智仅处于同位关系，并且，阅读这一段时，至少可以暂时认为，雅典异乡人正在说，财富是属神的诸善的领头——ὅ有可能指代财富。③ 只有当明智处于同位关系时，即句子的最后，才能确定第一个属神的善的身份。同时，尽管非常短暂，但雅典异乡人也造成了一些混乱，即属神的诸善的领头，是财富还是明智？

这似乎暗示着，对明智的理解不能离开财富。前者是属神诸善的领头，最高的德性；后者则是较低诸善中的最低善。如果是这样的话，这让人想起，提尔泰俄斯和忒奥格尼斯做出的德性与财富的对比。在前面部分雅典异乡人引述的诗中，提尔泰俄斯和忒奥格尼斯各自致力于财富与德性间做出新的区分。但这里，跟前面一样，

---

① 希腊文是：τέταρτον δὲ δὴ πλοῦτος οὐ τυφλὸς ἀλλ' ὀξὺ βλέπων, ἄνπερ ἅμ' ἕπηται φρονήσει: ὃ δὴ πρῶτον αὖ τῶν θείων ἡγεμονοῦν ἐστιν ἀγαθῶν, ἡ φρόνησις [第四是财富——不是盲目的而是目光如炬的，如果它跟随着明智的话。而明智在属神的诸善中又居于第一的和主导的地位]。在英语中表现得不是如此明显的是，雅典异乡人引入第一个属神的善时，用不定词ὅ指代前面提到的明智，在前面，它是作为财富——属人诸善中最低的善——的伴随物被提到的。

② 参 Seth Benardete, *Plato's Laws: The Discovery of Being*, p. 19, 在那里，他翻译为："它是属神的诸善的领导者，理智……"

③ 关系词ὅ，既可以是阳性（πλοῦτος）的先行词，也可以是阴性（φρόνησις）的先行词，因为它的性取决于对πρῶτον的"吸引力"。

雅典异乡人似乎再次把他们结合到一起。① 雅典异乡人提供了一个下意识的信息，即"财富"与"明智"交替地在屏幕上一闪而过，留下的印象是，这两种善正为最高等级而竞争。即使雅典异乡人试图把财富填到底部，在它上面堆起七种其他的善，但看起来，财富跳了出来，并试图占据第一的位置。

因此，对法律的目标来说，真正的竞争者是财富和德性。财富的内涵被小心地确定为：目光如炬，它紧随着明智，是获得幸福的必要之善。正是这个内涵掩饰了雅典异乡人的论点，即首先需要的是德性。因为我们发现，即使财富置于底层，作为较低诸善中最低的善，事实上，财富先于明智。明智是管理财富的必要之物，它的引进正是为了管理财富。按雅典异乡人的说法，明智及所有其他德性发挥作用，不是以自身为目标，而是作为属人诸善的修正者。以自身为目标，即是作为较小的诸善看齐的目标。正如施特劳斯所说，"在法律中，较高的服务于较低的，严格说来，这有悖自然。这是城邦的基本症结"。② 由于被迫首先命名属人的诸善，为了宣称属神的诸善更高，雅典异乡人不得不绊在自己的话上："后面所有这些［属神的］善，在等级上天然高于前面那些［属人的］善，立法者应该按这个等级来排列它们。"（631d）

在接下来的段落，雅典异乡人更加凸显德性的辅助角色。通过激动人心的简短话语，他描述了法律如何管制城邦生活。通过确立何为荣誉和耻辱，法律在公民活动及其与他人的交往中引导他们：婚姻，养育儿女，钱财的收入和支出，以及葬礼方式。雅典异乡人

---

① 在《尼各马可伦理学》I. viii. 15 – 20，亚里士多德非常明确地主张，财富对德性是必要的。在《法义》828d，雅典异乡人注意到，"今天，在提供闲暇时间和生活所需方面，没有其他任何城邦能与我们的城邦相比……"这为他下面说公民应当花时间践行德性，奠定了基础。

② Leo Strauss, *The Argument and the Action of Plato's Laws*, p. 9.

用一句令人扫兴的虎头蛇尾的话，概括了属神诸善的位置：

> 审视了所有这些东西后，制定法律的人要设置护卫者——有的护卫者明智，有的则具有真实的意见——这样，理智会把所有这些东西结合起来，并可以宣告，这些东西跟随的是明智和正义，而非财富或对荣誉的热爱。(632c)

尽管雅典异乡人说，"应该告诉公民，给他们另一个等级的东西，乃是为了这些善，在这些善中，属人的向属神的看齐，而所有属神的善则向领头的理智看齐"（631d)，但情况并非如此。属神的诸善并非首先出现，并非公民为获取属人的诸善而进行活动的目标，相反，它们是后来产生的，作为一种有德的扫尾工作。公民们不是为了德性而结婚、养育儿女、赚钱和消费。毋宁说，立法者以如下方式使用德性：公民们以一种有德的方式引导他们的行为，也就是说，一种有助于城邦的善的方式。如我们已经看到的，城邦最高的善并非德性，而是和平。

雅典异乡人展示的领头的理智的作用，类似于克勒尼阿斯展示的多里斯法律的作用。克勒尼阿斯考察了克里特法律，并说它们以战争为目标，与之相似，理智把它们结合起来，并宣布或表明，这些法律如何跟随明智和正义，而非跟随财富或对荣誉的热爱。

因此，在对他本来乐意听到克勒尼阿斯如何说的展示中，雅典异乡人努力颠覆克勒尼阿斯，并主张最需要的东西是德性，而非胜利。然而，雅典异乡人无法离开胜利。正因如此，无法以其自身的措辞、为其自身的缘故而保留德性，而是把它作为胜利的"德性化者"（virtuizer）。此外，如果不是为了获取财富，要保护财富，胜利也是必需的，因此，财富是德性的必要前提。雅典异乡人在卷二主张，即使真正的幸福确实取决于德性，德性也首先需要生活。如果死于饥饿，哲人无法进行哲学活动；城邦无法以德性为目标，直到并且除非它能够提供生计、保卫和自由的所需。

财富是前面那些德性的手段，但一落到应用，它就有变成目的（而非手段）的危险，正如多里斯法律的情形那样。财富是大多数人真正的动机因素，因此是立法必须关注的最重要事物。① 或许在等级上排序最低，但在雅典异乡人列举的诸善之中，财富是最贴近多数公民心理的一个。它从一堆善中脱颖而出，不恰当地却下意识地一闪而过。

因此，在《法义》开篇的这些段落中，雅典异乡人并没有驳斥多里斯人的战争目标。多里斯政制不够关注德性，在揭露这一点的过程中，雅典异乡人揭示，实际上，德性与胜利彼此对立。这基于雅典异乡人的一个主张，坏人的数量天然超过好人。城邦为保卫自身免受外敌侵略需要内在和谐，因而，法律必须获得城邦多数不义者的支持。城邦因此必须采用"第三种有德性"的政体，它反映着对好人和坏人的调解。并非反对或颠覆多里斯人的战争目标，雅典异乡人要说的是，至少斯巴达没有充分有效地追求那一目标。至少就部分而言，斯巴达瞄准对外战争是为了城邦内和平，它强调军事训练，是为了维护城邦内对希洛人的控制。与之相对，雅典异乡人说，法律必须旨在城邦内和平，目的是对外的战争。

雅典异乡人为了对外战争而追求邦内和平，这可以视为对多里斯战争目标的修正或提高。但如我们所见，雅典异乡人走得更远，他批判多里斯法律的核心，并非因其以战争为目标，而是因为这一目标促进了对财富的热爱。雅典异乡人讨论这个问题，与引入德性作为法律目标同时展开。财富与德性间成问题的关系，乃是雅典异乡人攻击多里斯法律的根本焦点。在对话其他部分，雅典异乡人说得更清楚，即过多的财富对德性有害。② 但正如《王制》中阿德曼图斯的观察，财

---

① 在《王制》419a，正是私有财产和财富的匮乏促使阿德曼图斯断言，苏格拉底在《王制》中建构的城邦不会使护卫者幸福。

② 参《法义》649d, 679b, 695ab, 696a, 729a, 742e, 743a–e, 831c–832b, 836a, 870a–c, 913b, 919b–c；《王制》421d–422a。

富对于生存必不可少。

> 我们这个城邦，正因没有攒足财钱，将怎能和人交战，尤其是当它不得已要和强大而富裕的城邦交战 。(422a)

对城邦来说，缺少财富在战时非常不利，尤其是要跟一个富有城邦作战时。而斯巴达与希洛人的关系提醒我们，财富对于践行德性也必不可少。少数人的德性依赖多数人的劳作。在对话的后面部分，雅典异乡人寻求建构一种情形，在其中，城邦既不过度贫穷也不过度富有，公民们无需从事卑贱的劳作，但也无法变得非常富有（835e–836a）。

雅典异乡人尤其想要反对的与其说是财富本身，不如说是对财富的热爱。对财富的热爱永无尽头（831cde），阻碍一个人践行德性。在后面，雅典异乡人将聚焦于战胜自己的德性，克勒尼阿斯说，这种德性是所有胜利中首要、最好的胜利。战胜自己需要抵制财富的快乐，但它仍然把财富作为最高的善。雅典异乡人不是要取代作为法律目标的战争，而是寻求取代战争下面的德性，以一种不同种类的明智取代自制。

哲学与法的统治

克拉克（Randall Baldwin Clark） 撰
张清江 译

> 我坐在这里写作时，有病而且垂垂老矣/不小的一个负担是年岁带来的迟钝，和各种牢骚/不礼貌的郁闷、疼痛、懒惰、便秘、抽抽噎噎的百无聊赖/可能会渗入我每日的诗歌。
>
> ——惠特曼（Walt Whitman）①

生命行将结束之际，柏拉图创作了《法义》。自那以后，在很大程度上，这部作品为人们忽视，甚至在古代，由于审美的无趣，它还受到嘲讽。然而，受国际政治摇摆的刺激，对这部最冗长、最受争议的对话的兴趣，在过去的半个世纪中，有一个显著的复活。纳粹党人（National Socialists）为推行其种族灭绝帝国主义的空前计划，通过成功运用公众宣传，获得了所需的顺从。受此警示，波普尔（Karl Popper）指出，就自由和自主的人类之间的理性论说而言，柏拉图是首要并且最重要的敌人。在很大程度上，这一结论来自他对《法义》的诠释。② 根据波普尔的说法，在这部对话中，对于形

---

① ［译注］中译文参惠特曼《草叶集》，赵萝蕤译，上海：上海译文出版社，1991，页888。
② Karl Popper, *The Open Society and Its Enemies*, vol. 2, London, 1945.

形色色的政治变动，主角显示出了明显的恐惧。

波普尔提出他那令人诧异的指控：理性哲学的西方传统，事实上根源于原法西斯党徒（protofascist）。自那之后，关于柏拉图对理性论说和政治的忠诚问题的学术争论，变得尤其热烈。在其1953年的文章《柏拉图的劝谕观》（"Plato's Conception of Persuasion"），① 以及1960年的专著《柏拉图的克里特城邦》（*Plato's Cretan City*）中，② 针对波普尔的指控，莫罗（Glenn Morrow）为柏拉图进行了辩护。他主张，真正的政治家会借用修辞的非理性力量，服务于理性。作为回应，费尔辛伊（Laszlo Versényi）指责说，在《法义》中，柏拉图明确接受惑人的修辞，这具有极权主义的含意，而莫罗掩饰了这一点。③ 在过去十年中，钟摆摇向了另一个方向。现在柏拉图不再被视为纳粹的煽动者，而被看成激进民主主义者的先锋。尤其是哲学家波波尼奇（Christopher Bobonich）竭尽全力分析以证明如下命题：《法义》显示出柏拉图对人类理性的深刻敬意。④

那些冷静而聪颖的诠释者，对柏拉图关于理性言说的态度产生分歧，这对一个多年来试图与《法义》对话的人来说，并不让我感到惊讶。要充分诠释柏拉图，绝不容易，要充分诠释《法义》，就更加困难。最初的诠释难题，在于《法义》中的模糊人物。这部作品

---

① Glenn Morrow, "Plato's Conception of Persuasion", *Philosophical Review* 62 (1953), pp. 234–50.

② Glenn Morrow, *Plato's Cretan City: A Historical Interpretation of the Laws*, 2nd edition, Princeton, 1993.

③ Laszlo Versényi, "The Cretan Plato", *Review of Metaphysics*, 15 (1961), pp. 67–80.

④ Christopher Bobonich, "Persuasion, Compulsion, and Freedom in Plato's *Laws*", *Classical Quarterly*, n. s. 41 (1991), pp. 365–88; "Akrasia and Agency in Plato's *Laws*", *Archiv für Geschichte der Philosophie*, 76 (1994), pp. 3–36; *Plato's Utopia Recast: His Later Ethics and Politics*, Oxford, 2002. See John M. Armstrong, *The Politics of Virtue in Plato's Laws*, Ph. D. dissertation, University of Arizona, 1998.

十分漫长和复杂，并且是一部时不时离题的对话。在其中，尤其后面几卷中，主角的话语很少被其他人物打断。有些人断定，事实上，柏拉图从未完成它，因为古代传统认为，这部对话的"出版"是柏拉图的抄写者菲利普（Philip）之功。在老师死后，菲利普从蜡版上抄下了这部作品，并把《厄庇诺米斯》（*Epinomos*）附在之后。

对诠释者而言，更令人沮丧的是，这部对话的明确教诲，截然不同于柏拉图早期作品及《王制》显现出的教诲。在建构"言辞中的城邦"（city in speech）方面，《王制》更为杰出。由于《法义》明确拒绝《王制》的"中道柏拉图主义"（middle Platonism），使许多学者选择避开整合这两部对话的诠释问题，他们拒绝认为《法义》是柏拉图临终时的悔悟之作。面对这种难题，诸如波普尔和波波尼奇这样的学者，能够努力呈现对柏拉图假定意图的全面分析，确实值得注意。

我相信，这种学术观点的分歧，其真正的源头，并非在于对话的迟钝，也非因为它在柏拉图离世后"出版"，毋宁说，在创作这部复杂作品时，柏拉图的修辞对象具有多样性。波普尔给柏拉图打上了原法西斯党徒的烙印，波波尼奇则将之重塑为自由主义的民主主义者。他们两人都能正确吗？这部作品是否可能同时促进对修辞和推理的论证？对非理性的法和理性的哲学呢？我倾向于认为，实际上，柏拉图试图处理这类问题。

在这部对话中，柏拉图呈现了两个基本论证，每个都是讲给不同听众。一位在克里特旅行的匿名雅典异乡人，向克勒尼阿斯做出的论证，最为急迫和清晰。克勒尼阿斯是一位年长的克里特治邦者，受命负责建立新的殖民地。在对话的整个过程中，对于他所代表的偏执多里斯（Dorian）传统的视野，雅典异乡人一直试图加以澄清。他教导克勒尼阿斯说，法必须超越身体的需求，转向灵魂的德性。这些努力的手段是他所求助的哲学德性，比如自由、友谊、温顺和劝说。在对话的结尾，克勒尼阿斯决定，这位匿名的雅典哲人，必须指导殖民地的建立。因此，像波波尼奇兹这样的诠释者断定，《法义》透露出柏拉图对个人自主的基本尊重，以及他对理性论说的忠诚。此时，他们准确把握了柏拉图的初级论证——或至少是第一明显（first-evident）的论证。

我坚持认为，柏拉图呈现的另一个论证，在当下并不显著，它的对象是有哲学头脑的读者。由于对哲学的无知，克勒尼阿斯的视野受到限制，有别于他，这部对话的合适读者——对统治有点兴趣的年轻哲人——忍受着过量的哲学。哲人立法者未能给予生命的紧急状况应得的位置，过高估计了人类能力。他为应然之物立法，却没有考虑到实然之物。甚至，尽管雅典异乡人说服克勒尼阿斯，向哲学开放自身及其城邦，但对于年轻的读者们，柏拉图试图让他们认识到哲学的局限。为此，柏拉图所用的方法是，让他们意识到，需求尤其是身体的需求，通过多种方式影响着立法者的自由。像波普尔这样的诠释者断定，《法义》透露出柏拉图对个人自主的漠视，以及对操控性修辞（manipulative rhetoric）的使用，此时，他们准确把握了柏拉图的次级论证——或至少是第二明显（second-evident）的论证。

那么，人们可以合理地提出疑问，在一部对话过程中，柏拉图如何可能沟通这两种截然不同甚至相互冲突的教诲，这如何可能？医疗术是柏拉图时代最令人惊异的发明之一，对其含糊性柏拉图做了精巧利用。随后我将证明，在这种利用中，可以找到问题的答案。在整部《法义》中，柏拉图坚持要求听众——不管是对话者还是读者——相信，立法的任务与治疗类似。

作为异常有用的工具，医疗最初并且最主要的，是被赠予对话的年长交谈者。这样，政治就懂得恳请他们的老年人，注意保护身体，并由此掌控未来。但这种医疗类比同时也融入了理性，并因此融入了哲学，因为医疗是一种技艺。由于热切地想知道何种法律可以最好的满足其欲求，对于知识本身的寻求，老年人变得更加开放。如此，在一群因为厌恶议论而声名狼藉的人中，政治和医疗的类比，在某种程度上重新点燃了认知的欲求。

同样，对于情欲旺盛的年轻人而言，将政治理解为医疗，也有吸引力,虽然是在不同方面。关于医术的明显合理性(尤其跟技术性的诡辩的自负相比时),立即会求助于他们的哲学品性。同时,通过强调人类身体本性的脆弱和贫乏,其各种各样的疾病,以及病人们由于目光短浅而对有益治疗的抵制等,医疗的类比也融入了对于理性局限性的教导,并由此尽力调和乌托邦主义,后者经常起因于对未经验之物的爱欲。

因此,柏拉图将政治类比为医疗,这种努力表明,类比本身是一种显著可塑的教诲工具。一方面,毋庸置疑,它完成了值得称赞的任务,证明了论说的理性品格,这种论说应当支配最好的政治共同体。如果政治哲人无法产生这种希望,那么,政治学——而非经济学——将被认为是令人沮丧的科学。另一方面,柏拉图的类比也暗示,理性政治论说存在局限性。通过对修辞技艺的治疗品格的精巧论证——尽管它还伴随着粗糙、扭曲和逢迎等缺点——柏拉图展示出现实世界政治论说的必然性(但并非不健康)特征。柏拉图证明,自己同情对自由和理性的政治论说的渴望,同时,对此目标可能实现的限度,他也证明了自己的清醒。如此,对于《法义》的读者,柏拉图显示了理性与修辞之间的平衡。对于那些擅自支配我们公共洞穴(common cave)中居民身体和灵魂的人来说,这将揭发他们的论说。

法的统治

> 自然支配着一切动物,禽兽总是服从;人虽然也受到同样的支配,却认为自己有服从或反抗的自由。而人特别是因为他能意识到这种自由,因而显示出他的精神的灵性。
> ——卢梭,《论人类不平等的起源和基础》,1.16①

即使柏拉图对话的普通读者,也会对克勒尼阿斯这位非凡的对

---

① [译注] 中译文参李常山译本,东林校,北京:商务印书馆,1962,页83。

话者印象深刻,他是这部对话的最显著听众。柏拉图笔下的很多人物,常常像鼻子套着圆环的小公牛犊一样,让苏格拉底牵着到处走。跟他们不同,克勒尼阿斯聪明地回答异乡人的问题,并尽力追求自己感兴趣的问题。不难看出,克诺索斯的长老们(Knossian elders)为何委托他负责殖民地的领导工作,也不难发现,在整个对话中,雅典异乡人为何对他极为敬重,甚至温顺。

尽管对于克勒尼阿斯的充沛智慧,柏拉图向我们展现了丰富证据,但他也谨慎地向我们说明,这种智慧也包含着某种矛盾的复杂性和素朴(naïveté)。在某种意义上,克勒尼阿斯坚持的两种观点,根本并非不典型,而是非哲学的智慧。单独来说,它们都是连贯的观点;不过,当同一个人持有它们时,它们就变得相互对立。一方面,他持有传统的多里斯信仰,认为法有着神圣起源。在对话的第一句话中,雅典异乡人就问他:"神还是某个人,异乡人啊,你们礼法的制定可归因于($αἰτίαν$)他?"克勒尼阿斯回答说:"一位神,异乡人噢,一位神,可以说这就是最正确的回答。"(624a)① 这位未来的立法者长途跋涉的目的地——山顶洞穴之中的宙斯圣殿,强化了克勒尼阿斯的观点:通过求助于诸天(heavens),人类获得法律。

另一方面,即使克勒尼阿斯通过行动——如果不是通过言辞的话——主张,法律拥有神圣起源,但他对异乡人下一个问题的回答也表明,法律的起源可能更加世俗。当雅典异乡人问,这些神圣的法律为何要规定公餐、体育训练和箭术时,克勒尼阿斯试图证明,"我们现有的一切训练,皆是为了战争"(625d - e)。他首先解释说,在战争中,克里特人部署轻便甲胄的步兵弓箭手,乃是因为克里特地形天然($φύσιν$)多山,不允许重装武器骑兵的使用。它跟忒萨里(Thessaly)的惯常做法不同,后者平坦的平原有益于骑兵作战。接着,克勒尼阿

---

① 除非另外注明,所有对《法义》的引用来自 *The Laws of Plato*, ed. and trans. by Thomas L. Pangle, Chicago, 1979。

斯论证说，平民的公餐训练起源于如下事实："在打仗时，大家出于防备而被迫（ἀναγκάζονται）在一起用餐。"（625e）他的回答以这一主张做结，即法律应该重复战争中的那些行为，因为"每个人的一生，都与所有城邦之间有着一场永无休止的战争"（625e）。因此，"克里特的立法者为我们制定的一切习俗，公共的和私人的，皆是为了战争，立法者根据这些原则制定用于防卫的法律"（626a – b）。

对于这个对克里特法律的显著辩护，让我们更细致地考察其假设和含意。最初，克勒尼阿斯坚持，克里特法律来自一位神而非某个人，他甚至在向着宙斯神社进行朝圣之旅，希望在那里（我们假设）为其殖民地的建立获得天启的引导。但是，他对异乡人下一个问题的回答表明，克里特法律（或至少是他所理解的克里特法律）完全固着于世俗。一切习俗，公共的和私人的，皆是为了战争的胜利而规定——而且，战争是为了获取和保留身体诸善，并不只限于肉体的自我保存。值得注意的是，在这里的回答中，克勒尼阿斯为对话引入了两个语词，自然（φύσιν）和必然性（ἀνάγκη，必要或强迫）。无论是在前苏格拉底哲学，还是在这部对话中，这两个词都具有重要意义。前苏格拉底哲人的主要成就之一，就是"自然"概念。他们将其并列于"礼法"（νόμος）及"技艺"（τέχνην）。由于其永恒与全能，自然构成了所有人类活动发生的基本语境。更直接地说，自然要求什么，人类必须满足。在某些智术师手中，这种对立是一个有力工具，他们运用自然的优先性，支持他们拒绝希腊社会的传统惯例。在其为克里特法律的辩护中，克勒尼阿斯借用了"自然"和"必然"，由此显示，他不大可能是这种智术师传统的继承者。

但是，克勒尼阿斯对必然和自然的求助，保持了某种前哲学的素朴。智术师们敏于理解礼法对自然的敌意。克勒尼阿斯跟他们不同，对他而言，不存在这种张力。没有任何中介，克里特法律萌芽于其岛屿的岩石土壤。许多智术师看到，自然与礼法之间存在尖锐对立。通过选择，他们接受了前者。克勒尼阿斯接受自然，却没有认识到，他能够选择。克勒尼阿斯对自然与礼法之间张力的忽视，一目了然地体现在讨论箭术和公餐时他没说出的事情上。在为箭术辩护时，他没有提到的事实是，这种形式的战争是一种耻辱。它不是近距离的战斗，战士们彼此处于受伤的危险之中，相反，克里特人从远处用弓箭杀死他们的敌人。

关于雅典异乡人对这种移动作战的蔑视，从他对克诺索斯殖民地没有天然良港所感到的庆幸可以看出：

> 水兵能迅速地向前跳跃，然后再快速地退回到自己的船上；他们不敢站在进攻的敌人面前决一死战，根本不认为这是可耻的。他们很容易为此找到借口，并时常准备扔掉武器逃跑，他们宣称，某些溃败并不可耻！武装的水兵往往会表达这些看法，这些看法并不值得时常赞不绝口，而是恰恰相反。（706c–d）

轻蔑箭术的典型是狄奥墨得斯（Diomedes）对特洛伊的亚历山大（Trojan Alexander）的申斥。在狄奥墨得斯解下自己的装备之时，亚历山大从墓碑后面射了他一箭。仅有愚笨能超过他的懦弱：他所射中的，只是狄奥墨得斯的右脚。尽管如此，他"非常得意，哈哈笑着，跳出隐匿处"。作为回应，狄奥墨得斯说：

> 你这个以美发自傲的弓箭手、吹牛家、谄媚者，倘若你胆敢持刀枪和我正面遭遇，你的弓和飞驰的快箭便帮不了你多少忙，现在你只划破了我的脚掌就这么吹嘘。我却不在乎，有如被女人或顽童扎了一下，渺小的懦夫放出的箭总是软弱无力。我的武器却远非这样，只要有人碰上它，它就会锐利地扎进去，立即要他的性命。他的妻子将抓破面颊，孩子成为孤儿，鲜血把土地染红，肉体在原地腐烂，围绕他聚集的鹰鹫会比妇女还要多。①

---

① 荷马，《伊利亚特》11.385–395。[译注] 中译参罗念生先生译文，《罗念生全集》第五卷，上海：上海人民出版社，2004，页273。

箭术及其更为近代的等价物的坏名声，远比古希腊荣誉政制的道德的终结时间要久。① 根据古代及其后对箭术及其后裔的长时间批评，在解释克里特对箭术的使用的起源时，克勒尼阿斯表现出的冷淡，尤其值得注意。一位古代的《法义》评论者认为，在这一段中，克勒尼阿斯"正为使用箭术而道歉。它受到谴责，正如短语'卑鄙的弓箭手'（Iliad, 11.385）一样，因为弓箭手们不是近距离战斗，而是从远处射杀"。② 这位评注者准确看到，人们对这种战争普遍感到耻辱，但我认为，他错误地将这解释为道歉。他没有注意到，克勒尼阿斯对更加"高贵"选择的无知。正是对雅典异乡人所谓勇敢的强制标准的无知，才为读者提供了这样一部令人兴奋和感到讽刺的戏剧：正是克勒尼阿斯，这位被视为最有勇气的人，才是最需要勇气的人。正如雅典异乡人稍后会提到的，多里斯的法律提升的仅是一种"跛脚的勇敢"（634a）。

以事实的方式，克勒尼阿斯谈到这种懦弱的行为：克里特的乡下多山，因此，克里特人部署轻便甲胄的步兵弓箭手，而忒萨里周围土地平坦，忒萨里人便在马背上战斗。他的论证，并非普通（run-of-the-$άγορά$）诡辩的相对主义者会做出的论证。也就是说，后者的论证通常是，习俗的多样仅仅表现出偏好的多样。克勒尼阿斯的论证毋宁是，人类习俗的多样性，就其存在的程度而言，则是由自然的多样所支配。

同样，对于公餐的起源，克勒尼阿斯的解释也忽略了这种做法的耻辱。在自己家里的轻松环境中，有教养和有闲暇的人们斜倚在柔软的椅子上，在家人、朋友和出身名门的异乡人的陪同下，进餐和饮酒。

---

① 长矛、穿甲弩、大炮、手枪和洲际核导弹的使用者们，先后受到同样的批评。即使在我们民主时代，荷马式精神已经没有影响，但美国1991年依靠压倒性的空中力量打败伊拉克地面部队，也被批评为"射击类的视频游戏"（video-game turkey shoot）。

② *The Laws of Plato*, ed. and trans. by Thomas L. Pangle, p. 514, n. 14.

然而，战时的营养类似于喂猪，特别粗野。如果吃饭时遇到袭击，士兵必须从地上跳起来，把头放回头盔之中——或许，放回的东西还包括他餐食的剩余物——然后以自己的生命投入与敌人的战斗。就像对箭术的讨论，对公餐起源的解释，克勒尼阿斯也直截了当揭示了事实。实行公餐的做法源于战争的必要，就像箭术一样。对克勒尼阿斯而言，这些必要性如此紧迫，以至于他难以想象，克里特人会希望以任何其他方式战斗或吃饭。①

因此，克勒尼阿斯这个人物，敏锐却缺乏反思的理智力量。从其关于法的起源的混乱看法中，可以最清楚地看到其理智的不连贯性。对异乡人的第一个问题，克勒尼阿斯回答说，法来自"一位神，异乡人噢，一位神"。然而，当他试图对这神圣法律进行详细解释时，法律对灵魂德性的忽略就变得很明显。就像它所统治的人类身体一样，克里特法律完全受到自然的物质需要的奴役。克勒尼阿斯没有认识到，如果克里特法律确实来自一位神的话，神就会培养灵魂的高级德性，

---

① 克勒尼阿斯对战争时期道德放纵的必要性的评价，从下面《华盛顿邮报》(*Washington Post*)在阿拉伯半岛关于"沙漠风暴"行动的报道中可以找到例证：

Maj. Harold McAdoo 是一位战地牙医，他是一个现实主义者。他没有期待，战士们会用牙线清洁牙齿。毕竟，现在是战争。一些牙齿保健的细节，必定会弃置不顾。但是，McAdoo 确实希望，美国士兵刷牙的频率能更高。这将减少他们的牙痛和牙龈疾病，以免总让他们光顾他的办公室。而这能够减少战争的伤亡。McAdoo 说："如果士兵牙痛，他将无法集中注意力。"他43岁，北卡罗来纳州格林维尔本地人。McAdoo 的工作与其他牙医一样：根管治疗，义齿修复，充填材料。自从10月份，他所在的第三骑兵装甲团到达以来，平均每天他要治疗15名士兵。他发现，许多士兵遭受急性齿龈炎坏死性溃疡，或者浮肿、牙龈疾病等的困扰。军人称之为"口腔战壕"。它的产生是由于士兵在战争期间，一连几天不顾刷牙。"我告诉他们，在这里需要机敏些，"McAdoo 说，"他们需要放松。但没有女人，周围没有人可以接吻。因此，他们用牙刷去清洁来复枪。除非他们再也无法忍受，否则他们不会去刷牙。"("War Notebook", 1991.2.21, A28)

而非身体的低级德性。可以肯定，克勒尼阿斯是一位异常聪明和机敏的对话者，这从他追随异乡人论证的活力中可以清楚看出。但是，正如对话的开始，他至今也没有意识到，神圣与自然，灵魂与身体可能通过多种方式彼此冲突。

在这部对话中，雅典异乡人最明显修辞的目标，是教导克勒尼阿斯——他即将去为新殖民地立法——使他及其城邦从自然的必然性中解脱出来。为了达到这个目的，首先，异乡人要让他意识到，神圣与自然之间存在张力。接着，他必须说服克勒尼阿斯，颁布提升神圣压倒自然的法律。这些法律不同于克里特法律，后者盲目地遵照身体的感知需要（perceived necessities）。简言之，雅典异乡人想让法律接受苏格拉底哲学的影响。

异乡人选择了一个颇为棘手的问题。在古代，多里斯人声名卓著，并不仅仅因其拥有好的法律，也因其遵循这些法律。作为统治良好的城邦公民的典型，对于其法律继承，多里斯人非常引以为豪。克勒尼阿斯也不例外。雅典异乡人开始对法的"探究"之后不久，克勒尼阿斯很快认识到这一论证的含义，他愤怒地宣布："异乡人呐，我们如此处置我们的立法者，是把他放在立法者中相当低的位置上。"（630d）

要让这种法律传统的后嗣接受哲学的影响，是极为困难的任务，更不用说让他们成为哲人。尽管如此，对于如此做的紧迫性，柏拉图向其读者展示了一个引人注目的情形。在对话的前两卷，柏拉图描绘了两位多里斯对话者的肖像，由此他也谨慎地指出，多里斯法律存在深刻的不足，并暗示所有法律都如此。最突出的缺陷是其不加反思地屈从于自然的感知需要。多里斯人从自然中获得的教导——人类法律必须遵从的教导——完全灌输到他们的全部法律中。自然迫使立法者服从其统治，如今，立法者要迫使公民服从自己的意志。在两种情况中，强迫都是主宰。关于多里斯人的强迫倾向，一个极好的例子是，他们的法律要求，在诗歌中，诗人只能描绘"节制、勇敢和完美无缺的人"（660a）。同样，在教育年轻人方面，多里斯人避开多样性，支持均质教育（pedagogical uniformity）。正如雅典异乡人对克勒尼阿斯所说：

> 你的政体是军营式的政体，而非居于城邦者的政体。你们还把年轻人聚集起来，就像小马群聚在一起吃草。你们没有人把自己的小马儿与所有一起吃草的马分离开，将他从一切粗野和恼怒的马群中拉出来。你们也没有人把他交给私人马夫，用梳鬃和抚摸来调教他，给他各种适合抚养儿童的东西。(666e)

不过，对于多里斯多里斯人的强制情况而言，亟待改革的是，法律禁止探究"哪些法律制定得好、哪些制定得不好"（634d-e），它命令，"所有人都异口同声、众口一词地说，诸神制定的所有法律都很好"（634e）。

确实，确保战争的胜利，压制不满的诗人，以及禁止渎神地探究有声誉的神圣法律，所有这些做法都有助于社会和平与秩序的短期维系。但这种法律所要求的视野的一致性，使得城邦无法更新自己。的确，对所有城邦来说，战争都是一种挑战，但隐伏的新思想和异质实践，同样可以毁灭城邦。在必然性的祭坛上，多里斯法律牺牲了其公民可能拥有的任何原初想象，因此，他们的城邦尤其容易受新奇性（novelty）威胁。多里斯人要求一致性，其后果是，它会阻碍克勒尼阿斯事业的成功。虽然他被委以重大使命，但他受到的多里斯教育，拒绝给予他建立城邦所需的资源。法律能够保护其公民，使其远离诗歌、私人教育和无神论的危险。但是，克勒尼阿斯缺乏所有这些知识。① 由于无知（正如他现在一样），克勒尼阿斯不可能建立一座真正伟大的城邦。不幸的是，他没有认识到这一事

---

① 关于他这种无知的表现，例如，他坦白承认，对"迷人的"荷马，他不熟悉（"我们克里特人不常使用外邦的诗"［680c］）；对异乡人在卷十开头讨论的无神论，他也不清楚。

实。不过，在雅典异乡人的帮助下，克勒尼阿斯很快就会看到自己的无知，并学习如何统治。

哲 学

> 死鸟不会飞走。
> ——丘吉尔爵士，在被告知其裤子拉链没有拉上时。

因此，雅典异乡人最明显修辞的目标是，揭露克勒尼阿斯政治观的缺陷。在整个对话中，异乡人将证明，自称神圣的法律——克里特法律最为明显——必须培养灵魂的德性，同样还有身体的德性。用他的术语来说，它必须照管"整体德性"（the whole of virtue），而不是德性的部分。[①] 然而，不同于其戏剧中创造的人物雅典异乡人，在某种程度上，柏拉图有着不同的修辞目标。他的对象是其年轻读者——你和我。

充其量，这种主张是反直观的。不仅对话的人物清单上，仅包括三位老人，而且这部作品偏执地聚焦于老年的偏见：每一页都垂悬着死亡的阴影。《会饮》（Symposium）中对爱欲的幽默颂赞，甚至让提议者也觉得，在吸引和保持年轻人的兴趣方面，它远为适合成为候选者。

但是，在对话的开头几页中，《法义》的细心读者应该能够看出，这部对话对人物的塑造方面，年轻人为何缺席，以及他们对老年人的喋喋不休感兴趣的可能原因。年轻读者的缺席和感兴趣，恰恰因为对话开始后不久，他就遭到"放逐"。前面简要讨论过，正是随着对话的第一个语词，通过一系列问题，对于对话者的法律传统，雅典异乡人开始进行并非完全温和的攻击，这些问题是要质疑多里斯法律的神圣起源。听了他们抗议的怒号，雅典异乡人简短地总结说，对于他的

---

① 例如，参 630e。

"探究"的颠覆性品格,其对话者并非毫无知觉。于是,他选择从不同的角度接近这一问题。

雅典异乡人并非继续攻击多里斯法律的缺陷,他转而寻求认同和称赞其长处。异乡人认为,它最显著的德性之一,是禁止年轻人批评法律。正如异乡人所言:

> 因为,这是考虑到你们的法规是恰当制定的,其中最好的一条是,不允许任何年轻人去探究哪些法律制定得好,哪些制定得不好,而是命令所有人都异口同声、众口一词地说,诸神制定的所有法律都很好;如果有谁提出异议,压根不必在乎他。(634d – e)

尤其值得称赞的是法律中的一条规定,它明显与异乡人的当前处境有关:"然而,如果某位老人一直在思考你们法律中的东西,那他应在某个长官和同龄人面前说出这些观点,绝不能有年轻人在场。"(634e)接着,异乡人听到克勒尼阿斯说,对立法者的意图来说,他的分析就像个占卜者,特别有见地,① 此时,他请求获得允许,使用这一规定:"好呀,我们周围现在没有年轻人。考虑到我们这一大把年纪,立法者必定特许我们,让我们单独讨论这些问题,而我们也不会犯什么错误,我们会吗?"(635a)在获得克勒尼阿斯的允许继续进行之后,② 异乡人开始他真正的攻击。

大体上,雅典异乡人对多里斯多里斯法律这条规定的借用,被

---

① "说得最正确不过了,异乡人啊,你就像个占卜者。虽然你与设立这些限制的人的想法在时间上相隔遥远,但我认为你恰当地触及了这个想法。你所说的都相当真实。"[635a]

② "怎么会,要批评我们的法律时,也请不要客气。找出卑贱的东西,这根本不是什么不光彩的事情;实际上,如果闻过者并不嫉恨,处理得当,结果就会是治病救人(ἴασις)。"(635a – b)

恰当地视为明智的策略，由此，他获得了对话者的允许，教导他们其法律的不足，以及他们对哲学引导的需要。然而，这种理解不应该让我们无视对话的修辞效果对年轻读者的影响。建立城邦是一项严肃的事业，正如异乡人稍后所宣称的，它会从男孩中区分出男人（"对于男子气这一德性的所有检验，立法并创建城邦乃是最完美的。"）[708d] 在一开始，柏拉图就暗示，对其年轻读者来说，他们讨论的内容太过重大，甚至太危险，不能让其探究。这样，事实上柏拉图确保了自己的专注，而立刻抵消了见证的机会。除许多其他蛮横的颠覆性启示之外，这些紧张的老年人把时间花在喋喋不休地讨论饮酒、诱导年轻人，以及策划教育年轻人的日程等问题上。

通过宣布其伦理教诲不适合其年轻读者，亚里士多德希望能获得他们的沉默和注意。① 同样，在这里柏拉图也想要如此。对其年轻并且顽固的读者，当他们安静地观察老年人们（仅仅是技术性的观察）的合法交谈时，柏拉图鼓励他们，采用一种更为成熟的视角。

另一位哲人洛克（John Locke）完全懂得，从同伴、行为和长者的关注中，形式上排除热爱自由的年轻人，对促进其成熟很有效。他写下了如下轶事：

> 等到他可以说话的时候，他便可适时地开始学习阅读了。不过说到这一点，请容我再三叮嘱几句，有些事情您是极容易忘记的。您需格外当心的是，切不可把学习当作他的一件工作，也不要让他把学习看作一项任务，正如我所言，我们自出生起就自然地喜欢自由，因此对很多事物心存厌恶，没有别的原因，只是因为它们是强加于我们的缘故。
>
> 我常常有一种想望，认为学习对幼童来说可以是一种游戏和娱乐。倘若他们能把学习当作一种荣耀、名誉、快乐和消遣，

---

① Aristotle, *Nicomachean Ethics*, 1.1094b29 – 1.1095a12.

或者当作完成其他事情的一种奖励；而且倘若他们永远不会因在这个问题上有所忽略而遭到斥责或惩罚，那么他们应该会乐于受教的。有一件事让我更加确信了这一观点，那就是在葡萄牙人当中，他们的幼童阅读和写字的学习蔚然成风，你追我赶，没有什么能够阻止他们的学习热情。他们相互学习，乐此不疲，好像有人要禁止他们这样做似的。

我记得我曾经住在一位朋友家里，他家的儿子还是一个穿童装的小孩，很不容易让他读得进书（那时他在家里由母亲教着阅读），我建议他们试试另一种办法，不要把读书当作他的一项职责，所以我们就故意顾自谈话让他听到，却又不注意他时，说读书学习是嗣子和长兄的特权，这样他们便可以成为一位优秀的绅士，得到众人的喜爱，至于那些年幼的弟弟们，让他们获得教养乃是一种恩惠，教他们读书写字本不是他们的福分。如果他们高兴，尽可以去做一些没有知识的乡巴佬。这一办法果然灵验，后来他便乐于学习了，而且会自己走到母亲跟前要求学习，要求他的女仆听他读书，否则就不叫她安宁。①

要理解《法义》，必须记住的事实是，一群好奇的年轻人在专注地倾听老人们说出的每一个语词。

假定这位读者在场之后，我就可以描绘他的性格。跟他不成熟的身体和精神发展有关的，是与年轻人普遍相连的两种冲动：强大的性欲和对所接受传统真实性的怀疑。与这两者一致，支配的意志也出现得相当频繁。理智、高超、有魅力的年轻人，在频繁出席的宴会上吸引别人，以支配他的同伴。尽管如此，在城邦大船的掌舵者那里，对

---

① John Locke, *Some Thoughts on Education*, John and Jean Yolton ed., Oxford, 1989, p. 148. ［译注］中译文参洛克《教育片论》，熊春文译，上海：上海人民出版社，2005，页219-220。

这种人的安排应该是，他令船上的人感到害怕。连同其身体上的活力，他对祖先习俗的怀疑，容易导致他对纯朴虔敬和必要的身体限制的无知（甚至鄙夷）。讽刺的是，帮助他获得权力的那些力量——敏捷的头脑和漂亮的身体——尤其使得他不适合统治的任务。

为了阐明雅典异乡人的听众（两位多里斯人）和柏拉图自己的听众（怀疑的年轻人）之间的显著差异，我将比较《法义》和《王制》各自的开端场景。《王制》是柏拉图早期对"言辞中的城邦"的建构。在《法义》开篇，三位老年人——克诺索斯人、斯巴达人和雅典人——从克里特的克诺索斯城邦出发远足，前往山顶附近宙斯的洞府和神庙。我们稍后得知，克诺索斯人克勒尼阿斯，受委托建立一块新的克里特殖民地。看上去，他前往圣殿的朝圣之旅，是想为其殖民地的法律获得神启的引导。但柏拉图立刻指出，克勒尼阿斯攀登圣山的旅程将非常艰辛，因为有许多自然的障碍。道路漫长、坚硬，并且陡峭。阳光照射的时间（在夏至日旅行）很长，而且炎热。这些人身体衰老，而且疲倦。为了三人能够"轻松地走完全程"，雅典异乡人建议，在沿途神圣柏树林的荫凉中，他们可以不时歇歇脚，并且用探究克里特法律起源和目标的愉快言语，相互"激励"（625b）。脆弱而行将就木的人类身体，其局限和欲求，加上自然气候的酷烈，甚至敌对性，对这位未来立法者来说，他追求神圣启示的热望，面临重大障碍。

《王制》的开篇是另一种攀登：苏格拉底从雅典下到（going down）佩莱坞（Piraeus），这是个忙乱的新兴港口城市，在那里，苏格拉底花了一天时间，观看新的宗教节日，之后他准备返回雅典，却让几个年轻朋友"逮住"。他们把苏格拉底带到玻勒马霍斯（Polemarchus）家中，并许诺晚餐和马背上火炬比赛的表演。一到屋里，他就开始与克法洛斯（Kephalus）交谈。克法洛斯是玻勒马霍斯的老父亲，他告诉苏格拉底，年长和身体欲望的减退，让他渴求机智的清谈。接着，苏格拉底问了克法洛斯很多不自在的问题，导致他以"献祭上供"（331d）为由离开。因此，他证明了老年人主张的自夸：与克法洛斯的看法相反，随着身体激情的消逝，理智的激情也会消逝。接着，苏格拉底与那些有活力的小伙子们一起，致力于对正义的激烈讨论。所有人都把晚餐的许诺忘得一干二净，因为对话一直持续到凌晨时分。对于他们的探究来说，食物和睡眠的肉体需求，很容易被这些年轻人的强壮身体所忽略，他们没有产生任何障碍。

我相信，两部对话开场的这种对比，很好地阐明了《法义》面向的两种具体听众的身份和性格。为了到达宙斯洞府，克勒尼阿斯必须穿越其年龄和地面热度，这两者共同阻止他想要获得的启示。在其旅途上，雅典异乡人试图帮助克勒尼阿斯。为了帮助他克服自然障碍，成功建立城邦，雅典异乡人将重建克勒尼阿斯年轻时的某种能量、欲求和怀疑。最终，克勒尼阿斯得到的，并非他原本想要获得的启示，而是与一位四处周游的雅典哲人谈话的危险。柏拉图的听众不同于雅典异乡人的听众，类似于彻夜与苏格拉底交谈的年轻人。讨论正义时，他们年轻的活力，使他们可以无视其他身体需要的压迫，像食物和睡眠。但很明显，城邦的统治者应能够持续如此彻底的忽略本性的迫切性。在《法义》中，柏拉图的目标是教导这种人：如果实行统治，他们必须记住，人类不朽的灵魂居住于脆弱和充满欲望的可朽身体之中。

在《法义》第一页，读者和多里斯对话者的注意力，都集中在旅途上人类的渴望和身体需求的障碍。正是在这一页，柏拉图向两种听众呈现了一幅影像，随着对话的发展，这幅影像将越来越明确。在整部对话中，关于身体及对身体的照管，似乎存在一连串影像。他们长时间讨论身体对食物、水和性的欲求，此外，对话中的人物也提到战争、体育、舞蹈、老化和危险的神水。

最重要的是，正午时分，当太阳光线最强烈地照射到这些老人时，雅典异乡人开始进行医疗与政治修辞的冗长比较。从那一刻起，身体疾病和人类欲望的医治，在对话中占据了显要位置。看上去，这种治疗采取多种形式，在一个极端上，它像希波克拉底式（Hippocratic）医师的温和与理性的话语，而在另一个极端，它则如同狂热、挥着手鼓的疯狂女祭司们（Corybantic priestesses）的神秘舞蹈。同样，除了很多其他形式的治疗之外，还有俄耳甫斯教（Orphics）的素食，巡游萨满（Shaman）的洁净，及毕达戈拉斯学派（Pythagoreans）的音乐疗法。柏拉图不会让我们忘记，身体及其欲望，还有它的软弱、疾病和治疗，恰恰构成了其最终考虑的政治技艺的基础。

柏拉图将其每种单独的修辞对象——执着于土地的老年人与哲学的年轻人——都描述为病人，从中可以进一步看出，疾病和健康的隐喻在对话中起到重大作用。法的统治和批判它的哲学，有着不同的不足之处。这两种不足都被描绘为病态的——更明确地说，癫狂的——虚弱，它们特定于人类身体成熟的具体阶段。当人上了年纪，失去了身体的强壮，意识到即将来临的死亡，他们就会受如下欲求所支配：想要对他们即将通过的领域施加控制。对于肉身必死性，老年人所表现出的嫉妒性显明，在法的疯狂专制中，可以找到有形的表现。相应地，年轻人精力充沛的身体，使其居住者在进入世界时，充斥着满足肉体欢愉的渴望。这使得他们宣称，身体可以不受约束地放纵，纵使法律对其施加了任何限制。年轻人表现出对肉身必死性的拒绝显现为，从哲学上主张自由。柏拉图明白，法和哲学是父与子的不同主张，对两者中任何一个的全然默许，都不利于城邦的健康。他所追求的是防止它们过度。

《法义》中政治的标准与德性的充分性

麦克内尔（Raphael Mcneil） 撰

张清江 译

柏拉图《法义》提到，克里特即将建立一块殖民地，这意味着必须制定法律。按照克勒尼阿斯的解释，他和其他九位克诺索斯人（Knossian）受到委托，为新殖民地精选好的法律。这些好法律可以是克里特法律，或者是外邦的法律，只要它们比克里特的法律更适合那块特殊的殖民地。① 但是，为了在两种法典之间做出判断，需要一种标准。此外，由于克里特法典是两种法典之一，相比多里斯法典本身，这个标准就应视为更好、更高。②

---

① Plato, *Laws*, 702c5-8。回忆一下库朗热（Fustel De Coulanges）对古希腊殖民地政治状态的评论，会很有帮助："大家都知道，希腊人及罗马人的殖民与近代的殖民方式不同。古代的殖民地并不是殖民城邦的附属，它本身是完全自主的城邦，但在宗主国与殖民地之间存在着一种特别的关联，它成了所有殖民地的创建方式。"参 Fustel De Coulanges, *La Cité Antique：Étude sur le culte, le droit, les institutions de la Grèce et de Rome*, Paris, 1910.［译注］中译参库朗热《古代城邦——古希腊罗马祭祀、权利与政制研究》，谭立铸等译，上海：华东师范大学出版社，2006，页201。

② "多里斯法典"的说法，意指克里特和斯巴达政制的相似性。虽然据说每个法典来自不同神祇，即宙斯和阿波罗，并由不同的人即米诺斯和吕库古建立，但同样，据说吕库古曾访问克里特，并且在制定斯巴达法典时效仿克里特法典，这可以解释两种政制之间的相似（Herodotus, *Histories*, I, 65; Aristotle,

于是，要接受一个不同于多里斯法典的标准，克勒尼阿斯和墨吉罗斯必须看到自身法典的局限。由于在第三卷结尾，克勒尼阿斯真诚地邀请雅典异乡人加入他的行列，帮助他为新殖民地制定法律，我们就可以推断，对多里斯法律局限性的说明，发生在对话的前三卷。同样，我们可以预期，对多里斯法律局限性的阐述，能够让我们看到任何法律都应该遵循的标准。

战争的必要和高贵

《法义》的开篇，探究多里斯法典的起源及其习俗（ἐπιτηδευμάτων）的意义。多里斯习俗是一种军事化的生活方式，即使在和平时期也如此。虽然多里斯法典据说源于某位神，但看起来，这些习俗的原因出于自然。按照克勒尼阿斯的解释，事实上，城邦之间存在着持续的战争，并且通常不宣而战，这种战争"天然就一

Politics, II, 10, 1271b22-27）。但是，《法义》中从未提及这一传统（但可参 Minos, 318d-320b），雅典异乡人仅限于说，克里特和斯巴达法典有如亲兄弟（ἀδελφοῖς νόμοις, 683a2）。根据 Morrow 的看法，这表明，柏拉图明白两种法典之间的相似性，是基于它们共同的种族起源，而非当今主流古希腊历史学家所主张的那样，是基于某种模仿（参 G. R. Morrow, *Plato's Cretan City. A Historical Interpretation of the Laws*, Princeton, 1960, p. 34）。无论如何，这看起来是正确的：

> 他们社会组织的严格纪律性，动机和志向的单纯性——不管是出自征服时代的真正生存，还是七世纪经过深思熟虑的复兴的结果——把（多里斯人）与他们的同族者区分开。他们的同族者先于他们成为希腊，并且，尤其是小亚细亚的伊奥尼亚人（Ionians），在某种程度上，通过融合克里特和东方文化，变得柔化了。……希腊种族的这两个支脉间的区别——"柔性生活的伊奥尼亚人"和"男性支配"的多里斯法典之间——成为希腊所有历史和文化的基础。（同上，页59）

下面将要看到，"多里斯法典"这个说法，首先是指这种"严格的男性支配"。

直存在"（κατὰ φύσιν，624a4-5）。正是着眼于这种战争的自然状态，克里特和斯巴达的立法者们制定了他们的军事化习俗。这些观点很充分，正如克勒尼阿斯继续说到的，因为"没有什么是真正有益的，无论财物还是生意，除非我们在战争中获胜。因为，那时战败者的所有好东西均属于胜利者了"（Laws，626b1-4）。

然而，雅典异乡人反对这个结论，并做了反驳论证。通过把战争的源头追溯到个人，雅典异乡人让克勒尼阿斯承认，最糟糕的战争并非反对外人的战争，而是反对自己的战争。就城邦而言，它意味着，在所有战争中内战最糟糕。考虑到内战以及对外战争的需要，克勒尼阿斯被迫承认，调解对立派别以建立友谊与和平，比单纯摧毁不同派别更为可取。换句话说，至少在那种情况中，相比使用暴力取得的胜利，和平与友谊是更大的善。因此，雅典异乡人断言，每个人制定的礼法（νόμιμα，628c6），都是为了最好的东西。他继续说道，现在，最好的东西既非战争也非内战，而是和平，正是为了和平，才制定战争方面的法规，而非相反。

克勒尼阿斯承认这一论证的合理性，但他仍坚持主张，克里特和斯巴达的习俗和法律的建立，正是着眼于战争。关于克勒尼阿斯的这种拒绝，可能有两种动机来解释。首先，克勒尼阿斯是一位老人，正是这些法律养活了他，并且他一生的生活都遵循这些法律。因此，承认克里特法典建立在有缺陷的原则之上，无异于承认，他迄今为止的整个生活都基于有缺陷的原则。但还有一种可能是，克勒尼阿斯并不认为，战争完全是生命的一种邪恶或糟糕的必需品，像雅典异乡人说的那样，是某种我们应当"向神祈祷，不要求助它们"（ἀπευκτὸν δὲ τὸ δεηθῆναι τούτων，628c10）的东西。

源于克勒尼阿斯主张的问题在于，除了军事上的优势之外，没有任何东西有益，因为正是通过战争这一过程，获得或失去很多东西。至于想到的那些东西是什么，克勒尼阿斯提到了"财物"（κτημάτων，626b2）和"习俗"（ἐπιτηδευμάτων，626b2）。前者可以包括大部分外在的好东西，从鞋子和黄金神像，到孩子和妻子；后者则可以理解为一种完整的特殊生活方式。这似乎意味着，战争作为一种手段，要么指向保护自己的财产和生活方式，要么指向通过暴力获取物质利益（goods）。这取决于对所有东西的占有和享用来说，军事优势被当作必要条件还是充分条件。然而，在两种情况下，战争的善看起来都从属于个人利益的善，比如，财物和生活方式，可以说只有在和平时期，才能真正享有它们。

不过，克勒尼阿斯拒绝这一结论。根据他的说法，战争与善恶的关系，好像建立在另一个基础上。当雅典异乡人把战争的源头追溯到个人身上时，克勒尼阿斯说，至少在个人身上，战争的定向依据两极：更强与更弱，高贵与低贱。他断然宣称，自己战胜自己乃是一切胜利中首要的、最好的胜利（Laws, 626e3）。然而，这和他之前对自然的理解不同，因为重要的不再是战争的事实，而是某种具体胜利的高贵：善胜过恶。在战争中更强并取得胜利，这不再是最终的善，因为按照克勒尼阿斯的说法，有时候，城邦或个人中的较低部分打败了较高的部分，那就不能称之为善（Laws, 627b2-8）。不管怎样，看起来，存在中较低部分的胜利，应当称为弱于自身，因为这种胜利不会改变的原则是，善应该强过恶。于是，我们可以明白，战争表现为一种机运，以显明善对恶的优越性。在个人身上，这一点更加明显，因为在这个层面上，通过让较低的自己（比如对痛苦的恐惧）服从较高的善，即服从城邦，战争可视为区分高贵与低贱的机运。简而言之，战争是德性显露的时机。就战争涉及勇敢而言，似乎很难说，战争仅仅是一种邪恶或糟糕的必需品。如果斯巴达人——在这方面，所有希腊人——对温泉关战役（battle of Thermopylea）的考虑，仅仅着眼于它的军事后果，这也太不可思议了。勇敢、荣誉和荣耀，都附加在战争上。

这些考虑就可以解释，雅典异乡人呈现其第二个论证的方式。现在，雅典异乡人使用诗人提尔泰俄斯的说法，后者赞扬了战士的勇敢德性。[1] 这位诗人写下这些言辞，以表达上面提到的论点：正是在战争中，勇敢的人使自己与众不同。确实，战争很可怕，但谁能够承受它，并克服自己的恐惧，他由此便是卓越之人。而战争的善与其说是跟享受财物有关，不如说是因为它能够让勇敢的品性显露出来。

看起来，相比物质财富，勇敢是一种更高的善，但关于二者之间的关联，这里没有讨论。相反，雅典异乡人转而讨论勇敢与更高的诸善之间的关系。内战是最可怕也最重要的战争，因此，正是在这种战争的情境中，最大的德性可以显露出来。现在，基于另一位诗人忒奥格尼斯（Theognis），雅典异乡人主张，对外战争只需要德性的一部分，即勇敢，但内战则需要整体德性，因为内战的目标不是单纯毁灭或杀死敌人，而是——正如克勒尼阿斯自己之前同意的那样（cf. Laws, 628c2 - 3）——要建立和平与友谊。相应地，内战中的战士，在跟敌人战斗时，必须足够勇敢，但他这样做时，必须持续专注于城邦内和平。这意味着，除了勇敢之外，他还需要节制、正义和明智。不仅是战争，而是最最可怕的战争，导致三位对话者通向一系列新的善。雅典异乡人认为，这些善的每一种都高于单独的勇敢。

政制的标准

为了让克勒尼阿斯接受其观点，雅典异乡人必须详细说明，这一论证本身并非批评多里斯法典，而是批评克勒尼阿斯对这一所谓神圣法典的解释方式。要赞扬多里斯法典，表明它的神圣性，并因此表明其完美的善，克勒尼阿斯本应当指出，通过遵循多里斯法律生活，一

---

[1] 不管怎样，为了表达他们自己对战争的看法，多里斯人需要雅典异乡人；正如雅典异乡人已经表达的克里特立法者的推理的起源（参 626d5），正是一位生于雅典、后来加入斯巴达城邦的诗人，被证明能够表达斯巴达人对伟大的看法（参 629a4 - 5）。参 Leo Strauss, *The Argument and the Action of Plato's Laws*, Chicago, 1975, p. 6.

个人不仅会获得德性的一部分，比如勇敢，而且会获得整体德性。为了明确这点，雅典异乡人告诉克勒尼阿斯，他本应当如此说：

> 它们都是正确的法律，使用它们的人能获得幸福。因为那些法律提供了所有好东西［善］。这些好东西是双重的，有些属人，有些则属神。属人的诸善取决于属神的诸善，如果一个城邦①取得了更大的一头，它也会取得较小的一头；如果不是，就会两头皆空。在较小的诸善中，健康居于首位；第二位是美貌；第三是力量，跑步和其他所有身体运动上的力量；第四是财富——不是盲目的而是目光如炬的，因为它跟随着明智。而明智，反过来，在属神的诸善中又居于第一的和主导的地位。接在理智②之后的，乃是灵魂的节制习性，这两者结合勇敢，就产生了处于第三位的正义。第四位是勇敢。后面所有这些［属神的］善，在等级上天然高于前面那些［属人的］善，立法者应该按这个等级来排列它们。（《法义》，631b5 – d2）

正式而言，这只不过是重述，确切地讲，只是它的第一半部分。但这一半足以说明，雅典异乡人正依据自然为法典提供框架，即提供一个标准，任何政制都必须符合这个标准，尤其是它要宣称自身是诸神认可的政制时。简而言之，我们有权预期，为新殖民地的立法——从卷四开始，雅典异乡人和两位多里斯人将详细阐述它——

---

① 我依循 A 本和 O 本，认为在 631b8 是 "τις...πόλις κτᾶται"。在这一点上，我接受 Des Places 的意见，而不同意 England 的看法，参 *The Laws of Plato*, ed. and trans. by E. B. England, New York, 1976, vol. I, p. 212。

② 我依循 A 本和 O 本，认为在 631c7 是 "μετὰ νοῦ"。England 和 Des Places 提出，将 μετὰ νοῦ 解释为："第二位的，是灵魂结合理智的节制习性。" 如 Strauss 指出的（Leo Strauss, *The Argument and the Action of Plato's Laws*, p. 8），接下来（631d5），理智被说成是所有善的领头，这确证了一个看法，理智同样应当排在第一位，即在节制之前。

也应该符合这一标准。因此，这段话值得重视。

雅典异乡人重述的第一部分，规定了法律的目的。法典的目的是让生活在这些法律下的人幸福。就像《欧蒂德谟》（*Euthydemus*）一样，在这里，幸福被定义为拥有所有的好东西（参前面部分，1.2.1）。相应地，法典的目的应该是向公民提供所有的好东西。现在，这些好东西并非无限多，而是只有八种善。这里强调的并非这些善的异质性，而毋宁是两个类别之间的差别，每四种善为一类。一方面是属人的诸善，另一方面是属神的诸善。雅典异乡人认为，要获得所有的善，取决于获得更大的善——属神的善。在这一方面，雅典异乡人复制了克勒尼阿斯，认为最好的同样也是最强大的。这可能并非雅典异乡人的定论，① 后面我们会再来考察这一点。不过现在，对于诸善之间的和谐问题，这种主张的影响至关重要。如果它是正确的，那么，调和诸善的问题就会消失，因为，理智的德性会确保，比如，健康和财富。这意味着，立法者只需要关注一种善，获得这种善是获得其他所有善的充分条件。

事实上，这并非雅典异乡人所说的确切内容。雅典异乡人考虑了诸善的两种类别，他说，较小的善取决于较大的善。这表明，他以如下方式解决了诸善的和谐问题：不需要调和它们，因为较高的善是较低善的充分条件。但他并没有说，在神圣类别之内，较高的善——明智或理智，让我们先保持这种含糊性——会确保获得较低的诸善：节制、正义和勇敢。换句话说，即使属人的诸善真的取决于属神的诸善，但调和属神诸善的问题依然存在。

关于那一点，尤其让人感兴趣的是正义。正义被说成是所有德性或属神的诸善的结合：它是"结合物"（κραθέντων，631c8），是勇敢结合所有的更高德性——确定的有明智和节制，以及仍然带有同样含糊性的

---

① 对克勒尼阿斯观点的具体化表明，少数正义的人可能受多数不正义人的奴役（参627b2-8），因此，德性（或者说正义）并不是胜利（或者说，身体力量）的充分条件。

理智。这是调和的一个例子：总的来说，只要它是明智、节制和勇敢的完美结合，正义就是一种德性。但是，正义排在很低的位置，在所有四种德性中，它只排在第三位。这只能解释为，高和低的结合必然低于纯粹的高。但尽管如此，还是很奇怪，因为这隐含着整体的德性低于德性的一部分。它甚至更加令人困惑，一旦我们记起雅典异乡人曾批评克勒尼阿斯的看法：在建立克里特习俗时，神圣立法者仅仅着眼于勇敢，这种善是所有德性中"最小的"（《法义》，631a5）。雅典异乡人反驳说，无论何时制定法律，神圣立法者都宁愿留心"最大的德性"（$\dot{\alpha}\rho\varepsilon\tau\dot{\eta}\nu\ \mu\dot{\alpha}\lambda\iota\sigma\tau\alpha$, 630c4）。没过多久，雅典异乡人使用了"完美的正义"（$\delta\iota\kappa\alpha\iota o\sigma\acute{\upsilon}\nu\eta\nu\ \tau\varepsilon\lambda\acute{\varepsilon}\alpha\nu$, 630c6）和"整体德性"（$\pi\tilde{\alpha}\sigma\alpha\nu\ \dot{\alpha}\rho\varepsilon\tau\dot{\eta}\nu$, 630e2–3）的措辞，作为"最大的德性"的同义词。现在，正义处在一个低的位次，这让我们想知道，正义作为所有德性——或至少是明智、节制和勇敢——的结合物，是否不同于完美的正义和整体德性。

总之，雅典异乡人对法律目标的重述提供了一个标准。不过，这个标准既清楚又含混。它很清楚，因为它主张，对于生活于其法律之下的公民，一个好的、神圣的、依据自然的立法，应当向他们提供所有的好东西。在这一点上，它与诸善的和谐问题密切关联。但是，也恰恰是在这一点上，这一标准令人困惑。一方面它主张，较小的诸善取决于较大的诸善。这意味着，立法者应当仅留心较大的诸善。另一方面，雅典异乡人并没有确定最大的善，而是旨在列出所有的善。甚至把正义也包括进来。作为所有德性的结合物，正义似乎是多余的：如果正义被定义为明智、节制和勇敢的结合物，其目的是使公民变得明智、节制和勇敢，这又和使他们变得正义有何区别？换句话说，就诸德性而言，较大的诸善与较小的诸善之间有何关联？或者再次说，就德性而言，各部分与整体有何关联？在这方面，理智的地位在哪里？对这些问题，我们没有当下的答案，不过目前，我们必须满足于一个事实：这一标准产生的所有问题，都跟诸善的和谐问题有关。

为好的立法规定标准之后，雅典异乡人继续道：

在这些事情之后,应该告诉(δικαιοσύνη)公民,给他们另一个等级的东西,乃是为了这些善,在这些善中,属人的向属神的看齐,而所有属神的善则向领头的理智看齐。

当公民们男婚女嫁、生儿育女时,同时,不管男人还是女人,从他们年轻的时候,到后来长大成人,直到耄耋高年,皆有必要(ἐπιμελεῖσθαι δεῖ)给他们正确分配荣誉和耻辱,以照料好他们。对于他们彼此之间的所有结合,我们必须警惕(ἐπεσκεμμένον καὶ παραπεφυλαχότα),注意他们的痛苦、快乐和欲望,以及他们在所有欲求上的热忱,并借助法律本身正确地谴责和赞颂。

此外,时不时的愤怒和恐惧,给灵魂带来的不幸混乱,伴随好运而来的那些东西所产生的释怀,以及疾病、战争和贫困带来的体验(διαθέσεως),还有人在相反境遇中产生的各种体验,在所有这类情形下,必须教导和界定(διδακτέον καὶ ὁριστέον)每一种情况中何为高贵,何为低贱(τό τε καλὸν καὶ μή)。

这些事情之后,必然要求立法者警惕(φυλάττειν)公民们的收入和开支,不管这些收支以什么方式产生;出于所有这些意图,公民们自愿或不自愿地(ἑκοῦσίν τε καὶ ἄκουσιν)结成同盟,① 立法者也要注意(ἐπισκοπεῖν)这些同盟的形成和解体,留意他们在这类活动的每种情形下如何相互对待,并观察哪些活动是正义的,哪些不正义(τό τε δίκαιον καὶ μή)。对于那些遵守法律的公民,立法者应该授予荣誉,对于那些不遵守的人,则应该施加惩罚。当立法者实现整个政制的终极目的(πρὸς τέλος ἁπάσης πολιτείας ἐπεξελθών)时,

---

① 我遵循 England(*The Laws of Plato*, I, p. 216)的看法,认为 πᾶσιν τοιούτοις 是领属的与格,指的是公民(τῶν πολιτῶν,632b2),与 ἑκοῦσίν 和 ἄκουσιν 一致。另一方面,Pangle 不同意这种解读,他译作:"为了所有这些意图,彼此结盟。"(强调为引者所加)

他应考虑（ἰδῃ），该如何埋葬每一位死者，应授予他们什么荣誉。

审视（κατιδὼν）了所有这些东西后，制定法律的人（ὁ θεὶς τοὺς νόμους）要设置护卫者——有的护卫者审慎，有的则具有真实的意见——这样，理智（νοῦς）会把所有这些东西结合起来，并可以宣告（ἀποφήνῃ），这些东西跟随的是明智和正义，而非财富或对荣誉的热爱。（《法义》，631d2–632d1）

这是雅典异乡人重述好的立法的本质的第二半部分。第一半是标准，即关于诸善的自然等级结构的知识。但立法者的工作，并非仅仅在于弄清诸善的恰当等级。除了这个工作之外，立法者还必须组织和控制人类生活，以便公民能够获得或享受这些善。立法者的所有安排和命令，都向那八种善"看齐"（βλεπούσας，631d4），依据其自然秩序。换句话说，立法者必须如此安排事物：让公民们依照自然等级结构过他们的生活，以使他们的生活成为自然秩序的真实写照。用伯纳德特（Benardete）的话说，它意味着立法者的工作在于，把诸善的自然等级结构"转化"（translating）为法律和命令，调控公民的生活。① 相应地，立法者必须不仅留心诸善的等级，也要注意人类生活的所有方面。在人类生活中，这些善开始起作用。

现在，正如第二半部分重述清楚表明的，这意味着，要监督和警惕人类活动的所有领域，从出生到死亡所有可能的境遇。我们可以识别出，立法者应当考虑四种类型的安排，或者更确切地说，人类生活的四个领域：1、生活的日常或自然过程（631d6–632a2）；2、令人烦扰的事件（632a2–b1）；3、生活的必需（632b1–c4）；4、通过政治权威体现的法律（632c4–d1）。②

---

① Seth Benardete, *Plato's "Laws." The Discovery of Being*, Chicago, 2000, p. 21.
② 前一页的引文暗含着这些区分，不用说，在希腊文本中没有这些编者的区分。

安排人类生活的四重领域

生活的日常过程，全部涉及人类关系。"人类关系"这个术语，应该理解为：为了彼此相处，人类形成的彼此之间的关系（这区别于，比如，为了获取物质利益形成的那些关系）。可以说，这部分处理的是友谊而非正义。决定这些关系的，是快乐、痛苦、欲望及欲求（erotic longings），而非效用。这些人类关系（ὁμιλίαις，631e4）的源头，是快乐、痛苦和欲望。可以说，这些关系构成了人类生活的实质。我们甚至可以说，这是生活的自然过程，它让人想起亚里士多德的话："没有人愿意与这种痛苦的、不给人以丝毫快乐的人为伴。因为，人最强烈的本能就是趋乐避苦。"[①] 因此，立法者必须监督和调控快乐、痛苦、欲望和欲求这四种情感，对某些交往予以谴责，另外一些则给予赞扬。所有这些都是借助法律手段。看起来，通过谴责和赞扬，法律引导这些自然情感趋向最大的诸善——诸德性。

但是，最先提到的并非这四种自然情感（快乐、痛苦、欲望和欲求）。最先引入生活的自然过程这一主题的，毋宁是婚姻和教育。在任何政治社会中，都可以找到婚姻和教育，在这个意义上，它们是"自然的"，但更恰当的是将它们理解为制度或习俗（ἐπιτηδεύματα），因为它们不能仅靠快乐和痛苦控制。婚姻是两性之间的神圣关系，或者，按照《王制》的说法，以婚姻的方式，情欲的生命需求转化为某种庄严神圣的东西（Republic, 458d3-5）。我们甚至敢说，在《王制》中，身体的需要和技艺被说成是政治生活的自然基础（Republic, 369b5-7）。与之相对，在《法义》中，这种情欲的需求看起来是城邦的起点或自然基础。但再重复一遍，在城邦中，这种情欲的需求并非随心所欲。家庭和建立家庭，而非单纯的

---

① Aristotle, *Nicomachean Ethics*, trans. by Barnes, 1157b15-17.

情欲需求，构成了生活的自然过程。立法者必须监督家庭的建立，不单是通过赞扬和谴责起作用的自然本性和情感的热忱，而且首先是通过分配荣誉和耻辱（τιμῶντα ὀρθῶς ἐπιμελεῖσθαι δεῖ καὶ ἀτιμάζοντα，631e2-3）。分配的依据是对习俗本身履行的好坏。

一个男人和一个女人互换了婚姻誓言，结合在一起。他们关系的自然结果是另一个人的出生。此刻，另一种关系产生，即教养（τροφαῖς，631e1）儿女。但是，由于整个人类生活都追求教养——"直到耄耋高年"（μέχρι γήρως，631e2），同样有必要把它纳入公民教育中。从某种程度上说，在这个极简短的神话中，法律取代了父母的位置。此外，正是法律推动男人和女人上升为神圣的父亲和母亲，在这个意义上，可以说从一开始法律就在起作用。

简而言之，共同生活的快乐和欲望，生养儿女和教育公民，同样，还有妨碍人类关系的痛苦，所有这些加起来构成的东西，我们可以称之为生活的日常过程。同样，倘若我们记住，在某种程度上，塑造大量人类生活实质的是法律而非自然，那么，所有那些东西，也都可以称为生活的自然过程。因此，立法者必须首先留意这些关系，如果他想要引导公民朝向最大的善，即一种德性的生活方式。

第一部分处理生活的自然或日常过程，与之相反，第二部分处理的东西，英格兰（England）称之为"'扰乱'心灵的所有非常事件"（*The Laws of Plato*，I，p. 215）。不过，在人的一生中，这些非常事件极有可能发生：愤怒、恐惧、坏的或好的运气、疾病、战争、贫穷和富足，它们确实非常普遍。甚至，我们可以称之为日常的扰人事件。然而，虽然立法者必须密切注意这些东西，但雅典异乡人是把它们放在第二位提出的。从这个方面说，看上去雅典异乡人再一次暗示，整个法律的设计应着眼的人类境遇并非战争——不管是对外的还是对内的（《法义》，628c9-d1）。另一方面，他同意克勒尼阿斯，或者说，同意我们认为是克勒尼阿斯观点的那些东西，并主张扰人的事件是显露高贵（τὸ καλόν，632b1）的时机。或许，关于战争的首要性及其有助于高贵性的问题，雅典异乡人和克勒尼阿斯之间最重要的区别在于，他强调必须教导高贵，并且无论如何，立法者要界定高贵。这个主张暗示，战争中的德性行为可能并非完全基于快乐和痛苦。因为，再重复一次，自然的倾向"是趋乐避苦"。如果严格遵守它的话，确实只会造成非常差劲的士兵。对行动而言，必定存在其他诱因。界定和教导这种诱因，正是立法者的工作。而且在这些扰人的事件中，这种高贵应当影响公民的体验。至于高贵性，一个人可以说它是一种善，人们可以在此时获得它：要么，生活变得异常艰辛，从而为英雄式行动创造了机会；要么，生活变得很富足，为休闲和其他形式的伟大（比如，在艺术或科学领域）创造机会。

虽然就其主题而论，前述两个部分存在区别，但它们不像第二和第三部分之间有明显的文本标记（《法义》，632b1，$\mu\epsilon\tau\grave{\alpha}$ $\delta\grave{\epsilon}$ $\tau\alpha\tilde{\upsilon}\tau\alpha$ [这些事情之后]）。第三部分关注生活的必需品，它的第一个例子是物质利益。严格讲，它们不称为生活的必需之物，但据说，如果要迫使立法者警惕和监督这些事物，那就是"必然性"（$\dot{\alpha}\nu\acute{\alpha}\gamma\kappa\eta$，632b2）。基于这里所言，我们可以尝试进行下面的解释。在前两个部分中，快乐、痛苦、欲望、恐惧和希望受另一种善控制：荣誉或高贵。就此而言，立法者正通过法律的手段引入一种新的善，进入人类灵魂的结构和动力之中。我们认为，在某种程度上，这种善——虽然它理应称为传统——应当作为快乐和欲望的指南，其目的是，在诸善的自然等级结构中提升公民。现在，为了控制财产交换和其他交易，除了荣誉之外，立法者还必须利用"确定的惩罚"（$\delta\acute{\iota}\kappa\alpha\varsigma$ $\tau\alpha\kappa\tau\grave{\alpha}\varsigma$，632b8）。这样做时，立法者通过法律手段不仅引入一种新的善，而且也在引入一种新的恶。在这里，正义关注的与其说是提升公民，不如说是迫使他们不要贬低自己。至于财产，那些违背法律的人不仅名誉扫地，而且会受到惩罚。

另一方面，这些低等的当务之急，随即与所谓"政制的终极目的"（$\tau\acute{\epsilon}\lambda o\varsigma$ $\dot{\alpha}\pi\acute{\alpha}\sigma\eta\varsigma$ $\pi o\lambda\iota\tau\epsilon\acute{\iota}\alpha\varsigma$，632c1）相关联。政制的目的在于，根据其一生的功绩埋葬每位死者，他的一生已经完成，因此可以做出

整体评价。乍看起来,这个表达的强调口气让人觉得,主题已经提升到更高层次。不管怎样,政制的目的符合人与自身必死性的关系。我们如何理解这点?

评论这一段时,施特劳斯谈到"什么是不灭的超越政治",他指出,雅典异乡人"在对法律的自然秩序的总结中,恰当地对虔敬或神圣事物保持了沉默"。① 这些评论引导我们,在解读这段话时,把它关联到物质财产的主体,以及这个主体对雅典异乡人话语的低微影响。在这个基础上,我们可以做两点评论。首先,确定的惩罚关注公民的死亡,很接近政制对死亡的关注,这让人想起一个事实,处死是法律所能采取的极端惩罚。每位公民死后,城邦都必须评价其一生,不仅如此,城邦也可以决定,结束某些公民的生命。对立法者来说,求助于惩罚,尤其是死刑的惩罚,很可能是必需的,以便他能够履行职责,引导公民趋向最大的诸善——诸德性。

但这颇成问题。因为首先,提到死刑的惩罚之前恰好是在讨论物质财产,即所有善中最小的善——财富。其次,无论如何都不能说,死刑的惩罚会改善[违法者]自身的不顺从行为,原因很明显。虽然因为死刑的惩罚,其他公民可能变得更加守法,但他们这样做仅仅出于恐惧。正如在《王制》中格劳孔强烈主张的那样,恐惧无法提供充分的动机,使公民对正义的热爱,纯粹是因为正义本身(*Republic*, 358e3-359b5)。当然,关于正义与荣誉的关系,阿德曼图斯(Adeimantus)坚持相同的主张(*Republic*, 367c5-d5)。这引导我们通向第二点。

雅典异乡人说,公民去世时,知道应分配给他哪种荣誉,这是政制的目的。这意味着,荣誉是一种善,城邦甚至将其提供给不再能享用它的那些人,并且是主要提供给他们。对作为善的荣誉而言,这让其状况变得复杂,并使之具有了在前两部分中的重要性。荣誉是一种

---

① Leo Strauss, *The Argument and the Action of Plato's Laws*, p. 9.

外在的善，在这方面，除了不关注身体之外，它类似于物质利益：荣誉是个体性的，或以看起来是德性的方式为某人所有，但恰恰与此同时，它又是外在的，比如一枚勋章或一顶花冠。政制对整个一生的评价是必要的，该评价作为指针而显明高贵和邪恶的生活。虽然如此，作为真正的善它也有问题。不过，这为我们接下来要说的内容作了准备。

正如第一和第二部分密切相关，同样，第四部分看起来是第三部分的继续。荣誉是一个人死后获得的善，这一事实暗示了荣誉的问题性。在诸善的自然等级结构中，荣誉既非属人的善，也非属神的善，而是用于每个领域，正如我们所说，它是作为指针，引导快乐、痛苦和欲望趋向更高的善。现在明确说到，"对荣誉的热爱"（φιλοτιμία，632d1）不是政制的目的或指导原则。这与如下看法之间存在紧张：政制的目的在于知道该如何恰当地埋葬每一类死者，应授予他们什么荣誉。一旦知道这点，立法者还要设立职位，任命法律的维护者。看起来有理由假定，这些护卫者的一生都将献给法律和对法律的敬重，同样，他们死后会获得最大的荣誉。不过，在做法律的仆人时，这些维护者应当表明的恰恰是：他们做这些并非为了荣誉和财富，而是因为受节制和正义的引导。

因此，虽然为了提升公民趋向更大的诸善，荣誉被用于每一领域，但应当指出，荣誉并非政制的指导原则。荣誉必须追随节制和正义。悖谬的是，在理智的状况中，我们发现了荣誉状况的相似物。如果护卫者们能够表明，政制象征节制和正义，那只是因为，他们体现着尽可能完善的法律。但是，这些法律的维护者并没有制定法律。情况毋宁相反：他们自身是法律的产物。现在，法典的连贯性体现于如下事实：所有法律、安排和习俗，把公民生活组织进一个连贯的整体，这是立法者理智的杰作。为了把公民生活的所有部分结合起来，理智遍及人类生活的所有领域。① 然而，理智的遍在并没

---

① Laws, 632c6, πάντα ταῦτα συνδήσας ὁ νοῦς［这样，理智会把所有这些东西结合起来］。

有使它成为整个政制的指导原则。正如荣誉的情况一样，理智也要追随节制和正义。一开始被认为是属神诸善的领头的那两种德性，最终处于从属的位置：理智负责建立法典，明智连同真实的意见，则是政制得以持久的德性。

诸善的等级结构和好的习俗

雅典异乡人重述了"正确的"（ὀρθῶς，631b5）法律，对这一重述的简单分析，让我们看到对《法义》中即将建立的城邦的总体表达，但在某种程度上，这种看法还有些粗糙。在进一步展开之前，让我们先考虑一下已经获得的东西。

首先，政治技艺的运作必须着眼于如下标准，即诸善的自然等级结构：在制定法律时，立法者应当始终专注于它。雅典异乡人的话已经再清楚不过。属神的诸善即诸德性，"天然"（φύσει，631d1-2）高于属人的诸善，即身体和物质的善。在城邦中，立法者必须按这个自然等级（τέτακται，631d1）来排列（τακτέον，631d2）它们。相应地，立法者首先"必须告诉"（διακελευστέον，631d4）公民的是，通过法律手段给予公民的所有"命令""引导"或"劝告"（προστάξεις，631d3），都向这个诸善的自然等级结构"看齐"（βλεπούσας，631d3）。因此，对于我们解读《治邦者》（*Statesman*）末尾留下的第二个问题，关于如何可能去衡量政治作品的问题，这是明确的回答。诸善的自然等级结构，是建立政制应当着眼的标准。相应地，它也是不同政制可以并应当受评价和排列的标准。

同样，对于治邦者如何能够将政治知识传达给治下的民众，雅典异乡人的重述也提供了清楚的答案。这里的关键词是ἐπιτηδευμάτων ［习俗］，我们用英文 practices 来翻译，它是雅典异乡人的探究对象。雅典异乡人建议，利用长途跋涉的机会讨论政制和礼法。当克勒尼阿斯和墨吉罗斯同意这一建议时，他立刻问道："你们的礼法依据什么

(κατὰ τί) 规定公餐、体育训练以及你们所使用 (ἕξιν) 的武器？"(*Laws*, 625c6–8) 公餐、体育训练和始终携带武器这三样东西是三种特殊的多里斯习俗。如我们所见，克勒尼阿斯回答说，这些军事习俗"依据自然" (κατὰ φύσιν, 625a4–5)，因为战争是事物的自然状态。虽然用"名称" (ὄνομα, 626a3) 或言辞可以说出所有事物，但"实际上" (τῷ δ' ἔργῳ, 626a3)，战争总是存在。不过，雅典异乡人说："自己战胜自己，乃是一切胜利中首要的、最好的胜利。"(*Laws*, 626e2–3) 这样，他成功揭示出，在这种粗陋的现实主义背后，存在着对人类完满性的赏识，这肯定了诸善的等级制。既然克勒尼阿斯似乎以这种胜利定义勇敢，那么，雅典异乡人将克里特法律着眼于德性的解释归于克勒尼阿斯，并不完全错误 (cf. *Laws*, 631a2–4)。但是，由于雅典异乡人已经仔细解释了诸善的等级结构，它才真正依据自然，因此，探究被带回到起点，正如对这一探究的详细说明："让我们首先讨论产生勇敢的习俗 (ἐπιτηδευμάτων)。"(*Laws*, 632e1) 简言之，习俗把诸善的自然等级结构灌输给每位公民。正是通过习俗，法律把关于诸善的等级结构的言辞"转化"（再次借用伯纳德特的说法）为行动。

虽然很明显，这一标准指明了城邦的目标，以及关于此目标的知识传达给公民的途径，但这并不意味着解决了所有问题。因为等级结构不同于和谐，正如色诺芬 (Xenophon)《回忆苏格拉底》(*Memorabilia*) 中的铠甲制作者，在工作时，他要着眼于穿铠甲的身体的自然整体性，着眼于身体的特殊活动。然而，在重述中，雅典异乡人的主张解决了那个标准的整全性或连贯性问题，即内在和谐问题——它完全等同于诸善的和谐问题。雅典异乡人认为，较高诸善的存在是较低诸善存在的充分条件。但是，对于诸善的异质性这一事实，该主张很难与之调和。因此，我们会怀疑，德性是否是健康的充分条件。另一方面，雅典异乡人主张，理智是所有善的领袖，它独自把人类生活的所有元素联结起来。这不是等于说，最高的善提供了所有较低的善吗？但如果是这样的话，它只是重新提出了一个问题，确定理智用何种样式进行联结工作。如果所有的善都向理智看齐,那么,理智自身向什么事物或整体看齐?

但从另一个角度看,立法的目的是让公民成为完整的人,在这一点上,雅典异乡人的论点很明显。立法者的工作重点是作为整体的人类生活,在其中,四个领域相互区别。看起来,整体立法的目的不外乎依据德性,从连贯的整体中辨识出这四个领域。因此,对于诸善的等级结构与诸善的和谐之间的关系,即使没有即刻的答案,我们也可以满足于一个事实,在印象上我们始终处于主题的核心。通过对比《王制》,这一点会更加明显。这一对比将表明,对我们的研究而言,《法义》是恰当的对话。

《法义》和《王制》:习俗与工作

在《王制》中,城邦由哲人统治。这一决定背后的论据是,哲人旨在弄清每种事物的本性。一方面,这意味着,他们不会从统治城邦中获取利益,从而不会篡夺权力。另一方面,城邦需要的统治者,要懂得每位公民的个体天性。需要这种知识是因为,建立城邦依据的核心原则是,每位公民都有特定的天性,这使他适合某种特定工作。为了理解《法义》和《王制》之间的差别,有必要理解在《王制》中工作($ἔργον$)概念的重要性。

在整部《王制》对话中,从未讨论如下假设,每个人天生适合某种独特的工作。留意到这点,虽然工作是理解《王制》的关键概念,但它仍然令人感到困惑。唯一的理由是,人天生"并非均质的"($οὐ\ πάνυ\ ὅμοιος$, 370a8–b1)。仅仅在这个基础上,首先,某个工作与每个个体相联,其次,每个个体的天性还原为他或她对具体工作的履行。因此,通过从事其独特的工作这种德性习俗,一个人得以充实和完善其个体天性。现在,为了把这些工作排成一个等级结构,必须确定一个目标。在《王制》中,我们看到,城邦的发展是通过三个连续的目标:健康，身体的快乐，以及城邦的一体或和谐。正是通过第三个目标，我们最好地看到，政治何以必须唤起或授权某种类型的等级制主张。

在《王制》中，政治等级结构是一种工作的等级制，它的目标只在于城邦特殊的一体（particular oneness）。现在，关键是看到，在《王制》中所有事情的发生，就好像是由于工作的等级制，城邦的和谐会自然而然产生。再一次，这种印象源于一个基本假设，城邦的和谐取决于每个人一份工作这一原则。因为，一旦这一假设得到认可，城邦所需的第一样东西，是对每个人具体天性的知识，以便把正确的工作分配给正确的人。因此，在城邦中，认识每个人的具体本性是首要工作，即统治者的工作。但是，由于城邦的一致预设了城邦的存在，城邦也就需要保卫领土免受外来攻击的能力。因此，第二种工作是保卫城邦，这是护卫者的工作。最后，城邦的和谐需要生产物质商品，没有这些商品，公民就无法为城邦的最好利益工作。因而，第三种工作是工匠。相应地，正义旨在实现城邦的联合一致，在《王制》中，正义定义为每个人仅做好他或她的工作。由此，正义不仅服务于城邦利益或共同的善，而且给予每个人真正属于他的东西（其工作），并在各种工作之间建立等级结构。这个等级不仅反映城邦各阶层，而且反映人类灵魂的力量。

但是，这种等级结构的样式是城邦而非自然。城邦要幸福，必须让理性统治所有其他事物。在这个意义上，似乎可以说，在幸福的城邦中，一旦将政治逻辑推到极致，那么，看起来，它所揭示的等级结构就与自然一致。① 这就是《王制》向我们展现政治与哲学的奇妙联盟的原因。

---

① 然而，我们必须注意到，《王制》中提出的德性的等级结构，与《法义》并不一致。在《王制》中，等级序列如下：理智或明智（哲人），勇敢（护卫者），节制（工匠）。至于正义，在城邦中没有具体位置，但它确实是城邦整体或城邦自身的德性。相应地，人们可以说，在《王制》中，正义是最高的德性，因为它让理智的统治成为可能。因而，对这个等级结构的更好表达是：正义（城邦），理智或明智（哲人），勇敢（护卫者），节制（工匠）。与之相对，在《法义》卷一，对这个等级结构的表达为：理智或明智，节制，正义，勇敢。

整个论证仍然取决于对人的自然本性的还原。因为，再重复一次，城邦的基础原则是，每个人依据天性从事适合自己的一份工作，并且是唯一的工作。如果这个假设不成立，那么，对于个体来说，城邦所代表的各种工作间的和谐，就没有多大帮助。首先，一个人无法像城邦那样，将自己的一部分献给照顾家庭的工作，另一部分献给保卫城邦的工作，还有一部分用于让自己的理智正确的工作。城邦将所有这些工作委托给不同天性的人，然而，每个人只有一种天性。相应地，即使《王制》提出的等级结构，应当成为个体的样式，但为了城邦的幸福，城邦对多样和异质的工作进行调和的方式，也不能让任何个体效仿。

简言之，《王制》的等级结构取决于终极善与城邦的一致。城邦是整体或一体，这就是说，它是所有事物趋向的善，是所有人朝向的善。不管怎样，诸善的异质性被遗忘。通过着眼于城邦，放大和限制每个公民的"自我"意识，这一点得以实现。通过分配给每个人唯一一份工作，城邦的最高善这一概念转化为行动。当然，在这个美好的城邦中，建立了很多习俗，比如，对护卫者的特殊教育，三种共产的法律，但它们的目标是使每个人尽可能好地履行自己的工作。因此，紧接着是如下等式：城邦幸福则每个人幸福；每个人履行自己的工作则城邦幸福。

与之相比，《法义》表现了一个不同的图式。幸福归因于人类，而城邦似乎只是作为幸福的一个条件，但我们无疑必须确定，是充分条件或者仅仅是必要条件。无论如何，城邦看起来是幸福的条件，因为城邦保证了幸福的实现。但是，城邦做得更多。为了把诸善的等级结构转化为生活方式，通过特殊的习俗（$\dot{\varepsilon}\pi\iota\tau\eta\delta\varepsilon\upsilon\mu\acute{\alpha}\tau\omega\nu$），城邦也塑造了公民的生活。如果想要更好地理解诸善的和谐，我们必须观察那种生活方式。

最后，我们可以略谈《法义》与《王制》之间的差别。在《法义》中，"工作"的对应物是"习俗"。与"工作"相比，"习俗"包含着更大、更富于变化的现象范畴。无论私底下还是公开场合，无论工作还是闲暇，无论和平还是战争，无论处于快乐或者痛苦，人们都实践着"习俗"。习俗的目的不是让个体公民专门产生某一种善，而毋宁是，在公民参与的许多活动中，向其灌输德性的习惯，以及对更高诸善的欲求。在《王制》中，每个公民只有一份工作，《法义》却规定了许多实践，它们的目的是，在每种情形中，提醒人们想到更高的事物，即使在处理较低的事物时。

因此，通过确定两个重要步骤，卷一提出的标准，为我们的研究铺平了道路。首先，理解城邦所说的关于诸善的等级结构（即城邦对人类幸福的自我理解）；其次，确定它如何转化为行动，转化为城邦制定的具体习俗，构成城邦独特的生活方式。这是雅典异乡人重述的两个部分。当三位老人为殖民地立法时，我们识别出这两个步骤。卷四和卷五呈现了城邦的演说和自我理解。在余下几卷，老人们充实了各种习俗，并由此充实了克里特殖民地的生活方式。这是城邦的生活方式。

然而，在卷一雅典异乡人的重述与卷四城邦的演说之间，还有差不多整整三卷。我们首先要花些时间考察这三卷书的发展，而不是直接跳到卷四。总体路线已经说过：卷一到卷三陈述和批评了多里斯法典。在卷三结尾，看起来，三位老人普遍同意，殖民地需要新的法律，不能简单地照搬克里特法律。因而，在某种程度上，前面的内容必定已经向他们显明了多里斯法典的缺陷。理解这些缺陷很重要，因为正是这些缺陷使得用于建立新殖民地的标准变得清楚。换句话说，在卷一到卷三，多里斯法典受到考验（我们认为，多里斯法典没能通过考验），同样，对于雅典异乡人提出的标准来说，也要经受这一考验。

《法义》中的道德教育与
灵魂的血气部分

威尔伯恩（Joshua Wilburn） 撰

林志猛 译

在《王制》的灵魂三分论中，柏拉图认为，灵魂的血气部分（thumoeides）对道德进步具有重要作用：它在灵魂中的"职责"是支持与保卫理性部分发出的实践判断（特别是对抗欲望部分的有害影响），而且，其卓有成效地履行该职责便等同于勇敢的德性（442b-c）。因此，早期道德教育主要涉及的是，为灵魂血气部分作为理性"同盟"的角色做好准备。柏拉图晚期作品《法义》则从未明确主张灵魂三分论：没有提及灵魂划分为诸部分，因此也未曾讨论在道德进步中发挥积极作用的血气部分。不仅如此，文中一些讨论血气驱动力的最显著段落还强调，它对我们心理和行为造成了负面影响。例如，愤怒这种血气的情绪，是犯罪行为的基本原因之一（863b）。

所有这些促使许多评论者断定，在《法义》中，柏拉图抛弃了我们从《王制》中了解到的灵魂三分论，以一种新的灵魂学模型取而代之。例如，波波尼奇（Christopher Bobonich）主张，柏拉图在《法义》中完全放弃灵魂划分的观念，而选择了统一的灵魂观。[①] 根

---

① C. Bobonich, *Plato's Utopia Recast: His Later Ethics and Politics*, Oxford: Clarendon Press, 2002, p. 261ff.

据他的说法，待到写作《法义》时，柏拉图已认为，所有人类驱动力都依赖于理性的力量，因而也就不再有纯粹"非理性的"灵魂部分作为驱动力的独立来源。① 其他评论者表明，柏拉图转向了灵魂的双重区分，一为理性部分，一为非理性部分。② 根据萨西（Maria Sassi）捍卫这条解释路线的新近版本，在《法义》中，柏拉图道德灵魂学的主要革新在于，取消了灵魂的中间要素，即 thuemoeides [血气部分]。③ 她认为，柏拉图不再赞同，灵魂可教的血气部分能为道德进步所用。血气驱动力在灵魂中存在，但它们不再扮演《王制》中那样的提升角色：与欲望的冲动一样，它们只不过是我们非理性的欲望与情感中的林林总总。

与这些发展论的观点相左，我将要论证，《法义》原封不动地保留着灵魂三分论，而且，尽管未曾明确主张三分论，但文本表面之下却透露了许多内涵。我尤其要表明，血气部分仍然是情感、欲望与驱动力的独特灵魂来源，《法义》的道德教育也应当理解成主要针对灵魂的血气部分。第一节中，我将处理波波尼奇和萨西提出的主

---

① C. Bobonich, *Plato's Utopia Recast: His Later Ethics and Politics*, pp. 261, 331. 按照 Bobonich 的观点，"非理性的"欲望与激情之所以非理性，是因为尽管它们都包含了理性的运用，但这种运用是部分或不完整的。例如，狂怒中就包含了一种敏感性，对感知到的不义，有一些有意义的理性考虑，但并不完整（同上，页 340 – 341）。

② See W. W. Fortenbaugh, *Aristotle on Emotions*, London: Duckworth, 1975, 23 – 25; T. M. Robinson, *Plato's Psychology*, Toronto: University of Toronto Press, 1995, 145; M. M. Sassi, "The Self, the Soul, and the Individual in the City of the Laws", *Oxford Studies in Ancient Philosophy*, 35 (2008), pp. 125 – 48; D. A. Rees, "Bipartition of the Soul in the Early Academy", *Journal of Hellenic Studies*, 77 (1957), pp. 112 – 18; and perhaps A. Laks, "Legislation and Demiurgy: On the Relationship between Plato's *Republic* and *Laws*", *Classical Antiquity*, 9 (1990), p. 221.

③ M. M. Sassi, "The Self, the Soul, and the Individual in the City of the Laws", p. 133.

要论证，以便为我的解读扫清道路。第二和第三节考察《法义》中的音乐和体育方案，我会突出，关于 thumoeides［血气部分］及其在道德教育灵魂学中作用，《法义》的阐述类似于《王制》及《蒂迈欧》（那儿也主张灵魂三分法）。最终，在第四和第五节，我将审查马格尼西亚城邦中法律本身所赋予的教育作用，并且表明，由法律提供的教育同样主要针对灵魂的血气部分。我的结论是，不管最初的表象如何，thumoeides［血气部分］仍然在道德进步中发挥着重要的积极作用——事实上，它的作用扩大了：在《法义》中，它不再仅仅是理性的同盟，而且是法律自身的同盟。

一 《法义》中的三分论

在论证柏拉图放弃三分论时，波波尼奇和萨西等评论者诉诸的一个关键段落是，《法义》644d – 645b 提出的玩偶形象。[①] 这个段落出现在雅典异乡人试图解释"强于"或"弱于"自身概念的过程中，他将此概念作为讨论教育的核心。他表明，我们都像神明的玩

[①] 柏拉图在《法义》中是否放弃三分论的问题极具争议。反对发展主义者，L. Brisson, "Soul and State in Plato's *Laws*", in R. Barney, T. Brennan, and C. Brittain (eds.), *Plato and the Divided Self*, Cambridge: Cambridge University Press, 2012, pp. 281 – 307（亦参 L. Brisson, "Ethics and Politics in Plato's *Laws* ", *Oxford Studies in Ancient Philosophy*, 28 [2005], pp. 95）; M. M. Mackenzie, *Plato on Punishment*, University of California: Berkeley, 1981, p. 175 ; and T. J. Saunders, "The Structure of the Soul and the State in Plato's *Laws* ", *Eranos*, 60 (1962), pp. 37 – 55，他认为三分论依然在《法义》中存在。C. Kahn, "From *Republic* to *Laws*", *Oxford Studies in Ancient Philosophy*, 26, 2004, pp. 361 – 362; and R. Kamtekar, "Psychology and the Inculcation of Virtue in Plato's *Laws*", in C. Bobonich (ed.), *Plato's Laws: A Critical Guide*, Cambridge: Cambridge University Press, 2010, pp. 141 – 142，更中立地论证道，即便文本中未曾明确提倡过，灵魂三分与《法义》中的玩偶段落和道德灵魂学也是相当匹配的。

偶，由我们体内的"绳索"拉往相反的方向：将我们拉向邪恶的是"铁质"绳索，与其紧密相连的是痛苦和快乐、血气（thumoi）的情绪、性欲及其他非理性的冲动，与推理和法律相连的"金质"绳索则将我们拉向德性（644d – 645a）。①

许多评论者强调如下事实：该段落并未对不同类型的非理性冲动做定性区分。② 仅有一方面是铁质的绳索，另一方面则是金质的绳索，而且正如波波尼奇指出的："柏拉图在这里没有为银质的绳索保留位置。"③ 玩偶段落中，对抗推理的是顽固的、破坏性的非理性力量，其中不加区分地包含着 thumos［血气］。考虑到《王制》与《蒂迈欧》中血气情感与欲望的显著对比，以及这些文本赋予 thumoeides［血气部分］重要的道德作用，这似乎出人意料。而且，正如萨西恰当地指出，《法义》通篇对血气的愤怒的评价，确认了它的地位低下：thumos［血气］是一种"僭主式的"力量，会激发犯罪行为（863b），甚至弑父（869a），它能导致无知（934a）与疯狂（934d），是需要被削弱或

---

① 或者至少（为了不回避 Bobonich 的问题）是那些早期对话中归于灵魂非理性部分的冲动。

② 例如，D. Frede, "Puppets on Strings: Moral Psychology in *Laws* Books 1 and 2", in Bobonich (ed.), *Plato's Laws: A Critical Guide*, pp. 118, 评论道："痛苦与快乐两种非理性的绳索之间不存在功能区别，而两个较低部分或两匹马之间则不然，其中较好部分作为理性的同盟对抗欲望强大的拉力。"对比 Sassi, "The Self, the Soul, and the Individual in the City of the *Laws*", p. 133。

③ C. Bobonich, *Plato's Utopia Recast: His Later Ethics and Politics*, p. 264。在 *Plato's Utopia Recast: His Later Ethics and Politics*, pp. 260 – 82 和 C. Bobonich, "Akraisa and Agency in Plato's *Laws* and *Republic*", *Archiv für Geschichte der Philosophie*, 76 (1994), pp. 17 – 28, Bobonich 详尽地阐释了玩偶段落，支持他对柏拉图道德灵魂学的发展论观点。他强调，没有玩偶的情感被描述成某种"动因类"（agent - like）东西：铁质的绳索没有描述成灵魂的部分，拥有自己的灵魂生活，它们看起来更像是某种偶然的精神状态。我对照了 Bobonich 对该段落的阐释，参见 J. Wilburn, "*Akrasia* and Self - Rule in Plato's *Laws*", *Oxford Studies in Ancient Philosophy*, 43 (2012), pp. 25 – 53, 同时给出了我自己的不同解读。

消灭的力量（731d）。① 总之，在《法义》中，血气的愤怒远不能可靠地促进个体德性。相反，它是德性潜在的重大威胁。萨西断定：

> 在《法义》中，尽管柏拉图仍认为血气是道德灵魂学中的一个重要角色，但文本中他更关注其非理性、不可控制的表现，因而确定无疑，它不可能成为理性同盟的候选者，而《王制》与《蒂迈欧》都暗示了这种同盟。②

为了回应这条解释路径，有几点需要明确。首先，不管多少评论者认为，玩偶段落并非旨在为人的灵魂提供一种解释。事实上，尽管"灵魂"（psuche）一词贯穿于卷一的其他部分，但并未出现在玩偶段落或引出该段落的前文中。③ 这显然不意味着，在这段话中，雅典异乡人压根不关注灵魂，而只是说，他并不试图阐明一种人类灵魂学的通论。毋宁说，他的明确目的是阐明道德灵魂学内的一个

---

① T. M. Sassi, "The Self, the Soul and the State in Plato's *Laws*", p. 135.

② 同上，页137。R. F. Stalley, "Justice in Plato's *Laws*", in L. Brisson and S. Scolnicov (eds.), *Plato's Laws: From Theory into Practice*, Sankt Augustin: Academia Verlag, 2003, p. 181 n. 6，他赞同，《法义》中血气驱动力不具有《王制》中同样的灵魂职责："《王制》强调的是血气的积极作用；它的任务是向理性施以援手，帮助它战胜欲望的诱惑。另一方面，在《法义》中，它以负面作用出现，作为对抗理性的非理性激情的来源。"对比 C. Bobonich, *Plato's Utopia Recast: His Later Ethics and Politics*, p. 288。尽管 Brisson 认为《法义》延续了三分论，但他依然同意，"在《法义》中，血气扮演的主要是一个负面角色……愤怒是恶行的来源，一种消极的力量，需要通过教养来节制"（L. Brisson, "Soul and State in Plato's *Laws*", pp. 298–9）。他也注意到，在《法义》中，"我们很少听到"thumos（同上，页289）。虽然 Brisson 承认《法义》中血气两种有限的、积极的用途——第一是涉及德性操练的竞争时（参见下文第四部分的评论），第二是引导愤怒惩罚不可矫正的不义——但是，他不承认（我将要论证的）thumoeides 在早期教育与道德进步中的重要作用。

③ psuchē 出现在 643d1 和 645e5，但从 643d2 至 645e4 则不见其踪影。

特定概念，即"强于"或"弱于"自身的概念。这有两层重要含义。首先，鉴于柏拉图在玩偶段落的关注点相对狭窄，据此归纳灵魂的综合理论时，我们应小心谨慎。① 第二，如果考虑到该段落的目的，我们就很容易看出，为何柏拉图不倾向于对各种理性冲动做出区分：因为该段意在阐释强于或弱于自身的概念，它理当集中于非理性的冲动，而非我们赖之以变得更强大的事物。在那个语境中，引入不成问题的非理性驱动力的中间分类就没有辩证的需要。

第二点需明确的是，尽管《法义》对 thumos 的处理强调了其负面和灵魂上危险的方面，但至关重要的是，柏拉图没有将 thumos 等同于灵魂的血气部分。柏拉图在展现三分论的作品中的用法验证了这一点。当柏拉图想指血气的愤怒的情感状态时，他往往使用 thumos（orgē［愤怒］的同义词）。另一方面，当他试图意指灵魂中负责血气的欲望与情感的部分时，通常，他要么使用名词化术语 to thumoeides［血气部分］，要么使用一种迂回说法，如"热爱胜利、充满血气的中间部分"（τῷ μέσῳ τε καὶ φιλονίκῳ καὶ θυμοειδεῖ，《王制》550b6）。② 该区分在《蒂迈欧》中一清二楚，柏拉图用 thumos 指代诸多情感状态之一，但是以"灵魂分有勇敢和 thumos 的部分"（τὸ μετέχον τῆς ψυχῆς ἀνδρείας καὶ θυμοῦ，70a2-3）指称灵魂的血气部分。因此，柏拉图在《法义》中对血气的愤怒的刻画，不能当作对负责该愤怒的灵魂部分的描述。

此外，最为重要的一点是，即便在论述灵魂三分法的著作中，血气的愤怒总需要谨慎对待，它常被描述为非理性和潜在的恶。确实，

---

① C. Kahn, "From *Republic* to *Laws*", pp. 361-362，他注意到这一点，并恰当指出，《法义》中三分法的缺席，反映的更多是对话的目的和上下文背景，而非柏拉图的道德灵魂学理论。

② 参 A. Hobbs, *Plato and the Hero: Courage, Manliness and the Impersonal Good*, Cambridge: Cambridge University Press, 2000, pp. 6-7，他讨论了这一问题。

在《王制》卷四，柏拉图在指出灵魂中理性与血气部分区别时，他所用的例子预设了 thumos 中消极的一面：奥德修斯必须严格控制他的愤怒，因为愤怒是"非理性的"，它会使奥德修斯背离"判断好坏的理性部分"（441b3 - c2）。同样地，在《王制》卷十，血气伴随着快乐和痛苦位于一系列非理性状态中，这些状态使我们违背推理和法律（正如在玩偶段中它们所做的，606d1）。最后，在《蒂迈欧》中，柏拉图两次把血气无差别地纳入凡人灵魂的非理性情感（42a7；69d3），他甚至称之为"难以劝解的"（δυσπαραμύθητον，69d3），而强调血气的任意性。尽管如此，血气愤怒的任意本性压根不能动摇血气部分在《蒂迈欧》中灵魂层面的积极角色：灵魂中的血气部分"天然高于"欲望部分，处于胸部，靠近头部，"因此它能听从理性，并与之共事，强行约束构成欲望的部分"（69e5 - 70a6）。这些段落表明，柏拉图描述的血气愤怒作为危险的非理性冲动，能同他描述的灵魂血气部分和谐共处，后者是灵魂理性部分的"盟友"。因此，愤怒在《法义》中受谨慎对待这一事实，并不表示柏拉图对血气部分本身的态度已转变，更不表明柏拉图抛弃了灵魂三分法。

柏拉图认为，灵魂由三个部分组成，鉴于这个观点还存在重大学术争论，在谈到柏拉图的灵魂"三分论"，并指出他仍把血气部分看作灵魂中的独特部分时，我有必要在此明确自己的意思。我认为，灵魂三分论的核心，以及至少《法义》要致力于探讨的观点是：（1）灵魂有三个不同的动机来源，每一个的特点是都具有吸引或厌恶它的不同对象，每一个都独立于其他部分，可自己产生行动。[①] 那

[①] 很明显，Brisson 假设灵魂有一个类似"动机性"的三分法设想，以此作为对《法义》仍致力于三分法灵魂学的辩护。在论证《法义》承认灵魂有三个部分的过程中，他总结道，"欲望是灵魂的一部分，是人类行为的原因之一"，"thumos［血气］确实被认为是人类灵魂的一个独特部分，是人类行为的原因之一"，此外，"怒气显然也是导致特定行为的原因"，见 L. Brisson, "Soul and State in Plato's *Laws*", pp. 296 - 298。

么,说灵魂中存在血气部分,意思就是灵魂中的欲望与情感有不同来源,可使人脱离理性和任何他可能具有的欲望冲动行事。(2)此外,在我们的灵魂学中,灵魂中的三个动机来源具有不同的功能和角色(尤参《王制》441e-442d以及《蒂迈欧》69d-71e)。粗略来说,血气部分负责为灵魂提供勇气,广义上意味着提供动机、情感和态度(某种对象体现了其特征,参看下面第二部分),面对邪恶的内在和外在抵抗,它们可有效地支持推理和好的判断。

请注意,这个三分论的"动机性"解释,代表了"字面主义者"(literalists)与"紧缩主义者"(deflationists)之间相对中立的中道。"字面主义者"利用柏拉图描述灵魂三分时用的拟人化语言,把灵魂的三个部分坚定地看作如同"人"一般,每一部分是自己欲望、信念、思想甚至理性(对某些阐释者来说)的主题。"紧缩主义者"不重视柏拉图的拟人法,并提供了各种关于柏拉图所谓灵魂"各部分"的弱解读。①

---

① 或多或少倾向于"字面主义者"观点的评论家包括:J. Annas, *An Introduction to Plato's Republic*, Oxford: Clarendon Press, 1981, pp. 130 – 131 and 138 – 145; Bobonich, *Plato's Utopia Recast: His Later Ethics and Politics*, pp. 216 – 35; T. Brickhouse and N. Smith, *Socratic Moral Psychology*, Cambridge: Cambridge University Press, 2010, p. 203; E. Brown, "The Unity of the Soul in Plato's *Republic*", in Barney, Brennan, and Brittain (eds.), *Plato and the Divided Self*, p. 62; M. Burnyeat, "Lecture I: Couches, Song, and Civic Tradition", in *Culture and Society in Plato's Republic*, G. Peterson (ed.), *The Tanner Lectures on Human Values*, 20, pp. 215 – 324; Salt Lake City: University of Utah Press, 1999, pp. 227 – 228; G. R. Carone, "Akrasia in the *Republic*: Does Plato Change his Mind?", *Oxford Studies in Ancient Philosophy*, 20 (2001), pp. 124 – 125; ead., "Plato's Stoic View of Motivation", in R. Salles (ed.), *Metaphysics, Soul, and Ethics in Ancient Thought: Themes from the Work of Richard Sorabji*, Oxford: Clarendon Press, 2005, p. 366; ead., "Akrasia and the Structure of the Passions in Plato's Timaeus", in C. Bobonich and P. Destrée (eds.), *Akrasia in Greek Philosophy: From Socrates to Plotinus*, Leiden: Brill, 2007, pp. 108 – 113; T. Ganson, "The Rational/Non-Rational Distinction in Plato's *Republic*", *Oxford Studies*

但应该进一步说明的是,我的论证有点弹性,因为许多论证都

in Ancient Philosophy, 36 (2009), pp. 185 – 186; A. Hobbs, Plato and the Hero: Courage, Manliness, and the Impersonal Good, p. 58; C. Kahn, "Plato's Theory of Desire", Review of Metaphysics, 41 (1987), pp. 85 – 6; G. Lesses, "Weakness, Reason, and the Divided Soul in Plato's Republic", History of Philosophy Quarterly, 4, 1987, pp. 149 – 51; H. Lorenz, The Brute Within: Appetitive Desire in Plato and Aristotle, Oxford: Oxford University Press, 2006; id., "The Cognition of Appetite in Plato's Timaeus", in Barney, Brennan, and Brittain (eds.), Plato and the Divided Self, pp. 238 – 239; J. Moline, 'Plato on the Complexity of the Psyche', Archiv für Geschichte der Philosophie, 60 (1978), pp. 10 – 11; M. Morris, "Akrasia in the Protagoras and the Republic", Phronesis, 51 (2006), pp. 218 – 219; J. Moss, "Appearances and Calculations: Plato's Division of the Soul", Oxford Studies in Ancient Philosophy, 34 (2008), pp. 64 – 65; ead., "Pictures and Passions in the Timaeus and Philebus", in Barney, Brennan, and Brittain (eds.), Plato and the Divided Self, pp. 274 – 275; C. D. C. Reeve, Philosopher - Kings: The Argument of Plato's Republic, Princeton: Princeton University Press, 1988, pp. 138 – 140; and M. Woods, 'Plato's Division of the Soul', Proceedings of the British Academy, 73 (1987), p. 24。Barney、Brennan、Brittain 最近在 Plato and the Divided Self 的导读中指出,灵魂的三个部分被坚定地归属于动因类的东西,这似乎是一个日益增长的共识:"因为每个部分似乎都包含了相对于其他部分的认知、意志、情感和行为的能力……所有这些证据都表明,我们倾向于把它们理解为真正的动因,具有不同生物体的完整性和自主性。"见 Barney, Brenaan, and Brittain (eds.), Plato and the Divided Self, pp. 2 – 3。然而,还是有反对者: M. Anagnostopolous, "The Divided Soul and the Desire for Good in Plato's Republic", in G. Santas (ed.), The Blackwell Guide to Plato's Republic, Malden: Blackwell Publishing, 2006, pp. 166 – 188; F. Cornford, "The Division of the Soul", Hibbert Journal, 28 (1929), p. 214; A. W. Price, "Are Plato's Soul - Parts Psychological Subjects?", Ancient Philosophy, 29 (2009), pp. 1 – 15; R. Robinson, "Plato's Separation of Reason from Desire", Phronesis, 16 (1971), pp. 44 – 47; C. Shields, "Simple Souls", in E. Wagner (ed.), Essays on Plato's Psychology, Lanham: Lexington Books, 2001, pp. 141, 148; id., "Unified Agency and Akrasia in Plato's Republic", in Bobonich and Destrée (eds.), Akrasia in Greek Philosophy: From Socrates to Plotinus, pp. 61 – 62 and 78 – 83; and J. L. Stocks, "Plato and the Tripartite Soul", Mind, 24 (1915), pp. 207 – 21。

不依赖任何对于灵魂三分法的特殊阐释。由于我要论证柏拉图灵魂观的连续性，不管我们倾向于怎么理解柏拉图灵魂学，我的许多论证也应会成立。举个例子，从紧缩的角度，评论家将《王制》读作致力于灵魂三分法，据此，接下来他们就有理由认为，柏拉图在《法义》中同样倾向于灵魂三分法。这样，至少在某种程度上，我的论述容许字面主义者的放大或紧缩主义者的缩小。① 但我自己的立场

例如，Cornford 提出灵魂三分不是真的把它划分成三个部分，而是把它划分为三种生活和性格类型（页213），而 Price 则认为灵魂的不同部分，仅仅是自我的不同面相。C. Gill, "Plato and the Education of Character", *Archiv für Geschichte der Philosophie*, 67（1985），p. 6; R. Kamtekar, "Speaking with the Same Voice as Reason: Personification in Plato's Psychology", *Oxford Studies in Ancient Philosophy*, 31（2006），pp. 167 – 202; R. F. Stalley, "Persuasion and the Tripartite Soul in Plato's Republic", *Oxford Studies in Ancient Philosophy*, 32（2007），pp. 63 – 90; and R. Woolf, "How to See an Uncrusted Soul", in Barney, Brennan, and Brittain（eds.），*Plato and the Divided Self*, pp. 155 – 6，关于灵魂不同部分的动因状态，他们都持中立态度。最后，J. Whiting, "Psychic Contingency in the *Republic*", in Barney, Brennan, and Brittain（eds.），*Plato and the Divided Self*, pp. 174 – 208，她对柏拉图的理论进行混合解释，显得与众不同。根据她的解读：在一个特定的人的灵魂中，不仅灵魂的不同部分在多大程度上是类似动因，而且每个人的灵魂到底有多少个部分，都要视情况而定。因为这种随机性，柏拉图的描述中存在着相应的变化：尽管"紧缩主义者"提供了《王制》卷四灵魂描述的正确解读，"字面主义者"则对《王制》卷八、九的相关描述做出了正确的阐释。

① 然而，那些坚决抵制《法义》中存在灵魂三分的观点的人，更倾向于字面主义者。注意，Bobonich 在柏拉图的道德灵魂学中所断定的极端发展主义（sharp developmentalism），一定程度是他对《王制》三分理论的解释结果。Bobonich采纳直译主义的一种极端形式，按照这种直译主义，《王制》中灵魂的各部分都是非常稳定的类动因的东西：不仅每个部分中都有动机的明显来源（一个我所接受的主张），而且每个部分自身也有着丰富的、独立的灵魂生活，有它自己的信念、思想以及非常复杂的认知能力。他之所以能认识到《王制》的理论与《法义》之间存在的戏剧性变化，原因之一就是他认为前者的理论过于极端。尽管我无法在此引用他对于《王制》中灵魂三分的解释，但我确实认为有许多充分的理由可以质疑这种解释，这些理由已经收录于 Lorenz, *The Brute*

是，至少《王制》及《蒂迈欧》中灵魂三分论致力于以上（1）和（2）两点，我将论证《法义》同样如此。此外，《蒂迈欧》也暗示，根据柏拉图的观点，（3）灵魂的三个部分具有不同的生理位置和身体内在的联系（理性部分位于脑袋，血气部分在胸中，欲望部分在腹部）。正如我们会看到，有理由认为，《法义》仍倾向于灵魂三分论的这个方面（至少在血气问题上）。

最后，在我转向正面论述之前，应注意的是，许多围绕对话中的灵魂三分法的争论涉及举证责任：是那些声称柏拉图放弃三分论的人为此负责，还是那些声称他仍接受该理论的人？我认为前者应该负责，至少有三个初始原因。第一，尽管柏拉图在《法义》中从未明确认可灵魂三分，但他在《法义》或任何其他对话中也从未明确拒绝过它。不过，在晚期的两篇对话《蒂迈欧》和《斐德若》中，他确实明确认可灵魂三分法。第二，基于对立原则，柏拉图在《王制》中演绎了灵魂三分论，将其与灵魂的冲突现象结合。无疑，柏拉图在《法义》中承认灵魂的冲突，这表明，如果他拒绝三分法，他就得拒绝对立原则本身，或至少是将它应用于灵魂冲突这一事实。然而，在《法义》中，或者柏拉图的任何其他作品中，无论是该原则还是那一联系皆从未受过质疑。① 最后，《法义》的语境和目的截

Within: *Appetitive Desire in Plato and Aristotle*, pp. 41–52 和 Stalley, "Persuasion and the Tripartite Soul in Plato's *Republic*"。一旦否定 Bobonich 对《王制》的解释，那么，确认《王制》与《法义》之间存在剧烈转变的大部分理论基础也就被否定了。然而，即使承认他对《王制》强烈的字面主义解读，我的论证都将指出柏拉图关于灵魂的思考的重要连续性（特别是鉴于下文提出的举证责任转移），而这反对 Bobonich 的发展主义结论。

① R. Kamtekar（"Speaking with the Same Voice as Reason: Personification in Plato's Psychology", pp. 181–182）也指出，如果柏拉图在《法义》中将灵魂的对立状态归咎为单一主体（如同博邦尼奇主张的那样），那么，它似乎会违背对立原则，因此需要做出解释性的叙述，但柏拉图从未提供过此类叙述。

然不同于《王制》，鉴于这些不同目的，① 我们应期待找到其道德灵魂学上的区别。

接下来，我将试图加上举证责任。如果我目前说的是对的，那么，对于灵魂中的血气部分仍在道德教育和发展中扮演重要的积极角色，《法义》就留有余地。

二　音乐教育

我的论述将用到关于血气部分的两个基本假设。第一，对柏拉图来说，灵魂的血气部分在灵魂中负责的是，我们所谓"社会的"或"他人导向"的情感和欲望。这些包括：对荣誉、胜利、好名声的欲望；愤怒、耻辱、羡慕、厌恶的情感，以及赞赏和谴责的态度。第二，在《王制》中，早期音乐教育的主要任务之一，是塑造血气部分中的那些欲望和情感。特别是，音乐教育旨在使个体习惯于对真正可耻（aischron）的品格和行为感到耻辱和厌恶，对于真正高贵（kalon）的品格和行为感到羡慕。对这些假设中的任何一个，我都不会在文中论证，但我认为，两者（尤其是第一个）至少相对而言毋庸置疑。②

---

① 在此需要注意的是，《王制》的表面目的是解决这两个孪生问题："什么是正义/德性？"以及"为什么我们应该拥有正义/德性？"，灵魂三分论是《王制》回答这些问题的核心。然而，《法义》从来没有以任何系统的方式处理过这两个问题。

② 当然，两者都在二手文献中得到了广泛认可和辩护。上引关于灵魂的血气部分应为欲望、情感和态度负责的观点，得到了其他许多人支持：T. Brennan, "The Nature of the Spirited Part of the Soul and its Object", in Barney, Brennan, and Brittain (eds.), *Plato and the Divided Self*, p. 109; D. Cairns, *Aidōs: The Psychology and Ethics of Honour and Shame in Ancient Greek Literature*, Oxford: Clarendon Press, 1993, pp. 383–384; J. Cooper, "Plato's Theory of Human Motivation", in id., *Reason and Emotion*, Princeton: Princeton University Press, 1999, pp. 118–137; A. Hobbs, *Plato and the Hero: Courage, Manliness, and the Impersonal*

2.1 血气的冲动

雅典异乡人将德性等同于这两者的完全一致：一是正确的理性信仰和法律，一是个体的苦乐感（653b - c）。他说，教育关涉培养苦乐感方面的一致性。教育是"吸引并带领儿童走向法律宣布为正确的道理"（659d1 - 3），其目标在于"苦乐上的正确训练，因此，

Good; and T. Irwin, *Plato's Ethics*, Oxford：Oxford University Press, 1995。早期教育以灵魂的血气部分为目标，对这个观点的辩护，参见 D. Cairns, *Aidōs：The Psychology and Ethics of Honour and Shame in Ancient Greek Literature*, pp. 386 - 388; R. C. Cross and A. D. Woozley, *Plato's Republic：A Philosophical Commentary*, London：The Macmillan Press, 1964, p. 123; J. C. B. Gosling, *Plato*, London：Routledge, 1973, pp. 42 - 45; A. Hobbs, *Plato and the Hero：Courage, Manliness, and the Impersonal Good*, pp. 58 - 59; J. Moss, "Shame, Pleasure, and the Divided Soul", in *Oxford Studies in Ancient Philosophy*, 29（2005）, pp. 137 - 70; G. R. Lear, "Plato on Learning to Love Beauty", in G. Santos（ed.）, *The Blackwell Guide to Plato's Republic*, Maiden：The Macmillan Press, 2006, pp. 104 - 124; M. M. Mackenzie, *Plato on Punishment*, p. 169; 以及 I. Vasiliou, "From the *Phaedo* to the *Republic*：Plato's Tripartite Soul and the Possibility of Non - Philosophical Virtue", in Barney, Brennan, and Brittain（eds.）, *Plato and the Divided Self*, p. 29。但是，Wilberding 最近的两篇论文在一定程度上质疑了这种观点，他认为灵魂的血气部分是音乐和体育训练的更小部分的目标，而不是像通常所认为的那样，参 J. Wilberding, "Plato's Two Forms of Second - Best Moralit", in *Philosophical Review*, 118（2009）, pp. 361 - 369, 以及 id., "Curbing One's Appetites in Plato's *Republic*", in Barney, Brennan, and Brittain（eds.）, *Plato and the Divided Self*, pp. 128 - 149. 对于我的第一个假设的文本支撑，尤参《王制》40d - 402a, 439e - 440a, 441c, 549a, 550b 和 581a;《蒂迈欧》70a - d;《斐德若》253d - 254a。对于第二个假设的文本支撑，参见尤其是《王制》410d - 411e 和 441e - 442a。（尽管《王制》对早期教育的讨论先于灵魂三分的引入，但苏格拉底在《王制》441e8 - 442a2 的说法暗示我们将把卷二和卷三中的 thumoeides［血气部分］等同于卷四所刻画的灵魂的血气部分：难道不正如我们所说的，音乐和诗歌的混合，以及音乐与身体训练的混合，使得两个部分和谐吗？)

一个人能憎恨自始至终应该憎恨的东西,并热爱应该热爱的东西"(653b6 - c2)。①

雅典异乡人进一步将教育等同于合唱艺术。他说,在动物中,唯独人类能感知,感受快乐,声音和身体运动有序("和声"是声音的有序,"节奏"是身体运动的有序:653e - 654a)。因此,自年幼始,人类便不能保持安静或沉默,而总是在运动身体,发出声音。合唱的机制试图逐渐将恰当的节奏与和声注入个体,引导人们的快乐变得有序,并把节奏与和声施加在人们本有的运动和言语上。大体而言,体育教育是合唱艺术的身体部分,涉及舞蹈与有序运动,音乐教育是合唱艺术的声音部分,涉及歌唱与言辞的有序。

有一个初步的原因认为,《法义》中音乐教育旨在灵魂的血气部分,它指向同一类的情感和态度(之前被归于血气部分),尤其是敬慕、厌恶和羞耻。雅典异乡人表明,整体的合唱艺术,尤其是音乐,其目标在于恰当理解什么是值得敬慕的和美好的事物。他解释道,受过恰当教育的个体,将会对值得敬慕的事物表示敬慕,对可耻的事物表示羞耻。"一个人不能用声音和身体完全正确地表达他所理解的东西,却能正确地感受到快乐和痛苦,即欢迎好东西,厌恶坏东西"(654c9 - d3),② 在此意义上,这个人得到了充分的教育。最为重要的

---

① 《法义》译文据 T. Pangle, *The Laws of Plato*, Chicago: University of Chicago Press, 1980, 有所调整。其他所有柏拉图著作的译文,皆据 J. Cooper (ed.), *Plato: Complete Works*, Indianapolis: Hackett Publishing, 1997。

② 受过恰当音乐教育的个体对值得值得敬慕之物"热烈欢迎",这类似《王制》401e - 402a: 苏格拉底说,如果年轻人在韵律与和音方面得到恰当培养,那他们将在能够领会理性之前,爱上值得敬慕之物并憎恶可耻之物,而且一旦理性确实出现,他们将因为他们那亲密的血缘($\delta\iota$' οἰκειότητα, 402a3 - 4)而"热烈欢迎"(ἀσπάζοιτ', 402a3)。值得注意的是,在 376a6, ἀσπάζεται 是用来描述有血气的狗对其所熟悉之人(οἰκεῖον, 376b6)进行回应的动词。热爱并保护熟悉之物,这就是一种有血气的特征,而《王制》(就我而言还有《法义》)中的音乐教育,其目的是通过让美好的品性 οἰκεῖον [熟悉],从而利用那

不是一个人歌舞技巧,而是他对什么是美好之物感到钦佩,对什么是可耻之物感到鄙夷。

歌舞提供了培养这些恰当态度的手段,因为它们是道德品格的"模仿品"。优美的姿势和歌曲模仿德性,可耻的姿势和歌曲模仿邪恶(655b)。因此,一个人由于喜欢正确类型的歌舞,便培养起对美好品行的敬慕感,对可耻品行的羞恶感。① 这种敬慕与厌恶的态度至关重要,原因在于,敬慕某种品格和行为的人,获得此种品格后,会付诸自己的行为。雅典异乡人宣称:"喜欢某些东西的人,必然变得与他喜欢的东西相似……还有什么比这种必然的彻底同化更好或更坏吗?"(656b4-7)因此,音乐教育的设置,在于促使人们敬慕、称赞正确的东西,进而变成正确类型的人。②

然而,有进一步的理由认为,音乐教育旨在血气部分。雅典异乡人关于公共酒会的讨论,使这显得最为清楚。他表示,在恰当的情境里,醉酒是有益的和值得称赞的,此时他遇到的巨大阻力,来自更为素朴的克里特和斯巴达对话者。在回应他们的忧虑时,他在卷一和卷二对这个习俗提出了进一步辩护。他始于解释饮酒的灵魂反应;酒产生快乐、痛苦、愤怒感,当酒导致感知、记忆、信念和谨慎的考虑"完全离弃"一个人时,会产生更强大更激烈的欲望。雅典异乡人说,

---

种特征。T. Brennan, "The Nature of the Spirited Part of the Soul and its Object", pp. 115 - 118, 关于 οἰκεῖον 在有血气的灵魂中的作用,他的讨论富有洞见。

① 亚里士多德同意,音乐节奏与和声包含同性格方面的类似之处,而且在正确的音乐中获得快乐,可以使一个人更倾向于在正确的人和行为中获得快乐。他给出了一个类比:"因为,如果一个人喜欢观看某个事物的影像,不是出于其他原因,而是因为该事物的外形或形状的话,那他必然喜欢观看那个他正在观看其影像之物"(《政治学》,1340a25 - 28)。

② 此外,喜欢 kalon [美好]且自身变得更 kalos [美好的]这一双重过程是互相加强的,因为人们倾向于在最像他们的事物中获得快乐:"那些性格符合演出中的说、唱和各种表演的人——由于天性或习惯或两者兼而有之——必然喜爱这些值得敬慕的东西,进而赞美它们,称它们为好。"(655 d7 - e3)

醉酒者"所处的灵魂状态，如同他孩提时的状态"（645e5 – 6）。

尽管醉酒展现出了灵魂的堕落状态，然而，如果在恰当情境与监督之中实践，醉酒在道德教育计划中至少能提供两个相关的益处。第一是，醉酒能够提供一种训练人们忍耐力的方法，通过醉酒以检测人们的羞耻感。雅典异乡人指出，尽管克里特与斯巴达已发展出许多方法，比如高强度的身体训练、暴露在极冷极热中，用以检测公民对痛苦的忍耐，却不能提供类似的方法，用以检测他们对快乐的忍耐。雅典异乡人说，麻烦在于，比起那些无法忍受痛苦的人，在快乐面前不能把持的人甚至更糟糕（633e）。然而，因其所具有的独特性和对灵魂的影响，酒提供了一个很好的检测方法，用以检测人们面对诱惑的决心。因为，当我们醉酒时，我们的快乐感愈加强烈，更难去抵制；又因为推理"完全离弃"我们，我们不能依靠理性判断与欲求把持住自己，以抵制快乐。这意味着，我们完全受自己非理性冲动的支配。然而，那些已培养起适当羞耻感的人，即便处于醉酒时，仍会发觉令人厌恶的道德败坏行为，并做出适宜的行为；反之，未培养起适当羞耻感的人，则会放纵其最底下快乐与冲动，既不知耻，也不驭之以理。因此，酒会提供了一个方法，可用来训练对快乐的抵制，并检测这一过程中人的羞耻感。[①]

此处的讨论，值得注意的是，它明确区分了两类非理性冲动，一是潜在的恶的冲动，尤其是需要抵制的与快乐相关的这一类；一是较好的冲动，尤其是羞耻感，能够做出抵制的这一类。因此，尽管玩偶的形象"没有为银质的绳索留有余地"，但关于醉酒的讨论却紧接着得出，它确实认识到一个优于非理性冲动的中间层，这正是

---

① 醉酒便这样提供了一次机会，观察人们在缺乏更好判断的情况下都有那些冲动，以及这些非理性冲动是如何彼此平衡的。关于会饮功能的讨论，参见 G. M. A. Grube, *Plato's Thought*, Indianapolis: Hackett Publishing, 1980, p. 243; R. Kamtekar, "Psychology and the Inculcation of Virtue in Plato's *Laws*", pp. 141 – 142; 以及 G. Morrow, *Plato's Cretan City*, Princeton: Princeton University Press, 1960, pp. 315 – 317。

先前归于灵魂的血气部分的那种冲动。此外，这些冲动能促使人行动，独立于（a）已离弃他的理性，以及（b）他所抵制的欲望。最终，这些有德的冲动履行的灵魂功能，可归于灵魂三分论中血气部分，亦即对德性的内在威胁，提供勇敢的反抗。因此，关于醉酒的这一讨论，指向了非理性、非欲望冲动的不同灵魂渊源。易言之，这表明个体灵魂的血气部分是存在的。①

酒会还有第二个益处。如果使用得当，就不仅仅能检测一个人的羞耻感，也能加强和形塑这种羞耻感。尽管教育应该在个体中能培养恰当的非理性情感与态度，但雅典异乡人说，"由于人倾向于放松这种旨在正确训练快乐和痛苦的教育，在一生中，人很大程度上会败坏"（653c7-9）。据雅典异乡人所述，酒的主要益处在于，通过对成人的某种再教育，它提供了一个纠正这种自然倾向的方法：

> 我们说过……饮酒者的灵魂就像某种铁（καθάπερ τινὰ σίδηρον），变得火热（διαπύρους）、柔软（μαλθακωτέρας）和年轻，这样，拥有教育和塑造（πλάττειν）灵魂所需要的能力和知

---

① L. Brisson, "Soul and State in Plato's *Laws*", p. 29, 他在关于醉酒的文段中也发现了三分论，但他只是基于 645d-e 而做到这一点："当雅典异乡人建议把酒给这个玩偶时，我们在（1）快乐和痛苦，（2）愤怒和欲望，以及（3）感觉、记忆、意见和思想之间，亦即在欲望（epithumiai），血气和理智（nous）之间，发现了一个十分清晰的区分。"然而，这个说法有点奇怪，因为我们不清楚（1）-（3）是如何被认为映射到三分的灵魂之上，尤其是（1）和（2）如何被认为映射到欲望和血气之上。对此，Brisson 没有进行详细说明。此外，柏拉图是否真的打算在 645d 区分欲望性冲动和血气的冲动，这值得怀疑。因为，在这一点上，雅典异乡人只是区分了受饮酒所强化与受其削弱或清除的状态和冲动——亦即在非理性状态和理性状态之间（在不久之前的玩偶比喻中，分别对应于铁线和金线）。雅典异乡人在 645d7 认为非理性冲动是 τὰς ἡδονὰς καὶ λύπας καὶ θυμοὺς καὶ ἔρωτας [快乐、痛苦、血气和爱欲]，但没有在它们之间进行区分（即便是句法上的），这个事实证明了这种解读。只有到后面所进行的对会饮的教育益处的讨论，欲望性冲动与和血气的冲动之间的区分才以我所认为的方式显现出来。

识的人，就能轻而易举地引导他们，就好像他们还是在年轻之时，不是吗？我们还说过，进行塑造［灵魂］的人跟先前塑造他们的是同一个人，就是那个好立法者，宴会上的饮酒者必须遵从他的法律，不是吗？对于那些变得过于自信、大胆和不该那么无耻的人……必须能使他们自愿反过来行事。当不光彩的大胆出现时，这些法律就可以像战士那样，呈现出正义所伴随的那类最高贵的恐惧，我们管这种神圣的恐惧叫"敬畏"和"羞耻"。(671b8-d3)

对于这段话，有几点要注意。第一，酒的实用性在于这一事实：它能让饮酒者的灵魂变年轻。在我们一生中，青年时期最易受影响也最可教，酒也能暂时诱使我们回到易受影响和可教的状态。第二，能使醉酒的个体可教的主要灵魂方式是羞耻。在一场恰当运转的酒会上，会鼓励个人避免不得体的行为，个人若表现得体，就会当众受称赞，若不得体，就会当众受责备和羞辱（参671d-672d，对比648b-e）。通过这些早期教育养成的习惯，可以加强个体的敬慕之心和羞耻之心，但人们一直"放松"教育。最终，在讨论时，雅典异乡人运用了独特的比喻性语言：将灵魂比作柔软的、炽热的"铁"，而教育可理解为"塑造"那种铁的过程。

《法义》描述音乐教育对灵魂的影响，与《王制》描述音乐教育对灵魂血气部分的影响极为相似。在《王制》中，苏格拉底也将早期教育描述为对灵魂的一种"塑造"，因为在年轻时期，人是"最可塑的"，"可以给他打上我们想要的任何印记"（377a12-b3）。在苏格拉底概述过音乐、体育教育的规划之后，他描述了忽略或过分放任任何一种训练的灵魂结果。对于音乐，他说道：

> 当一个人把自己交托给音乐，让它迷住自己，让它把我们刚才所提到的那些甜美、婉转、悲哀的曲调就像灌入漏斗一样灌入自己的耳朵，从此，他口不离曲，整个一生都热衷于音乐，如果他原有某种血气（thumoeides），此刻的他已经把它完全软化，如同软化铁一样（ὥσπερ σίδηρον ἐμάλαξεν），并把他从生硬、无用之

物转变成有用之物；然而，当音乐一直这么灌下去，非但没有放松，反而迷惑了他，此后没多久，他便开始融化，开始液化，直到他耗尽了自己的血气（thumos），并且就像割除肌腱一样把它从自己的灵魂中割除，使自己成为一个"软弱的枪手"。(411a5 – b4)

在这一段话中，血气再次被比作铁，音乐能将其"软化"并且有效地使之可塑。① 同时，体育教育可理解为使血气硬化的过程（410d）。在与音乐结合时，体育能确保血气变得足够坚韧，以保持音乐教育赋予血气的"外形"。这种比喻性语言非常类似于雅典异乡人对教育灵魂学的描述。鉴于此种相似性，以及在《王制》中，灵魂中像铁的可塑部分就是血气部分，我们有充足的理由认为，当柏拉图在《法义》中对教育的灵魂影响采用相同的描述时，他心里想的仍是血气。②

此外，塑造的比喻绝非是孤立的用法。实际上，文本通篇都根据灵魂的坚硬、柔弱来描述恰当的教育，其中许多段落赫然出现血气及其同源词。③ 例如，当某人饮酒时，"灵魂忘却精神的沮丧（δυσθυμίας），使其性情从坚硬变为柔软，这样，灵魂就会变得更加可塑，如同投入火里的铁"（666b7 – c2）。同样，"如果我们的公民们没有练习过忍耐快乐，并且决不被迫去做任何不光彩的事，那么，由于面对快乐精神软弱（γλυκυμίας），他们的遭遇就会与那些让恐惧

---

① 当血气部分被软化时就会"有用"，其原因在于，血气部分就像回火后的金属一样，会被铸型和形塑。另一方面，如果血气部分过于软弱，或者软弱得太久，就会变得"无用"（和锤子一样，如果用于铸造锤子的金属没有冷却和硬化，那锤子就是无用的）。

② 参见荷马，《伊利亚特》，24. 205：σιδήρειόν νύ τοι ἦτορ ［你的心一定是铁铸的］。在荷马笔下，心通常都与 thumos 有关，而且经常被刻画为"铁"。在柏拉图笔下，心也是血气部分的位置所在（参见《蒂迈欧》，70a – b，以及下文 3.2 节）。

③ T. Saunders, *Plato's Penal Code*, Oxford: Clarendon Press, 1991, 185 – 187, 他讨论了《法义》使用硬/软和热/冷这样的"生理学"语言来刻画灵魂，尽管他没有注意到这种语言的使用与 thumos 及其同源词的使用之间存在诸多关联。

征服的人的一个样"（635c5 – d1）。①

最后，在谴责辱骂性言辞时，雅典异乡人说道："咒骂不雅行为的人是优雅的，富有血气（thumos），但因恶贯满盈而充满愤怒的人，即便灵魂中的那类东西（τῆς ψυχῆς τὸ τοιοῦτον）曾因教育变得温顺（ἡμερώϑη），也会再次野蛮化。"（935a3 – 6）② 尽管柏拉图在《法义》中避免明确地承认灵魂各部分的存在，但这一看法接近"灵魂中的那类东西"。不管怎样，雅典异乡人已澄清，灵魂中无论什么负责产生愤怒，都是教育的主要目标。基于我们已看到的这一切，我们有充足的理由认为，那种东西依然是灵魂的血气部分。

2.2 快乐和痛苦

我阐述的如下要点可能会产生异议：雅典异乡人把教育描述为对快乐和痛苦的正确训练，他的音乐教育计划也是基于孩子们在歌唱、跳舞和表演时的愉悦感。这也许表明，在一定程度上，音乐教育是针对灵魂三分中的欲望部分，而非血气部分。③ 然而，至少存在两种理路来回应这种困惑。第一，雅典异乡人在整个对话中谈论快乐和痛苦表明，他想的不仅仅是欲望性的苦乐感，而且是非理性状

---

① 亦参880d8 – e3，雅典人异乡人声称，法律的存在"部分是为那些桀骜难驯的人定的，他们本性顽固，很难使其软化从而避开一切坏事"；633d2 – 3，快乐"可以消融自以为刚正不阿之人的血气"；以及789e2 – 3："孩子出生后，只要孩子还柔嫩，妇女必须像蜡一样塑造孩子"。

② 参见《王制》442a2，这里用音乐来"驯服"（ἡμεροῦσα）灵魂的血气部分。

③ 这是Bobonich的观点，他主张，就道德教育的目的而言，《法义》中的欲望性快乐（当然，Bobonich并未将之归于灵魂中截然不同的欲望部分），实际上比有血气的情感更有用，见 C. Bobonich, *Plato's Utopia Recast: His Later Ethics and Politics*, pp. 365 – 367。Kamtekar同样强调快乐在马格尼西亚人早期教育中的作用，同时还有益地讨论了对构成快乐之教育作用的灵魂学基础的各种解释，见 R. Kamtekar, "Psychology and the Inculcation of Virtue in Plato's *Laws*", pp. 128 – 130 and 145 – 148。在如下论述中，快乐也十分突出：G. Morrow, *Plato's Cretan City*,

态和冲动的不同范围,显然包含诸如愤怒和嫉妒这类血气的冲动。①类似地,在《蒂迈欧》中,正是整个非理性的灵魂,而不仅仅是其欲望部分分有快乐和痛苦,在《王制》中,灵魂的每一部分都分配了其特有的快乐。② 因为,整部《法义》所使用的关于苦乐的言辞,一般是指非理性的情感,而雅典异乡人将早期教育描述为快乐和痛苦的训练,这并不能决定我们对构成那一过程的灵魂学的解释。因此,当他把音乐描述为指导和塑造儿童苦乐感的过程时,这也为该可能性保留了余地:他所想的包括甚至主要涉及血气的冲动。③

第二(也是更为重要的一点),应注意到我的阐述并没有声称,音乐教育仅仅旨在灵魂中的血气部分。也许,欲望的快乐是早期教

---

pp. 302 – 318; R. F. Stalley, *An Introduction to Plato's Laws*, Indianapolis: Hackett Publishing, 1983, pp. 125 – 127。W. Jaeger, *Paideia*: *The Ideals of Greek Culture*, III. *The Conflict of Culture Ideals in the Age of Plato*, trans. by G. Highet, New York: Oxford University Press, 1944, p. 228, 他强调,雅典异乡人专注于一般性的"非理性"冲动。

① 参见雅典异乡人在 863b – 864c 对犯罪行为之灵魂原因的讨论。他起初认定血气和快乐是犯罪的两种非理性原因 (863b1 – 9), 但在 863e6 – 8, 他把范围扩大到包含了"愤怒、恐惧、快乐、痛苦、嫉妒感和欲望"。随后在 864b3 – 6, 他又将范围缩小到两类:"愤怒和恐惧,我们称之为'痛苦'"和"快乐与欲望"。参见 645d, 649d 及 934a 关于快乐和痛苦的相似的宽泛范围。

② 参见《蒂迈欧》42a, 69c – d;亦参《王制》580d – 581c。

③ 此外,在《法义》中,χαίρειν 是雅典异乡人用得最多的动词,指年轻人在唱歌和跳舞中获得的快乐。在卷二中,这个动词至少出现了 21 次(比如 654c7, 655e2, 656b5),而且他显然认定 χαίρειν 就是获得快乐(尤其见 659d5 和 663b5,此处的 χαίρειν 与 λυπεῖσθαι [悲痛] 相对,类似贯穿于卷二中的 ἡδονὴ καὶ λύπη [快乐和痛苦],比如 653b2 – 3, c7 和 654d2)。然而,即便是在《王制》中,这种快乐在早期教育中显然发挥了积极的作用:苏格拉底说那些通过恰当的节奏与和声而得到教育的人将"喜欢"(χαίρων, 401e4)值得敬慕的事。因此,雅典异乡人强调年轻人在音乐中获得的快乐和喜悦,这并不新奇,也不能视为柏拉图观点转变的证据。

育的目的,但早期教育至少有消极和积极的两面性。这个目的的消极性在于,早期教育一定程度上旨在确保儿童们不会产生强烈的、棘手的欲望冲动,以至于妨碍他们追求得体正派。确保他们会对不体面的放纵欲求感到羞耻,一旦这成为实现各种动机的恰当平衡的方式,那任务明显会简单得多,如果童年时期的培养已调和并控制他们的欲求。① 其次,似乎可以妥善地认为,儿童在唱歌、跳舞和演奏中获得的众多快乐是欲望的快乐,而且欲望的苦乐在儿童形成对崇拜、厌恶和羞耻的正确态度上起到了积极的心理作用。虽然我认为,讲清楚这种作用的一系列可能方式符合我的论述,但我自己的试探性建议是:儿童同时在唱歌和跳舞中获得欲望的快乐和血气的快乐,但这是出于两种不同的原因。儿童获得欲望的快乐,是因为诸感觉喜欢节奏及和声——因为感知并参与唱歌和跳舞是"感觉良好的"——儿童获得血气的快乐,是因为血气部分会自然地回应看起来高贵的或令人敬佩的事。欲望的快乐可用于增强血气的快乐,所有这一切的结果是,儿童会渐渐形成对崇拜、厌恶和羞耻的正确的血气态度。尽管如此,但重要的是,不论欲望的快乐在音乐教育中可能起到了什么作用,这种教育的首要目的和结果显然都是为了个体对崇拜、厌恶和羞耻有正确的感受。因此,应当检验并修复教育影响的会饮制度是在羞耻中进行训练。而且,由于崇拜、厌恶和羞耻在柏拉图笔下都是血气的态度,我们就有充足的理由认为,音

---

① J. Wilberding, "Curbing One's Appetites in Plato's *Republic*", pp. 140 – 146,他提供了一个有益的讨论:就柏拉图而言,通过早期教育对自制和节制行为的训练,何以能规导我们的欲望。然而,在 Wilberding 看来,这类训练只会影响灵魂的欲望部分。他认为,节制的行动"并不能用于激起灵魂的血气部分"(146)。然而,鉴于柏拉图认为灵魂通过血气部分来抵抗外部威胁和内部欲望,勇敢涉及忍耐,不清楚的便是,为何对柏拉图而言,有节制的行为与克制欲望和刺激血气部分自身的训练无关。

乐的首要目标是对血气部分的恰当训练。①

值得思考的最后一个问题是，为何不认为在柏拉图的晚期作品中，对崇拜、厌恶和羞耻的态度已经变成了理性的态度（或正如波波尼奇宣称的，必然诉诸推理的态度），并且音乐教育也由此致力于训练儿童形成理性能力？不过，对此有一个即时回应：倘若音乐教育的首要灵魂影响是对于我们的理性自然而言的话，那就不能说明诸会饮为何会具有酷似音乐教育并修复其灵魂影响的作用。如果早期的音乐教育是理性的，为何那种教育要通过醉酒的恢复，而醉酒恰好就是（根据雅典异乡人的说法）我们的理性能力抛弃我们，我们的情绪如日中天的时候？

三 体育教育

雅典异乡人在第七卷回到了早期教育的问题，在那里，他的重点转向了体育教育。我们可以看到，他把体操描述为合唱术（即教育）的一部分，涉及身体运动的有序。② 雅典异乡人的体育计划方

---

① Grube 同意："灵魂（与音乐和体育）最直接相关的'部分'毫无疑问是血气或情感"，见 G. M. A. Grube, *Plato's Thought*, p. 252。D. Cohen, "Law, Autonomy, and Political Community in Plato's *Laws*", *Classical Philology*, 88 (1993), pp. 310 和 D. Cairns, *Aidōs: The Psychology and Ethics of Honour and Shame in Ancient Greek Literature*, p. 337。他们也强调雅典异乡人专注于塑造羞耻和荣誉在早期教育中的价值。

② 应当注意到，因为唱歌和跳舞是同一种技艺的两个方面，音乐和体育并不总是严格地相互独立的。事实上，参加合唱班可以同时算作是音乐和体育教育。因此，我们应当避免认为，音乐和体育训练严格来说是在连续的时间中发生的。参 G. Morrow, *Plato's Cretan City*, pp. 331-332 的说法，以及 L. Strauss, *The Argument and Action of Plato's Laws*, Chicago: University of Chicago Press, 1975, p. 100。[译按] 中译本参《柏拉图〈法义〉中的论辩与情节》，程志敏等译，北京：华夏出版社，2011。

案基于这些观点：某些身体运动体现了有德的个体；这些身体运动表达、模仿了有德的个体灵魂的运动和状态；恰当的身体运动习性有利于获取相应的灵魂状态。① 因此，雅典异乡人重申了之前的观点：舞蹈有节奏的运动（恰如歌曲的和声）是对人的品质的"模仿"（798d－e）。体育的目的在于将正确类型的运动施于身体，由此，灵魂相应的德性运动也会（至少以初步的方式）灌输给个体。②

雅典异乡人认为，这一过程甚至应当在孩子出生前就开始。他说："一切身体都受益于各种摇摆和运动产生的生气勃勃的激荡，不管身体是由自身移动，还是在摇荡的器具上，或是在海上，或者骑在马上或其他任何躯体上。"（798d1－4）因此，孕妇必须有规律地散步，一旦孩子出生，他的身体和灵魂应尽量保持持续性运动，"就像他们一直处于海上的航船"（790c5－8）。运动可以为焦躁不安的婴儿灵魂，带来秩序感和宁静感，可证明这点的是，母亲通过摇晃而非静止哄婴儿入睡。雅典异乡人解释了这种现象：

---

① 为了说明体育的作用，雅典异乡人用一个有用的生理学类比：就身体而言，一个人可以逐渐习惯于所有的食物、饮料和锻炼，即便他一开始反感它们。经过一段时间之后，他可能会熟悉并"喜欢"它们，在那个时候，让此人痛苦的是恢复其从前的生活方式。雅典异乡人说，"我们必须认定，这同样的事情也可用于人的思想和他们的自然本性"（798a）。T. Saunders, *Plato's Penal Code*, pp. 174－175，他论述了《法义》中利用这种"医学"、生理学模型的惩罚的灵魂作用。根据 Saunders，惩罚是痛苦的（因此是有效的），因为它呈现了罪犯已经习惯了的模式和情感之间突然而剧烈的断裂。

② 关于体育教育的讨论，参见 G. Morrow, *Plato's Cretan City*, pp. 304－9；G. M. A. Grube, *Plato's Thought*, pp. 246－52，尤其是 R. Kamtekar, "Psychology and the Inculcation of Virtue in Plato's *Laws*"，我与他们的论述大体一致。然而，Grube 和 Kamtekar（还有我）的论述专注于体育教育的内向灵魂影响，而 Morrow 的解释则专注于外向影响，他指出了人们意欲恰当的动作和舞蹈影响"姿势、姿态，以及日常生活中的运动"的各种方式（页306）。Kamtekar 回应了 Morrow 的论述（页128）。

体验到的激情或许都是恐惧，而恐惧源于灵魂的某种坏习惯。当有人将外部的摇摆运动带给这列激情时，这种外部产生的运动就制服了恐惧和内部的疯狂运动，而且，由于制服了恐惧，它使出现在灵魂中的平静安宁，取代了每种情形下心灵的狂躁不安……由此，它用审慎的习惯代替了我们疯狂的性情。（790e8–791b2）

恐惧感与灵魂的某些运动相关，如果这些运动成为儿童灵魂习惯的稳定部分，它们就会成为儿童获得勇气的障碍。① 雅典异乡人认为，恐惧感知是"懦弱的习惯"，因此，婴儿在他们出生的前三年，应尽量摆脱恐惧和受苦（791b；792b）。要实现这点，可通过施加正确的外在运动，反过来减轻导致恐惧和焦虑的内在运动。②

在儿童三至五六岁之间，他们应当去玩自己设计的游戏。在这

---

① R. Kamtekar（"Psychology and the Inculcation of Virtue in Plato's *Laws*"）对这段文本提供了启发性的讨论。特别是她提出"婴儿灵魂的骚动在何种意义上可视为恐惧"的问题，鉴于雅典异乡人在别处将恐惧刻画为对恶的预感（644c），（她宣称）这似乎要求灵魂理性部分的参与。她认为，婴儿经历到的是构成恐惧的对恶的理性预感的生理学和现象学关联，而且由于这些经验通常与这种预感关联，它们就可以被视作恐惧的原初形式（页141）。她对"为何摇晃婴儿有助于婴儿勇敢"的解释如下："如果理性部分可以（但不必要）让自己充斥着非理性情感，那么从儿童的早期经验中清除这种情感，这或许会减少理性部分形成相关错误意见的机会，而如果儿童坚持这些意见的话，它们就会导致懦弱。或许恐惧的运动是让人不舒服的，而且熟悉这些运动的儿童也会倾向于认为，导致这些运动的东西都是恶的"（页145）。

② G. M. A. Grube（*Plato's Thought*, p. 246）同意，外部运动缓和了骚乱的内部灵魂运动。但是，E. B. England（*The Laws of Plato*, 2 vols. New York: Arno Press, 1976, ii. 241）提供了对这个文段的可供选择的解释。在England看来，791a4的 φαίνεσθαι［显得、看起来］意味着，"保持镇定"只是看起来出现在儿童的灵魂之中（但不是真正出现）。England宣称，摇晃达到的镇定，是通过分散儿童的注意力，使之忘却内部的疯狂运动。就摇晃而言，这并不是说外部运动实际上对内部心理运动有任何作用；摇晃只能让儿童暂时意识不到骚乱的心理运动。

个成长阶段，保姆的主要任务是，确保儿童不变得习惯于过度奢侈或过度惩罚。极度奢侈会导致暴躁、坏脾气和容易恼怒于琐事的习性；过度惩罚会导致奴性和残暴（791d）。在六岁时，儿童应当学习军事技艺，如骑马、箭术、标枪投掷，随后的年月里，他们应学习两种主要的体育分支，摔跤和舞蹈。

由于雅典异乡人将歌舞看作参与合唱队这种活动的两面，他关于唱歌的许多观点同样适合于舞蹈。但在卷七，雅典异乡人提供了关于指导舞蹈的更多细节。他认为，舞蹈分为两种主要形式：一种是在庄严的运动中模仿值得赞赏的形体，一种是在粗俗的运动中模仿可耻的形体。年轻人应当只培养对可敬形体的模仿，这种模仿有两部分：一种是皮尔西克（Pyrrhic）或战舞，它模仿了参与行使军事暴力的高贵身体，另一种叫作和平之舞，它模仿了在和平状态中行为节制的高贵身体（814e–815a）[1]。就摔跤而言，青年人不必练习那些与战争目的无关的技巧，而应专注于能提高力量、健康和军事勇敢的技巧（796a）。青年人应当练习装备重盔甲和重武器的摔跤、格斗和舞蹈，他们学习的那些运动应"最近似战争中的战斗"（814d）。

认为体育教育着眼于灵魂中的血气部分，有以下一些理由。首先，雅典异乡人表明，体育训练最主要的目的之一是通过让年轻人变得更加勇敢，为战争做好准备。最显著的是，虽然这旨在抵御外

---

[1] Kamteker 认为她的论述的优点（我也这么认为）之一是，为了实现体育教育的可欲的心理作用，她的论述解释了为何青年公民仅观察有序的运动是不够的，相反他们自己还必须实践有序的运动。在她看来，由于参与正确的身体运动影响了内部的心理运动和情感，我们就不能只是作为观看者（spectators）来产生这些结果，见 R. Kamteker, "Psychology and the Inculcation of Virtue in Plato's Laws", pp. 147–148。在亚里士多德对音乐教育的论述中，他对"为何年轻人必须不能只是观察者"有一个稍显不同的看法："当然，观看并不难，但如果有人亲自参与到表演中，这就会为培养某些品质产生重大影响，因为如果人们不参与表演，他们就难以可能成为表演的优秀判官。"（《政治学》1340 b21–5）

敌,但雅典异乡人还揭示,公民们必须能抵御内部"敌人",即难以控制的苦乐感。① 我们可以看到,灵魂的血气部分尤其是负责勇敢德性,并与内外敌人斗争。这再次提供了一个初步的理由认为,柏拉图呈现其体育方案时想到的是血气部分。

第二,我们再次发现了一个与《王制》有效的相似性(在其中,体育教育被明确说成旨在血气部分,410b5 – 6)。在《法义》中,雅典异乡人揭示了一系列灵魂缺陷,它们源于不恰当的体育教育:青年人会变得坏脾气($δύσκολον$)、易怒($ἀκράχολον$)、粗鄙($ἀνελεύθερον$)或野蛮($ἄγριον$),他们还会逐渐变得怯弱($δειλία$)(791b7, d5 – 9)。在《王制》中,同样有一系列缺陷,全都明确等同于血气的缺陷:不适度的音乐将毁坏一个人的血气,使他变得坏脾气、易怒和暴躁,而不适度的体育会使人变得野蛮;坏脾气使血气过度紧张;奢侈和软弱将使人怯弱;粗鄙使血气从"像狮子"变成"像蛇"(411b6 – c2, d7 – e2;590a9 – b9)。②

最后,在《蒂迈欧》中可找到更多的证据。如我们所见,雅典异乡人经常根据运动来描述我们的灵魂学(这个观点在896e可找到理论基础),他把体育教育描绘成一种过程:通过训练相应的身体运动,给灵魂灌输恰切的灵魂运动。同样地,在《蒂迈欧》中,灵魂状态和干扰,以及灵魂健康和折磨,均可根据灵魂运动来描述。教育被理解成一个过程,以培育灵魂三部分的恰当运动(90c)。③ 鉴

---

① 参633c – 634b;791b – c;814e;815e – 816a;对比《王制》442a – c;《蒂迈欧》70b3 – 5。

② 参考《法义》901e4 – 7,怯弱和奢侈在这里导致了"血气的软弱"($ῥᾳθυμία$)。

③ Kamtekar对《法义》中体育教育的论述同样为《蒂迈欧》中的灵魂学和生理学熟知,见 R. Kamtekar, "Psychology and the Inculcation of Virtue in Plato's Laws", pp. 130 – 43。L. Brisson, ("Soul and State in Plato's Laws", pp. 285 – 287) 同样注意到了《蒂迈欧》与《法义》的类似之处,尽管他们的关注点不同。

于这个框架,蒂迈欧对灵魂血气部分的评论就尤其重要。他说,灵魂的血气部分靠近心脏,他解释道:

> 诸神预先认识到,心脏预料(πήδησις τῆς καρδίας)可怕东西时的跳动,以及血气的觉醒,即血气上涌的诸部分的整个这样的膨胀,想要因火而生成,故他们为这膨胀设计了辅佐者,于是使肺的样式自然而然生长在里面;这样式首先柔软而无血,其次被打孔之后像海绵一样内部多孔……因此,当血气在心脏内部达到最高潮时,心脏会跳向退避者并得到冷却,从而不那么辛苦,并更有能力凭借血气而做理性的仆从。(70c1 - d6)

因此,心脏在恐惧或愤怒中的"跳动",是由灵魂的血气部分的骚动引起或与之相关的,蒂迈欧将这个部分定位在胸腔之中。同样,在上引《法义》的文段中(790e - 791b),恐惧恰恰与心脏的这同一"跳动"和灵魂的骚动相关。这个相似之处表明,柏拉图在《法义》中继续坚持灵魂心理关联的一种相似模式,而且尽管《法义》的论述没有明确提到血气部分,但它依旧是与恐惧和愤怒相关的骚动的灵魂来源。下面两点进一步暗示了这种解释。第一,如前面注意到的,雅典异乡人说,如果婴儿习惯于感受他所描述的那种恐惧,那么他们不会变得勇敢,而会变得怯弱。第二,他通过提问来表述他的观点:假定你千方百计在这三年中使他一点不经受忧伤、惊吓和痛苦,那么我们是否应该期待,这个孩子会被教育成为一个性格比较快乐和温和的人?(792 b4 - 8)

四 法律

对马格尼西亚公民的道德教育并未以音乐和体育训练结束。在《法义》中,柏拉图还分派给立法者和法律本身一项重要的教育功能。事实上,对话的一项主要革新是,柏拉图坚持,法应该运用劝谕，而非仅靠强制。雅典异乡人用了一个类比：给奴隶治疗的奴隶医生没有解释就直接开药方，而给自由民治疗的自由民医生"尽可能地教导病人。某种意义上，在他还没劝谕之前，他不开处方"（720d）。同样，立法应伴随试图说服公民守法的序曲，而不是简单地威胁他们，不那样做就要受惩罚。

对于序曲意图扮演的确切角色，以及在何种意义上它们应"劝谕"公民，评论家们已呈现了广泛的解释。这一论争的一方，如波波尼奇（Bobonich）和爱尔文（Terence Irwin）这些评论家已指出，这些序曲在非常强大的意义上教导公民：它们为公民们提供"好的认知理由"来思考，构成法律的原则都是真实的（柏拉图本人接受这些理由），它们提供的理性指导旨在引向理解。① 论争的另一方，

---

① Bobonich, *Plato's Utopia Recast: His Later Ethics and Politics*, p. 104. 参 C. Bobonich, "Persuasion, Compulsion, and Freedom in Plato's *Laws*", *Classic Quarterly*, NS 41 (1991), pp. 365 – 388; id., "Reading the *Laws*", in C. Gill and M. M. McCabe (eds.), *Form and Argument in Late Plato*, Oxford: Clarendon Press, 1996, p. 264; id., *Plato's Utopia Recast: His Later Ethics and Politics*, pp. 97 – 119; and T. Irwin, "Morality as Law and Morality in *Laws*", in Bobonich (ed.), *Plato's Laws: A Critical Guide*, p. 98。Bobonich 充分陈述了这种理性主义的解释："立法者和序曲所做之事被刻画为'教诲'，亦即赋予公民理由并促使他们"学习"……序曲因此被设计为理性说服的例子……于是，公民将学习为何法律是高贵和正义的，也应当学习为何要服从法律，更一般地说就是，为何有德性地行动对他们是好的。对于什么对人类好，他们也将接受一种真实与合理的论述，见 C. Bononich, *Plato's Utopia Recast: His Later Ethics and Politics*, p. 104。Bobonich 甚至还认为，序曲可在公民中间产生知识，见 C. Bobonich, "Persuasion, Compulsion, and Freedom in Plato's *Laws*", pp. 378 – 380, 但可对比 Bobonich 后来在 *Plato's Utopia Recast: His Later Ethics and Politics*, p. 199 的说法。R. Curren, "Justice, Instruction, and the Good: The Case for Public Education in Aristotle and Plato's *Laws*", *Studies in Philosophy and Education*, 1 (1994), pp. 20 – 1, 同样支持对这些序曲的理性主义解释。J. Annas, "Virtue and Law in Plato", in Bobonich (ed.), *Plato's Laws: A Critical Guide*, pp. 71 – 91, 她倾向于理性主义阵营，但采取了一种比 Bobonich 的说法更加温和的解释。她认为这些序曲在整体上既非理性论证亦非"修辞的咒

如拉克斯（Andre Laks）和斯塔利（Richard Stalley）这些评论家则表示，这些序曲主要诉诸我的灵魂的非理性方面，因此，它们并非旨在提供理性教育。①

尽管我不会在此完整地检审序曲，但我会简略地提供一些思考来支

语"（rhetorical spell）（84-6）。她宣称，许多论证都更像是一种"不提供论证"的"真诚演说"（页76）。

① 参见 A. Laks, "L'Utopie législate de Platon", *Revue philosophique*, 4 (1991), pp. 416-28, 以及 id., "The *Laws*", in C. Rowe and M. Schofield (eds.), *The Cambridge History of Greek and Roman Political Thought*, Cambridge: Cambridge University Press, 2000, p. 278; Stalley, *An Introduction to Plato's Laws*, p. 43, 以及 id., "Persuasion in Plato's *Laws*", *History of Political Thought*, 15 (1994), pp. 157-77; R. Mayhew, "Persuasion and Compulsion in Plato's *Laws* 10", *Polis*, 24 (2007), pp. 91-111; E. R. Dodds, *The Greeks and the Irrational*, Berkeley: University of California Press, 1951, p. 212; E. B. England, *Laws*, I, p. 258; G. Morrow, "Plato's Conception of Persuasion", *Philosophical Review*, 62 (1953), pp. 234-50, 以及 id., *Cretan*, p. 310; A. Nightingale, "Writing/Reading a Sacred Text: A Literary Interpretation of Plato's Laws", *Classical Philology*, 88 (1993), pp. 279-300, 以及 id., "Plato's Lawcode in Context: Rule by Written Law in Athens and Magnesia", *Classical Quarterly*, 49 (1999), pp. 100-22; Brisson, "Ethics and Politics in Plato's *Laws*", pp. 116-20; C. Ritter, *Platos Gesetze: Kommentar zum griechischen Text*, Leipzig: Teubner, 1896, pp. 13-14; H. Görgemanns, *Beiträge zur Interpretation von Platons Nomoi*, Munich: Verlag C. H. Beck, 1960。他们全部采取了反理性主义解释（变化多样的版本）。比如 Dodds 写道："不论如何，在《法义》中，普通人的德性显然不是基于知识，甚至不是基于正确意见本身，而是基于一个适应或习惯的过程，普通人借此被诱惑去接受并实施某些'有益'的观点……柏拉图似乎认为，大多数人可通过进食某种经过仔细选择的'咒语'（ἐπῳδαί）——即启发性的神话和令人鼓舞的伦理口号——而维持可容忍的道德健康。"（页212）关于雅典异乡人把教育措施刻画为ἐπῳδαί, Morrow 分享了 Dodds 的重点，见 G. Morrow, "Plato's Conception of Persuasion", p. 238ff。Bobonich 回应了 Morrow, 见 C. Bobonich, "Persuasion, Compulsion, and Freedom in Plato's *Laws*", pp. 373-377。Görgemanns 认为，序曲使用了"一种政治家的修辞术"（eine staatsmän-nische Rhetorik），其指向的是普通人，即非哲学的听众（页70、108）。

持这个看法：作为整体的法律（亦即包括序曲、规则和规定的惩罚本身）提供的那类道德教育，主要试图诉诸非理性的、血气的态度和欲望。尽管这本身没有显示，它们旨在诉诸灵魂中独特的血气部分，但根据以上分析的早期教育，可以合理地推断它们似乎如此。我会指出，这尤其合理，因为有强有力的理由怀疑，波波尼奇和爱尔文所提供的坚定的理性主义的解释。① 有几个理由认为，法律的教育作用主要是考虑血

---

① 为了支持他对序曲的理性主义解释，Bobonich 指出，序曲有时候的确被刻画为"教诲"，而且公民有时候也被刻画为向这些序曲"学习"，见 C. Bobonich, *Plato's Utopia Recast: His Later Ethics and Politics*, p. 104。然而，Bobonich 引用的段落——718c - d，720d，723a，857d - e 和 888a——要比他所认为的更不那么让人信服，这有许多原因。(1) "学习"的两次出现（718d6 和 723a5）实际上是 εὐμαθέστερον［更好的学习者］的出现：序曲意在让公民 ἡμερώτερον［更平和］，εὐμενέστερον［更惬意］（718d4，723a4），以及 εὐμαθέστερον。但是 εὐμαθέστερον 并不意味着公民向序曲学习。总之，这个词意味着序曲使得公民"更适宜于学习"或"更喜欢学习"。这表明，公民从序曲中所获得的并不构成学习本身，相反，如果发生了什么的话，那至多是对学习的一种心理准备。εὐμαθέστερον 与 ἡμερώτερον 和 εὐμενέστερον 成对出现，这个事实进一步表明，序曲致力于灵魂的一种前（pre -）或非（non -）理性的良好状态，而非理性教育。(2) 在 720d4 - 6，当制定序曲的立法者被比作的自由医生时，雅典人异乡人说这位医生"既亲自向病人学习（μανθάνε）一些东西，也尽可能地教（διδάσκει）给病人"。这里有两点值得注意。首先，医生只是 καθ' ὅσον οἷός τέ ἐστιν［尽可能地］"教"他的病人。这暗示了对病人到底可以学到多少的限制（参考 718d5: εἰ καὶ μὴ μέγα τι, σμικρὸν δέ［既无不足，也不太多］）。第二，在这个语境中，μανθάνει［学习］的含义显然宽泛到足以允许医生向病人学习。然而，医生当然无法从外行那里学习医学知识，相反，至多能了解到关于这位个体病人之病例的一些经验事实。如果一件事被认为是学习，那就是必要的一切的话，那么说公民向序曲"学习"，这根本没有说出太多东西。(3) 在 857d7，自由医生被指控"几乎在教"他的病人。然而，σχεδόν［几乎］又一次表明，接下来所进行的至多近似教育，而非真正的教育。此外，该指控是通过奴隶医生之口说出来的，此人自己并未掌握医学的技艺，这个事实进一步削弱了该指控作为一种对什么构成了教授医学技艺的真实评价的重要性。(4) 值得注意的是，《法义》描绘的"教育"远非理性教育。在 653b 和 659d，

气的情感。首先，雅典异乡人再三强调，立法者的任务是使公民们的称赞、谴责和羞耻的态度意义明确。立法者必须照料好公民，给他们正确分配荣誉和耻辱，在人一生产生的各种各样的经验和环境中，立法者必须"借助法律本身"正确地发出称赞和谴责（631d2 – 632b1，对比822e – 823a）。对于乱伦的传统态度为其方法提供了示例。乱伦是几乎每个人都"尽可能自愿"杜绝的性行为，原因在于，每个人都将之视为最可耻的可耻事情（838a – c）。因此，立法者的目标在于，通过教养、法律本身，以及对值得称赞和谴责之事的普遍同意，给公民们注入合宜的羞耻感。一旦成功，公民们就会举止正确。因此，立法者"以最高的荣誉尊崇"羞耻感，他将缺乏羞耻视为最大公私之恶（647a – b）。

其次，法律所采用的惩罚本身，主要且常常仅包含责备、出丑和当众羞辱。① 这里举几个例子：35 岁前是结婚年龄，对于那些在此之前还没结婚的人的惩罚是，他们得不到晚辈给予长辈的荣誉（721d）；对于买卖分得的房屋的惩罚是，罪犯的犯罪说明会刻在柏木片上，保存在庙宇，"在其余生里，都可让人读到和想起"（741c6 – 7）；那些护卫者若擅离职守，就会让他们声名狼藉，任何遇到他们的人都可以殴打他们，却免责罚（762c）。

最后，与第二点相反，有个重要的正面强调贯穿于序曲和法律，以及整个对话中雅典异乡人对立法者目的的描述，那就是热爱胜利和好名声。确实，雅典异乡人提供的第一个序曲（婚姻法序曲）的论证，诉诸"渴望成名而不在死后默默无闻"（721c）。雅典异乡人

"教育"（παιδεία）被定义为苦乐方面的正确训练，在 689a – c，雅典异乡人反常地将无知（ἀμαθία, ἄνοια）刻画为一种状态，处于其中的人以一种与推理相反的方式感受苦乐。所有这些都表明，即便可用序曲教育公民（例如，857e3 中的παιδεύει），但这并不必然意味着，这些序曲为公民提供了理性教育。

① Brisson 也观察到，诸法律所施加的惩罚，以及序曲对赞美和谴责之修辞的大量使用，都是"站在血气一边的"，见 L. Brisson, "Soul and State in Plato's Laws", pp. 290 – 291。

也时常指向"德性的竞赛",他主张,涉及德性时,我们全都必须成为热爱胜利的人(731a)。他说,必须教育儿童获取对快乐的"胜利",性放纵应该受爱荣誉检审(841c)。①

在此还要附加一个重要的告诫:尽管法律和序曲主要并首先诉诸血气的态度,它们绝不会独自如此为之。其实很清楚,法律规定的许多惩罚尤其排斥灵魂中的欲望部分,序曲中呈现的一些神话就引用身体痛苦的后果,明确试图让公民们(在欲望上)害怕犯罪。②此外,很明显,至少有一些序曲意图部分诉诸公民们理性的天性,提供论证或理性的思考支持守法。鉴于在柏拉图的整个工作中,他认识到人类动机的多样性,那在《法义》本身中,如果法律和序曲没能反映对灵魂复杂性的认识,就会显得很奇怪。

然而,尽管有一些序曲的显然认识到并且诉诸我们的理性天性,但依旧存在一些强有力的理由来反对如下看法,即在为公民提供知识、理解甚至是对持有真实信念之理由的可靠领会这个强的意义上,序曲的确教导公民。③首先,在他的晚期对话中,柏拉图表明了对《法义》

---

① 雅典异乡人宣称,如果公民们以足够的敬意和敬畏,以法律来反对性放纵,那么他们将完全服从于该法律。然而,雅典异乡人承认,不是每个人都会在这个方面完全成功,因此就有必要确立"可耻和高贵之物的次好标准"(841b5-6)。根据这个次好标准,公民们必须一直保持对于性行为的羞耻感,这将使得他们不经常地进行性行为,而且只在他们不会被发现时才这么做。注意,在所有这些之中,关于在何种程度上公民们理性地相信他们不应性放纵,此处并未提及。最高标准和次好标准之间的差异,仅是公民们拥有应有的敬意和羞耻的程度上的差异。

② Bobonich 指出了如下事实,即序曲有时候会提供诉诸我们的欲望性冲动的神话,见 C. Bobonich, "Persuasion, Compulsion, and Freedom in Plato's *Law*", 375-376,以及 *Plato's Utopia Recast: His Later Ethics and Politics*, pp. 113-14。对比 T. Saunders, *Plato's Penal Code*, pp. 210-211。

③ 最能这样做的序曲是关于虔敬的法律的序曲,其占据了卷十的大部分内容。雅典异乡人提供了一些非常复杂的论证,以支持这样一些主张,即诸神存在,他们关心人类,而且不会接受行贿。然而,雅典异乡人表明,关于虔敬

中的成文立法有着直接影响的书写（writing）的价值和效果的担忧。在《斐德若》中，苏格拉底指责了如下批评，即书写鼓励读者服从作者的权威，而不是为自己而学习。苏格拉底说，书写"将使学习的人脱离教诲，听了许多东西，以为自己听了许多东西，其实对许多东西毫无认识"（275a7 – b1）。然而，事实上不只是读者不从书写中学习；相反，他们无法从中学习。学习需要发问，而这是写作并不允许的：

> 好可怕哟，那笔画所有的那副样子，真的很像绘画：绘画的子女立在那里，仿佛是活生生的，但倘若你问他们什么，他们却威严地一言不发。写下的言辞也如此：你会以为，他们在说话，仿佛有某种所想的东西，一旦你问他们说的某种东西，想把它搞懂，他们却总是翻来覆去讲同一套话。（275d4 – 9）①

苏格拉底的结论是，不应严肃看待看书写，因为写下的言辞"既没能力在论说中救助自己，又没能力充分传授真实"（267c8 – 9）。

有诸多理由可以认为该批评适用于马格尼西亚成文立法。首先，《斐德若》中的观点显然普遍性的：并不是说某种书写如果做得正确，就可以避免苏格拉底描述的缺陷；毋宁说，所有书写都具有这

的法律的序曲针对的是不敬的个人，他们中的许多人认为他们不敬，不是因为他们有着邪恶的非理性欲望，而是因为无知（886b，887c – 888B）。事实上，他们中的一些人"天生正派"，他们变得不敬，但却"没有坏脾气或坏性情"（908b，e）。此外，雅典异乡人表明，在各种犯罪中，理性是特殊的，因为其是（至少有时候是）这类犯罪中的一种纯粹的理性上的无能。鉴于不敬在这方面的独特性，那就可以理解，关于不敬的序曲应当以一种其他人尚未用过的方式诉诸理性。Annas 同意，关于不敬的法律的序曲需要特别注意论证："曾经有过无神论观点的公民需要被论证说服，因为对传统的理性质疑就其自身而言必须被说服"，见 J. Annas, "Virtue and Law in Plato", p. 88。

① ［译按］中译文参刘小枫译，《斐德若》，收于《柏拉图四书》，刘小枫编/译，北京：北京三联书店，2015。

些缺点。这个观点的普遍性甚至还得到了强调（267d – e；对比 261e；271b）。此外，《斐德若》实际上将苏格拉底的讨论视为特别关注修辞学的政治作用，尤其是治邦者和立法者如何恰当地使用它的方式（尤见 257c – 258c）。在苏格拉底最后的话中，他重申了这点，他明确将他们的结论运用于法律和政治文本。

> 倘若吕西阿斯或别的哪个人写了抑或将要写文章，替私人也好，替公众——比如替立法写政治议案——也好，而且以为文章中有某些了不起的确实牢靠的东西或明晰透彻得很，那么，写成这样东西的人就当受谴责——无论是否有谁说出了谴责。（277d6 – 10，参刘小枫中译文）

另外，《法义》中对法的教育作用的描述，至少以两个值得注意的方式呼应了《斐德若》。第一，《斐德若》援引了一个医学类比：就像好的医生为了改善身体，必须熟悉身体，一个好的修辞学家也必须要熟悉灵魂。此外，修辞学自身就像是医学或药物（φάρμακον：230d6；268c3；270b6；274e6；275a5）。类似地，我们也看到，雅典异乡人通过医学类比的方式引入序曲的需要，他也将法律描述为某类医学（φάρμακον：836b3；919b4）。他说，好的法官必须将立法者的成文法内化，作为自身和城邦其余部分的"解毒剂"（ἀλεξιφάρμακα：957d6），反抗邪恶和非法的言辞。① 第二，《斐德若》将修辞描述为"指引灵魂"（ψυχαγωγία：261a8；271c10），这预示了《法义》所讨论的"法律的拉力"（ἀγωγῇ τῇ τοῦ νόμου：645a4 – 5），它将灵魂拉向美德，而且它把教育理解为将灵魂"拉向"（ἀγωγή：659d2；对比 643d2；645a1）法律。最后，我们应该注意，柏拉图不仅仅在《斐德若》中批评写作。对成文法的关注也出现在其他晚期作品，如《治邦

---

① 参 676c4，647e1，649a3，666b6，以及 672d 7 把酒描述为一种教育性的 φάρμακον［药物］。

者》(详参 294a 以下),甚至在《法义》中,对于"在大众面前言说"的有效性,雅典异乡人也表达了怀疑。①

鉴于这些考虑,对于马格尼西亚的成文立法,《斐德若》批评写作的意涵就很明显了:无论这些序曲对公民的灵魂影响如何,即便有部分理性的影响包含劝谕,它们也不会在任何真正的意义上教育公民。教育需要学生或"倾听者"的积极参与,这首先就意味着质疑,这正是成文法不允许的。事实上,成文法明确阻止质疑,因为公民们受到训诫,认为法律是神所颁布的,有绝对的权威,质疑法律的人就要受到惩罚。

总的来说,《法义》并未促成一种有利于理性和哲学探索的环境。Nightingale 以及 Morrow 都注意到了这一点。② 比如 Morrow 写道:"很难想象,这些服从于我们描述过的受到严格监管的生活制度长达三十年甚至更久的公民,是如何保住(辩证和哲学)研究所需的批评权力和思想自由的。"(页248)另一方面,Bobnich 认为,雅典异乡人确实有希望公民以一种重要的方式培养他们的理性能力。③ 证据是他注意到一个事实,公民们学习某种数学,这包括了不可同约性的学说,还有天文学。Bobonich 认为,这表明公民正在学习非感觉的价值属性,而且在这么做的时候,他们就为包含在这些序曲中的什么对他们好的论证做好了准备。

然而,还有另一种解释这些研究之目的的方式。雅典异乡人表明,学习天文的目的是驱散诸天体乃毫无秩序地运动的"游荡者"这一神话,学习不可通约性的目的是,这样做可以把公民引向"神圣的必然性"(817e – 820d)。换言之,公民只学习那些有助于使他们成为诸神的虔敬信仰者的东西。(注意,在 820d4 – 6,雅典异乡

---

① Nightingale 注意到了这一点,见 A. Nightingal, "Writing/Reading a Sacred Text: A Literary Interpretation of Plato's *Laws*", p. 288。我们也应当注意《书简七》(*Seventh Letter*, 344c – d)对写作和成文法律的批评。

② See A. Nightingal, "Writing/Reading a Sacred Text: A Literary Interpretation of Plato's *Laws*", 293 – 296; G. Morrow, "Plato's Conception of Persuasion", pp. 248 – 250.

③ See C. Bobonich, *Plato's Utopia Recast: His Later Ethics and Politics*, pp. 106 – 109.

人说这些研究学起来并不"困难",这说明了公民们正在学习的东西实际上是寻常的。)重点是别教他们关于善的知识(甚至是别让他们准备好教授善的知识),而只是让他们承认神在宇宙中的积极作用。这一点为什么如此重要?这是因为赋予马格尼西亚法律的尊崇地位取决于如下主张,即这些法律源于神。因此,除非相信神存在且照看着人类事务,否则公民们将不会充分尊重这些法律。雅典异乡人在这篇对话的最后宣称,没有一个已经认识到星辰之有序运动的人会认识不到诸神的存在,这个事实进一步支持了我的解读。

波波尼奇和其他理性主义解释的拥护者援引自由民医生的类比,将其作为他们观点的证据,实际上,该类比吸引我们注意的恰恰是法律的这个缺陷。因为,自由民医生劝谕病人是通过交谈,允许病人在交谈中提问,但立法者或法律与个体公民之间却不存在这样的对话。[1] 立法者发布法律和序曲,公民必须遵守它们。[2] 即使如波波尼奇所声称的,序曲中确实给出了诸理由,柏拉图会赞成用来支持真实的信念,它们顶多会给公民们提供给一些他们可背诵的理由。

然而,至少有两个理由怀疑序曲所给出的遵守法律的理由,确实是拥有正确观点的好理由。首先,序曲中呈现的许多论证,正如 Stalley 说的,"差得令人尴尬"。[3] 即便我们把某些序曲所支持的诸多可疑神话和迷信摆在一旁,情形也是如此。以雅典异乡人作为范式的序曲,即婚姻法的语言为例。对于婚姻的好处,该需要提出的论证的是,拥有孩子为满足不朽和"变得有名且不再在死后默默无名"的自然欲望提供了途径

---

[1] Nightingale 和 Stalley 恰当地指出了这一点,见 A. Nightingal, "Writing/Reading a Sacred Text: A Literary Interpretation of Plato's *Laws*", p. 287; "Plato's Lawcode in Context: Rule by Written Law in Athens and Magnesia", pp. 118 – 119; R. E. Stalley, "Persuasion in Plato's *Laws*", p. 170。

[2] See A. Nightingal, "Writing/Reading a Sacred Text: A Literary Interpretation of Plato's *Laws*", pp. 291 – 293.

[3] See R. E. Stalley, "Persuasion in Plato's *Laws*", p. 171.

(721c)。然而，看起来清楚的是，对名声的渴望并非柏拉图式行事的正确理由，总而言之，该论证肯定不能解释为何婚姻必须发生在三十到三十五岁之间。但其次，结婚（或至少在这些年纪结婚）对每个人都好，这甚至也不清楚。在《治邦者》中，爱利亚异乡人批评了成文立法，因为鉴于人类事务和个人状况的不可预料和变化，"对任何给定的情形而言，不可能设计出一条对每个人都永远适用的简单规则"（294b4–6）。相反，"他为每个共同体所制定的规则是相当不精准的，而且我认为，也将关注大多数人，关注最常见的情形，关注成为广泛正确的规则"（295a5–8）。爱利亚异乡人的说法所强烈建议的是，至少对一些公民来说，遵守至少某些法律，这对他们并不总是更好——比如结婚法。

柏拉图自己没有结婚，这个事实说明他没有赞同马格尼西亚的婚姻法是过一种好生活的绝对规则。R. E. Stalley 指出了这一点。[1] 如果这是正确的，那么，对于这种情形下的公民而言——他们遵循的既定法律实际上对他们并非最好，序曲就会给他们提供一些理由，证明在他们的情形下，坚持认为遵守该法律对他们是好的并不正确。[2] 他注意到了成文法所面临的通用性问题，但他认为，在理想情况下，外部的、成文的法律可得到每个公民自己的"内部法律"补充。

然而，那并不意味着公民们真正理解了这些理由。正如《斐德若》表明的，修辞和写下的言辞至多能说服，但无法教导（277e–278a）。我们可以推论，马格尼西亚的公民可能让序曲说服（这当然涉及公民理性的运用），但在任何重要的方面，公民们并没有从序曲中学到什么。

在这件事上，有两点最后的考虑：第一，立法者、法律和序曲提供的那类劝谕，雅典异乡人反复描述为劝谕（paramuthia）。[3] 这非常重要，

---

[1] R. E. Stalley, "Persuasion in Plato's *Laws*", p. 172.

[2] See T. Irwin, "Morality as Law and Morality in the *Laws*", pp. 95–99.

[3] See A. Nightingal, "Writing/Reading a Sacred Text: A Literary Interpretation of Plato's *Laws*", p. 295.

因为柏拉图代往往将劝谕等同于影响我们非理性灵魂的手段。在《治邦者》中，劝谕是牧牛者（比作治邦者）所做的，为的是平息牛并让它们温顺（268b）。对于我的目的要特别注意的是，这个词是柏拉图用来描述对灵魂血气部分施加的那类影响（参《王制》442a2）。

第二，《法义》在一些地方暗示，大多数公民从没有真正学到究竟什么对他们才是善的。雅典异乡人说，"一个人，即使迟至暮年才紧紧抓住睿哲和真实的意见，他仍是一个幸运者"（653a7–9）。① 似乎正是由于公民们从未拥有过理解或知识，所以大多数公民才甚至没有稳固的真实信念。只有老人，甚至只有老人中的那些"幸运"者，才会拥有它们。此外，如果公民们确实学到了什么对他们是善的，那么不清楚的是，为何在他们的一生之中，教育会发生"懈怠"，为何会饮——抛弃理性的一种锻炼——对恢复理念是必要的。如果我们考虑到，首先，会饮举办得非常频繁（至少一个月一次，甚至可能每天一次；见828a–c），其次，《王制》中的护卫者（所有护卫者都要具有稳定的信念，而且至少有一些护卫者会继续去获得知识）接受了一条彻底的禁酒令（403e），那么上面这一点就特别显眼了。简而言之，所有这些都表明，尽管道德教育的确以各种方式诉诸马格尼西亚公民的理性，但道德教育所没有做的是在任何意味深长的意义上教他们。这显然是维护和遵守法律在马格尼西亚如此重要的原因。

五　结论：理性的盟友？

在《政治学》中，亚里士多德提到马格尼西亚的公民跟美好城邦（Kallipolis）的公民受到"相同"的教育（1265a1–10）。尽管这无疑是过于简略的说法，但我希望至少已在一定程度上澄清亚里士多德的看法：根据我的解释，音乐和体育教育的目标主要是灵魂的血气部分——它被

---

① 参 R. Kamtekar, "Psychology and the Inculcation of Virtue in Plato's *Laws*", p. 147。

理解为动机的独立心理来源——正如它们在《王制》中的那样。

然而,《法义》还把一些东西加到了《王制》的论述之中。在马格尼西亚,详细的成文法典增补和加强了在公民在早期教育中被灌输的价值,正如我所认为的,它所以能做到这一点,部分是通过持续地以贯穿于成年期的我们灵魂中的血气部分为目标。所有这些都表明,波波尼奇主张的"灵魂各部分并未在《法义》中发挥任何哲学作用"完全错误。① 尽管在灵魂三分在《法义》中并不明显,但这个证据有力地说明柏拉图仍旧专注于这一点,并且他关于血气部分的观点继续体现了他关于道德教育的规定。然而,一个重要的差别是,虽然《王制》认为血气的心理作用是在智慧的基础上,支持由推理部分所发布的命令,但《法义》却质疑大多数公民究竟是否会获得智慧、知识,甚至是稳定的信念。在公民的角度上,他们会让自己受法律的约束,而法律则在成文立法所可能的范围内体现立法者的智慧。这并不意味着,公民不打算使用他们自己的任何理性能力,而是意味着他们对这些能力的使用,将主要在于相信法律所说,然后在他们自己的个体情形中找到什么行动最适合于他们。萨西认为,马格尼西亚的法律意在弥合由她所认识到的《法义》对灵魂血气部分的遗漏所造成的鸿沟。② 然而我认为,法律所要弥合的鸿沟并非由降级了的血气部分造成。相反,它由在大多数情况下都不会获得可信的稳定信念的推理部分造成。③ 这表明,血气部分在道德培养和德性中的作用发生了转变或至少是延伸:在《法义》中,灵魂的血气部分不再只是理性的盟友,甚至可能主要是法律的盟友。

---

① C. Bobonich, "Akrasia and Agency in Plato's *Laws* and *Republic*", p. 27.
② C. Bobonich, "Akrasia and Agency in Plato's *Laws* and *Republic*", pp. 137 – 138.
③ 在《王制》中,那些不能以智慧为基础来自我统治的人,将会乐于让自己成为自身内部确实有着神圣统治之人的奴隶(590c – d)。然而在《法义》中,雅典异乡人认为,没有人能够统治而不腐败(见 874e – 875d)。因此,在马格尼西亚,受法律奴役是"次好的"。

《法义》中的道德责任与刑事责任

潘戈（Lorraine Smith Pangle） 撰
黄剑煜 徐芹芹 译

在柏拉图最具实践性的作品《法义》中，他坦率表达了完全苏格拉底式的命题：德性即知识，作恶是非自愿的，他还审慎接受了政治共同体对报复性惩罚（retributive punishment）的需求，并把这两方面结合起来。本文审视《法义》有关责任和惩罚原则的论述，并将其与卷九中提出的实际刑法典加以比较。由此表明，一个彻底的哲学洞见如何适用于让普通公民更加温和、理智和人道，而不削弱他们的道德承诺。当代恢复性正义（restorative justice）运动也能受益于《法义》。

现代民主社会认为，报应惩罚具有深刻的矛盾。报应日益给我们留下的印象是，原始、残忍和非理性地关注大多数无法消除的过往伤害。但正义似乎仍旧要求，罪行得到惩罚，而且惩罚要与罪行的严重程度相匹配。社会科学在分析这一病状——无论这种病状是社会层面的还是精神层面的，它们与罪行相伴，而且看起来是罪行的肇因——的过程中愈来愈复杂，而这只不过是加深了其中的矛盾；因为，理解这些病理学牵扯出一个问题，即那些受到病理学作用的犯罪者有多大自由选择他们功能失调的行为，他们就有多大程度需要合理地为那些罪行负责。

精神病学家维尔纳（Michael Welner），同时也是著名的司法专家小组的理事，他的研究提供了对刑事案件的专业精神病理评估，也同样折射出我们当前的困境。维尔纳试图客观地把握道德堕落这一棘手概念，他运用意见调查来确定那些社会认为极端罪恶的犯罪特征，并且设法分离出标志着这些罪行的行凶者特征的精神失常。相关的诊断包括恶性自恋、精神变态和恋尸癖。① 在维尔纳尽其所能给法庭提供道德堕落的更客观标准时，他似乎不困扰于他自己领域对犯罪者灵魂病态的理解，在那个意义上，犯罪者灵魂受没有人会选择拥有的精神失常驱动。然而，发觉单纯的报应是对犯罪的复杂真相远不充分的回应后，其他的社会科学家试图在恢复性正义运动中寻找一种更细微且富有前瞻性的处理方案。

现代恢复性正义运动自20世纪70年代至80年代兴起，起初是由许多分散的以社区为基本单位的法律改革项目构成。自此以后，该运动吸纳了各个大洲的地域传统，以便做出对犯罪问题更具包容性和建设性的回应。这一运动的部分受发掘例如普遍酗酒、家庭暴力以及学业失败等犯罪根源的愿景激发，因为这些问题长期困扰美国本土社区，而且让美国对犯罪本质上的惩罚措施显得无望且不当。这一运动强调犯罪者与其疏离的共同体的重新连接，并且用纳瓦霍国家法庭（Navaho Nation Court）前首席法官亚兹（Robert Yazzie）的话来说，纠正让犯罪者做出非理性选择的"糊涂想法"。② 恢复性正义进程的核心是协商会（conference）。把受害者和犯罪者的家庭成员和支持网络聚集起来，协商会旨在理解犯罪成因，并制定计划帮助犯罪者补偿和重入正轨。对恢复性正义协商会的研究显示，受害者和犯罪者双方都对这一形式有较高的满意度，而且，相对于再次监禁，重犯也有所减少，尽

---

① Neely Tucker, "Juries don't Always Know Heinous Crimes When They See Them, but This Might Help", *Washington Post*, 23（July, 2007）.

② Robert Yazzie, "Navaho Peacemaking: Implications for Adjudication - Based Systems of Justice", *Contemporary Justice Review* 1（1）（1998）, pp. 123 - 131.

管主要针对年轻和初次犯罪者,这些发现涵盖了暴力和非暴力犯罪。①

然而,是否把对犯罪的回应限制在修复已经造成的伤害的努力上,② 抑或这项工作应该仅仅是对于传统惩罚方式的补充,③ 恢复性正义运动自身的立场并不明确。就相对较轻的犯罪行为,特别是年轻人犯罪的话,当犯罪者表达了悔意,社会很快会原谅此人甚至遗忘了整个案件。但在较为恶劣的案件中,这种情形便不再出现。因而,这项运动在报应的合理性问题的两个方面都受到指责。如果正义要求犯罪者为其所作所为付出代价,那么,不论何时被用作惩罚的替代方法,"恢复性正义"难道不是一种对正义自身的颠覆?④ 实际上,批评者指控,恢复性正义给予犯罪者与受害者更多的接触,也给他们更多造成精神痛苦的机会,而且总体上让正义的施行更加动荡不平,它甚至加速了不义。⑤ 恢复性正义

---

① James Bonta, Rebecca Jesseman, Tanya Rugge, and Robert Corimer, "Restorative Justice and Recidivism", in *Hand book of Restorative Justice: A Global Perspective*, Dennis Sullivan and Larry Tift ed., London: Routledge, 2006; Heather Strang, *Repair or Revenge: Victims and Restorative Justice*, Oxford: Clarendon Press, 2002. Cf. John Braithwaite, *Restorative Justice and Responsive Regulation*, Oxford: Oxford University Press, 2002, p. 40; Mark Umbreit, Robert Coates, and Betty Vos. "Victim Offender Mediation: An Evolving Evidence – Based Practice", in *Handbook of Restorative Justice: A Global Perspective*, London: Routledge, 2006, pp. 56 – 59.

② John Braithwaite, *Crime, Shame and Reintegration*, Cambridge: Cambridge University Press, 1989, p. 16.

③ Kathleen Daly, "The Limits of Restorative Justice", in *Hand book of Restorative Justice: A Global Perspective*, 2006, p. 135; Kathleen Daly and R. Immarigeon, "The Past, Present, and Future of Restorative Justice: Some Critical Reflections", *Contemporary Justice Review* 1 (1998), pp. 21 – 45.

④ Jennifer Gerada Brown, "The Use of Mediation to Resolve Criminal Cases: A Procedural Critique", *Emory Law Journal* 43 (1994), pp. 1247 – 1309.

⑤ Kathleen Daly, "The Limits of Restorative Justice", pp. 134 – 143; Declan Roche, *Accountability and Restorative Justice*, Oxford: Clarendon Press, 2003, pp. 13 – 18; Heather Strang, *Repair or Revenge: Victims and Restorative Justice*, Oxford: Clarendon Press, 2002. pp. 57 – 59.

运动也在它努力让受害者承担自己的犯罪责任这一意义上暧昧不明。即便这一运动呼吁犯罪者主动修复造成的伤害,它同时也致力于揭示和处理犯罪行为的原因。至于通常使罪行更广泛的社会"根源",运动的许多支持者将这些根源归在政治和社会秩序的极端不公,而非个体选择上。① 恢复性正义的目标往往是解决冲突而不是纠偏。② 批评者指责其过多侧重于调解犯罪者和受害者,却不可避免地造成了一种道德清晰度的缺失,因为不义和权利的侵犯被认为是个人间的冲突,而人在道德上没有高低之分。③ 或许,此处最深层的问题在于,没有就恢复性正义运动事实上要恢复什么达成共识:是仅仅双方的和平、犯罪者的道德品质,还是整个共同体的社会道德的幸福。④

关于报应、刑事责任以及正义这一系列问题,有一个不受重视的反思源自柏拉图《法义》。在这篇对话里,一个智慧却匿名的雅典异乡人,用一整天时间设计了最好且切实可行的政制及法典的基本框架。他的对谈者是两位年长的希腊贤人克勒尼阿斯和墨吉罗斯,前者被任命为克里特的一个新殖民地马格尼西亚的立法者。因此,和《王制》一样,《法义》聚焦于构建一个言辞中的城邦,但《法义》明显不满足于在正义问题上提供反思的精神养料,而是意在可欲的而非乌托邦的条件下提出一个实际立法的模型。在详述法律的过程中,雅典异乡人表达了苏格拉底对报应惩罚的著名批判,主张作恶是非自愿的,并且寻求一种刑法,不论如何都能让犯罪者回到社会中一个担负责任并

---

① Dennis Sullivan and Larry Tifft, "Introduction", in *Handbook of Restorative Justice: A Global Perspective*, pp. 3 – 14.

② D. Van Ness, "New Wine in Old Wineskins: Four Challenges of Restorative Justice", *Criminal Law Forum* 4 (1993), p. 259.

③ Sara Cobb, "The Domestication of Violence in Mediation", *Law and Society Review* 31 (1997), pp. 414, 436; Donna Coker, "Enhancing Autonomy for Battered Women: Lessons from Navajo Peacemaking", *UCLA Law Review* 47 (1999), p. 75.

④ John Braithwaite, *Restorative Justice and Responsive Regulation*, pp. 12 – 16.

有所建树的位置。《法义》卷九中的刑事法理的框架只适用于一个与我们截然不同的社会，而对任何渴望基于理性立法的社会，这一框架都显示了必须要处理的复杂激情，以及人类需要的对这种社会深刻且细微的理解。贯穿对话始终的是，雅典异乡人展现了那种我们在反思犯罪责任时感到的矛盾，这种矛盾并不独属于21世纪，而是反映了在人类理解正义中普遍深刻的不一致。

在以下分析中，我会追溯《法义》中德性即知识这一论证的展开。德性在最深层的含义上是灵魂的善，智慧者绝不会选择忽视它，在此指引下，思考柏拉图的提议何以可能为真。之后，我会转向柏拉图对于刑法的规定，以及他明确表达的作为其目的的最高正义的标准。正如其他学者同样注意到的，《法义》不仅探索了报应正义这一深层问题，而且实际上将以震慑为目的的惩罚看作同样成问题的；只有旨在预防犯罪的改革和教育才符合他关于正义的最高标准。要领会此种标准，意味着要了解，为何满足它的统治从不能如其纯形式那般运用在实践中。但我认为，在提升公政治生活的理性和人道方面，《法义》在整体上，尤其是在刑法方面，呈现了一种比迄今认识到的更为严肃而持续的努力。本文详细地揭示了这一规划。它展现了柏拉图如何将序曲（preludes）用于法令中，鼓励冷静慎思的法律改革，对责任的新解，污染、本性和运气的概念，正义和精神健康相等同，以及细微却深远的对于虔敬和血气（thumos）的教化，以期让公民的思想观念尽可能接近哲人的温和人道。① 同时我将表明这一努力是如何断裂的，特别是在自愿和非自愿犯罪方面，并且追溯柏拉图所思考的，为何血

---

① 特别是，Leo Strauss 和 Thomas Pangle 对《法义》卷九的注疏在其他方面都极富启发，却唯独鲜少关注将哲人的人道精神尽可能地注入普通人政治生活的努力，参 Leo Strauss, *The Argument and Action of Plato's Laws*, Chicago: University of Chicago Press, 1975, pp. 126 – 139 和 Thomas Pangle, *The Laws of Plato*, translation with notes and interpretive essay, New York: Basic Books, 1980, pp. 496 – 500。这两位评论者尤为看重《法义》中对道德责任的苏格拉底式批判。

气如此不服从理性的观点,这妨碍法令变得纯然理性,也如柏拉图所呈现的那样,在最智慧的立法者和对正义的爱国捍卫者之间造成了不可弥合的鸿沟。对于柏拉图的洞见和实际提议如何建设性地运用于当今恢复性正义运动中,我将提出若干建议,并以此作结。

德性与知识

在纯粹形式上,苏格拉底关于犯罪责任的观点非常极端,发现它出现在冷静实际的《法义》中出人意料。因为,苏格拉底的著名说法无疑是,德性本质上是关于什么是善的知识,知识如此强大而能确保它在行动中的有效性(例如《普罗塔戈拉》352c)。依据苏格拉底,相应地,恶源于无知,因而犯罪者更应当受到教育而非惩罚(例如《申辩》25d–26a)。在《法义》中,雅典异乡人给出了与此一致的公民版本的关于无知与恶的陈述:

> 关于立法者罗列和设定为可耻的、坏的东西,以及相反的,好和高尚的东西,谁要是不愿意采用各种方法避免前者,并竭尽全力践行后者,那他肯定是不知道:在这一切事情上,他对待自己的灵魂这个最神圣的东西,用的是最不光彩、最不体面的方式。(《法义》728a–b)

如果灵魂的高贵是最重要的东西,而立法者又合理制定了法令,那就没有一位头脑清醒的公民会违背法令贬低自己。然而,除去没有法令条文有可能是完美的这一问题,灵魂的高贵状态应当胜过一切其他一切考量,包括幸福,这一点真的就那么清晰吗?雅典异乡人从未试图论证应当如此,相反,他的计划是说服听众相信,德性是使我们幸福的东西。首先,他基于城邦的整体层面勾勒出这个观点,告诉克勒尼阿斯应如何称赞神启法。

"异乡人啊",本来应该这样说,"克里特法律绝非浪得虚名,在整个希腊声望极高。它们都是正确的,使用的人能获得幸福,因为它们带来了所有善物。这些善物是双重的,有些属人,有些则属神。但属人的取决于属神的诸善,如果一个城邦取得了更大的一头,它也会取得较小的一头;如果不是,就会两头皆空。"(《法义》631b – d)①

雅典异乡人继续他的讨论,把健康、美、力量和财富归于"属人"的善,把灵魂的所有德性——包括正义——归于"属神的"德性。好的法令固然能带来和平和繁荣,可它们能确保如此吗?更不用说,其他有关人的善也能得以保证。权力只降临于正义的国度吗?②

在悄无声息地撤回这个极端主张之后,紧接着,雅典异乡人将其新形式塞入好诗人之口,并把它作为改良传统诗歌的更宏大计划的一部分。在谈到个人层面时,他让那位好诗人说"节制和正义的好人是幸福和有福的,不管他是魁梧强壮,还是瘦小羸弱,也不管是富是穷"(660e)。较小的善并非不可避免地伴随着德性,但就算没有它们,人也能幸福。不过,幸福需要善的灵魂,甚至由其保证。这段话确实蕴涵了不少真知灼见,然而需要注意的是,事情真的这么简单吗?正如亚里士多德冷淡地回应道,当一位德性优越的人屡遭不幸和苦难时,"无人"能称此人是幸福的,"除非他这么做是出于对论证的维护"(《尼各马可伦理学》1096a1 – 3)。

雅典异乡人似乎默许了这样的反对力量,他在 661b – d 处提出了这一命题更微妙和更具说服力的版本。他认为,通常"据说是好东西"的次要事物,例如健康、美貌、财富甚至僭政,"正派而虔诚的

---

① 可以看到,这一观点显然偏离即便是最严肃的希腊共同体的普遍理解,参 626b。

② 有证据表明它并未如此,例如 638a – b,706a 和 c,707d,和 742e – 743a。

人拥有时全都很好,但不正派的人拥有时全都很坏"(661b)。灵魂的卓越既非唯一重要的事,也非对其他善物的保证,但它是运用好任何善物并从中获得稳固幸福的必要基础。正如我们多数人不愿把自己的状态和疯子对调,即便那个疯子是世界上最富有的,苏格拉底式的哲人也决不愿用灵魂的澄明和内在和谐换取任何他物。实际上,他是这样说的:

> 能看、能听、能感知,并一般地,能作为不死的人永远活着,如果拥有这一切所谓的好东西却没有正义和整个德性,那就是最大的邪恶。如果这样的人活得短些,邪恶就会变得少些。(661c)

除非或直至这些人的灵魂得到治疗,不然的话,他们的生活就像是未经省察的生活,不值得过(对比柏拉图《苏格拉底的申辩》38a)。因此,雅典异乡人得出结论,"我是说所谓的'坏'东西对不正派的人是好东西,对正派的人是坏东西,而好东西对好人确实是好,对坏人却是坏的"(661d)。此处表明,坏人攫取越多的财富和权力,他就越坏,想必是因为有越多的资源让他犯下更坏的罪,也因为犯罪的得逞滋长了肆心,而失败有时则让犯罪者陷入悔恨。这一思想将构成《法义》刑法的根基,因为它是真正理性的,并不仅是对非理性愤怒的妥协。

然而,说德性让我们最大限度地利用机会是一回事,但如雅典异乡人所表达的,说正义的生活总是最愉快的就是另一回事了。但是,对于德性即知识的主张而言,这一论证至关重要。因为,快乐不是德性要求我们忽视的微不足道的东西;它是幸福的核心。雅典异乡人确实强调,"没有人会自觉自愿地让人说服,去做给他带来痛苦多于快乐的事情"(663b)。在别的地方,他也详细说明了一番:

> 人的天性涉及的主要是快乐、痛苦和欲望。可以说,每个凡物都与这些东西难分难解,最为紧密地捆绑在一起。最高尚的生活应该受称赞,这不仅因为它具有最好声誉的光环,而且因为,如果有人愿意尝试这种生活,没有因为年轻而逃避它,那么,这种生活将

证明是最好的——就我们大家寻求的东西而言,亦即,一个人具有更多快乐和较少痛苦的整个一生。(《法义》732e–33a)

这一主张对雅典异乡人的论证很重要,因为,他若是允许高贵的生活偶尔偏离幸福生活,就不得不承认,那个清晰地考虑自己的最佳利益的人,并不总会选择有德性地行事。有时,他会面对正义与幸福的抉择,因此,其他某个并非知识的东西,就像康德哲学中因其自身选择正确而不顾它后果好坏的善良意志,就需要来维持他的正义。

无疑,在多数人看来,正义与幸福的要求之间存在分歧,但雅典异乡人将其称作"最大的无知",特别是当某人

> 视为高贵或好的东西,自己却不喜欢它,反而憎恶它;他视为邪恶和不义的东西,却喜欢并拥抱之。快乐和痛苦与符合理性的意见之间的这种不一致,我认为是最严重的、最大的无知,因为它属于灵魂的主要部分。你明白,在灵魂中,感觉苦乐的这一部分就像城邦中的杂众和多数人。所以,一旦灵魂反对知识或意见或理性这些自然的统治者,我就称之为不理智。(《法义》689a–b)

在此,雅典异乡人承认,人们经常发现高贵之道痛苦,而卑下之道更愉快,但他坚称这种不一致的根源仍是无知。不仅在心灵对何为善有着不恰当的认识时,而且甚至在心灵理解了真理时,雅典异乡人都认为,只要理性未能取胜,某种无知就始终在扰动心绪,而我们并不能完全脱离无知,除非理性完全渗透所有的激情。

我们在服从和不服从法律之间摇摆不定时,这种不一致就会出现,雅典异乡人称其为无知。在这样的时候,我们容易莫名地相信,过值得选择的生活就意味着做一个守法的好公民,但我们可能又怀疑,我们不完善的法律值得服从。或者,我们可能认为,我们相信真正的正义至少值得忠贞不渝,但有时我们又怀疑,每一正义的行

为都不可通约地是善的，因此，其正当性总是超过任何变通规则带来的好处。大多数人有时认为，德性对有德性之人是善的，但有时又认为德性要求为更高的原则牺牲个人的幸福，正是这样的考虑让大多数人摇摆不定。雅典异乡人孜孜不倦地宣称，除非我们和他意见一致，否则我们将永远"无法与自身一致"（662e）。然而，他也没有佯称，他的论证会弥合我们多数人内心的裂缝："这一论述并没有割裂快乐与正派，善与高贵，在使人愿意过得虔诚和正派上，该论述是颇具说服力的（哪怕没有别的什么）。"（663b）①

苏格拉底式论证德性值得选择的核心部分，在于苏格拉底和雅典异乡人赋予正义的别具一格的内在意义上，即正义普遍地被认为是"他人的善"的德性。② 在《王制》和《法义》中，柏拉图都将正义定义为灵魂的好的秩序，其中激情和习惯在自我认识和对属人的善的详尽理解下，构成了一个和谐的整体。③ 从这一点来看，不义的灵魂是如此愚蠢、混乱和不健康，以至于成了最不为人所欲的。确实，人可能有一个和谐的灵魂，却仍让逆境摧毁。然而，一个善的灵魂仍是最值得拥有的所有物，也是最佳地运用运气所带来的一切的必要前提。结果显然是，犯罪者在他们最珍贵的所有物即灵魂

---

① Christopher Bobonich（*Plato's Utopia Recast*, Oxford: Clarendon Press, 2002, chap. 2）清晰且详细地捍卫了《法义》的论点，即一切好的东西都依赖于德性，并指出，理解什么是善以及为何幸福是善，这对幸福很重要。但我认为，由于没有充分重视明显的例外情况和冲突的诸善，使得雅典异乡人对德性忠贞不渝的最坚定主张显得问题重重。施特劳斯（*The Argument and Action of Plato's Laws*, p. 130）指出，这一主张的最深层问题在于，德性本身不完美的统一，或者正义不完美的高贵性。尽管施特劳斯看起来认为，自然将我们指向一种粗糙的正义，而这样的正义通常缺乏完美的理性和高贵性，但我在本文探索一种可供替代却并非不相容的观点，即柏拉图呼吁我们，要更严肃地对待全然高贵的完美正义（不论何时发现了它），而非很快地满足于它粗糙的对应物。

② 柏拉图《王制》343c, 392b；亚里士多德《尼各马可伦理学》1130a3-4。

③ 参《王制》435b-44e；《法义》863e-64a。

上，出了乱子；他们不能驾驭真正的好生活；他们是可怜的。①

色诺芬提供了进一步的帮助，让人们看清为何在这一问题上很难逃出自我悖论的怪圈：需要一种清晰而极端悬殊的善的等级区分，让人免于行不义之事的诱惑。在《回忆苏格拉底》(Memorabilia) 中，色诺芬向我们展现了一种稀世之人的美好肖像，他是如此轻重有序。为了不受不义的引诱，一个人必须有苏格拉底般的自足，苏格拉底能在极度贫困中自足地生活，面对来自同胞的忽视和讽刺而不感到痛苦，也能与几个志同道合的朋友，或者独自一人在自身思想的品质中找到快乐（《回忆苏格拉底》1.5，1.6）。那些缺乏苏格拉底严格自足的人不可能只对犯罪者感到同情，因为他们止不住嫉妒犯罪者的所得，垂涎犯罪者逃避惩罚和"侥幸免于"罪行惩罚之后享有的自由和权力。然而，公民之为公民能够分有这一自足的观点吗？

柏拉图在整部《法义》中都承认，无论多么智慧，立法原则都无法给大部分公民灌输苏格拉底灵魂中源自哲学独立性的德性：自足，从容面对必然性的力量，节制的人类灵魂，以及摆脱狂热欲望、野心和怨恨的自由，这些东西使我们大多数人扭曲变形，并让高的东西屈从于低的东西。即便是最好的法律，要培育真正德性的影像，也只能基于培养羞耻的自制。因此，雅典异乡人指出，尽管个人应试图获取

---

① 这一论证作为柏拉图批判报应的基础，得到了 Devin Stauffer 尤其丰富的分析，参 Devin Stauffer, *The Unity of Plato's Gorgias*, Cambridge: Cambridge University Press, 2006。在这本书及其早期关于柏拉图的著作（Devin Stauffer, *Plato's Introduction to the Question of Justice*, Albany: SUNY Press, 2001）中，Stauffer 聚焦于报应有缺陷的特点以及所有普通的正义观，而我的论点是，柏拉图的政治著作尤其是《法义》的主要规划在于，提出有关正义的积极教诲，将正义作为灵魂的良好秩序和公善。即便公民对井然有序的灵的理解不同于哲人的理解（正如我所要展现的），即便他们对正义作为共善的看法伴随着正义是他人的善的相反观点，如果柏拉图能让他的正义观在公民的灵魂中立足，那就会大有裨益。

真正的理性并据此生活，但他也暗示，城邦必须采用间接的理性，稀释的或变形的形式（645b）。这类理性必须依赖公民对德性的内在认可，而非仅仅出于对德性自主的爱；在某种程度上，它必须屈从于社会报复不健康灵魂的非理性要求。但是，精心架构的法律能做到的是，竭尽所能使公民回想起更高、更真实的有关德性和犯罪责任的观点，以至少让他们远离粗劣的报复心，使他们朝向更健康的自治和对待人性弱点更人道的方式。我会论证，在整部《法义》中，柏拉图关于刑法复杂且貌似自相矛盾的主张背后，起作用的正是这种理性。①

对正义刑法的需要

依据柏拉图对德性与邪恶之本性的理性思考，完全理性和正义的刑法是什么样的呢？它会建立在关于责任的何种前提下？在卷五开头，柏拉图在一系列富有启发却又充满张力的对道德责任的评论中，开始展示对这些问题的思考。在劝说公民以最严肃的态度对待灵魂的善之后，雅典异乡人观察道：

> 可以说，没有人考虑过对恶行所谓的最重大"惩罚"：最重

---

① 在对这个复杂规划的理解中，我和 Malcolm Schofield（*Plato: Political Philosophy*, Oxford: Oxford University Press, 2006，尤见页 87、98、104 和 321 之间）有决定性的区别，他更多地把《法义》看作根本上是家长式统治的。他通过比较《法义》与《王制》来润色其观点（对照 283 以及 315 – 319）；另一方面，他也认为，"《法义》有别于《王制》，柏拉图选择以他们先前熟知的语言向他的读者讲述，对概念框架毫无挑战"（81）。相反，Christopher Bobonich（*Plato's Utopia Recast*, pp. 97 – 119）很好地论证了，《法义》细致地努力让每一位公民都尽可能朝向以理性为基础的德性，并强调这一对话本身作为基本教育文本的关键事实。不过，我认为 Bobonich 在另一方向上走得太远，从他否认对柏拉图而言德性需要哲学智慧（2002，90）开始，到低估《法义》为即便是最严肃的受哲学影响的公民留下与完满理性之间的距离。

大的是变得与恶人相似，同时，在变得相似的过程中，避开好人并切除好的交谈，反倒寻求与坏人交谈而依附他们。天性上不断变得与这些人相似的人，必定会做和遭遇（πάσχειν）这些人出于本性会对彼此做和说的事。(728b-c)

这当然可以成为连贯且具有建设性的公共教育的一部分，因为，应当鼓励每个人去认识，恶最坏的后果是本性上的后果。但以下思想更加激进：

> 这样的不幸（πάϑος）其实不是一种"惩罚"（δίκη），因为，正义之事——包括惩罚，均是高贵的。这是报应（τιμωρία），是与不义相伴随的不幸。遭受和逃脱报应的人，都是可怜虫：因为，一个是没有获得医治，另一个则遭到毁灭，以使其他多数人得到拯救。(728c)①

此处，雅典异乡人暗自由自然后果滑向有目的的威慑或报应，后者是为那些不愿意听从自然指引的人而推行。然而，恶所自然带来的无论是报应还是与好人的疏离，都不是真正的正义，这点一清二楚。正如苏格拉底在《高尔吉亚》中与珀洛斯（Polus）争辩的那样，凡是正义的，必是高贵且善的；全然毁灭性的行动和事件中并

---

① 这段话引发了许多争论，总结和讨论参 E. B. England, *The Laws of Plato*, 2 vols, Manchester: Manchester University Press, 1921. at 1: pp. 477-478; Trevor Saunders, *Notes on the Laws of Plato*, London: Institute of Classical Studies, 1972, pp. 18-21。我个人的解读跟这些都不同：我将在 782c2 中出现的 πάϑος 这个词用以指之前一行提到的坏人自然遭遇（πάσχειν）的一个接一个不幸。当深陷一个坏的群体中，一个人或许能偶然地逃脱这个群体中自然发生的争吵和虐待，但此人依旧不幸，因为他并未得到治愈。另一方面，如果一个人遭受这般"自然的"报应到最高程度，而让坏的群体摧毁，这还算不上正义的惩罚，因为它唯一好的后果就是其他人从这个例子中得到警醒。

无高贵的影子（《高尔吉亚》474d-75a）。因为纯粹的报应累积伤害且不带来任何善，苏格拉底常常将纯粹报应视作不高贵和非理性的。即便它可能因其避免让他人重蹈覆辙而起到一些好的作用，按照这样的推理也不会让它变得高贵。因为即使是由恶的复苏带来的自然毁灭，都可能在警示他人方面起效果，正如死于心脏病的超重者能对暴食者提供警示，但我们并不将他们的死亡视作高贵的。目前这段话最棘手的问题是，与不节制者身体的疾病一样，用于威慑目的的惩罚甚至也不是高贵的，归根结底也显示了它并非真正的正义。这两者方式不同，但只不过是严酷的必然性。

在《法义》卷九中，柏拉图进一步阐明了有关完美正义的刑法应满足的标准。此处，他不仅继续谨慎批判报应，而且坚持与重塑自我或为犯罪者带来其他好处无关的威慑的不义。

> 或许，遭此刑罚会使他有所收敛而变好。因为，依法采取的刑罚绝不会着眼于邪恶之事，而往往想要达成两种目的之一：使受刑者变好，或抑制其邪恶（854d-e）

雅典异乡人坚持，凡是高贵之事必能高贵地经历，但以下这点说不通（虽然我们常常这么认为），即高贵且正义地对犯罪者施加的惩罚却是卑劣和痛苦的遭遇——若是如此，社会仅仅利用惩罚来让自己受益。如果惩罚真是高贵的话，它就不是卑劣却有益的遭遇（859e）。雅典异乡人检审了"多数人的意见"之后说，"没有一致性，高贵之物与正义之物相分离"（860c）。结果，他们永无止境地在自认为的善与正义之间摇摆不定。除非我们要否定正义的高贵，脱离这困境的唯一出路就是理解，凡是正义的必然是高贵且善的，凡是不义的必然是卑劣且邪恶的，而不义是如此彻底地不可欲，没有人在思维清醒时会自愿地选择它。因而，正如雅典异乡人所言，"所有坏人，在一切方面，都是不自愿变坏的"（860d）。我们的帮助或许无力触及这些人，但他们不应该在我们的怜悯范围之外，如果我们对待他们的方式是真的正义，这对双方而言都是高贵且善的。①

但是，任何惩罚是如何正义地施加和承受呢？唯一可以满足这一标准的惩罚是，在《苏格拉底的申辩》中，苏格拉底说犯罪者应当遭受的是教育。这一思想带来了多重反直觉的后果。第一，不管犯罪者有多抵抗，而且不管这些惩罚对无知者而言多么羞耻，如果任何惩罚带来了真正的教化，它都是高贵的。这样做当然可能带来最深刻的好处，因而当犯罪者自身将惩罚看作必备良药，看作一次变得更好的机遇，如果必要的话，也是修复他所毁坏的，以便回归到与城邦民的友善状态的机遇，那么，这种惩罚是真正高贵的（862b-c）。与此同时，最好且最正义的惩罚是不需要带来伤害的。它只需要劝犯罪者从善如流并修复伤害。

> 要实现这些目标，得靠行动或言辞，快乐或痛苦，荣誉或耻辱，甚至靠钱财的惩罚或奖赏，总之，要靠一切可以采取的措施，使人们憎恶不义，热爱或至少不憎恶正义的自然本性——这正是最高贵法律的使命。（862d）②

最后，对那些不能被感化的犯罪者而言，最正义的惩罚是死亡，而非监禁——那种惩罚最好地表达了一名智慧的法官所能感受到的与惩罚无关的同情精神。因为，死亡减少了一个无所挽救的生命的恶，

---

① 即便是那些最关注报应的非理性的评论者（Thomas Pangle, *The Laws of Plato*; Devin Stauffer, *The Unity of Plato's Gorgias*）都未曾观察到，威慑性的惩罚在苏格拉底的分析下是多么成问题。霍布斯相应地批评了前者而非后者：可参《利维坦》（*Leviathan*）15, 19。

② 这段话表明对罪行的正义回应不必是令人痛苦的，R. F. Stalley（*An Introduction to Plato's Laws*, pp. 142-143）对此感到极度不适，而拒绝承认这段话的字面含义。Trevor Saunders（*Plato's Penal Code: Tradition, Controversy, and Reform in Greek Penology*, Oxford: Clarendon Press, 1991a, p. 144）清晰地抓住了关键，并评论道："这段话可以说是迄今写的最激进的刑法学宣言。"

而这是监禁无能为力的。柏拉图通过这样的判断向世人展示了他的人道和坚韧。如果连未经省察的生活都不值得过，那么，无知和愤怒肆意伤害自己和他人的那种生活岂非更不值得？不过，他的逻辑要求我们首先应当尽力教诲和感化——坚持不懈且不吝啬地给予生病的灵魂它所需要的治疗——并且将死刑留给那些对法律和人的生命极度不尊重的人。因为，社会不愿花费精力治愈他们，只限于控制犯罪者的惩罚只不过是维多利亚时代非疯狂的精神病院。一个拥有超过二百万犯人、其中许多还在死囚牢房中备受煎熬的国家的景象，柏拉图想想就会觉得失望。

总而言之，雅典异乡人采取了普遍的洞见，认为正义必将守护共善，并且不伤害一人以利他人。他也向我们展示，为了达到正义标准，我们的刑法典将要做出何等剧烈的变动。不仅是报应，也不仅是无助于囚犯的威慑惩罚，还有一切让惩罚适应罪行轻重的尝试都是不正义的。它们看起来正义，仅仅是因为我们仍然认为，那些犯罪者已经避开某些惩罚，他们应遭受比他们灵魂已受到的败坏更大的伤害。

施行智慧统治的不可能性

弄清柏拉图严格正义的高标准，只是为了理解在实践中为何没有真正的刑法能够与其接近。社会要是没有将苛刻的惩罚施加于最不健康的公民之上，就不能威慑这些不健康的灵魂，使其远离罪行，而那些惩罚常常让他们的灵魂更坏。同样没有哪个社会愿意花时间和资源去按照柏拉图设想的那样重塑犯罪者。每一正义的体系首先要实现雅典最高法院（它代替了复仇女神盲目的劫掠）的职责：它必须提供足够苛刻的合法惩罚以平息公民出离的愤怒，使得他们愿意放弃私人复仇并且接受法律的统治。

然而，在接受法治的同时，社会不仅要放弃个人积怨，还需放弃柏拉图正义的真正富有前瞻性和建设性的立场。因为要达到这个标准，即便运用于所有公民，要求和禁止都不得不依照犯罪者的特征，以无数不同方式强制执行。或许，一位盗贼只需要严厉的训诫让他不再犯同样的错，另一位可能需要公共羞辱一番，第三位可能需要学习柏拉图的思想，第四位可能无可救药，只好判处死刑。但是，如果这些处理方法是为了帮助他们，为何刑事正义系统要等到公民犯罪后再实施一种处理方法？为何不应当在犯罪者显露出作恶的苗头时，立即采取行动，警告他们，如果必要的话制止公民，因为防治是最好的疗法？现在我们有了这样一个正义系统的图景，倘若管理得当，就像好父母对孩子的管束规约，而非法律的统治。如果一个由易犯错的男性和女性构成的政府想要施行这种系统，结果将是完全不可接受的极权主义。

柏拉图接受了保护已知的法令和固定惩罚统治的需要，但他迫使我们看到这类需要多么严重地违背了正义的最高标准。他同样促使我们思考，在世俗政府失败之处，是否神圣的正义或许也不能成功，是否解决困境的唯一途径不会是一位无需法令的智慧神明的统治，他教导并治愈不健康的灵魂。不过，柏拉图也小心谨慎地对照他的标准与他所处社会的神圣统治观。在859a，他问道：

> 关于城邦法律的拟订，我们该怎么构想呢？是该像父亲母亲那样，怀着爱和理智书写，还是像一名僭主和暴君，动用命令和威胁，将条文张贴在墙上，然后一走了之？

而在几页后，话题又回到了正义概念的混乱问题上，这是因为我们不清楚所有不义的非自愿的本性造成的，他问道："它是否像神谕一般，不用证明为何说得正确，只管按其立法就是了？"（861b–c）柏拉图关于犯罪的观念与斯巴达和克里特的法规中体现的神启观有着明显分歧，而这种分歧构成了苏格拉底批判所有为古希腊熟知的神启观的核心。

实际方案：序曲和诉求理性

在这些令人不安的洞见中，柏拉图就刑事正义提供了什么实际可行的建议？他的出发点是，尽管社会不能做到像一个好家长对待孩子那般教育公民；但它能在提供终身的道德教育和指导方面比它通常做得更好，让犯罪成为一种它所应是的极少的且令人震惊的例外，而非我们看起来也可怕的习以为常之事。因此，柏拉图提供的法典适用于一个较小城邦，是那种最接近家庭的亲密和教育潜能的社会。在与尚武的对手争权夺势的世界中，它的小型规模确保每一个公民都受到重视，且他们全体都有帮助教育年轻人、感化顽劣者的理由。用这些方式，城邦成为某种互助团体的典范，这正是恢复性正义的倡导者试图通过他们的协商会重塑的东西，以矫正现代世界中让犯罪滋生的社会联系的碎片化。重要的区别在于，柏拉图不同于这些恢复性正义的倡导者，认为最好的共同体事实上是唯一真的共同体，必须围绕与共同体的最高目的相一致建立，而这个最高目的是培育对幸福来说必不可少的善的品质。因而，城邦如柏拉图设想的那样，要列出完整的法令以及教导、劝服和引领公民向善的生活方式；这个社会由理想环境中的真实之人构成，它正如柏拉图设想的那样，不仅道德上严肃、同时温和且理性。

  法律的所有内容都指向教育，而教育是两面的。第一，通过诗歌和音乐教育从孩童时期起塑造品味和道德感，通过明智运用荣誉与廉耻，法律努力在公民的灵魂逐渐培养对合法习惯性的爱以及对不义的恐惧，这种爱根植于虔诚的敬畏和对古老方式的尊崇。尽管这种习惯倾向并不来自对什么是正义及其为何好的全面理解，因此，当它不安地与相反的欲望共存时，这种习惯倾向仍然比单纯地因畏惧惩罚而采取的自制更接近真正的德性。惩罚确实是刑法的重要部分，但柏拉图视其为最后一招；需要惩罚的地步，就标志着公民教育的失败。第二，法律鼓励所有公民悉心反思，以获得对于伦理更深层次的理解。由此，法典在各个方面都展现出奇妙的双重性和充满张力的特征。因为，为了培养道德的严肃性，可塑的年轻人需要的是恶与羞耻、惩罚一致的认识，而它们常常饱受愤怒的折磨，对犯罪者没有什么好处。然而，即便对于社会为了健康之人而伤害不健康之人的严格必要性，雅典异乡人做了妥协，甚至对那些不带任何善意的要求伤害的报复，也做出了妥协，但他抓住一切机会，把一道道指向他自己更真实、更人性的视角的路标，写进了法律。

没有什么比雅典异乡人用"序曲"来引出重大法律，能更清晰而明显地展现这种更好、更理性的视角，莫罗（Glenn Morrow）称这一创举"几乎独冠政治哲学"。① 现代法有时借说明其目的引入简短序言，而柏拉图序曲的目的则表现得更富有野心。法律序曲有时甚至比法律本身更长，用漫长的讨论列出法律教育计划中自觉的参与者以及最活跃的公民同伴。其目标如果不是要公民专注于哲学，至少是让他们"尽可能顺从德性"，让他们"带着更平和、更惬意的心情"倾听法律的命令（718c-d）。序曲软化了一般法律严厉和强制的命令，一般法律正如暴君所做的那样威胁，或像"奴隶医生"那样仅仅发号施令然后匆匆离开（720c），相较而言，"自由民医生"拥有备具说服力的推理，他们治疗自由民，发现每个病人的灵魂状况的真相，并和他们探讨究竟什么对他们而言是最好的。

雅典异乡人用赫西俄德那著名的观察解释改良教化的需要，即"永生的诸神铺下了艰辛，通往有识之士的路又长又陡"，尽管在登顶之后路途就变得"平坦"。② 赫西俄德将这一事态归因于诸神，他似乎暗示，流行宗教使德性失去其应有的吸引力，因为它具有内在的善。但是，赫西俄德这样的诗人本身岂不是要为这一错误负责？实际上，雅典异乡人在这一点上与诗人们分道扬镳，他对于时下流行的有关德性和虔诚的理解大加挞伐。在这段话之前，他甚至声称"最高贵、最真实的原则"是好人应当持续地与神们交谈，而恶人的

---

① Glenn Morrow, *Plato's Cretan City: A Historical Interpretation of the Laws*, Princeton: Princeton University Press, 1960, p. 553.
② 《法义》718e-19a，引用《劳作与时日》，287-288 行。

祈祷是一种积极的恶（716d – 17a）。有缺陷之人的虔诚只不过强化了一个观点，德性是痛苦且需要回报的，恶是坏的只因其激起了神圣的怒火，而礼物会平息这怒火：对这些人来说，最好站在远离神的敬畏的位置，而不是用这样一种精神崇拜神。因此，雅典异乡人使用的序曲彻底且理性地偏离了诗歌对德性的呈现和辩护。序曲的第一个例子表现出一个新的目标：通过向公民展示法律——在此例中，法律要求每个人结婚生子——事实上如何有益于他个人的幸福，实现其灵魂对分享"不朽"的深切渴望，逐渐培养公民更自主地献身德性（721c）。诗人们太过依赖愤怒的诸神的故事，而序曲就如同心思缜密的医生，诉诸本性、理性以及个体自身真正的善。

然而，如果我们近距离地审视，就会发现事情并没有那么简单。首先，最明显的是，没有序曲是孤立的；其中的抉择不在强迫的法律和劝谕的法律之间，而在于仅靠强迫的单一法律与同时还通过附带的序曲劝谕的"复合"法律之间。立法的技艺指向强力与劝谕的融合，但它不能放弃强力（722b – c）。① 这难道仅仅是因为，人是如此短视，以至于无法看见自身最重要的东西吗？其次，雅典异乡人表面上远离诗人的道路，实际上却用了诗人的方法。雅典异乡人把序曲和歌曲做比附；他认为序曲使听者"更易于学习"，而不是教导真理；他明确地把论证和序曲分开（723b）。他提醒他的对话者，诗人需要严加管束，因为诗人们不理解他们的言论哪些合法，哪些有害，之后，他允

---

① Malcolm Schofield, *Plato: Political Philosophy*, p. 84，他很好地表明了这一点，也提出了一个有趣的问题，为何序曲应视为与公民的"对话"，就像医生和病人的对谈一样：它们会给出理性的解释，但唯一的选择是服从或接受惩罚。这哪里像一种令人尊敬的交换意见的对话？我想，这一差异表明，序曲所处理的"病人"，包括需要思考法律理性的守法公民，也包括那些在犯罪边缘需要悬崖勒马的人；他不必是一个犯罪者或受罪行折磨得"病态"且需要医生的人；谁没有在根本上想清楚他灵魂为达到幸福的真正所需，就是不健康的，并且需要某种哲学探索，而序曲能够最好地发挥其引导和帮助的作用。

许诗人为自己辩护（719b 以下）。尽管诗人们的自我捍卫表面上是，他们仅仅重复了缪斯之言而没有理解其含义，就像一位迷醉的女祭司，或者他们只是如其所见地模仿了人多种多样的生活，但是，这一辩护不知不觉地从无知转变为解释，诗人们有能力比直言的法律更恰切地赞扬"何为合适"。因为，立法者必须"总是就事论事"，但诗人却能考虑不同的个人境遇，相应地给出更为合适的指导。然而，正是这种因人而异地对待每位公民并与之对话的能力，构成了自由医生的特征，这也是劝谕和命令皆备的"复合"法律的目标。看起来，好的序曲，如同好的诗歌，必能向不同听众传达不同内容。

最后，尽管雅典异乡人劝谕性序曲的第一个例子毫不隐晦地诉诸自然，它诉诸自然的渴望——对不朽的渴求，但这在人类自然生存状态下却永不可能满足。个人对于婚姻法的服从或许让人类参与到不朽的进程，正如雅典异乡人所说的那样（721c），但对于这一愿景将为他带来个体实现的期望，个人多或少有些不在完美理性的范围内。① 总而言之，序曲以更理性的方式推动法律的进程，不让法律完全沦为劝谕和理性二选一的问题：对于诗人的路径，序曲更多地接纳而非拒斥。

血气、虔敬和敬畏：改良激情

当雅典异乡人在卷六开始展开实际法和序曲时，他较少依赖于对本性和个体幸福合乎理性的呼吁，而更多地依赖于虔诚。正如潘

---

① 人无法接受我们个体生命的时间限度，这一点也在诗意言辞的例子（719）中得到体现：这一问题内在于对序曲的需要，也是这些序曲为何不能纯然是理性论证的理由。可以更进一步考虑 Stally 对于婚姻法的细节和公民遵从该法的原因之间不能良好匹配的观察（R. F. Stalley, "Persuasion in Plato's Laws", *History of Political Thought*, 15: 157–77 (1994), pp. 171–172; 对比 Malcolm Schofield, *Plato: Political Philosophy*, pp. 320–321）。

戈（Thomas Pangle）① 表明的，这一转变可能由插入的话题最好地解释：对血气的丰富讨论——在柏拉图的灵魂论中，人类灵魂的这一面根植于我们会死的脆弱性，也是会热血地捍卫自身及其所有物，化身为勇气、愤怒、对尊严的重视和对正义的爱。血气是对道德严肃性无可替代的支持，它尤其是理性的关键同盟，控制桀骜的欲望和保卫城邦自由。但就更深层次而言，血气倾向于与冷静推理敌对，后者既是哲学所需的，也是完全理性的序曲和法律赖以依靠的。血气在由自然本性和机运带来的有限幸福中扰动；它需要我们的希望、我们的尊严，以及我们对不义的愤怒，能有神圣支持。雅典异乡人未削弱血气的韧性之源，而努力让它不那么拒斥理性，也不让它成为个体幸福以及社会和谐的障碍。他实现这点，靠的是激励与理性相容的血气（在命运流转中的冷静力量和习惯性自立），且节制最不理性的那一面（愤怒以及寻求报复性惩罚的倾向）。

雅典异乡人对血气的改良较为明显地体现在，他赋予通俗的虔敬新的方向。他意识到在一个对公民有如此诸多要求的社会，法律需要辅以虔敬和实施制裁，需要对虔敬和法律的神圣制裁，于是竭尽所能地将城邦的虔敬引向法律努力向所有人教导的冷静、坚韧的自制和自立。就像在遭受攻击时，城邦期待公民能捍卫自己而非一味求助于权威，甚至也期望女性或至少是她们的近亲能远离或惩罚性骚扰（879c-e，874c），城邦也期待不论男性还是女性公民，能在受到威胁时保卫家园，而不是跑到神庙以求福佑（814b, 909e-10a）。正如童年教育的核心目标是冷静地接受必然性，所以，即便立法者诉诸此生之外的惩罚，他都是以自然的必然性而非愤怒之神的私人复仇之名呈现这些制裁（870d）；他把诸神描绘为愿意帮助那些力图变得有德性的人。雅典异乡人教导公民尊重不怀报复之心的神，依靠自身，将德性看作幸福的基础，以同情而非愤怒关照犯罪者混乱的灵魂，进而他

---

① Thomas Pangle, *The Laws of Plato*, p. 472.

教导一种至少部分与哲人的灵魂相近的自足的冷静心灵。

在其他方面，雅典异乡人也确保冷静的理性能胜过严重的报复心。正如莫罗所表明的，柏拉图在《法义》中勾勒的法律程序包括许多对当时希腊实践的创新改善，而这些内容都指向了在审判中引入对证人的合理怀疑、证据细查、从容的集体审思，以及在判决执行前容许被告上诉的机会。① 有一值得注意的改良是，死刑案件的审判必须超过三天的规定，回应了《苏格拉底的申辩》中苏格拉底对雅典审判流程的批评（855c–56a；《苏格拉底的申辩》37a–b）。这种平静慎思的新精神在卷十不敬神的法律和夜间议事会的建立中达到顶峰，夜间议事会通过指出无神论者的错误以教化他们——或是让无神论者尝试说服委员会有关他们的另类观点的价值。

然而，雅典异乡人也看到了城邦变得理性有许多限度。其中一个小的标志在于，他极力强调培养对法律的尊重——这种尊重不可避免地结合了对潜在道德原则的尊重以及对古老的反思性尊重。另一个标志在于对公开否定或羞耻的深切恐惧。在 $αἰδώς$［敬畏］的标题下结合了两种紧密相关的激情，雅典异乡人认为，立法者应当"把这种无耻（缺乏敬畏）看作每个人公私生活中最大的恶"（647a–b）。为了确保对于公民的控制，雅典异乡人表示，像大多数城邦那样做还不够，他不仅命令这些年轻人"在人人面前感到羞耻"；立法者也必须"劝告年长者在年轻人面前感到羞耻，尤其要当心不让任何年轻人看到或听到他们在做或说的任何可耻之事"（729b–c）。羞耻是雅典异乡人依靠的有效手段，特别是在抑制法官的不诚实方面。然而，他也将羞耻和战斗勇气联系在一起，这点有些出乎意料（647b）。因为实际上，羞耻实际上是在一支好的军队中（包括我们自己的军队在内）普遍存

---

① 766d–67a; Glenn Morrow, *Plato's Cretan City: A Historical Interpretation of the Laws*, pp. 253–8.

在的荣誉感的反面。① 柏拉图认为，羞耻或敬畏的最大价值不是对一个人之所是的削弱（它也许可以促使犯罪者改变，也可能不能），而是我们或可称为"预防性羞耻"的东西，这意味着某人会耻于做出某些行为，而在最理想的状态下这会阻止一个人这样做。

在这种公民教育和自制训练的引导下，雅典异乡人指出，在大部分罪行中施以小的惩罚是可行的，特别是第一次犯罪，或是那种即时的愤怒造成的犯罪，又或是生性刚烈的人因过分警觉而自然倾向自我防卫造就的苦果。尽管因贪婪而起的有事先策划的谋杀唯有死刑，但在多数情况下，就算是谋杀，判决也不过是两三年流放生活。柏拉图极力让那些可改造的犯罪者再次获得机会，成为共同体的完全成员。相应地，在盗窃案中，柏拉图也着眼于物归原主，并且恢复犯罪者和社会已被切断的联系（862c）。正如现代恢复性正义的倡导者一般，当个体矛盾爆发时，雅典异乡人认为，家人和友人的非正式谈话应当首先扮演法庭的角色。② 倘若通常情况下，犯罪者在遭受惩罚之后有了一个新的开始，雅典异乡人还会强调惩罚不能波及他的孩子。事实上，一个罪犯的孩子若能克服他父母的耻辱，摆脱不好的示范，正直地生活，他就应当因这个成就获得殊荣。在所有这些方式中，对于克里特和斯巴达模式道德上令人赞叹却不宽宥的伦理观，雅典异乡人编织进了哲学的温和精神。

复仇、污染和担责

然而，归根结底，雅典异乡人承认，合乎理性的呼吁、习惯甚至

---

① 有关希腊概念体系下的羞耻和荣誉的深层关联，参见 Douglas L Cairns, Aidos: *The Psychology and Ethics of Honor and Shame in Ancient Greek Literature*, Oxford: Clarendon Press, 1993, pp. 1 – 4, 13, 383 – 384, 涉及 αἰδέομαι ［敬畏］一词含义的讨论。

② 766a；对照 John Braithwaite, *Restorative Justice and Responsive Regulation*, p. 42。

羞耻都不能防止最坏的罪行,因而,对严厉惩罚的畏惧作为最终的制裁就具有无可替代的地位。在卷九对于刑法讨论的伊始,他提到,在严格的道德教化上升到法律层面后,新城邦的建立者仍需要通过威胁以防犯罪,这是不光彩的,但他接受了这种必要性。之后他认为,人世间的惩罚分量太轻,需要地狱的煎熬和转世之后的惩戒(870d–e)。直到讨论的后段,他也看到这些威胁的限度,并且设法想出一种"最终威慑"的策略(881a),但他从未提出更坏的策略。好的法律能减少犯罪的数量,却不能将其消灭。社会联结中的两端似乎需要来世的制裁。一方面,在正常的社会联结太弱而不能为一些人提供充足保护时,它们能保障这些人得到正义的对待。在拒斥报复的正义之后,雅典异乡人发现不得不引入复仇神以帮助外来的异乡人,除此之外他们无处寻求庇护(729e)。另一方面,我们需要极端的制裁以加强社会联结中最强的一种——孩子对父母的义务。因为,在传统社会中父母要求高度的感激和顺从,对长大成人的孩子自身益处的合乎理性的呼吁并不能充分支持这些看法。因此,雅典异乡人首次且仅此一次提到复仇女神(Nemesis),旨在警示人们未受到充分尊重的父母的怒火。

这种怒火生动展现,对于报复其伤害者,人类有着根深蒂固的欲望。这种欲望如任其发展,会不顾出于有意或无意惩罚每一犯错的人;惩罚那些"拒绝相信"(887d)和"冒险曲解"(892a)关于诸神的神圣故事的公民;惩罚那些杀人的野兽和落下伤人的岩石。普遍的愤怒不仅仅要求犯罪者得到审判和惩罚,而且还想让大部分人在这过程中有直接发言权。正如雅典异乡人所说的,

> 至于侵犯公众的罪,首先必要的是,大多数人都有参与判决的份儿。因为,当某人对城邦行不义而使人人遭受不义时,如果他们没有参与这类审判的份,他们就会恰当地感到痛苦。……甚至在私人诉讼中,人人尽可能参与也有必要。因为,凡是不享有审判权的人,都认为自己压根不是城邦本身的参与者。(768b;对

照亚里士多德,《尼各马可伦理学》,1132b33 – 33a1)

这意味着人们坚持担任陪审员的同时,也坚持按照自己的理由审判,这一思想本身就足够麻烦了。为何人们在罪行发生时都感到自己个人被冒犯了?遵纪守法的公民在目睹某一罪行免于受罚时,感到自身的尊严遭到践踏,并暗自认为,如果犯罪者能稀松平常地把罪行撇干净,那么守法价值本身在他眼中也变得充满疑问了。因而,守法的公民极易受到犯罪者看待世界的有效方式的影响;若要他们尊敬正义和正义的公民,双方都需要看到罪行得到惩罚。①

伤害必须得到报复的要求是如此强大,以至于会认为在死后也不能善罢甘休,甚至对于那些并不真正有错的人也应如此。当一位公民无意杀害了另一位,杀人者需要流放一段时间,在这样的假设下:

> 据说,让暴力杀害的人生前若是个自由民,刚死之时会对凶手充满愤怒。由于受暴的经历,他充满惊恐和害怕,看到凶手出现在他常去的地方,他会惊恐万分。他自己受到搅扰,就会尽其所能以记忆为盟友,搅扰凶手及其行为。(865d – e)②

---

① James Booth, "The Unforgotten: Memories of Justice", *American Political Science Review* 95 (2001), pp. 779 – 780.

② 参埃斯库罗斯,《奠酒人》(*The Libation Bearers*), 37 – 40 行。关于保持记忆鲜活(在某种程度上使死者一直活着)的欲望何以激起复仇的当代讨论,见 James Booth, "The Unforgotten: Memories of Justice", p. 780。Trevor Saunders, "Penal Law and Family Law in Plato's Magnesia", in *Symposion* 1990: *Papers on Greek and Hellenistic Legal History*, ed. M. Gagarin. Cologne: Bohlau Verlag, 1991, pp. 118 – 121, 他为此感到困惑,因为柏拉图将仇恨的因素引入法律条令中,而这一法律原则公开宣称放弃报复。他将此理解为柏拉图的正义原则与马格尼西亚社会中给予家庭优先地位的决定之间的冲突;而后他想弥补这一差异,他认为,当他们的杀人犯遭受报复,死者获得的相对荣誉是能给予他们的唯一"补偿",这也是 862b – c 处"弥补伤害"和"恢复友爱"的刑法非惩罚性目的的实现。这确实可能是唯一的补偿,但柏拉图诉诸此法的目的只是强调,在法律

当父母遭到子女的错待,特别是子女杀害父母时,愤怒情绪就会达到顶峰。在《俄瑞斯提亚》(Oresteia)中,埃斯库罗斯对这种愤怒有扣人心弦的描写,父母在死后依然怀着这样的怒火,体现在复仇女神一直紧追着杀害母亲的俄瑞斯忒斯(Orestes)离开阿尔戈斯(Argos),尽管事实上,他母亲的死是对其杀害丈夫阿伽门农(Agamemnon)的惩罚,并且这一惩罚出自阿波罗本人的命令。复仇女神是彻底野蛮的,它带着仇恨且不听从任何劝说。她们毫不留情地坚持己见,在三部曲的最后一部《欧墨尼得斯》(Eumenides)中,如果没有留给复仇女神一席之地,她们便成功地威胁要摧毁年轻的雅典城邦。该故事的成就在于,卫城山(Areopagus)成为所有杀人案件的最终裁决地:法律取代了野火燎原般的愤怒。然而,雅典娜向复仇女神承诺,在杀害父母的案件中,只有杀人者有极强的辩护的情形下方可免罪,就如俄瑞斯忒斯弑母的情形;可即便如此,也需要净化和补偿。雅典娜和雅典歌队意识到,让复仇女神存留在幕后实际上是有益的。因为,复仇女神在法律背后汇成古老强大的敬畏之源,在埃斯库罗斯处体现为我们必须毫无疑问地尊敬的权力(《欧墨尼得斯》475,690-698)。城邦的成文法以及合法建立的法庭都无此权力,尽管它们具备善与智慧。正如埃斯库罗斯三部曲中的阿波罗,法律在光天化日下于记忆中出现,而在它们使用的合理论辩的语言中,时常出现质疑和反驳。《俄瑞斯提亚》就成为一种对于启蒙政治期望过高的警示。确保基于理性的法律统治和公共认同是一项卓著的成就,但在成文法背后的阴霾中,有一些可怕的存在激励我们恐惧敬畏且无条件服从。① 相反,在马格尼西亚城邦中,柏

应当"拿走"犯罪"所得"以恢复犯罪者与受害者之间的平衡的每一个要求中,惩罚因素是存在的(参亚里士多德,《尼各马可伦理学》,1132a7-14)。

① 不将卫城山的重要性放在理性、法律或任何替代了盲目怒火的关于惩罚的积极公民意义上,而是放在对权威的成功垄断上,这一对比阐述,参 Danielle

拉图的官方教导是，理性提供了各类立法的充分基础，且从不需要无条件的服从。然而，这之间有一种悄然且有限的一致：一是柏拉图提到的复仇力量，以及《法义》中看重的公民虔敬；一是在正义的理性论证之外，埃斯库罗斯需要某些这样的补充判断。

在卷九，雅典异乡人开始讨论的第一条刑法的序曲中，出现了理性和非理性的结合，涉及抢劫庙宇。按照苏格拉底的思考方式，雅典异乡人强调那些卷入犯罪之人灵魂的内在痛苦，以及发现自己身处痛苦的不幸。但是，法律也教导那些犯下如此不敬之罪的人，让他们意识到自己的倾向不仅是自然的，更是一个诅咒（854b）。这两种描述明显不一致，但都表明犯罪向来不是完全自愿的。通过对刑法的阐述，柏拉图最大程度地利用了"污染"这一古老且道德模糊的概念。① 重大犯罪伴随着污染的想法加深了社会对罪行严重程度的认识，不过也

Allen, *The World of Prometheus*, Princeton: Princeton University Press, 2000, pp. 18 - 24。Allen 令人信服地论证说，一方面法律在这事件前就有效，另一方面复仇仍是这事件之后公民惩罚的重要驱动力，但她低估了用旨在理性地维护社会秩序与和平的判决替代愤怒无意义的毁灭的重要性——因而忽略了这一努力有限度的成功的重要性。总而言之，她追随 Michel Foucault（*Discipline and Punish*, Alan Sheridan trans., New York: Pantheon Books, 1977）对于惩罚象征权力的强调，把重点放在"惩罚对象"，以及"如何惩罚"，忽略了"为何惩罚"，而这正是我主要关注的。

① 污染或污浊（miasma）与道德责任的关系已经得到了广泛讨论。E. R. Dodds, *The Greeks and the Irrational*, Berkeley: University of California Press, 1951, pp. 44 - 45，他认为污染的概念出现在后荷马时期，由一种新的罪感和不安感产生，而这两者与荷马描绘的"羞耻文化"大相径庭，但他为维护其观点，而否认荷马重要文段的真实性，这些文段明确表达了道德责任的清晰概念（参 Douglas L Cairns, *Aidos: The Psychology and Ethics of Honor and Shame in Ancient Greek Literature*, pp. 27 - 146）。Arthur W. H. Adkins（*Merit and Responsibility: A Study in Greek Values*, Oxford: Clarendon Press, 1960, pp. 86 - 108）也宣称在古风时期的希腊有日益强调污染的趋势，这种强调植根于凶兆或对僭越神圣秩序的恐惧，常常在社会难以解释或修复的城邦灾难中得到印证。他注意到希腊古风时期的观点和德拉古法令（the code of Draco）之间的张力，前者是说任

缓和了社会的报复心，因为污染本身是如此可怕，以至于无人愿意接触。在污染的概念里，罪行自愿或不自愿的差别缩小了，强调的是拯救的可能性。愤怒是应当的；受到污染的人必须作出补偿，但补偿一旦作出，就要原谅他。

污染观伴随着对共同体内部关联性的承认，也有犯罪并非置身事外的无关之事的意思，但截然不同于将犯罪视为对个人的私自冒犯的愤怒倾向。社会已遭玷污的观念表明，罪行根源中的恶趋势正传染给整个共同体，为了每个人着想必须加以清除。这种染污的概念总体上有异于我们自由的、个体主义的道德，但在下列情况中依旧能感到：有时暴行如此残酷，以至于不仅犯罪者本人，连未能阻止犯罪者的旁观者都应受到谴责，甚至接下来的几代人也因隶属这样的共同体而觉得受到污染。正如布斯（James Booth）① 展现的，一些深思的德国人，深感难以与他们纳粹的过去和解的历史难题，遂超越自由主义和个体主义的简单范式，以寻找理解犯罪的方式，弥补一种似乎进入他们作为一个国民之身份核心的无序。

在他对如何看待并应对自己作恶冲动的建议上，柏拉图赋予了行动需担责的旧观念新的含义。以这种方式，担责的个体或社会不需要将犯罪视作自由意志使然；他们甚至可以认为，人的罪愆命该如此，

意杀害都招致玷污并且需要补偿，后者作为已知的希腊最早的关于杀人的法令，区分了有意的、意外的和可辩护的杀害，并且在最后一种情形下无需净化。在他对古风世界的阐述中，如同柏拉图的《法义》一样，污染的概念似乎模糊而非明确了对道德责任的关注。Glenn Morrow（*Plato's Cretan City: A Historical Interpretation of the Laws*, p. 120）采取了比 Dodds 和 Adkins 更理性的方案，认为荷马之后的希腊人故意编造了污染的概念，以确保共同体参与对杀人者的惩罚，而终结报复杀人的循环。一个更细微也更具说服力的解读，论证了充分发展的污染观的古老，以及正式法对其的削弱，参 Robert Parker, *Miasma: Pollution and Purification in Early Greek Religion*, Oxford: Clarendon, 1983，尤其见页 104 – 143。

① James Booth, "Communities of Memory: On Identity, Memory, and Debt", *American Political Science Review* 93（1999）, pp. 252 – 258.

如索福克勒斯《俄狄浦斯》所预示,但他们得承认它们是自己的;承认灵魂中的混乱以及共同体中的芜杂确实存在,并努力克服这点,积极参与正义的实施和自我教育,而不找任何借口。"对于众人,万恶之首就是灵魂中与生俱来的东西,由于自己原谅了这种邪恶,人人皆无法设计出什么法子来摆脱它"(731d-e;对比727b-c)。对那些可能盗窃神庙的人,雅典异乡人提出向神灵祈祷的忠告,劝诫他们寻求有德性的同伴:

> 请聆听[告诫],你自己也设法说,每个人都应尊崇高贵之物和正义之物。但要避免与恶人交往,不转向他们。如果你这样做,疾病就会减轻些;但不这样的话,你就可将死亡视为更好的选择,摆脱生命。(854b-c)

如同雅典异乡人所探求的,恢复性正义运动试图取消"担责"的回溯过程,这一过程通常在于政府对被动判决施加惩罚,而代之以积极的、前瞻性的"担责",这通常意味着犯罪者承担补偿恶果的任务。① 这似乎是一个重要的改良。柏拉图更进一步,呼吁个人在自己滑向坏的渊薮上要有先见之明,参与旨在纠正的积极主动的程序以承担纠正的责任,避免酿成公然犯罪。然而,这要求关注个人的品格缺陷,而多数恢复性正义的支持者对于个人品格的评价感到不适。② 布雷斯韦特(John Braithwaite)③ 甚至批评,让协商会成为独一的协商会议的趋势缺乏是非曲直的清晰性,他也对犯罪者的品格分析表达不安。

---

① Mark Bovens, *The Quest for Responsibility*: *Accountability and Citizenship in Complex Organizations*, Cambridge: Cambridge University Press, 1998; John Braithwaite, *Restorative Justice and Responsive Regulation*, p. 129.

② D. Van Ness, "New Wine in Old Wineskins: Four Challenges of Restorative Justice", p. 259.

③ John Braithwaite, *Restorative Justice and Responsive Regulation*, p. 96.

但柏拉图却认为这种沉默往往损害了担责的意义。

自愿和非自愿犯罪

在以上讨论中，柏拉图向世人展示其柔软的一面，尽管他默认犯罪者需要遭受惩戒的流行观点。在人道和温和方面，他并未做太多妥协。我们可以期待，在这样一个社会中，这两种惩罚之间有某种融合，即愤怒要求的惩罚与带来改善或结束无可救药的坏生命的惩罚。但在明晰性上，雅典异乡人在某些节点不得不妥协。在严密论证了所有不义皆出于非自愿之后，雅典异乡人发现克勒尼阿斯的疑问将他带入一个困局，他不得不把自愿行不义和非自愿行不义的普遍区分写入法令中；这是唯一一次克勒尼阿斯竭力反对雅典异乡人的推理（861e）。因而，智慧屈服于不可避免的政治权力。柏拉图提出人们有意做错事，理应受到报复性惩罚。在拒绝收回所有不义皆出于非自愿的陈述之后（861c），雅典异乡人强调并且开始描述一系列应当受到惩罚的"自愿"的不义。① 然而，在一个有趣的转向之后，他拒绝称任何非"自愿"的伤害为不义（862a）。至少，非自愿的行动是不需要遭到报复性惩罚的，这点一以贯之。

为了说服克勒尼阿斯，雅典异乡人使用了明智的区分，一是蓄意造成的伤害，例如怒气杀人，一是无意带来的伤害。他和普遍观点一样，认为前者自愿且不义，却因后者是无心之举而否认其不义。重要的区别在于，第一种行为显示了行为主体的内在品格，而后者并没有（862b）。因此，雅典异乡人和大部分人都同意，前者需要一

---

① Jean Roberts（"Plato on the Causes of Wrongdoing in the Laws", *Ancient Philosophy* 1 [1987]，页 23 - 37）为了保证文本的一致性，提出了天才且富有洞见的一些观点，但她并未考虑到，事实上雅典异乡人已明确提到自愿的不义。Arthur W. H. Adkins（*Merit and Responsibility*: *A Study in Greek Values*, pp. 306, 308 - 309）指明了这一矛盾，却想当然地认为柏拉图从未注意这点。

个更严厉的对策。然而，其中的分歧是，多数人认为这样的行为需要严加惩治，而雅典异乡人则认为这类犯罪者更需要帮助。尽管多数人认为这类犯罪者方方面面都是自愿的，但雅典异乡人的论证总体上说明，那些"自愿"的犯罪在根本上比那些无意之过更加不自愿，因为在某人腐化的灵魂中，比起那些小错小过，他所作所为更违背其真实意愿。① 秉承类似的精神，雅典异乡人接受了理智不健全者违反法律不应受到惩罚的普遍说法（864d）。然而，其他人会认为，这是因为理智不健全提供了借口，但苏格拉底的推理会告诫人们，教化这些人通常是无望的。因此，其他人为报复某些人而豁免另一些所做的区分，在雅典异乡人那里，只是为了辨认那些能且应当医治的与其他不需要或接受不了医治的人。②

在讨论无知及其在犯罪中的作用上，类似的力量也随即生效。在卷五对犯罪的理论性讨论里，雅典异乡人澄清，所有恶行均出自无知（尤其可参728b 和731c）。但在实际的刑事法规中，雅典异乡人按照惯常的区分，将某些犯罪归于无知，另一些则是出于愤怒或欲望（863c）。他进一步区分了"简单的"无知和"双重的"无知。简单无知是对事实的无知——例如泄露某些信息是违法的。这样的无知导致"小错"，应当受到轻微的惩罚或原谅。然而，

---

① Saunders 对这一矛盾做出了有益的讨论。Roslyn Weiss, *The Socratic Paradox and Its Enemies*, Chicago: University of Chicago Press, 2006, 第一章和第七章也同样提到这一点，尽管她认为雅典异乡人和柏拉图采取了一种传统观点，即不义之举是自由选择的，而施行此举的人在道德上应遭谴责（我认为雅典异乡人已经明确否定这一点，而克勒尼阿斯却迫使他接受）。Roslyn Weiss 甚至声称，柏拉图认为每位公民都应在道德上为自己的无知负责，并只在强调品格的重要性，同时坚持不义者灵魂的不值得羡慕状态方面，偏离了道德责任的常规观点（页202）。

② 雅典异乡人并未呼吁处决理智不健全的犯罪者，这显然有异其原则。事实上，他只在以下情况考虑处决的方案：案件引起公愤，并且一种苏格拉底式的对生活是否值得过的冷静判断共同支持它，就如同事先预谋的杀人案件一样。

双重的无知在于，一个人缺乏理解力，他不仅无知，还自以为智慧，认为自己完全知晓他一无所知的事情。如果这伴随着强力和强迫，立法者就得将其定为重大的和无教养的过错的原因。(863c)

雅典异乡人引导我们注意那种"无教养的"（nonmusical）灵魂的傲慢，以合理地谴责这种"双重的"无知，无教养的灵魂指的是这类人的灵魂，他们因体操和军事教育而强化了自然强力和勇气，但还未成为理智的、温和的人。音乐和诗歌的相应教育，将注入一种对何为美的尊敬和对理性劝谕的开放包容，但这种无教养的灵魂没有接受此类教育，而不在意相关的事实和法律，自认为比法律更具智慧。

然而，这里雅典异乡人也强调了无知的特殊特征。其他导致犯罪的因素都呈现为诱惑，引诱人们陷入愤怒或追求快乐，而这与我们相信的善大相径庭。因为欲望和愤怒以诱惑的形式出现，而道德观念告诫我们有义务拒绝这种诱惑，我们赞扬那些"掌握"或"控制"这些激情的人，而谴责"屈服"的人。但是，无人会如此谴责那些"屈服"于无知的人。因为，无知特别是对真正的好和坏的无知，并没有带来诱惑（863d-e）。当且仅当我们没有意识到，或是不充分地意识到它，我们才受无知束缚：这是一个最难摆脱的陷阱。

在提出这一观察之后，雅典异乡人回到了先前的观点，处于无知而做的事，甚至对是非的深切无知，都不应受到责怪：

　　血气、恐惧、快乐、痛苦、妒忌感和欲望在灵魂中的僭政，不管有没有造成某种伤害，我都统称为不义。另一方面，一旦关于什么是最好的意见——无论城邦或某些个人会怎样看待最好——统治灵魂并给每个人带来秩序，那么，即便这种意见在某方面有错，通过这种意见所做的事情，以及每个人服从于这样的统治者，都必须宣布为完全正义，并对人的一生最好——尽管多数人认为，这种伤害是非自愿的不义。(863e-864a)

此处我们有一个与"双重的错误"类似的例子，立法者应当严加斥责，但现在，受到错误观念控制却不自知的灵魂却是"全然正义的"。为何如此？区别似乎在于，我们现在谈到的错误意见源于有序的自制而非违法，尽管这种自制仍然缺乏理性的真正统治。① 到此为止，我们有三种对于道德责任的观点：传统观点用造成的伤害衡量不义，除了因无知带来的可辩护的伤害和可宽恕的伤害；雅典异乡人为城邦制定的公共教导将不义与犯罪者的灵魂挂钩，把激情的僭越视为不义，而把服从普遍道德观点的血气的自制视为正义（就如同《王制》中的护卫者），即使普遍道德观点是错误的；苏格拉底的观点（以上这种公民观点是它的反映），即真正的正义灵魂从不为服从意见的血气控制，而只由与健康欲望为盟的真理统治。②

以上提及的两段中令人不安的要点是强调，这个公德定义中的"正义"与双重无知者"重大且无教养的错误"密切相关，双重无知者不仅无知且不自知其无知，其无知还"伴随着强力和强迫"（863c）。在任何现实政体中，何为法治？难道只是智慧与无知愚蠢的混杂，受强力支撑？在722e – 723a，真实政治共同体的实际法律都如同奴隶医生的命令，雅典异乡人对序曲的创新才使得法律能部分成为一种合理的规劝（对比875d，法律低于理性）。前面引用的段落的实

---

① Roslyn Weiss（*The Socratic Paradox and Its Enemies*, pp. 191 – 200）否认雅典异乡人赞同这一奇谈怪论，即基于错误观点的行为也应称为"全然正义"。她不把864a4处 κἄν σφάλληταί τι 译成"尽管在某些方面有误"，而是"尽管造成了某些损害"，似乎没有注意到这一翻译所带来的问题，这一问题指向我引用的最后一行。因为，大概无人简单地将出于道德信念的损害行为等同于非自愿的不义。此处的观点是彻底的：雅典异乡人表明，城邦必定时常宣称，基于错误观点的行为是正义的。

② Leo Strauss（*The Argument and Action of Plato's Laws*, pp. 132 – 133）有力地指出，公民正义如何与基于对善的真正知识的真正正义相区分，并指出唯有后者能做真正的好事。

践结果是，保护真诚地遵守错误的法律及义务观的公民，也保护官方宗教的怀疑者，并惩罚一些人，他们出于愤怒，尤其是出于贪婪和不节制而有意识地违背法律。① 在实际层面上，这确实说得通。如果法律的目标是"教化和强迫"犯罪者变得更好（862d），那么，可能的话，只需要教导那些有着不错自制力却跟随错误目的之人，为何他们的目的是不恰当的，而那些违背他们良好判断行事的人也常常需要强制，以重塑其不足的自制力。但是，雅典异乡人深知没有任何共同体能担负对于规矩行事公民的启蒙重任，当需要强制介入时，也无一共同体能将这种强制运用于教导充满怜悯的知识；即便是肆心导致的暴力，其终极原因也归结于对何为真正最好的知识的无知，而这错误越严重，驱动它的无知程度也就越深，越值得怜悯。

雅典异乡人必须把他对非自愿犯罪的洞察融入他提出的法律中，但在他对于刑法的点滴揭示下，他指引人们注意更具高度、更加全面的视角。其中一种方式是对医疗用语的频繁使用，将犯罪视为疾病，合理的补救视作"治疗"。第二种是他对运气和不幸这类言辞的使用：被判定掠夺庙宇的奴隶或外邦人，在他们被处决并遗尸荒野之前，要在手中和脸上写上"不幸"（854d）；那些把积习已久的犯罪家庭成员分散开的家人，被认为"有更好的运气"（856e）；雅典异乡人把不义看作激情对灵魂的僭政，"不管有没有造成某种伤害"（863e–864a），他补充说，如果不义确实伤害他人，且有人实现了他的邪恶目的，那就是"厄运"（877a）。第三种与苏格拉底的洞见相关的用语方式，可见于雅典异乡人频繁提及自然及自然地出现和生长之物。他甚至把抢劫庙宇的渴望称为一种自然本性的折磨（854b），而且认为城邦必须保有的神圣惩罚，作为对那些最顽劣的犯罪者的威慑，这是罪行的自然后果（870e）。特别有启发的是，雅典异乡人让世人窥见他对报复惩

---

① Thomas Pangle（*The Laws of Plato*, p. 502）表明，雅典异乡人对刑法的调整带来的首要实效在于，为新的且不那么严厉的处理不虔敬的方法奠定基础。

罚的看法，他提到，要不是这样的做法出自对财富的爱，"城邦中就不会出现要用谋杀来净化谋杀"（870c）。

惩罚和"城邦中的伟大之士"

然而，对于共同体的公民尤其是领导者而言，一种关于责任的不同观点不仅不可避免，而且在某些方面格外重要。因为人生活在对善的无知和互行不义的阴霾下，在社会上，惩罚以及招致惩罚的愤怒都是必要的。这也为政治生活的尊严蒙上阴影。在卷五开篇处，雅典异乡人比较了真正得到福佑的生命与政治人的生命和思虑。他说：

> 凡是要成为有福和幸福的人，从一开始就应该分有真实，这样，他可尽可能长久地作为一个真实的人生活着。（730c）
> 城邦中的伟大之士、堪称完美的人以及德性上的获胜者，乃是在施加惩罚上尽力协助长官的人。（730d）

每一政治共同体都需要有血气的公民，坚信惩罚其敌人的正确性，不论是在邦外还是邦内。[①] 雅典异乡人克服道德义愤的努力是有限的，因为义愤是支持法治有用且必要的力量。

> 每个真正的男子汉都应该是富有血气的那类，但也要尽可能地温和。因为，对于那些既危险又难以甚至不可能医治的人，没有什么办法可以避开他们行的不义，除非进行斗争和成功地保卫自身，并且绝不手软地施以惩罚。倘若没有天生高尚的血气，每个灵魂都

---

① 我们自身关于担任这一惩罚功能所遇到的不可避免的矛盾，体现在如下事实中，正如福柯的观察和现代流行电视节目证实的那样，仍有一种因成为处理案件的刑侦警察或成为获得审判权的地方检察官而带来的荣光，但这些荣光却在执行判决中消失无余（Michel Foucault, *Discipline and Punish*, pp. 9 – 10）。

无法做到这点。另一方面，对于人们犯下的那些可救的不义，我们首先必须认识到，没有哪个不义之人是自愿行不义的。因为，在任何地方，没有人会自愿求取最大的邪恶——尤其是当邪恶折磨着他最可敬的所有物时。既然灵魂像我们所说的那样，对人人都是真正最可敬的东西，那么，没有人会自愿将最邪恶的东西放入他最可敬的所有物中，并与它终生相伴。因此，不义的人像拥有坏东西的人那样，在方方面面都是可怜的，当他的病可救时，允许怜悯这样的人；在这种情形下，人们可以变得温和，抑制自己的血气，且不保持那种苦涩的、泼妇式的狂怒。但是，针对纯粹的邪恶和无可救药的堕落者，人们必须让自己的愤怒放任自流。(731b–d)

作为公民，我们应当对初次犯罪者和年轻犯罪者尽可能温和，因为有理由期待他们可能得到治愈；我们应当自愿花时间、动用资源帮助他们，不让非理性的义愤阻拦我们的脚步。在将温和与最强的力量和终极的男性气概结合上，雅典异乡人走得着实很远：这属于他改良血气的系统性尝试的一部分。① 尽管愤怒看上去具有男子气概，但他暗示愤怒实际上是无能制止伤害之人的一种苦涩表达，愤怒的人无能制止伤害，而现在唯有发泄、报复才能重新感到完整。培根（Francis Bacon）呼应了这一判断，认为尽管有强烈荣誉感的人尤其可能怒火中烧，但真正的力量要求他们培养"一种对更牢固网络的尊重"。② 在柏拉图看来，最大的力量是一种明知所有犯罪者灵魂的病态，却不受愤

---

① 在阐述我对于柏拉图建设性地改良血气的计划中，我基于 Thomas Pangle 对柏拉图对一般血气批判的有益揭示，参 Thomas Pangle, "The Political Psychology of Religion in Plato's Laws", *American Political Science Review* 70, 4 (1976), 页 1059–1077 和 Thomas Pangle, *The Laws of Plato*。

② Francis Bacon, *The Essays of Francis Bacon*, Boston: Houghton Mifflin, 1936, p. 172, 培根同样注意到，"愤怒当然是一种卑劣，一旦它出现在它统治之下的主体的弱点之中：孩童、妇女、老人和病人"。Francis Bacon, *The Essays of Francis Bacon*,

怒影响的无声隐忍。大多数公民从不能持续坚持内心的平和，培根①就认为这不可能。但雅典异乡人暗示，公民若能被教化去欣赏并追随平和，他们的个人生活将更加幸福，公民生活也将更加人道。

然而，政治共同体仍需要愤怒。在改良的希望渺茫且必须杀鸡儆猴（因为没有任一社会能在实际上避免实施威慑性惩罚）的情形下，如果社会有勇气伤害那些违法者，愤怒是必要的。② 事实上，那些不可治愈的病态的灵魂相较可治愈的而言更值得怜悯：他们是那些道德腐朽如癌症般蔓延至灵魂整体的人。政治共同体的真实境况以一种噩梦般的方式呈现：社会的结构常常遭到狂怒之人的攻击，他们闯入我们的居所，侵蚀我们的后代，给他们自身，也给我们造成荒谬的伤害。为了聚集阻止他们作恶所必需的能量和决心，我们不得不让自己燃起怒火，谴责他们处于如此糟糕的状态，想要他们变得糟糕。然而这种惩罚精神错乱者的热情就是"城邦中的伟大之士"应具备的特征，他对正义有无穷的爱（730d）。如果道德义愤是一种缺点，那么，这种缺点与我们身边的至高灵魂所具有的诸多好动机和尊贵之举密切相关。③

---

pp. 171 - 172；对比 Seneca, "On Anger", in *Moral and Political Essays*, ed. John M. Cooper and J. F. Procope, Cambridge: Cambridge University Press, 1 - 116, 1995, p. 31。

① Francis Bacon, *The Essays of Francis Bacon*, p. 170.
② 通过说明犯罪者作为实例警示他人乃是善，甚至是一种"治愈"，Danielle Allen (The World of Prometheus, pp. 279 - 280) 试图缓和这一问题，但柏拉图本人从未这样说。Danielle Allen 也未认识到，几乎所有马格尼西亚的刑法，都对愤怒做出何等程度的妥协；她声称只有在对待不可救药者时，这种处理方式才开始运转（页 280）。
③ 廊下派学者认为愤怒是非理性的，对于好公民而言从来不是必要的。因而，在柏拉图看来，廊下派让政治生活彻底理性化的期望过分乐观：参 Seneca, "On Anger", pp. 25 - 31。然而，对于柏拉图希望在高贵读者中产生平静的效果，塞涅卡可能提供了一个很好的例证。塞涅卡鼓励不顾所有无常活动的独

柏拉图尤为警惕犬儒主义以及政治冷漠的危害，如同我们时代的任何人那样，他理智且持续地反对这些危害。他决意支持"城邦中的伟大之士"和同时代或跨时代的哲学观察者。然而，柏拉图对这两种生活的评价引人注目，最后落脚于评价正义之爱的最高表现，即法治。法治呈现为一种理性和非理性力量之间的妥协，试图把冷静的一致性引入一种程序中，这种程序归根结底依赖于有罪必罚，以及惩罚与罪行相匹配的非理性要求。柏拉图让人们思考，有些政府不屈服于血气的要求，并试图用持续的审查和适于个人的监护来统治公民，这会是怎样一番模样。这样的统治将因远离报复而温和，可一旦权力交由错误之人就会伴随无尽的压迫。为防止这种可能性，柏拉图明确地支持法治。不过，他进而加上诗歌和音乐教育以及在早期培养习惯，以加深公民对最高贵公民灵魂中可敬之物的欣赏；而柏拉图协调这一切的论证是，暗示完美之人完全高于好公民。

人们习惯把柏拉图看作政治理想主义的狂热支持者，认为他天真地主张，只要政治共同体愿意尝试，就能将真正的德性灌输给每个人。但是，这种看法是柏拉图的现代对手们发明的一种宣传口号，这一部分人始于马基雅维利。事实上，柏拉图是一位原初的现实主义者，充分领会有必要降低政治的眼界，以免弊大于利。柏拉图和他现代批评者的差别主要在于，他一清二楚地理解，相比那些在实际政治共同体中消逝和必然消逝的东西，真正的德性和正义有多么崇高。

立的高贵精神，但他从没有把握住苏格拉底论证的真正脉络，因此他认为，在全然冷静中做出报应惩罚是正义的。Arthur W. H. Adkins, *Merit and Responsibility: A Study in Greek Values*, pp. 308 - 309, M. M. Mackenzie, *Plato on Punishment*, Berkeley: University of California Press, 1981, pp. 198 - 204 以及 Trevor Saunders, *Plato's Penal Code: Tradition, Controversy, and Reform in Greek Penology*; Trevor Saunders, "Penal Law and Family Law in Plato's Magnesia", pp. 115 - 132, 他们对此问题有相同见解，认为雅典异乡人将正义当作病态灵魂的药物，乃是对其正义理想的妥协，目的是保护更大的共同体免于伤害。

应　用

作为一位现实主义者，柏拉图提供了许多改善公共实践的建议，这些建议在 21 世纪仍旧可行，对于恢复性正义运动尤是如此。柏拉图《法义》对于恢复性正义的当代讨论最重要的贡献之一是，赋予其迄今缺乏的理论基础。在整体上，支持者们出于实际目的或呼吁同情来捍卫恢复性正义，但柏拉图展示了何以正义本身要求一种改良，不仅关照社会的幸福，而且关注犯罪者的幸福，他也显明，为何协商会要把法律引入犯罪者与共同体的个人对话，教化他们并从他们身上学习，从而比传统审判更接近"自由民医生"的正义标准。

第二，且同等重要的一课（如果一位哲学家提出的是悖论）在于，社会对道德责任的理解中，理论一致性的目标既不可达成，更不实用。雅典异乡人不完全取缔法律的惩罚属性，他在刑法中引入了"自由民医生"温和且人性的视角，使得公民对道德责任的理解更加细化。犯罪者不健康的灵魂值得同情的信念，倘若至少总是暗含在人们的思考中，现在就与如下观点一同占据突出的位置：犯罪者因获得相较于他人的不公的好处而理应遭受苦难。柏拉图显然认同埃斯库罗斯的判断：对犯罪的报复性回应是不可清除的，任一忽略报复性回应的司法体制皆在疏远许多最正派的公民，而且可能激起强烈的道德抵制。不过，柏拉图认为，最好用苏格拉底的深刻洞见缓解这种惩罚的精神，而非让它不容置疑地占据公民心灵。雅典异乡人会赞同布雷斯韦特，恢复性正义程序始终可能需要依赖惩罚性制裁的支撑，尽管布雷斯韦特[①]并未给出惩罚性制裁何以真正理性的一致解释。对于犯罪者和守法公民而言，这种不一致性未尝不是一种获利，因为将德性理解为灵魂的健康这一点，不论它能被

---

① John Braithwaite, *Restorative Justice and Responsive Regulation*, pp. 35, 63, 119-120.

反复教诲到何程度，都会加强这二者对过道德生活的承诺。

第三，只有在责任问题上，难以避免的理论模糊才让所有好的法律程序旨在恢复的明晰性所抵消，这种获利才得以可能。需要持续关注的，不仅是犯罪者与她的共同体的关联，以及邻人愿给犯罪者第二次机会，还有就是每个人对法律的尊重以及犯罪者对其灵魂所处状态的重视。关于应当恢复之物的明晰性，要求德性与邪恶的清晰区分及其对应的奖惩显明，《法义》的每一页都努力提升这样的理解。倘若没有这个基础，恢复性正义的协商会就轻易地退化为犯罪者和受害者的谈判会议，犯罪之人和遭罪之人得不到明显界分，而这可能使前者更加愤世嫉俗，后者低落泄气。大学校园中的恢复性正义计划尤易受到这种道德混淆的影响，部分出于避免羞辱犯罪者的错误想法，导致就算作弊都被视作学生和教师之间要进行调和与妥协的私人冲突。柏拉图能在两个重要且相关的方面，帮助恢复性正义运动免于掉入这样的陷阱：通过展示减少惩罚严厉程度并且保持道德清晰度，以及通过积极运用羞耻、荣誉和尊重的相关激情并且降低其破坏趋势。在这两个方面，他都将我们指向最具建设性的道路，共同体和个人都将为纠正错误负责。

在共同体层面，特别是在那些普遍不信任当权者甚至法律的共同体中，恢复性正义的协商会能担任负马格尼西亚序曲的同样功能，以合理对话肯定法律背后的理性。这样一来，它们就完成了法学学者格伦登（Mary Ann Glendon）呼吁美国法律担负的任务，即如柏拉图的"自由民医生"那般教化公民，教其将法律理解为国家试图成为的那种社会的陈述。[①] 倘若现代协商会参与者，相较马格尼西亚人对序曲和法律的解读，将一种更积极且怀疑的精神带入对话中，这可能仅仅对自由民主制是恰当的；在这样的政治制度下，法律必然被视为有缺陷的人制定的、暂时的作品，而非古老不变、神启的命

---

① Mary Ann Glendon, *Abortion and Divorce in Western Law*, Cambridge: Harvard, 1989, pp. 4 – 9.

令。但是,柏拉图坚称,在这样的境况下,把这一过程直接指向加深公民对正义的不变原则的敬畏显得格外必要,我们的体制将正义奉为最高标准,并且承诺在合法的领域,带有敬意地改进有缺陷的法律。他表明,敬畏之心或对法律的尊重以及对违法意图的畏惧,与健康社会所需的道德严肃性密不可分。

在最好的情形下,恢复性正义计划不仅能深化参与者按法律生活的承诺,而且可以加强他们的意愿,承担集体职责,纠正任性的成员,以儆效尤。要使一位年轻的犯罪者走上正途,常需一位他交际圈内的人,准备好提供持续监管和咨询,协商会的好处之一是鼓励(社会中的)其他人也如此这般对待陷入危机的其他年轻人。《法义》此处的贡献就在于提供了一个充足的理论论证,将我们的努力转向这方面。人们常常过于自满地假定,将自由以及自我实现的机会给予每位公民,严惩违法者,正义就会得到满足。柏拉图反对所有惩罚都只是报复和震慑的有漏洞的论证;但严肃对待寻找复原性惩罚的社会责任,也是为了反过来看看,预防较之改良的效果要高出几何。

人们对于柏拉图预防犯罪的陈述感到不适,这可以追溯到现代自由主义与古代社会责任观念的根本差异,柏拉图赞成这种观念,而我们视之为"家长制的"(paternalistic)。因为,若无旨在塑造年轻人判断和激情的同心协力的努力,始终包含智慧、荣辱和羞耻,预防就不能成功。人们倾向于将羞耻视为一种不健康的情感,与心理健康的核心——坚强的自尊感相违背;人们也倾向于把社会运用羞耻控制行为的做法,视作对于个体自治的侵犯。但实际上,《法义》考虑到了对这些保留意见之根源的深切顾虑,在我看来,以家长制称呼该作品所取路径,就忽略了其计划的关键要素。第一,每个人都担负纠正不义、解决争端的责任。没有哪位君主视其公民如三岁小孩,却仍存在支持其自身标准的小而紧密联结的共同体——正如恢复性正义组织试图创造的那样。第二,需强调培植健康的恐惧或羞耻,也就是我们称为"预防性羞耻"的东西,而非对犯罪者的羞辱。第三,尽管马格尼西亚的许多法律确实滋生了羞耻,其他的法律都旨在谨慎地缓解其重大缺陷——压制批评和自我批评思想的趋势。从前几卷对成人会饮的许可,到最后对无神论者的尊重对待,再到激发思考的整个对话作为社会基本法和教育文本的规定,都互为制衡。

但雅典异乡人像布雷斯韦特这些当代批评者那样,① 都承认过分的羞耻阻碍建设性的自我检查和改良。不过,如同布雷斯韦特,他也发现,一定程度的羞耻与这两者密不可分:对社会道德原则的明确断言,以及个人为错误承担责任的行为。② 其要旨在于,一个人应当尽可能少地体验到作为外界强迫的羞耻,而应该尽可能多地体验到羞耻作为对真理的自主回应以及改良自身品质的动力。或许,布雷斯韦特得益于柏拉图的是,更为关注与敬畏和荣誉同类的且更积极的情感——大多数国家的法庭建设以及审判过程,试图向其见证者和旁观者小心灌输这些情感,而恢复性正义流程也可能以不同的方式得到提升。

较为合理的恢复性正义流程,重中之重是为自身错误担责的行为,柏拉图也能为达成这一目标的最佳路径提供有益的思路。在讨论担责的过程中,我们不需要将行动视作彻底自由意志的选择,也不需要认为社会无需承受责备。要是调查犯罪者时为讲述关于社会和家庭动因的故事留有余地,这些动因首先致使犯罪者做错事,那么,许多方式便可达成协调、预防甚至个人决意改过自新,只要这

---

① J. Gilligan, *Violence: Our Deadly Epidemic and Its Causes*, New York: Grosset/Putnam Books, 1996, p. 110; Nathan Harris and Shadd Maruna. "Shame, Shaming, and Restorative Justice", in *Handbook of Restorative Justice: A Global Perspective*; T. M. Massaro, "The Meaning of Shame: Implications for Legal Reform", *Psychology, Public Policy, and Law 3*, 4 (1997), pp. 645 – 704; June Price Tangney, "Recent Advances in the Empirical Study of Shame and Guilt", *American Behavioral Scientist* 38 (1995), pp. 1132 – 1145.

② John Braithwaite, *Crime, Shame and Reintegration*, pp. 69 – 75, 100; John Braithwaite, *Restorative Justice and Responsive Regulation*, p. 120.

一过程也包含澄清哪里犯错，以及需要纠正什么样的品格缺陷。帮助读解犯罪根源的叙事过程，能减少羞愧和罪恶感的负担，若非如此，这些负担很容易对犯罪者而言变得过于痛苦。

这一叙事过程在不同社会中表现出不同的形态。柏拉图运用希腊的污染概念就是其中之一；我们的罪恶是魔鬼的造孽，这一恶魔是如此强大，若无神明相助就绝无摆脱的可能，这是形态之二；现代人将社会痼疾视为犯罪根源的观点，则是形态之三。柏拉图所表达的为错误担责，并不意味着为所有先前的原因链条负责，而是接受错误源于人自身缺陷的直接后果这一点，并且下定决心补救。在关注好与坏的品格时，也强调社会有塑造品格的相应责任，苏格拉底式哲学既能帮助避免对犯罪只注重惩罚的"法律和秩序"立场的严厉性，也能避免逃脱责任，要是社会病理学的相关理论得到关注且成为开脱罪行的借口。

让个人品格成为法律进程的焦点，可能最大的阻力也是对家长制的担忧：难道自由的本质不正是像每个自由民主制所界定的那样，对社会而言，我们只为我们的外在行动承担责任，而不必对我们的激情、思想和品格负责吗？确实如此。但是，设计得当的恢复性正义计划，兼取现代自由和传统前自由（preliberal）对犯罪的方法之所长，同时对犯罪者保持传统审判的开放。他的品格是否将成为讨论的对象完全取决于他自己。因为，正如恢复性正义最明智的支持者坚称的，品格教化的核心在于只有本人能对自己承担责任，这一点柏拉图也赞同。这也是柏拉图的法律在首尾处都论述个人的原因，鼓励其自觉逃离恶而寻求好，向神灵祈祷以免于恶的冲动，让灵魂转向美并且让自己变得类似，最重要的是反思何为幸福生活（731d - e，727b - c，728b - c，854b - c）。如果柏拉图不同意我们关于仅仅让我们孤身一人的自由之价值，或许，我们能与柏拉图达成一致的是，唯有那些知道何为真正的善并且知道如何追逐真善的自主个体行使自由，才能成为真正的福佑。

图书在版编目（CIP）数据

立法与德性：柏拉图《法义》发微/林志猛编；张清江等译. -- 北京：华夏出版社有限公司，2019.9
（西方传统：经典与解释）
ISBN 978-7-5080-9843-2

Ⅰ.①立… Ⅱ.①林… ②张… Ⅲ.①柏拉图（Platon 前 427-前 347）－法学－思想评论 Ⅳ.①B502.232 ②D904.1

中国版本图书馆 CIP 数据核字（2019）第 178804 号

立法与德性——柏拉图《法义》发微

编　　者	林志猛
译　　者	张清江　林志猛　等
责任编辑	马涛红
责任印制	刘　洋
出版发行	华夏出版社有限公司
经　　销	新华书店
印　　刷	三河市少明印务有限公司
装　　订	三河市少明印务有限公司
版　　次	2019 年 9 月北京第 1 版 2019 年 9 月北京第 1 次印刷
开　　本	880×1230　1/32
印　　张	10.625
字　　数	308 千字
定　　价	75.00 元

华夏出版社有限公司　地址：北京市东直门外香河园北里 4 号　邮编：100028
网址：www.hxph.com.cn　电话：(010)64663331(转)
若发现本版图书有印装质量问题，请与我社营销中心联系调换。

西方传统：经典与解释
Classici et Commentarii
HERMES
刘小枫◎主编

古今丛编

克尔凯郭尔 [美]江思图 著
货币哲学 [德]西美尔 著
孟德斯鸠的自由主义哲学 [美]潘戈 著
莫尔及其乌托邦 [德]考茨基 著
试论古今革命 [法]夏多布里昂 著
但丁：皈依的诗学 [美]弗里切罗 著
在西方的目光下 [英]康拉德 著
大学与博雅教育 董成龙 编
探究哲学与信仰 [美]郝岚 著
民主的本性 [法]马南 著
梅尔维尔的政治哲学 李小均 编/译
席勒美学的哲学背景 [美]维塞尔 著
果戈里与鬼 [俄]梅列日科夫斯基 著
自传性反思 [美]沃格林 著
黑格尔与普世秩序 [美]希克斯 等著
新的方式与制度 [美]曼斯菲尔德 著
科耶夫的新拉丁帝国 [法]科耶夫 等著
《利维坦》附录 [英]霍布斯 著
或此或彼（上、下）[丹麦]基尔克果 著
海德格尔式的现代神学 刘小枫 选编
双重束缚 [法]基拉尔 著
古今之争中的核心问题 [德]迈尔 著
论永恒的智慧 [德]苏索 著
宗教经验种种 [美]詹姆斯 著
尼采反卢梭 [美]凯斯·安塞尔-皮尔逊 著
舍勒思想评述 [美]弗林斯 著
诗与哲学之争 [美]罗森 著
神圣与世俗 [罗]伊尔利亚德 著
但丁的圣约书 [美]霍金斯 著

古典学丛编

论王政 [古罗马]金嘴狄翁 著
论希罗多德 [古罗马]卢里叶 著
探究希腊人的灵魂 [美]戴维斯 著
尤利安文选 马勇 编/译
论月面 [古罗马]普鲁塔克 著
雅典谐剧与逻各斯 [美]奥里根 著
菜园哲人伊壁鸠鲁 罗晓颖 选编
《劳作与时日》笺释 吴雅凌 撰
希腊古风时期的真理大师 [法]德蒂安 著
古罗马的教育 [英]葛怀恩 著
古典学与现代性 刘小枫 编
表演文化与雅典民主政制
[英]戈尔德希尔、奥斯本 编
西方古典文献学发凡 刘小枫 编
古典语文学常谈 [德]克拉夫特 著
古希腊文学常谈 [英]多佛 等著
撒路斯特与政治史学 刘小枫 编
希罗多德的王霸之辨 吴小锋 编/译
第二代智术师 [英]安德森 著
英雄诗系笺释 [古希腊]荷马 著
统治的热望 [美]福特 著
论埃及神学与哲学 [古希腊]普鲁塔克 著
凯撒的剑与笔 李世祥 编/译
伊壁鸠鲁主义的政治哲学
[意]詹姆斯·尼古拉斯 著
修昔底德笔下的人性 [美]欧文 著
修昔底德笔下的演说 [美]斯塔特 著
古希腊政治理论 [美]格雷纳 著
神谱笺释 吴雅凌 撰
赫西俄ంగ：神话之艺
[法]居代·德·拉孔波 等著
赫拉克勒斯之盾笺释 罗逍然 译笺
《埃涅阿斯纪》章义 王承教 选编
维吉尔的帝国 [美]阿德勒 著
塔西佗的政治史学 曾维术 编

古希腊诗歌丛编
古希腊早期诉歌诗人 [英]鲍勒 著
诗歌与城邦 [美]费拉格、纳吉 主编
阿尔戈英雄纪（上、下）
[古希腊]阿波罗尼俄斯 著
俄耳甫斯教祷歌 吴雅凌 编译
俄耳甫斯教辑语 吴雅凌 编译

古希腊肃剧注疏集
希腊肃剧与政治哲学 [美]阿伦斯多夫 著

古希腊礼法
希腊人的正义观 [英]哈夫洛克 著

廊下派集
廊下派的神和宇宙 [墨]里卡多·萨勒斯 编
廊下派的城邦观 [英]斯科菲尔德 著

希伯莱圣经历代注疏
希腊化世界中的犹太人 [英]威廉逊 著
第一亚当和第二亚当 [德]朋霍费尔 著

新约历代经解
属灵的寓意 [古罗马]俄里根 著

基督教与古典传统
保罗与马克安 [德]文森 著
加尔文与现代政治的基础 [美]汉考克 著
无执之道 [德]文森 著
恐惧与战栗 [丹麦]基尔克果 著
托尔斯泰与陀思妥耶夫斯基
[俄]梅列日科夫斯基 著
论宗教大法官的传说 [俄]罗赞诺夫 著
海德格尔与有限性思想（重订版）
刘小枫 选编
上帝国的信息 [德]拉加茨 著
基督教理论与现代 [德]特洛尔奇 著
亚历山大的克雷芒 [意]塞尔瓦托·利拉 著
中世纪的心灵之旅 [意]圣·波纳文图拉 著

德意志古典传统丛编
彭忒西勒亚 [德]克莱斯特 著
穆佐书简 [奥]里尔克 著

纪念苏格拉底——哈曼文选 刘新利 选编
夜颂中的革命和宗教 [德]诺瓦利斯 著
大革命与诗话小说 [德]诺瓦利斯 著
黑格尔的观念论 [美]皮平 著
浪漫派风格——施勒格尔批评文集 [德]施勒格尔 著

美国宪政与古典传统
美国1787年宪法讲疏 [美]阿纳斯塔普罗 著

世界史与古典传统
西方古代的天下观 刘小枫 编
从普遍历史到历史主义 刘小枫 编

启蒙研究丛编
浪漫的律令 [美]拜泽尔 著
现实与理性 [法]科维纲 著
论古人的智慧 [英]培根 著
托兰德与激进启蒙 刘小枫 编
图书馆里的古今之战 [英]斯威夫特 著

政治史学丛编
自然科学史与玫瑰 [法]雷比瑟 著

荷马注疏集
不为人知的奥德修斯 [美]诺特维克 著
模仿荷马 [美]丹尼斯·麦克唐纳 著

品达注疏集
幽暗的诱惑 [美]汉密尔顿 著

欧里庇得斯集
自由与僭越 罗峰 编译

阿里斯托芬集
《阿卡奈人》笺释 [古希腊]阿里斯托芬 著

色诺芬注疏集
居鲁士的教育 [古希腊]色诺芬 著
色诺芬的《会饮》 [古希腊]色诺芬 著

柏拉图注疏集
立法与德性——柏拉图《法义》发微 林志猛 编
柏拉图的灵魂学 [加]罗宾逊 著
柏拉图书简 彭磊 译注
克力同章句 程志敏 郑兴凤 撰

哲学的奥德赛——《王制》引论 [美]郝兰 著
爱欲与启蒙的迷醉 [美]贝尔格 著
为哲学的写作技艺一辩 [美]伯格 著
柏拉图式的迷宫——《斐多》义疏 [美]伯格 著
哲学如何成为苏格拉底式的 [美]朗佩特 著
苏格拉底与希琵阿斯 王江涛 编译
理想国 [古希腊]柏拉图 著
谁来教育老师 刘小枫 编
立法者的神学 林志猛 编
柏拉图对话中的神 [法]薇依 著
厄庇诺米斯 [古希腊]柏拉图 著
智慧与幸福 程志敏 选编
论柏拉图对话 [德]施莱尔马赫 著
柏拉图《美诺》疏证 [美]克莱因 著
政治哲学的悖论 [美]郝岚 著
神话诗人柏拉图 张文涛 选编
阿尔喀比亚德 [古希腊]柏拉图 著
叙拉古的雅典异乡人 彭磊 选编
阿威罗伊论《王制》 [阿拉伯]阿威罗伊 著
《王制》要义 刘小枫 选编
柏拉图的《会饮》 [古希腊]柏拉图 等著
苏格拉底的申辩（修订版） [古希腊]柏拉图 著
苏格拉底与政治共同体 [美]尼柯尔斯 著
政制与美德——柏拉图《法义》疏解 [美]潘戈 著
《法义》导读 [法]卡斯代尔·布舒奇 著
论真理的本质 [德]海德格尔 著
哲人的无知 [德]费勃 著
米诺斯 [古希腊]柏拉图 著

亚里士多德注疏集

亚里士多德《政治学》中的教诲 [美]潘戈 著
品格的技艺 [美]加佛 著
亚里士多德哲学的基本概念 [德]海德格尔 著
《政治学》疏证 [意]托马斯·阿奎那 著
尼各马可伦理学义疏 [美]伯格 著
哲学之诗 [美]戴维斯 著
对亚里士多德的现象学解释 [德]海德格尔 著
城邦与自然——亚里士多德与现代性 刘小枫 编
论诗术中篇义疏 [阿拉伯]阿威罗伊 著
哲学的政治 [美]戴维斯 著

普鲁塔克集

普鲁塔克的《对比列传》 [英]达夫 著
普鲁塔克的实践伦理学 [比利时]胡芙 著

阿尔法拉比集

政治制度与政治箴言 阿尔法拉比 著

马基雅维利集

君主及其战争技艺 娄林 选编

莎士比亚绎读

莎士比亚的历史剧 [英]蒂利亚德 著
莎士比亚戏剧与政治哲学 彭磊 选编
莎士比亚的政治盛典 [美]阿鲁里斯/苏利文 编
丹麦王子与马基雅维利 罗峰 选编

洛克集

上帝、洛克与平等 [美]沃尔德伦 著

卢梭集

论哲学生活的幸福 [德]迈尔 著
致博蒙书 [法]卢梭 著
政治制度论 [法]卢梭 著
哲学的自传 [美]戴维斯 著
文学与道德杂篇 [法]卢梭 著
设计论证 [美]吉尔丁 著
卢梭的自然状态 [美]普拉特纳 等著
卢梭的榜样人生 [美]凯利 著

莱辛注疏集

汉堡剧评 [德]莱辛 著
关于悲剧的通信 [德]莱辛 著
《智者纳坦》（研究版） [德]莱辛 等著
启蒙运动的内在问题 [美]维塞尔 著
莱辛剧作七种 [德]莱辛 著
历史与启示——莱辛神学文选 [德]莱辛 著
论人类的教育 [德]莱辛 著

尼采注疏集

何为尼采的扎拉图斯特拉 [德]迈尔 著

尼采引论 [德]施特格迈尔 著
尼采与基督教 刘小枫 编
尼采眼中的苏格拉底 [美]丹豪瑟 著
尼采的使命 [美]朗佩特 著
尼采与现时代 [美]朗佩特 著
动物与超人之间的绳索 [德]A.彼珀 著

施特劳斯集
论僭政（重订本） [美]施特劳斯 [法]科耶夫 著
苏格拉底问题与现代性（增订本）
犹太哲人与启蒙（增订本）
霍布斯的宗教批判
斯宾诺莎的宗教批判
门德尔松与莱辛
哲学与律法——论迈蒙尼德及其先驱
迫害与写作艺术
柏拉图式政治哲学研究
论柏拉图的《会饮》
柏拉图《法义》的论辩与情节
什么是政治哲学
古典政治理性主义的重生（重订本）
回归古典政治哲学——施特劳斯通信集
苏格拉底与阿里斯托芬

***

施特劳斯的持久重要性 [美]朗佩特 著
论源初遗忘 [美]维克利 著
政治哲学与启示宗教的挑战 [德]迈尔 著
阅读施特劳斯 [美]斯密什 著
施特劳斯与流亡政治学 [美]谢帕德 著
隐匿的对话 [德]迈尔 著
驯服欲望 [法]科耶夫 等著

施米特集
宪法专政 [美]罗斯托 著
施米特对自由主义的批判 [美]约翰·麦考米克 著

伯纳德特集
古典诗学之路（第二版） [美]伯格 编

弓与琴（重订本） [美]伯纳德特 著
神圣的罪业 [美]伯纳德特 著

布鲁姆集
巨人与侏儒（1960-1990）
人应该如何生活——柏拉图《王制》释义
爱的设计——卢梭与浪漫派
爱的戏剧——莎士比亚与自然
爱的阶梯——柏拉图的《会饮》
伊索克拉底的政治哲学

沃格林集
自传体反思录 [美]沃格林 著

大学素质教育读本
古典诗文绎读 西学卷·古代编（上、下）
古典诗文绎读 西学卷·现代编（上、下）

中国传统：经典与解释
Classici et Commentarii
家园书轮
刘小枫 陈少明◎主编

《孔丛子》训读及研究 / 雷欣翰 撰
论语说义 / [清]宋翔凤 撰
周易古经注解考辨 / 李炳海 著
浮山文集 / [明]方以智 著
药地炮庄 / [明]方以智 著
药地炮庄笺释·总论篇 / [明]方以智 著
青原志略 / [明]方以智 编
冬灰录 / [明]方以智 著
冬炼三时传旧火 / 邢益海 编
《毛诗》郑王比义发微 / 史应勇 著
宋人经筵诗讲义四种 / [宋]张纲 等撰
道德真经藏室纂微篇 / [宋]陈景元 撰
道德真经四子古道集解 / [金]寇才质 撰
皇清经解提要 / [清]沈豫 撰
经学通论 / [清]皮锡瑞 著
松阳讲义 / [清]陆陇其 著

起凤书院答问 / [清]姚永朴 撰
周礼疑义辨证 / 陈衍 撰
《铎书》校注 / 孙尚扬 肖清和 等校注
韩愈志 / 钱基博 著
论语辑释 / 陈大齐 著
《庄子·天下篇》注疏四种 / 张丰乾 编
荀子的辩说 / 陈文洁 著
古学经子 / 王锦民 著
经学以自治 / 刘少虎 著
从公羊学论《春秋》的性质 / 阮芝生 撰

编修［博雅读本］
　凯若斯：古希腊语文读本［全二册］
　古希腊语文学述要
　雅努斯：古典拉丁语文读本
　古典拉丁语文学述要
　危微精一：政治法学原理九讲
　琴瑟友之：钢琴与古典乐色十讲
译著
　普罗塔戈拉（详注本）
　柏拉图四书

刘小枫集

民主与政治德性
昭告幽微
以美为鉴
古典学与古今之争［增订本］
这一代人的怕和爱［第三版］
沉重的肉身［珍藏版］
圣灵降临的叙事［增订本］
罪与欠
儒教与民族国家
拣尽寒枝
施特劳斯的路标
重启古典诗学
设计共和
现代人及其敌人
海德格尔与中国
共和与经纶
现代性与现代中国
现代性社会理论绪论
诗化哲学［重订本］
拯救与逍遥［修订本］
走向十字架上的真
西学断章

经典与解释辑刊

1 柏拉图的哲学戏剧
2 经典与解释的张力
3 康德与启蒙
4 荷尔德林的新神话
5 古典传统与自由教育
6 卢梭的苏格拉底主义
7 赫尔墨斯的计谋
8 苏格拉底问题
9 美德可教吗
10 马基雅维利的喜剧
11 回想托克维尔
12 阅读的德性
13 色诺芬的品味
14 政治哲学中的摩西
15 诗学解诂
16 柏拉图的真伪
17 修昔底德的春秋笔法
18 血气与政治
19 索福克勒斯与雅典启蒙
20 犹太教中的柏拉图门徒
21 莎士比亚笔下的王者
22 政治哲学中的莎士比亚
23 政治生活的限度与满足
24 雅典民主的谐剧
25 维柯与古今之争
26 霍布斯的修辞
27 埃斯库罗斯的神义论
28 施莱尔马赫的柏拉图
29 奥林匹亚的荣耀
30 笛卡尔的精灵
31 柏拉图与天人政治
32 海德格尔的政治时刻
33 荷马笔下的伦理
34 格劳秀斯与国际正义
35 西塞罗的苏格拉底

36 基尔克果的苏格拉底
37 《理想国》的内与外
38 诗艺与政治
39 律法与政治哲学
40 古今之间的但丁
41 拉伯雷与赫尔墨斯秘学
42 柏拉图与古典乐教
43 孟德斯鸠论政制衰败
44 博丹论主权
45 道伯与比较古典学
46 伊索寓言中的伦理
47 斯威夫特与启蒙
48 赫西俄德的世界
49 洛克的自然法辩难
50 斯宾格勒与西方的没落
51 地缘政治学的历史片段
52 施米特论战争与政治
53 普鲁塔克与罗马政治
54 罗马的建国叙述